社會政策與社會立法

林勝義 著

五南圖書出版公司 印行

第九版序

最近，「數位性暴力四法」與「性平三法」同步修正；「強化社會安全網計畫」（第二期）與「因應超高齡社會對策方案」也相繼出爐。顯示，我國的社會政策與社會立法已進入一個新里程，這是觸發本書改版的主要動機及動力。

本書改版之前，筆者曾瀏覽國考此一科目的命題大綱及命題格式，連同社會政策的動向與社會立法的更新，一併列入改版考量，其重點說明如下：

在政策面，新增社會投資的觀點、永續發展的目標，以及當前社會政策重要計畫：2021年修正通過的家庭政策、性別平等推動計畫等。相對刪除過時的政策議題──長照1.0、二代健保與一代健保之比較等。

在法規面，新增《社會福利基本法》、《勞工職業災害保險及保護法》、《原住民族健康法》、《中高齡者及高齡者就業促進法》、《跟蹤騷擾防制法》、《新住民基本法》，並針對新近修法條文，予以汰舊換新。

在分析項目，新增重要罰則。因為國考有考，必須擇要臚列。例如：違反兒少權法之強制親職教育若干時數、權勢之性騷擾加重何種處罰，不可不知。

在分析方式，新增比較分析，例如：性平三法之比較、傳統型福利國家與投資型福利國家之比較等。相對上，精簡各章政策之分析，僅列政策之要點，夠用就好，也省篇幅。

在呈現方式，特別以黑體字標示內文重點，以〔不是○○〕、〔不含○○〕區辨不同人物、論述、數據間之差異。至於以表格呈現資料、列舉新近修法重點，前者可執簡馭繁，後者可提綱挈領，仍予保留，但其內容有所更新。

坦白地說，政策常變，法規既多又常修，如此改版，難度頗高，簡直是自討苦吃，中間曾數度擱置。歷經自我激勵，終於勉強完成。由此亦可想像讀者準備此科考試，可能不勝其煩；但相信只要堅持到底，仍可順利過關。且讓我們互相鼓勵、互相打氣，好嗎？

林勝義 謹誌

目　錄

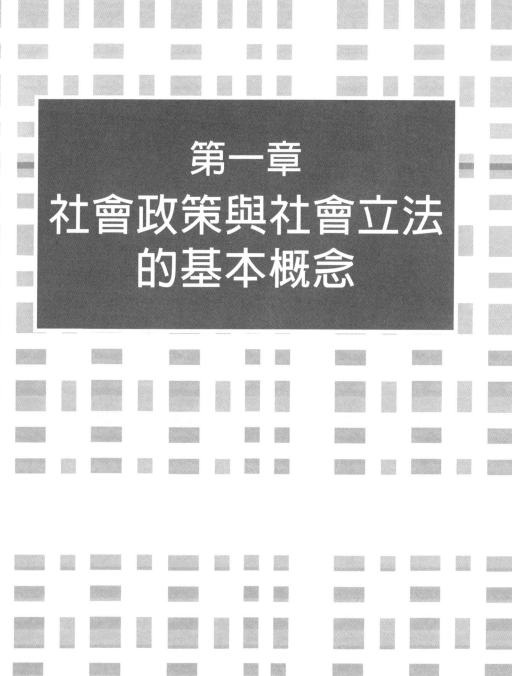

第一章
社會政策與社會立法
的基本概念

社會政策（social policy），在於解決社會問題；社會立法（social legislation），在於實踐社會政策。

國家政府為了解決嚴重的社會問題，必須制定對應的社會政策；為了確保社會政策的實踐，必須制定相關的社會立法，以期依法行政，增進福利。因此，「社會問題─社會政策─社會立法─社會行政」之間，有一種連動的邏輯關係。本章將略述社會政策與社會立法的意義、目的、範圍、探討途徑。

第一節　社會政策與社會立法的意義

一、社會政策的意義

社會政策（social policy）的意義，常因觀點或國情，而有不同的解釋。茲列舉三則定義：

(一) 英國學者馬歇爾（Marshall）的定義

> 「社會政策是政府用以直接影響人民福利的政策，其行動是提供服務或所得給人民，其核心包括：社會保險、公共救助、衛生保健、福利服務、住宅政策等。」（Marshall, 1965，引自林萬億，2022：7）

這個早期定義，將社會政策視為國家的社會福利政策，用以指導政府對人民的服務輸送與所得保障。在英國，社會政策的內容，包括：社會保險、社會救助、福利服務、衛生保健及住宅等政策。

(二) 美國《社會工作辭典》的定義

> 「社會政策是一個社會的作為與原則，用以指導個人、團體、社區、機構之中，涉及關係時的預防或管制的方式。這些作為或原則，係由社會的價值和慣例所形成，並據以決定人群的資源配置與福祉層次。通常，社會政策包括：教育、健康照

顧、犯罪矯正，以及由政府、志願組織和一般人民所共同提供的社會福利計畫與方案，有時也涉及社會獎賞與約束的社會觀點。」（Barker, 2014: 399）

這個定義，認為社會政策與社會福利有關，用以指導政府與民間組織對於人群服務的資源配置、服務方式、福利層次之作為或原則。在美國，社會政策的內容，除了社會福利之外，還包括：健康照顧、犯罪矯正、教育等政策。

(三) 我國《社會工作辭典》的定義

「社會政策是國家或政黨為謀達成某種目標，所確立的某些基本原則或方針。而社會福利政策，則為解決或預防社會問題，以維持社會秩序並謀求人民福利，所確立的基本原則或方針。」（詹火生，2000：291）

這個定義，將社會政策分為兩種層次：一種是廣義的社會政策，指國家政策，為國家或執政黨的特定目標，確定社會政策施行的原則或方針；另一種是狹義的社會政策，指社會福利政策，藉以確定解決社會問題，增進人民福利的方針或原則。

綜觀上述社會政策的定義，都與社會福利息息相關，其狹義的社會政策，可視為社會福利政策。同時，由上述定義也顯示出社會政策的特質：

1. 社會政策是國家政策的一環，也是公共政策的一部分〔不是與其他公共政策截然不同〕。
2. 社會政策是國家對人民福利權的保障，以確保人民的最低生活水準〔不含保障最佳生活水準〕。
3. 社會政策的制定及執行，傾向於以弱勢者優先受益為原則。
4. 社會政策重視資源的適當配置，藉由社會政策運用資源，較能有效達成政策的目標。
5. 社會政策與經濟發展相輔相成，其目標在於維持社會與經濟的平衡發展。

二、社會立法的意義

社會立法（social legislation），在德國稱為「社會法」，是社會政策法律化的表現（林谷燕等，2016：27），但文獻上對社會立法的解釋，不盡相同，以下列舉三則定義。

(一) 薩克斯納（Saxena）的定義

「社會立法是為了消除明顯的社會弊害，或者為了改善社會情境，以帶動相關社會改革為目的，由立法機關通過法案，並由政府公告的法規。」（cited in Singh, 2017: 65）

這個定義，說明社會立法的性質或目的，必須是有關社會不利情境的改善或改革；也說明社會立法的程序，必須經由立法機關通過，並由政府權威當局（例如：總統）公告施行。

(二) 美國《社會工作辭典》的定義

「社會立法，是為了人群的福利需求、經濟安全、教育及文化成長、公民權、消費者保護，以及回應社會問題的方案，而賦予法律規定與資源配置。」（Barker, 2014: 399）

這個定義，有兩個重點：在性質上，社會立法是有關公共利益之法規制定，並賦予強制性與實踐性，依法執行相關資源（經費、人力）的配置；在目的上，是為了回應社會問題，滿足人群的福利需求、教育及文化成長、公民權保障、消費者保護。

(三) 我國《社會工作辭典》的定義

「狹義的社會立法，著眼於解決與預防社會問題，用以保護處於經濟劣勢狀況下一群弱勢者的生活安全所制定的社會法規，諸如社會救助立法、勞工保護立法。廣義的社會立法，著眼於增進社會大眾的福利，用以改善大眾生活及促進社會進步發展所制定的有關法規，諸如衛生保健立法、國民就業立法、國民住宅立法。」（張學鶚，2000：282）

這個定義，有廣狹之分：狹義的社會立法，是有關於保護少數弱勢族群的福利法規；廣義的社會立法，是關於促進多數國民或全體國民的福利法規。

綜觀上述社會立法的定義，聚焦於社會福利相關法規的制定，其狹義的社會立法，可視爲社會福利法規。同時，上述定義也顯示社會立法的特質：

1. 社會立法必須經過立法機關通過，總統公布，才具法律的效力。
2. 社會立法是有關保障公共利益之法律規定，具有合法性及強制性。
3. 社會立法是直接有關社會福利的立法，且以保障弱勢者的生活安定爲優先。
4. 社會立法對於相關經費來源及運用的限制亦有所規定，俾以確保其保障對象的權益。
5. 社會立法的內容，也包括罰則，用以懲罰不當行爲，維護社會正義。

三、社會政策與社會立法的關係

雖然社會政策著重於政策面，社會立法著重於法律面，但是社會政策與社會立法兩者之間仍有密切關係（江亮演、林勝義、林振裕，2006：20-21）：

(一) 在主要目的方面：社會政策是針對社會問題而訂定因應的對策，社會立法則是針對社會政策而制定規範的法律，以確保社會問題能夠有效解決。因此，兩者的主要目的相同，都在解決社會問題，增進社會福利。

(二) 在制定單位方面：一般情況，社會政策的制定單位是行政機關，社會立法的制定單位是立法機關。但是現代立法，除了立法機關提出社會法案之外，也需行政機關提出相對的法案（簡稱「對案」），對照討論，使立法更臻完備。因此，無論社會政策或社會立法的制定單位，都含括行政機關。

(三) 在制定程序方面：通常，社會政策的形成在前，社會立法的形成在後；社會政策有所改變或調整，社會立法亦需隨之變更或修正，兩

者程序息息相關。

(四) 在涵蓋範圍方面：社會立法透過立法程序，將社會政策條文化，並賦予行政機關執行的權力，也規範行政機關遵守的義務。可說，有怎樣的社會政策，就有怎樣的社會立法，兩者涵蓋的內容大同小異。

(五) 在社會責信方面：社會政策約束力，是行政機關上級對下級的關係；社會立法的約束力，則是立法機關對行政機關的要求。然而，兩者的最終目的都是為了保障人民的權益，對社會都應有所交代，以克盡其社會責信。

　　簡言之，社會政策可視為社會立法的指導原則，社會立法亦可視為是社會政策的法制化，兩者相輔相成，始能相得益彰。

第二節　社會政策與社會立法的目的

　　有關社會政策與社會立法的目的之論述，散見於各相關文獻。茲就相關資料及個人意見，分別略述：

一、社會政策的目的

　　社會政策是國家的政策，也是推動社會福利的基本原則與方針，其主要目的：

(一) 解決社會問題：社會政策為了因應社會問題而產生，其制定的目的，是將社會政策當作解決社會問題的一種工具（林谷燕等，2016：34）。

(二) 提升人民福利：政府制定社會政策，常須針對所要解決的社會問題，發展新的服務方案，以提升人民福利，因而狹義的社會政策也稱為社會福利政策。

(三) 顯現政府的政策作為：政府制定某種社會政策，表示政府對於解決這種社會問題願意負起責任，有所作為，也是一個有效能的政府。一個有效能的政府應具備五種特性（5R）（吳定，2006：12）：

1. 回應性（responsiveness）：政府能回應民眾的需求。

2. 代表性（representation）：政府所作所為能代表大多數人民的利益。

3. 責任性（responsibility）：政府能負起照顧人民生活的責任。

4. 可靠性（reliability）：政府言而有信，令出必行，能獲人民信賴。

5. 務實性（realism）：政府的政策作為，能從實際可行且能達成目標的觀點著手進行。

㈣促進社會的平等與正義：「平等」（equality）與「社會正義」（social justice）是社會政策改革者訴求的焦點，社會政策應以促進社會的平等與正義為目的，使社會弱勢者都有平等機會獲得必要服務。

㈤平衡社會與經濟發展：經濟是影響社會政策制定的重要因素之一，社會政策的執行也需經濟或財務的支持，因而社會政策與經濟政策必須相輔相成，以促進社會與經濟的平衡發展。

簡言之，社會政策的目的，在於解答社會政策的問題，而其最終目的，在於促進全民充分就業，自主自立。

二、社會立法的目的

社會立法是社會政策的法制化，也是保障社會與經濟弱勢者生活安全的社會法規，其主要目的：

㈠落實社會政策的執行：一個國家針對社會問題提出因應的社會政策，除了宣示政府的政策主張，還須完成立法程序，使政策具有合法性與強制性，落實國家社會政策的執行。

㈡提供福利輸送的法源：徒善不足以為政，徒法不能以自行，社會立法在法律條文中，通常有資源配置、服務方式等配套措施，其目的在於提供法源，使服務輸送者可依法行政，完成任務。

㈢保障人民的福利與權益：狹義的社會立法，指社會福利法規。現代的社會福利法規，不但著重人民福利的增進，更強調人民權益的保障。

㈣發揮社會控制的功能：社會立法是有關人民福利的權利與義務之規

範。就正向而言，對於人民接受服務或領取給付的資格、條件、額度、期限，都有明文規定；就負向而言，對於損害人民的權益，或違反相關規定者，也有處罰的條款。這些規定，促使社會立法發揮其社會控制的功能及目的。

(五) 營造政府民主法治的形象：國際上重視社會政策的國家，幾乎都是民主國家，例如：美國、英國、澳洲、義大利、西班牙、瑞典（Gal & Weiss-Gal, 2014: 1-11），這些國家的社會政策內涵，也包含相關立法在內，相當程度透露其立法的目的，乃在於營造政府以人民的需求為主，並依法提供必要服務之形象。

簡言之，社會立法**是以促進社會安全與社會公平為目的之法律**〔不是以利益團體的利益為目的，也不是以經濟發展及社會權力為目的〕，也就是為了促進社會安全，依法輸送服務，以保障人民的福利與權益。

第三節　社會政策與社會立法的範圍

茲依相關文獻，舉例說明社會政策與社會立法兩者的範圍，再依我國當前社會政策與社會立法的文獻，導出本書探討的範圍：

一、社會政策的範圍

以英國為例，胡德森等人（Hudson, Kuhner, & Lowe, 2008: 6）曾以1940年代英國福利國家為基礎，檢視英國遭到第二次世界大戰衝擊之後所出現的社會政策。他們根據1942年貝佛里奇報告書（Beveridge Report）所揭威脅英國市民福祉的「五大惡魔」（Five Giants），導出現代國家的福利支柱（pillars of welfare），進行社會政策的分類，如表1-1：

表1-1　從貝佛里奇的「五大惡魔」到今日的福利支柱

五大惡魔	關鍵性議題	福利支柱
1. 貧窮（want）	收入不足以因應生活所需	社會安全（social security）
2. 疾病（disease）	缺乏健康照顧的近便性	健康（health）
3. 懶惰（idleness）	缺乏就業機會	就業（employment）
4. 骯髒（squalor）	缺乏有品質的住所	住宅（housing）
5. 無知（ignorance）	缺乏適當的教育機會	教育（education）

資料來源：Hudson, Kuhner, & Lowe, 2008, p. 7.

　　由表1-1顯示，英國早期社會政策的範圍，包括：社會安全、健康、就業、住宅、教育等五個核心主題。其中，社會安全係指收入安全或所得維持，其主要內容是社會保險、國民救助，再輔以個人的福利服務。同時，他們也承認這種分類方式可能受到質疑，因而補充說明隨著時空環境的變遷，英國可能出現其他核心的福利支柱及政策主題，例如：社會照顧、犯罪預防（Hudson, Kuhner, & Lowe, 2008: 7）。

　　當然，上述社會政策的主題及分類，只是英國的情況，其他國家不盡然如此。例如：美國學者卡爾格與史托斯（Karger & Stoesz, 2006）界定的社會福利政策為：「關於提供給人民滿足其基本生活需求的給付，如就業、所得、食物、住宅、健康照顧，以及其相關服務的一組社會政策。」（引自林萬億，2022：7）其中，美國有「食物」一項，為英國所未提及，我國也未將「教育」列入社會政策的範圍。

二、社會立法的範圍

　　以德國為例，他們將社會為本位所訂定的法律，稱為「社會之法」（簡稱社會法），而不使用「社會立法」一詞。我國法律界林谷燕等人（2016：38-44）曾依德國學者斯谷林（Schulin）對於社會法體系的四種分類，來看我國的社會立法體系所涵蓋的內容範圍，如表1-2：

表1-2　從德國「社會法」體系看我國「社會立法」體系

	社會預護	社會救助	社會促進	社會補償
給付原因	社會風險事故之發生	確保基本生存	機會平等	對特殊犧牲者之補償
內容	·全民健康保險 ·國民年金 ·勞工職災保險 ·就業保險 ·農民健康保險 ·勞工保險 ·軍人保險 ·公教人員保險	·社會救助 ·特殊境遇家庭扶助 ·老年農民福利津貼	·兒童及少年福利與權益保障 ·老人福利 ·身心障礙者權益保障 ·原住民保障 ·就業促進 ·住宅安全 ·教育安全	·二二八事件補償 ·戒嚴時期權利回復 ·戰士授田證處理 ·傳染病防治補償 ·犯罪被害人補償 ·生產事故補償

資料來源：林谷燕等，2016，頁44。

茲依表1-2所示，略述德國社會法的體系（林谷燕等人，2016：37-38），藉觀社會立法範圍之界定：

㈠ 社會預護：係指風險尚未發生以前即已存在的保障關係，基於社會連帶思想，由保險共同體繳交保費的先行給付，對未來不可預期的風險，例如：生育、疾病、工作意外〔傷害〕、高齡〔老年〕、失能、死亡、失業或照護等社會風險發生時提供給付，是對抗一般社會風險的集體預護制度。

㈡ 社會救助：是基於保障弱勢族群基本生活的社會思想而生，針對特定的保障需求，例如：因貧困無法自立生活之處境，經資產調查，確認具體保障需求，以政府稅收為財源，提供生活物資或現金給付。

㈢ 社會促進：係建立在機會均等與相同社會生活開展可能性的基礎上〔之促進措施〕，例如：勞動促進、教育促進，通常以請領人是否有保障的需求為前提，不考慮造成保障需求的原因。

㈣ 社會補償：係以稅收為財源，透過國家共同體，就人民因為特別犧牲或基於其他原因事實，所提供的補償，如戰爭或暴力犯罪致發生損害之補償，以及對疫苗注射傷害者之補償。

上述德國社會法體系之中，其「社會預護」相當於我國的「社會保險」；「社會救助」如同我國的「社會救助」；「社會促進」相當於我國的「福利服務」。至於「社會補償」，在我國係由政府針對重大緊急事件的發生，制定特別條例，編列「特別預算」，用以補償受害者的損失。例如：2023年2月21日總統公布《疫後強化經濟與社會韌性及全民共享經濟成果特別條例》，對於遭受新冠肺炎（COVID-19）疫情影響的弱勢族群，加強照顧及提供關懷服務等項目，其施行時間至2025年12月31日止。這個特別條例是一次性給付，且其有效期間較短，通常不列入社會立法的範圍。

三、我國社會政策與社會立法的範圍

我國社會政策的範圍，與前述英國的情況不盡相同；而社會立法的範圍，也與前述德國的情況有所差異，其主要原因是國情不同，體制有別。

目前，我國**社會政策的範圍**，主要**依據**是行政院2012年1月修正公布的《社會福利政策綱領》；而社會立法範圍的主要依據，是立法院2023年5月通過並經總統公布施行的《社會福利基本法》，如表1-3：

表1-3 我國當前社會政策與社會立法的範圍

	社會政策的範圍	社會立法的範圍
依據	2012年《社會福利政策綱領》	《社會福利基本法》（第2條）
社會福利體系	1. 社會救助與津貼	1. 社會救助
		2. 社會津貼
	2. 社會保險	3. 社會保險
	3. 福利服務	4. 福利服務
其他相關服務	4. 健康與醫療照護	5. 醫療保健
	5. 就業安全	6. 國民就業
	6. 居住正義與社區營造	7. 社會住宅

由表1-3顯示，我國當前的社會政策與社會立法兩者涉及的範圍，在福利內容方面，相互對應；在分類項目方面，大同小異。

因此，本書的架構，將綜合這兩種文獻的規定作為主軸，據以規劃課程探討的範圍，包括五個部分：

(一) 概念與發展：探討社會政策與社會立法的基本概念、背景考量、制定過程及執行、發展軌跡。

(二) 社會安全措施：探討社會救助與津貼、社會保險兩者之社會政策與社會立法。

(三) 人生各階段的福利服務：探討兒童及少年、婦女、老人、障礙者、原住民族之社會政策與社會立法。

(四) 生活各層面的福利服務：探討健康與醫療照護、就業安全、居住正義與社區營造等項之社會政策與社會立法。

(五) 執行時所需的相關資源：探討與人力資源及財力資源相關領域之社會政策與社會立法，包括：社會工作師、志願服務、公益勸募。

第四節　社會政策與社會立法的探討途徑

在一般人的印象中，社會政策與社會立法是一門操作的學科及實務領域。事實上，社會政策與社會立法也是一門學科訓練及研究領域（Alcock, Erskine, & May, 2003，引自李易駿等譯，2006：17），以下從學科訓練及研究領域的立場，略述社會政策與社會立法探討的兩種途徑：

一、從生態層次進行探討

這是從生態的觀點出發，採取「垂直」的取向，將社會政策與社會立法區分為下列三個層次，以進行探討（Popple & Leighniger, 2008，引自林萬億，2022：8-9）：

(一) 巨觀層次（macro level）：從提供服務與給付的基本架構，包含立法、管制與準則的建立，進行探討。這些規範的建立，通常發生於公私部門的上層。在社會政策方面，例如：我國行院院核定的《社

會福利政策綱領》、「長期照顧十年計畫」；聯合國通過的《兒童權利公約》、《聯合國老人政策綱領》。在社會立法方面，例如：我國的《國民年金法》、美國的《社會安全法案》等。這些架構，屬於社會政策與社會立法的巨觀層次。

(二) 中觀層次（mezzo level）：從行政層次的執行進行探討，以利於組織產生直接與規律的運作。例如：縣市政府社會局處或社會福利機構的組織分工、督導體系、人事招募、新進員工訓練、員工工作規則建立、財務政策、方案設計與評鑑等，這些行政作為，屬於社會福利行政或社會工作管理的中觀層次。

(三) 微觀層次（micro level）：從社會工作者轉譯其組織的巨觀層次與中觀層次的政策及規定到服務使用者身上，進行探討。這些行動，包括社會工作者作為一個基層科層人員或第一線服務人員，所進行的自由裁量與採取符合機構行為規範的個別行動。但是，社會工作者執行機構的政策時，除了符合機構的行為規範之外，也必須將執行的障礙、自我評鑑執行效果、服務使用者的意見，回饋到決策層，甚至建議新的行政管理、倡導新的政策與立法。這些服務輸送的行動，屬於社會工作實務的微觀層次。

綜言之，從生態層次進行探討時，涵蓋了政府高層頒布的政策與法規、地方政府社政單位或社福機構層次所訂的政策及行政規範，以及實務工作者依據機構的行為規範執行政策的成效及回饋。必要時，這些研討的層次，也可配合實務運作，進行學科訓練。

二、從分析取向進行探討

伊爾斯肯（Erskine）從分析取向出發，採取「水平」的取向，將社會政策與社會立法區分為下列四個取向〔不含社會分工〕，進行探討（Alcock, Erskine, & May, 2003，引自李易駿等譯，2006：18-23）：

(一) 社會議題（social issues）：隨著社會的不斷發展，有一些議題引起社會大眾的關注及討論，促使政府必須介入，並提出因應對策。例如：隨著醫療科技進步，人類預期壽命延長，老年人口持續成長，

使得長期照顧成爲當前社會政策的重要議題。其他諸如少子女化、親密暴力、中高齡失業、居住正義等，都是現代社會政策不能忽視的課題。這種以社會議題爲取向的探討，其目的在於確認關鍵性的議題，並檢視其對社會政策與社會立法的影響。

（二）社會問題（social problems）：傳統上，社會政策的存在，被期待能有效解決社會問題。因此，早期社會政策的探討，聚焦於貧窮、救濟等問題。後來，隨著歲月流轉，乃逐步擴及長期失業、遊民、青少年犯罪、單親家庭等問題。這種以社會問題爲取向的探討，其目的在以理性爲基礎，透過適當的社會政策與社會立法，有效解決人們日常生活所面臨的困難。

（三）社會群體（social groups）：將社會政策與社會立法的探討，聚焦於某些特定群體的需求，並謀求因應對策。這些特定群體，大多數處於弱勢地位，例如：兒童及少年、婦女、老人、身心障礙者、原住民、新住民、遊民。這種以社會群體爲取向的探討，其目的在於瞭解弱勢族群的困境及其所面臨的衝擊，進而協助他們走出困境，恢復正常生活。

（四）社會服務（social services）：將社會政策與社會立法的探討，集中於社會福利的項目，例如：社會保險、社會救助、社會津貼，以及個人社會服務。這種以社會服務爲取向的探討，其目的是要瞭解政府在社會服務領域提出什麼政策？怎樣形成政策及立法？如何組織與管理？如何有效執行？哪些人是獲益者？

另外，還有一種新的探討取向，目前正在崛起之中。這種取向，主張將個人與團體的生活經驗結合在一起，以使用者的經驗來瞭解社會政策及相關法規的內容。例如：女性可針對女性地位有關的社會政策及法規提供基本的瞭解；身心障礙者可針對障礙者權益保障的政策及法規提供意見；有關失業者的政策及法規之訂定或修正，也應該傾聽失業者的聲音。這種由使用者的經驗作爲取向的探討，其目的在於聽取第一手經驗的訊息，使社會政策及相關法規能夠切合服務使用者的眞正需求。

第二章
社會政策與社會立法
的背景考量

社會政策與社會立法的制定，常受許多背景因素的影響。雷克特（Leichter, 1979: 41-42）認爲影響社會政策制定的因素有：(1)結構因素（structural factors），包括：政治制度、經濟基礎、人口結構；(2)文化因素（cultural factors），包括：社群所持有的政治規範、價值觀和意識形態；(3)環境因素（environmental factors），指來自政治體系之外，影響體系內決策的因素，例如：國際組織對各國政策的影響；(4)情境因素（situational factors），指政策制定之時空情境的偶發事件〔上述因素，不含結構因素；至於第二次世界大戰的發生、2008年全球的金融風暴、2019年新冠肺炎（COVOD-19）疫情侵襲全球各地，屬於情境因素〕。

　　進而言之，社會政策經常牽涉到政府干預經濟機制的策略，因而學者對於政府角色有不同觀點，有認爲政府應多干預市場機制，提供普及式（universal）的社會政策，但也有認爲政府不宜過度干預市場，因此對社會政策就有價值（value）與意識形態（ideology）的差異（詹火生，2011：81）。

　　再者，1990年代末期浮現的社會投資（social investment）概念，已逐漸形成生產性社會政策（productive social policy）的重要觀點（林萬億，2022：642）。還有，聯合國「2030年永續發展議程」（2030 Agenda for Sustainable Development）所揭示的17個目標之中，有一部分目標也與社會政策的發展有所關聯。本章將一併列入社會政策制定的背景考量加以探討，並從人民的社會需求著手。

 第一節　人民的社會需求

　　制定社會政策與社會立法的首要任務，在於滿足人民的社會需求，增進人民的社會福利。雖然，「需求」（need）一詞，與「想要」（want）密切關聯，但是社會政策所要滿足的需求，並不太關心「想要」的部分。例如：我們「需要」食物來維生，但與人們「想要」如何煮出色香味俱全的菜餚，並不相干；儘管我們「需要」衣服來保暖，但是人們「想要」穿某種名牌的衣服，並不在社會政策的考慮範圍（Kennedy, 2013: 103）。

李斯特（Lister, 2010: 169）認為一種需求只有在它沒有被滿足時，我們才確定它是一種需求；如果需求未被滿足，人們可能有某些情況（健康或福祉）會被傷害。即使滿足人們的需求是福利提供的核心議題，然而任何社會的資源都相當有限，其所面臨的問題是如何在社會需求的基礎上，決定這些資源的配置或再分配。政策決定者通常會要求將標的資源放在那些有需求的項目上。

歷年以來，知名的理論家已試著界定「需求」，以期作為相關政策決定的依據，茲略述其中兩種：

一、布拉德蕭（Bradshaw）的社會需求類型

布拉德蕭（Bradshaw, 1972）曾以分類法將社會需求分為四種類型：

(一) 感覺的需求（felt needs）：是由人們自己覺察、感覺或體認到的需求。這是主觀的需求〔亦即由個人主觀表達其感受的需求〕。

(二) 表達的需求（expressed needs）：是人們說出他們的需求，或者透過實際行動來表達他們對某些服務的需求〔亦即潛在的福利使用者透過行動而呈現的需求，例如：示威、抗爭〕。

(三) 規範的需求（normative needs）：是根據專業的規範或標準來分類的需求，也就是由專業人員、行政官員或社會科學家在特定情境下所界定的需求〔由專業、行政科層界定，帶有權威或父權主義傾向；不是由福利使用者基於理論概念推論的需求〕。

(四) 比較的需求（comparative needs）：也稱相對的需球（relative needs），是在兩個類似的情境下，立基於相對判斷所獲得的需求。

另一個學者，霍德（Forder, 1974）對布拉德蕭的需求分類，曾提出補充說明：他認為由服務提供者優先化定義的需求，是一種價值的決定（values determine）；而由服務接受者定義的需求，他稱之為主觀的認定（subjective identification），屬於感覺的需求，是出於個人自己的評估。至於由專家引用已建立的基準和程序，當作規範來定義的需求，他稱之為需求鑑定（needs identified）。他使用最低標準（minimum standards）的概念，認為理想的規範，應該以社會服務的目的來定義需求。然後，他聚焦於比較的需求，認為與那個社區相對的標準有關。

二、多耶爾與高夫（Doyal & Gough）的基本需求及中介需求

英國學者多耶爾與高夫（Doyal & Gough, 1991）在其代表性研究《人類需求的理論》（*A theory of human need*）中，從比較積極的觀點，將人類的需求分為兩種：

(一) 基本的需求（basic needs）：人們必須獲得基本需求的滿足，以便於參與社會生活。這些基本需求包括：

1. **身體健康**（physical health）：身體健康，對於日常生活的需求，能夠完成一系列的任務；身體不好，日常生活會受到阻礙（Doyal & Gough, 1991: 56）。

2. **自主性**（autonomy）：自主性是指一個人要做些什麼？如何去完成？有能力做出適當的選擇（Doyal & Gough, 1991: 53）。

(二) 中介的需求（intermediate needs）：是指那些能夠促進身體健康與自主性的元素。立基於這個基準，他們提出中介需求的清單（Doyal & Gough, 1991: 159-168）：

1. 營養的食物和清潔的水〔不含滿足個體物質的期待〕。

2. 適當且可提供保護的住宅（protective housing）。

3. 免於危險（non-hazardous）的自然環境。

4. 免於危險的工作環境。

5. 適當的健康照顧（或生活照顧）。

6. 兒童時期有安全（security in childhood）。

7. 有意義的初級關係（significant primary relationships）〔即直接關係〕。

8. 身體安全〔不含自主性，自主性是基本需求〕。

9. 經濟安全。

10. 適當的基礎教育。

11. 安全的節育和分娩（safe birth control and childbearing）。

多耶爾與高夫是新馬克思主義學者，對於需求的分類，較為積極，並不認為滿足中介需求即為終極目的，而認為最後要滿足的是資本家創造利潤的需求。

在多耶爾與高夫提出他們的需求論述之後，有許多社會政策分析者

加以引用及發揚光大。其中，西恩（Sen, 2009）在著作中討論實力取向
（capabilities approach），將實力與福祉相互連結，並認為這種取向，如
同憲法的一種擔保（as a constitutional guarantee），有助於使那些與需求
有關的人們得以茁壯成長（引自 Kennedy, 2013: 104）。

另外，傅雷舍（Fraser, 1989）在有關需求說明的政治學（the politics
of needs interpretation）論述中，她認為需求的認定必須從政治層面進行
思考，並提出三個步驟：(1)建立需求在政治中的地位；(2)進行實務的說
明；(3)促進需求的滿足（引自 Kennedy, 2013: 105）。

 ## 第二節　基本價值的選擇

價值（value）一詞，在社會學的解釋，是指人們認為有意義而去追
求的事物。同理，一個國家或政府在選擇制定某種社會政策之前，也會考
量這個政策具有何種意義？何種價值？下列是與社會政策有關的六種基本
價值：

一、維護個人自由（preserving the freedom of the individual）

一個社會或國家如何界定「自由」（freedom or liberty），將直接影
響其社會政策產生的樣態。在集權政體，認為個人沒有完全的自由，且企
圖透過意識形態、教育、穿著、工作、休閒及各種例行儀式，強化其共
同性，因而在社會政策上也經常表露國家干預的痕跡。相對上，在民主政
體，認為個人自由是一種基本人權，因而其所產生的社會政策，強調維護
個人的自由（Drake, 2001: 4）。

何謂自由？早期，彌羅尼（Milne）認為自由必須沒有外在的強
制或干預，且涉及個人意志力的執行，例如：可自由地為某人而做某
事（Drake, 2001: 43）。葛雷（Gray）認為自由（freedom）與自由權
（liberty）的意義雖然相近，但是「自由權」通常使用於社會情境，例
如：公民自由（civil liberty），而「自由」通常使用於個人情境，例
如：自由意志（free will）（Drake, 2001: 44）。至於亞當斯密（Adam

Smith）則認為政府的使命和任務，乃在保護市民（與市場）免於強制個人的自由，其所持論點是（Drake, 2001: 45）：

㈠ 基本人權：自由，是普世共同擁有的一種人權，強調個人自由意志的運作，拒絕不合理的約束或控制，這是人類不可或缺的基本權利。

㈡ 文明要件：在人類進化的過程，對於統治者的決定，由早期的「數拳頭」（霸權）轉化為現代的「數人頭」（票選），即在尊重個人的自由選擇，突顯在文明的進程中，自由是一個必要條件。

㈢ 經濟效率：現代市場經濟的運作，有關供給與需求的調節、價格的決定、消費的型態，都強調自由競爭、自由選擇，這是促進經濟效率的先決條件。

㈣ 對抗專制：國家或政府存在的目的，在於保障人民的安全、秩序、正義、自由、福利。其中，人民的自由，是對抗專制政治的一個堡壘。

二、推動機會平等（pursuing equality of opportunity）

社會政策的基本價值之一，在於消滅不平等。羅爾斯（Rawls）依據福利與資源的分配情況，將「平等」區分為結果的平等（outcome of opportunity）與機會的平等（equality of opportunity）；並為社會政策對於資源的分配方式提出辯解，強調適當的資源分配，更勝於不適當的分配，因為不適當的分配對於弱勢者最為不利。至於政府如何推動社會政策的平等？雷格蘭（Le Grand, 1982: 14）提出**五種推動平等的類別及其策略**：

㈠ 公共支出的平等（equality of public expenditure）：在特定社會服務所提供的公共支出，必須在所有相關的機構或個人之間，平等地配置。例如：健保預算平等地分配於每一位被保險人；又如長照經費平等支用於參加長照的老人。

㈡ 最後所得的平等（equality of final income）：這是貧富之間垂直的重分配。例如：健保制度的給付，為了縮小貧富所得差異至平等的程度，對低收入者免繳保險費（由政府補助100%），而住院時，與其他需繳保費者平等分配一張病床。亦即富人多繳保費，讓窮人受益，以縮短貧富所得的差距。又如老人有平等機會參加長照，沒有

排富條款。

（三）福利使用的平等（equality of user）：整體而言，公共服務被所有相關的個人所使用，必須相同。例如：被保險人有平等使用健保服務的機會或途徑。又如老人有平等使用長照服務的措施（餐食服務）或設施（健身器材）。

（四）負擔成本的平等（equality of cost）：全部的服務使用者，必須面對同樣的成本負擔。例如：健保病人同樣需負擔掛號費及部分藥品費用。又如長照對每一參加長照的老人，提供餐食服務的單位成本平等。

（五）最終成果的平等（equality of outcome）：福利服務的成果，必須爲其使用者提供一種等值的服務。例如：健保病人在使用醫療服務之後，其健康狀況同樣會獲得改善。又如老人參加長照之後，平等獲得社會參與及人際關係的改善。

三、促進社會正義（furthering social justice）

促進社會正義（social justice）是制定社會政策的重要目標，也就是透過社會政策來照顧弱勢者，並促使人民自由地追求更高層次的生活水準，以克服現代社會存在的各種不平等狀況，進而達成社會財富重分配的目標。然而，**「社會正義」是社會的產物**，人們在不同的地點和情境下，往往有不同的理解，東方與西方的社會並無普遍存在著相同的正義原則。通常，社會正義涉及社會分配的公正問題，大致上有三種概念（Drakc, 2001: 60-64）：

（一）正義是一種權利（justice as utility）：這是**米勒（Mill）**與**邊沁（Bentham）**的看法，他們**著重於正義的結果**，認爲生活的目的是爲了快樂過日子，其比較的基準是愉快（pleasure）與痛苦（plan）的測定，正義即爲最大數量的最大善意（the greatest good of greatest number），若依此決定或行動，應可產生更好的政策規劃。

（二）正義是一種權利賦予（justice as entitlement）：這是**諾茲克（Nozick）**的意見，**著重於正義的過程**，認爲正義必須立基於三個原則：

  1.占取的正義（justice in acquisition）：意圖擁有，必須正當取得。

2. 轉讓的正義（justice in transfer）：轉移或交換，必須出於雙方自願。

3. 矯正的正義（justice in rectification）：如有不正義，應予矯正，其立法的角色在於確保交換過程的公平性，預防被他人侵犯，以保護基本權利。

(三) 正義是一種約定（justice as contract）：這是**羅爾斯**（Rawls）的論點，他於1971年的《正義論》書中，認為「**正義即公平**」，他同時著重正義的**過程與結果**〔不是只強調過程，或者只強調結果〕，進而發展出兩個基本原則：

1. 第一個原則：只要眾人的基本自由彼此相容，則每個人都應擁有平等權利要求最廣泛的基本自由〔第一原則指的不是機會平等原則〕。

2. 第二個原則：社會與經濟的不平等，應予以適當規劃，使之滿足下列兩個條件：一是各個職位及地位，在機會公平的原則下，對所有的人開放；二是社會及經濟如需不平等的安排，必須**使社會處於最劣勢的成員，獲得最大利益**，也就是**差異原則**。

四、保障公民權利（securing citizenship）

何謂公民權利？不易回答，因為在不同的時代、地區、文化，可能有不同的定義，而且在獨裁社會（autocratic society）與多元社會（plural society）也可能有不同的內容（Drake, 2001: 14-15）。無論如何，公民權利要獲得保障，須具備四個要素：

(一) 成員身分（membership）：必須成為國家的國民，個人與國家相互承認，感覺有所歸屬，才是真正的成員。例如：經由繳稅，而受到法律保護。

(二) 參與治理（participation）：公民權利是一種相互關係，一個人不僅成為法律標的國家的保障對象，而且要參與一些正義的行動。例如：關心公共事務、反映社會善意（social goods）、參與選舉投票、參加公共事務的決策或立法。

(三) 權利賦予（entitlement）：也稱資格認定。身分和參與，是公民權利的必要因素，但這只是單純成為團體的一分子，因此有些學者在此

基礎上進一步解釋「權利」（right）與「資格賦予」（entitlement）的問題。其中，英國學者馬歇爾（Marshall, 1964: 84）認為：公民權利是一個共同體之中所有成員因其成員資格，而賦予相對的權利與義務。馬歇爾所提出的權利，包括：公民權（civil right）、政治權（political right）、社會權（social right）〔不含勞工權〕。托納（Turner）認為馬歇爾的論述忽略了經濟權與文化公民權〔前者包括勞工應享有之工作條件、工資及利潤分配的權利；後者包括少數民族保有多元文化的權利〕，且依序發展，公民權先於政治權的發展〔有公民資格才有選舉權〕，兩者之後才有社會權的發展〔有公民資格與選舉權，才能督促議會立法保障人民的社會福利權〕，如表2-1。

表2-1　馬歇爾公民權利的內涵

	公民權	政治權	社會權
發軔時期	18世紀	19世紀	20世紀
規範標準	人身自由	政治自由	社會福利
量度項目	**人身**保護、**言論**、**自由**、**信仰自由及接受司法公平審判的權利**〔不含適度的經濟福利安全〕。	選舉權與被選舉權、國會改革、國會議員的督促。	自由接受教育、**年金福利**、健康照護與**社會安全的保障**。
相關制度	法院	國會、地方議會	教育體系、社會服務

資料來源：Pierson, 2006, p. 21.

(四) 克盡義務（obligation）：作為一個國民，對於國家必須承擔某些任務（duty）或義務（obligation）。例如：納稅、服兵役。在英國，將這種理念稱為「積極市民」（active citizen），是具有高尚道德，會自動協助有意義的工作，例如：加入鄰里守望相助組織、捐血、擔任慈善機構的志工。

此外，公民權的最近發展，開始倡導全球公民權（global citizenship）、生態公民權（ecological citizenship）、文化公民權（cultural citizenship）等概念。

五、促進社會凝聚（furthering social solidarity）

社會凝聚（social solidarity），也稱**社會連帶、社會團結**。早期，法國社會學家涂爾幹（Durkheim, 1893）在《社會分工論》（*Social division of labor in society*）書中，提出社會連帶的主張，也就是要連接團體成員之社會連結（social bonds），使其整合成為一個群體。涂爾幹最著名的成就之一，就是探討社會凝聚的力量，他認為信仰系統與其他制度是社會凝聚，強化成員對某個社會或團體歸屬感的重要因素（齊力等譯，2011：14）。

後來，麥羅納（Milner, 1989）定義社會凝聚為：個人經由文化與歷史的橋接，成為社會的一分子。社會成員不分種族、性別、身心條件等差異而有互惠與義務，相互容忍與慈悲（引自林萬億，2022：13）。顯然，一個有凝聚力的社會，必須是互惠多於競爭、公益多於私利、公平多於差異、協商多於權威。否則，團體的成員，競逐私利，罔顧公益；強凌弱，眾暴寡，將無歸屬感，也無凝聚力。

再者，卡美利（Kamali, 1999）認為社會凝聚的核心思想有二：一是利他互助；二是社會內部成員的忠誠共識。提默斯（Titmuss, 1970）也一再強調忠誠與信任兩者，對於利他與互利組織的重要性，也是社會凝聚的基礎（引自李易駿，2013：109）。

由此可知，促進社會凝聚是社會政策追求的社會價值之一。我們面對福利輸送體系的複雜性，在實務上容易出現整合的問題：片斷化（fragmentation）、不連貫（discontinuity）、無責信（un-accountability）、不可近（inaccessibility）（Gilber & Terrell, 2010: 164）。因此，政策上必須重建具有社會凝聚的福利體系，透過社會保險的互助機制、社會救助的所得重分配，以及針對處於不利境遇者提供福利服務，藉以維持社會和諧，促進社會凝聚。

六、對抗社會排除（antagonizing social exclusion）

英國政府於1998年設立一個社會排除研究小組（Social Exclusion Unit），協調公共及相關機構共同對抗社會排除的問題，而社會排除乃成為社會政策的一個核心問題。那麼，社會排除是什麼？有何特徵？如何對

抗？以下略作說明：

(一)社會排除的定義：大多數學者認為社會排除的概念，是**1974年由法國學者連諾**（Richard Lenoir）**首先提出**，泛指某些社會邊緣人被社會福利體系排除在外的現象。1994年，歐盟歐洲委員會（Commission of the European Communities）的定義更明確：「社會排除意指，在多元且變遷的因素之下，導致人們被當前社會中的交易活動、服務及權利所排除，貧窮是最明顯的現象之一。社會排除也意指，住宅、健康及使用福利的權利被不適當地處置，影響著個人及團體；尤其〔關切〕居住在都市或鄉村地區之不同，所受到的差別對待或隔離而導致的社會排除。」（引自張菁芬，2005：74）。簡言之，社會排除是指個人應享有的社會權遭到剝奪，且這種剝奪通常不是個人所能控制的狀況。

(二)社會排除的特徵：由歐盟歐洲委員會的定義顯示，社會排除具有多元性（多面向）、變遷（動態性）、影響著個人及團體（關係性、群體性）等特徵。另外，根據倫敦政經學院社會排除中心的研究報告，社會排除有三項主要特徵（李易駿等譯，2006：110）〔不含靜態性〕：

　1. 相對性（relativity）：社會排除展現在社會關係中，而不是在個人的環境中。

　2. 能動性（agency）：社會排除是那些排除別人者的行動所造成的結果。

　3. 動態性（dynamics）：社會排除是歷史性經驗的結果，且可代間傳遞。

(三)有關對抗社會排除之論述：社會排除概念，有助於多面向瞭解剝奪狀況，讓人發現各種加深排除的因素，但其概念或定義相當複雜，故有些學者試圖對社會排除的論述或典範加以分類。其中，西羅伯（Silver, 1994）指出，社會排除論述及其應用是鑲嵌在三個社會科學及政治典範中：連帶典範（Solidarity）、獨占典範（Monopoly）、專門化典範（Specialization）。再者，李維塔斯（Levitas, 2005）將社會排除概念區分為三種論述：社會整合論述（Social Integration Discourse）、重分配平等論述（Redistributive

Egalitarian Discourse）、道德社會底層論述（Moral Underclass Discourse）（引自劉鶴群，2015：180）。這兩個學者的分類，雖然類別的名稱不同，但是內涵與精神相近，茲彙整及比較，如表2-2：

表2-2　社會排除的典範與論述之彙整及比較

西羅伯的三種典範	連帶典範 （也稱凝聚典範）	獨立典範 （也稱壟斷典範）	**專門化典範** （也稱區隔典範）
李維塔斯的三種論述	社會整合論述 （簡稱SID）	重分配平等論述 （簡稱RED）	道德社會底層論述 （簡稱MUD）
起源	**源於歐陸**〔不是歐陸左派〕	源於歐洲（**英國**）左派	
問題形成的原因	社會排除是個別公民與社會連帶的斷裂。	由於資源缺乏，造成個人或家戶對社會參與的障礙，導致多面向的社會生活（物質及各種服務）遭到剝奪或排除。	認為貧窮與社會排除的癥結在於社會底層階級的依賴文化，也就是將被排除的責任歸於個人在行為或道德上有缺陷。
對應的政策	透過社會政策，改變社會資源的分配，提高社會成員的社會參與。而且政策必須能夠促進社會的凝聚，將所有的公民都納入福利保障體系。	政策上，應重視資源被優勢團體獨占的問題；想要理解貧窮，不應侷限於維生所需的問題，亦應納入人們無法參與社會慣常生活的問題。而且，公民的經濟安全應列為優先保障的社會權利。	國家政策上應鼓勵窮人積極參與社會，並懲罰那些繼續沉淪在社會最底層階級的人們，修正被排除的觀念和行為，以解決社會排除的問題。但是，反對藉由社會福利進行資源重分配，以免「反誘因」，導致福利依賴。
反映在價值上	缺錢	缺工作	缺德

資料來源：參考劉鶴群，2015，p. 151；2012，pp. 64-69，經筆者編成表格。

第三節　意識形態的取向

社會政策的制定往往受到某種意識形態（ideology）的影響，目前，文獻上對於意識形態的論述，種類繁多、不勝枚舉，比較常見的主張是：新右派（New Right）、中間路線（the Middle Way）、民主社會主義（Democratic Socialism）、馬克思主義（Marxism）、女性主義（Feminism）與綠色主義（Greenism）等六種（George & Wilding, 1994: 102-129）。

其實，中間路線是資本主義與社會主義兩邊向中間修正，後來又衍生新中間路線，也稱第三條路（the Third Way）。而民主社會主義，後來也與社會自由主義結合，成為社會民主主義（Social Democracy）。另外，新社會運動（new social movements）也是影響社會政策的重要因素。以下一併略述其概念與政策取向：

一、社會民主主義的取向

社會民主主義的觀點，是**社會自由主義**與**民主社會主義**的結合。在社會自由主義端，認為政府應該涉入社會、政治、經濟結構，才能經由社會正義而保障人民的權利；在民主社會主義端，認為市場資本主義漠視社會正義，也反對共產主義式的不民主與缺乏自由。

即便如此，社會民主主義的英國信徒有時喜歡稱其為：民主社會主義（李易駿等譯，2006：137）。就此而言，民主社會主義的基本主張，有下列五項（Fitzpatrick, 2001，引自林萬億，2022：38）：

(一) 社會不均是資本主義的產物：因市場經濟追求利潤，大量產生貧窮與剝削。

(二) 關切社會正義與社會福利：重視普及性需求與弱勢者特殊需求的滿足。

(三) 增進與代表勞工的利益：反對階級社會，以追求無階級的平等為終極目標。

(四) 合作重於競爭是社會與經濟組織的工具：資本主義式競爭並非文明

社會所需，應創造人與人、人與環境之合作。

(五) 資本主義是無效率與浪費的：社會主義計畫可更有效率達成經濟活動的成長。

據此申言，社會民主主義除了納入社會自由主義的觀點，重視人民生活的保障，以維護社會正義之外，同時也納入了民主社會主義的主張，反對資本主義對勞工階級的壓迫，進而改革資本主義階級結構的弊病，兼顧經濟成長與平等，藉以維護社會正義〔亦即提供社會福利有助於促進利他精神與社會整合〕。

至於社會民主主義的社會政策取向，在政策目標方面，對於社會貧困者提供普及性及制度式的福利，以滿足其社會需求；在政策工具方面，透過群體合作，促進經濟成長，增加社會福利資源，用以改善勞工與弱勢者的生活困境。

二、新右派的取向

大約在二戰結束之時，就有所謂「右派」（The Right）與「左派」（The Lief）之分。依據英國學者布丹（Burden, 1998）的論述，凡是主張透過「市場機制」（market mechanism）作為分配或再分配福利資源的政策，屬於「右派」的社會政策；而主張透過「政府機制」（state mechanism）作為分配或再分配福利資源的政策，屬於「左派」的社會政策（詹火生，2011：81）。

本質上，新右派（New Right）是由舊的「右派」（The Right）發展而來。而舊右派的觀點，又源自美國自由放任的經濟制度，屬於資本主義（Capitalism）的陣營，故其所衍生出來的新右派，雖有新的論點，但仍**不離資本主義**。

資本主義的意識形態，強調自由競爭、追求利潤，認為個人必須為自己的幸福負責，因而反對國家過度干預，認為政府過度干預市場會破壞自由經濟體系，傷害個人自由〔不是認為福利國家效率及效能皆較高〕。

新右派的代表人物，在英國是前首相**柴契爾**（Margaret Thatcher），她面對英國已過度膨脹及國家干預的福利體制，採取民營化的方法，達成她所認為的「合宜」的國家介入。在美國則是前總統**雷根**（Ronald

Reagan），他的社會福利主張是：(1)公共支出應限縮到最少；(2)聯邦政府在公共救助的角色極小化；(3)人民有真正的需求才能得到公共救助；(4)大部分公共救助應該只是短期性質（DiNitto, 2000，引自林萬億，2022：115）〔柴契爾主義、雷根主義的社會政策屬於新右派取向，不是第三條路取向〕。

至於新右派的社會政策取向，在政策目標方面，追求機會平等，提高服務效率；在政策工具方面，強調自由市場、公民社會，以選擇性福利為主要服務項目。

三、第三條路的取向

第三條路的觀點，源自英國紀登斯（Giddens, 1998）的著作《第三條路》（*The Third Way*），其擁護者聲稱「第三條路」是嶄新的主張，有別於傳統的社會民主及新自由主義，有時也強調第三條路是革新版或現代化的社會民主，可視為一種中間偏左的綱領。但是，某些批評者**以二元論的角度看**待第三條路，認為**第三條路基本上就是新自由主義**。

有些評論者進而提出第三條路的核心價值：「ＣＯＲＡ」與「ＲＩＯ」。CORA是：社區（community）、機會（opportunity）、責任（responsibility）、責信（accountability）；RIO是：責任（responsibility）、包容（inclusion）、機會（opportunity）。然而，第三條路的價值理念一直有爭議。

英國新工黨首相**布萊爾**（Tony Blair）認為第三條路所關切的是社會民主傳統的價值觀，也就是關心結果的平等和重分配。同時，布萊爾也主張，傳統的價值觀與目標必須透過新工具來達成。因此，英國在**新工黨時期**，將「**工作**」當成第三條路的核心，政府所提出的**政策目標**揭露在「**有能者工作、失能者給付、用工作取得報酬**」的宣示之中。政府的措施是賦予工作者技能，以面對部分工時與暫時性就業的新挑戰，並在彈性中附加某些安全要素，以產生穩定的靈活性（flexicurity）（李易駿等譯，2006：173）。

另外，美國前民主黨總統**柯林頓**（Bill Clinton）的第三條路，強調的

主題有：工作、環境條件、責任、有條件的限制，以及承諾要「**終結我們所知道的福利**」。

因此，**柯林頓**與**布萊爾**的政策，通常被**劃歸為第三條路**〔不是被劃歸為新左派〕，甚至有人認為第三條路只存活在美國與英國〔第三條路不是美國雷根提出，是英國紀登斯提出〕。

無論如何，第三條路的意識形態，是要在左派政府干預的社會主義與右派政府完全自由放任的資本主義之外，找出第三種可能。換言之，**第三條路超越左派與右派**，它不同於左派的是，不鼓勵直接的經濟補助，而是**強調政府的角色應放在人力資本與基本設施的投資**〔亦即建立社會投資的國家〕；它不同於右派的是，主張國家積極干預，強調社會福利對於減少人生風險與貧窮的必要性。

至於第三條路的社會政策取向，在政策目標方面，強調提高人民的就業能力，達到最低限度的機會平等；在政策工具方面，透過教育及人力投資、創造就業機會，實施**多元化、市場化的福利措施**〔不是鼓勵國家給予直接的經濟補助，也不是主張回到市場而放棄國家干預的策略〕。

四、馬克思主義的取向

馬克思（Karl Marx）將「社會」分為兩種結構，一種是基礎結構，係指社會的經濟基礎，包括生產力（例如：工具、機器、知識）與生產關係（所有權體系），這是建立社會秩序的重要元素；另一種是上層結構，依賴基礎結構與法律、政治與文化體系的內涵，據此反應了基礎結構的本質。簡言之，基礎結構有所變動，上層結構就會受到影響，也隨之變動。

進而言之，馬克思主義（Marxism）是根據有關於馬克思的著作而發展出來的一種政治意識形態。這些著作，蒐集了1970年代以來有關社會政策的重要研究（Kennedy, 2013: 92-94），例如：

佩斯寇（Pascall, 1986）的研究指出，在社會行政學派中，理論如何解釋權力的缺乏及福利國家進入危機的問題，都與馬克思主義密切相關。

克萊恩（Klein, 1993: 7）在一項有趣的主題之中，將馬克思主義的學者，區分為：歐康諾（O'Connor, 1973）、高夫（Gough, 1979）、歐費（Offe, 1984）等三大類，並將他們整合稱為：引領新馬克思理論

（Neo-Marxist Theories）闡釋的「**歐高費**」（O'Goffe）。

克萊恩（Klein, 1993: 8）進而摘述他們的理論之主要樣態，稱爲「歐高費故事」（O'Goffe' tale），以區別來自其他學者在經濟混亂時刻挖出福利國家無數窘境的情況，而由資本主義國家的性質，尋求這些窘境的解釋。「歐高費」的理論顯示，因爲政治合法化與消費之間的需求，以及資本累積的要求，發生衝突在所難免，所以福利國家的問題，是資本主義社會固有的問題。「歐高費」的結論：只有在一種新的社會主義社會，那衝突才能被解答，那福利國家才能被挽救。

這個評論是有用的，因爲它清楚表達了資本主義社會裡有衝突的存在，並闡明了福利國家與經濟政策之間的關係。它所揭露的議題，環繞著「階級與權力」：只有在經濟的生產與政治的權力成爲整體社會環境的一部分，福利國家才能被瞭解。

密敍拉（Mishra, 1984: 68）認爲，對於福利國家的限制，馬克思提供了結構性解釋，將福利國家視爲生產模式的一種工具，關聯到資本主義系統的維持與生產兩者。同時，福利國家必須滿足經濟系統的需求。因此，必須爲社會改革而促使其成爲可能。簡言之，資本主義系統的政治結構，它本身已說明社會政策的限制。

據此以觀，馬克思主義的政策目標與政策工具，是要將社會服務整合進入有組織的資本主義體系運作裡，以拯救經濟與政治的生存，然後國家才能使用資本家提供的財源（稅收），來支撐社會福利。

五、女性主義的取向

所謂「女性主義」（Feminism），簡言之，就是反對父權主義（Paternalism）、反對社會中所存在的性別不平等。

女性主義的思潮，源於18世紀英國對於女性投票權的爭取。1960年代，美國黑人民權運動，又促使女性主義向前發展。到了1970年代，開始強調性別在社會政策取向的重要性。時至今日，女性主義已形成各種不同的觀點或派別，各有其核心理念（宋麗玉，2021：378-383；李易駿等譯，2006：177-186）：

㈠ 自由派女性主義（liberal feminism）：也稱漸進主義（gradualism），主張人生而自由平等，男女並無根本差異，歧視女性的能力是不理性的偏見。在公領域，基於天賦人權的概念，**應關注國家政策及法律是否達到性別平權**；在私領域，認為政府不必介入，應讓她們自由。至於社會政策取向，此派強調權利、機會平等、公平對待的重要性。例如：修訂性別平等工作的政策及法規，以增加女性平等就業機會，降低男性或父權掌控的權力，使女性能獲得公平對待。

㈡ 激進派女性主義（radical feminism）：也稱分離主義（separatism），主張男女有先天的差異，男性較具攻擊性、**女性較具關懷性**。至於社會政策取向，此派比較關注**女性被男性壓迫**的現象，以及類似**生殖科技、家庭暴力**之類**議題**。例如：制定家庭暴力防治的政策與法規，強化「保護令」的效力，以防止男性對女性的任何施暴行為。

㈢ 社會主義女性主義（socialist feminism）：也稱**馬克思主義女性主義**，主張男女的差異是社會化的結果，並非天生的差異，因而與激進派同樣認為父權社會對女性壓迫，但是社會主義派特別著重經濟面與家庭面的影響，並不像激進派強調心理面的影響。至於社會政策取向，此派比較**關注國家福利與資本之間的關係及其對女性地位的影響**。例如：制定兒童托育照顧的政策及法規，藉以減輕職業婦女經濟上與精神上的負擔，讓女性不必為了養家活口而犧牲自己。

㈣ 文化女性主義（cultural feminism）：是激進派女性主義的一個分支，主張男女與生俱來，根本不同，**女性具有滋潤關愛他人的特質**，這種特質優於男性的彼此競爭和獨立。至於社會政策取向，此派比較關注政策決定是否尊重女性的文化特質，以及女性經驗的多元性，但不排除男性經驗。

㈤ 後現代女性主義（postmodern feminism）：是後現代主義與女性主義之結合，主張女性是多樣的，沒有任何一類女性可替所有女性說話，但是倡導時不得不使用「女性」相對於「男性」的二分法。至於社會政策取向，此派比較關注女性的意識覺醒，瞭解女性處境的政治意涵，進而透過集體行動帶動社會政策與立法的改變。

（六）婦女主義（womanism）：也稱**黑人女性主義**（black feminism），是黑人對於自由派女性主義的回應而產生的派別，主張考慮自我的所有面向（性別、種族、階級），始能對個人受壓迫的經驗有整合及全盤的瞭解。至於社會政策取向，此派比較關心少數族群婦女政策的決定，應尊重她們的自我決定權，且沒有權力差異。

即使上述不同女性主義者的意識形態各有其著重點，但是對於社會政策卻有共同的看法。在政策目標方面，提醒政府制定社會政策應該考量性別間的平等，並且尊重婦女間的差異；在政策工具方面，則透過女性或女性團體，積極爭取參與社會政策決定的機會，不再讓男性單獨決定女性的福利。

整體而言，**女性主義**對於**社會政策**的長期**目標，在於去除社會對於女性的壓迫**，以達致女性的解放。

六、綠色主義的取向

所謂綠色主義（Greenism），就是**保護生態環境，以促進人類幸福**。綠色主義的理念，源自1973年米多士（Meadows）等人所著《成長的極限》（*Limits to Growth*）一書的出版（朱岑樓、胡薇麗譯，1972），喚醒人們注意能源有限性的議題。到了1980年代末期，全球暖化與臭氧層破洞，更引起世界先進國家共同關注，而環境保護議題也逐漸與社會政策連結在一起思考。其中，與社會政策較有關聯者，有兩種主要類型（李易駿等譯，2006：204-207）：

（一）強硬的綠色主義（Strong Greenism）：**也稱生態主義**（Ecologism）**或深綠主義**（Dark Greenism）〔不稱環境主義〕，認為自然與地球的繼續存活，至為重要。工業興起之後，已洗劫了整個地球，威脅到物種的生存，少數綠色主義者呼籲採取嚴格的措施來限制人口的成長，避免剝削地球其他物種的生存。多數激進的生態主義者主張**為了減輕地球的負擔，人類必須改變消費習慣**。他們也**不認為貧窮國家應向富裕國家的消費習慣看齊**，反而**認為富裕國家應試著仿效貧窮國家，改變**某些**消費型態**，以減少個人對環境的傷害，而且馬上行動，不是等到政府立法才做〔亦即民間由下而上的行動，不是

政府由上而下的主導〕。影響所及，強硬綠色主義者主張採取強烈的行動，反對政府不合理的社會政策，以免造成生態危機。例如：2007年臺灣許多關心生態保育的團體及個人，為了抗議政府擴建捷運而拆除社福機構樂生教養院部分園區，破壞園區生態及痲瘋病患安置的環境，而群集在行政院長官邸門口示威，這是與社會政策有關的強硬綠色主義。

(二) 溫和的綠色主義（Light Greenism）：也稱**環境主義**（Environmentalism）或**淺綠主義**。相對上，溫和的綠色主義者是改革者，不是革命者，他們**希望順著先進工業社會的步伐，採取比較務實的方式來進行改革**。對他們而言，全球的環境問題，並非嚴重到超過科技的力量所能處理的範圍，**相信經濟可以繼續成長，環境問題也可以解決**〔亦即經濟成長與環境保護可以共存，而不是應以經濟為優先來主導社會政策的規劃〕，可運用市場機制來改正環境失衡的問題，成本效益分析就是其中一種。影響所及，溫和的綠色主義主張**採取革新的方式**，敦促政府制定相關的政策及法規，**以達成環境保護的目的**。例如：支持環境保護的產品，鼓勵公家機關採購庇護工廠生產的陶瓷製品，以減少紙杯的使用量，這是與社會政策有關的溫和綠色主義。

此外，含有綠色意識形態的觀點，還有**生態社會主義**（Eco-socialism）與**生態女性主義**（Ecofeminism）。其中，生態社會主義將生物圈的破壞，歸因於資本主義經濟組織造成的結果，雖然他們不主張消滅大規模生產過程，但是要有計畫與控制，以避免汙染與浪費。至於生態女性主義，將生態問題歸因於「男性的」價值觀（例如：野心、爭取控制、獨立），凌駕於「女性的」價值觀（例如：養育、關懷與照顧）。因此，他們主張男性應多分擔照顧兒童與家務工作，女性應多學習男子氣概，多增加一些強壯和果決。

無論如何，深綠主義或淺綠主義，其所關心的是**生態環境的相關政策不能損及弱勢群體的福利**。綜言之，綠色主義的社會政策取向，在政策目標方面，企圖營造出讓所有公民都擁有安全與健康環境的社會；在政策工具方面，考量環境的重要性，並透過「全球思考、在地行動」（think global, act local），鼓勵地方、鄰里、社區、志願組織的共同參與，積極

推動永續發展的社會政策，讓大家擁有更好的生活品質〔不是考量環境成本與經濟成本之後，以經濟為優先來主導社會政策的規劃〕。

七、新社會運動的取向

　　社會運動（social movements）是一種有組織的努力，通常由各式各樣的人口群以集體方式強烈表達他們改變公共政策、法律或社會規範的意圖（Barker, 2014: 399）。這是傳統的社會運動（traditional social movements）的定義，包括勞工運動。

　　然而，自1970年代起，一種新社會運動出現，它環繞著婦女、同性戀、黑人（少數族群）及環境等議題，為了追求參與式民主（participatory democracy）、社會正義與平等，而在地方、國家及國際的層次，投入其所選擇的組織模式而共同奮鬥。他們自己有選擇性的意識形態，並且聚焦於所選定的服務提供；他們強調自己所認同的正向樣態，並且認知意識形態有一部分可能重複（Croft & Beresford, 1996，引自Kennedy, 2013: 105-106）。兩相比較，**新舊社會運動有下列主要差異：**

　㈠ 在類別上，舊社會運動以勞工類別居多，新社會運動則擴及性別、族群、環境等多元類別。

　㈡ 在訴求上，舊社會運動比較關切階級的壓迫、物質的需求，新社會運動比較關切權力關係的平等、生活的品質。

　㈢ 在層級上，舊社會運動多數屬於地方層級的活動，新社會運動則有地方、國家和國際等不同層級的活動。

　㈣ 在行動上，舊社會運動的行動特徵放在傳統政治系統的周邊部分（the periphery of the traditional political system），或者被刻意邊緣化（deliberately marginalized）的處境之反彈；新社會運動的行動特徵放在社會危機的防備、社會正義的挖掘、權力關係平等的文化之倡導（Kennedy, 2013: 106）。

　　至於新社會運動社會政策的取向，在政策目標方面，是針對新的社會危機，例如：親密暴力（domestic violence）、種族暴力、歧視形式、兒童性虐待、自立性不足（lack of autonomy）、根據性別偏愛所定的權力界線、來自汙染的環境危機，據以設定政策的目標；在政策工具方面，對

於新社會運動所揭露的政策議題，及時有效回應，以化解社會危機。

第四節　社會投資的觀點

社會投資（social investment）成為社會政策的一種觀點，大約在1990年代中期開始出現於福利國家的第二個階段，試圖從經濟發展與社會方案之間的關係，尋求另外一種觀點（Jenson, 2009, cited in Beland & Mahon, 2016: 58）。

事實上，社會投資概念的起源，可追溯至1930年代瑞典社會民主主義的福利國家發展，泰羅頓（Tilton, 1993）認為，社會民主主義主張社會政策是一種投資，而不是一種消費的成本（引自張英陣，2020：33）。

1973年，新馬克思學者歐康諾（James O'Connor）在其《福利國家財務危機》（*The fiscal crisis of the state*）一書中，曾從消費面和投資面兩個角度，討論社會政策的經濟性功能。

1990年代，新自由主義（neo-liberalism）盛行，出現福利緊縮、民營化的現象，社會投資的概念被視為較市場友善，其類企業經營（business like）的模式也受到歡迎（林昭吟、劉宜君，2017：86）。

2000年之後，社會投資理念受到大量的關注，在歐盟和經濟合作暨發展組織（OECD）的強力主導之下，社會投資希望將傳統的福利支出重點，轉變為幫助失業者面向未來發展的人力資本投資。雖然，歐盟提出了社會投資的架構，但其會員國還是會依照其現有的福利議題和政策脈絡去進行選擇性的社會投資。

這樣看來，社會投資要成為社會政策的一種觀點，雖是大勢所趨，但其觀點仍相當模糊，以下就相關文獻的論述，扼要說明社會投資觀點的特徵、社會投資政策的功能、社會投資觀點的實踐途徑。

一、社會投資觀點的特徵

本質上，社會投資觀點來自福利國家發展的轉變。就歐洲福利國家的發展而言，大致上可分為三個階段：第一個階段是第二次世界大戰到

1970年代，屬於傳統的福利國家；第二個階段是1980年代至1990年代中期，屬於新自由主義重組的福利國家；第三個階段是1990年代中期以來的新投資階段（Taylor-Gooby, 2006，引自葉肅科，2020：281）。

　　福利國家發展到了新投資階段，也稱為社會投資型國家（social investment state），相對於第一個階段傳統福利國家的特徵，可簡單比較，如表2-3：

表2-3　傳統的福利國家與社會投資型國家的比較

	傳統的福利國家	社會投資型國家
目標	強調所得重分配	強調生產性、發展性
功能	偏向社會保障	偏向社會預防
時間性	解決目前的問題	注重未來的發展
人口群	未偏向特殊族群	偏向兒童為中心
經濟發展	保障民眾免受市場影響	促進民眾整合進入市場
社會風險	因應工業化社會面臨的風險	因應知識經濟下面臨的風險
支出性質	消極性補助	積極性協助
支出回收	未有特別期待投資有所回收	期待投資有所回收
給付型態	偏向現金給付	偏向實物給付
主要方案	社會保險、社會救助	資產累積、社會企業、社區產業、人力資本發展

資料來源：林昭吟、劉宜君，2017，p. 89。

　　由表2-3顯示，社會投資型國家在許多面向都不同於傳統福利國家，尤其在功能、經濟發展、社會風險、支出性質、給付型態等面向，更可看出社會投資觀點的主要特徵（或理念、或內涵）。

(一) 由舊風險轉向新社會風險：傳統福利國家處理的社會風險，是工業化社會面臨的傳統風險，例如：貧窮兩極化、長期失業、勞動條件惡化等問題。至於**新的社會風險**則是知識經濟下面臨的風險，認為個人若缺乏教育與訓練，在勞動市場的競爭力不足，將是社會的新風險，例如：**中高齡低技術的失業者增加、社會安全覆蓋率不足、**

違反勞動條件的就業情況增加、快速技術升級所造成的人力資本耗損、工作－照顧－家庭無法協調（特別是工作母親）等新社會風險（new social risk）的出現（Esping-Andersen, 2002，引自吳明儒，2020：21）。要因應這些新風險，必須增加友善的就業環境，推動彈性工作，平衡付費工作與家庭責任。

(二) 由現金給付轉向社會服務應對傳統社會風險的政策，往往依賴現金補償，例如：以年金用來彌補老年階段的工資喪失，或以失業給付用來彌補失去工作的所得損失。由於新社會風險型態多元，這些傳統現金給付的方式已經無法應對新的社會風險，必須透過社會服務供給來解決。例如：結構性失業問題，必須透過更多的職能訓練或工作媒合才能有效因應，因而積極性勞動市場政策乃蔚為主流（Bonoli, 2013，引自施世駿，2020：211）。

(三) 由事後修復轉向事前預防：社會投資觀點的擁護者主張，社會投資不應被看作一種社會保障的替代，進而呼籲政策調整，應從單純的被動式損害修復，轉向於事前協助個人積極準備做好因應不同轉變（葉肅科，2017：104）。以失業為例，與其等到結構性失業問題浮現，必須支付大量現金給失業者，倒不如一開始便透過積極性勞動市場政策，預防他們落入失業的陷阱（施世駿，2020：211）。

(四) 由消極福利轉向積極福利：消極福利是指在正常情況下，當社會結構崩壞時，福利措施所做的補救與改善之社會服務活動，亦即傳統社會福利的補救方式。積極福利則是將社會福利看作現代社會的首要制度之一，並且與其他社會制度協調與合作，積極的為健全社會發展之目標而努力。

(五) 由社會排除轉向社會融合：社會投資強調政府提供補助及福利措施，必須用以協助個人獲得較高的教育機會，以增強個人的能力和技巧，以便在就業市場取得工作機會，減少個人致貧風險或社會排除。換言之，社會投資的核心理念，是社會政策不再是人們遭遇經濟不幸時，政府藉由現金給付，消極保護人民，而是平時就協助人民做好準備並賦予人民能力，好讓人民融入就業市場（Jenson & Saint-Martin, 2003，引自張英陣，2020：35）。

二、社會投資政策的功能

傳統的福利國家與社會投資型國家都重視經濟層面，但傳統的福利國家著重於降低貧窮，促進社會平等；而社會投資型國家則著重於預防貧窮的代間循環，以及個人生命歷程中的時間與財富資源之重分配，藉以鼓勵個人獨立自主（張英陣，2020：35）。

就個人生命歷程而言，社會投資的策略是在每個人各個階段的生命歷程中，協助他們發展、運用及保護人力資本，以確保個人、家庭和社會的福祉，並維繫經濟制度的競爭力。因此，**社會投資政策**必須建立在**三種重要的功能**上（Hemerijck, 2017，引自吳明儒，2020：24-25；張英陣，2020：36-38）：

（一）儲存（stock）的功能：亦即在生命歷程中提升每個人的人力資本和能力「儲存」的品質。在社會投資的「儲存」功能上，社會政策的重點放在致力於協助每個人提升就業所需的技術和能力，使其在經濟市場中，更具勞動力與競爭力。

（二）流通（flow）的功能：亦即促成當代勞動力市場和生命歷程轉換過程的「流通」。在社會投資的「流通」功能上，社會政策的重點放在透過不同的社會組織（學校、家庭、勞動及市場），建立交互補充的關係，以促進整體經濟體系的有效運作。

（三）緩衝（buffer）的功能：亦即維繫普及式的最低收入安全網，作為所得保障與經濟穩定的「緩衝」或「安全閥」。在社會投資的「緩衝」功能上，社會政策的重點放在建立社會安全網，使每個人在其生命歷程的各個階段都能因應新風險，以免落入貧窮的困境。

進而言之，上述社會投資的「儲存」、「流通」和「緩衝」三大功能或三大支柱，彼此之間有交互作用，而且許多社會政策都同時兼具其中兩項或三項功能。以青年階段為例，首先是透過優質的高中或高職教育，「儲存」未來參與勞動所需的基本知能；接著是進入職場實習或透過師徒制，促使「教育—勞動—市場」的轉銜得以「流通」；然後擔任在職生或初次就職，擁有基本薪資保障，成為基本維生與生產性成長的「緩衝」，避免畢業即失業，減少國家失業救助的支出。

三、社會投資觀點的實踐途徑

　　社會投資的觀點，主要依賴人力資本發展投資（早期兒童教育與照顧、終身訓練），並協助有效率運用人力資本（透過積極勞動市場政策或是勞動市場管制、彈性安全等策略，支持女性及單親家庭就業），同時促進更大的社會融合（例如：幫助傳統上被排除的群體進入勞動市場）。最關鍵的理念，應該是將社會政策視為一種對於經濟與就業發展的必要生產性要素（Morel et al., 2012; Jenson, 2012，引自施世駿，2020：210）。

　　廣泛地說，社會投資政策包括：積極勞動市場、家庭與就業、兒童學前教育與照顧、學習經濟、住宅、社區資產、移民等政策，都環繞在人力資本投資的議題上（Midgley, Dahl, & Wright, 2017; Hemerijck, 2017，引自林萬億，2020：657）。

　　茲以這兩種文獻的論述為基礎，擇要說明社會投資觀點的實踐途徑：

(一) 兒童學前教育與照顧：在歐洲國家，實施制度化的公共兒童學前教育與照顧，大致上可分為兩種不同取向（林萬億，2022：664-669）：

　　1. 教育模式：年齡2歲或3歲以上的幼兒，進入幼兒園就讀，以及早獲得學習與教育的機會。以法國為例，認為兒童是公共財（public goods）與人力資本，推動未滿3歲的幼兒進入幼兒園，經由遊戲、活動清單與體能活動，教導幼兒學習與成長，同時加入道德教育與衛生習慣的養成，以培育未來的人力資本。

　　2. 工作照顧－調和模式：將兒童的學前教育與照顧工作兩者整合為一，成為「工作－家庭政策」（work-family policies）的支柱，具有三合一的功能：促進婦女就業、提升性別平等、透過有品質的照顧以培養兒童發展，北歐國家、英國、德國實施此種模式。我國於2011年6月公布施行《幼兒教育及照顧法》，也可視為一種工作照顧－調和模式。

(二) 就業促進：社會投資的核心概念是就業促進。在1990年代，全球的失業率居高不下，於是經濟合作暨發展組織（OECD）的國家引進積極勞動市場政策（active labour market policies, ALMPs），強調工作誘因、就業協助，促使失業者重返勞動市場，讓無業者也嘗試進入勞動市場。這種提供工作誘因與就業協助的作法，是為了促進

就業。以中高齡者（年滿45至65歲）的就業促進為例，其主要策略（李易駿，2011：350）：

1. 在政策上，採取僱用補貼的作法，透過經濟性的誘因，鼓勵雇主僱用中高齡的求職者。

2. 在個案的服務上，視中高齡求職者的特性及條件，針對藍領或技能不足者提供職業訓練；針對白領的中高齡失業者提供第二生涯輔導，協助他們重新接受新的工作條件（通常是較差的）、新的工作角色。

(三) 社區資產累積：社區層次的社會投資，在發展中國家流傳已久，在工作先進國家也依然存在。以美國為例，雅當斯（Jane Addams）於1889年在芝加哥成立胡爾館（Hull House），不但動員社區資源提供移民就業媒合、語言學習、文化適應、教育、團體活動，也倡導童工保護、勞工立法，這是早期社區投資的典範。1993年，美國西北大學政策研究中心的學者克里茲曼與麥克奈（Kretzmann & Mcknight）以社區的資產和能力為取向，提出「以資產為基礎的社區發展」（Asset-Based Community Development, ABCD）的模式，由社區居民以夥伴關係，集結社區內外相關資產或資源，合力推動社區發展，以改善社區環境、經濟結構及公民參與（林勝義，2019：96-99）。目前，這種ABCD模式，除了實施於英國、美國、南非之外，臺灣、印度、菲律賓、緬甸、越南等東南亞國家也有推展的實例（Mercado, 2005: 401-404）。

(四) 彈性安全的策略：在1990年代，北歐國家面對高失業率、低經濟成長的危機，乃推出一種勞動市場彈性安全的策略，促使整體經濟成長與人民生活品質得以維持。此種策略在21世紀初期已成為歐盟會員國共同的政策。彈性安全的策略，包括：（林萬億，2022：579）

1. 社會安全，透過失業給付，以保障失業者的所得安全。

2. 積極勞動市場政策〔亦即加速勞工從傳統就業部門轉型進入現代就業部門〕，以促進就業安全。

3. 勞動市場鬆綁，例如：放寬勞動保護立法，以增加勞工流動。

上述四種社會投資觀點的實踐方式，除了社區資產累積之外，其餘

三種方式係由政府推動。然而，在英國，社會企業（social enterprises）也加入社會投資的行列，提供社區及人本服務，包括社區發展、兒童照顧、健康護理，還有發展自助／互助組織等（趙維生、陳綺媚、林麗玲，2020：245）。

社會企業首先出現於1978年，英國的史普力克里（Spreckley, 1981）倡議一種有別於私人企業、合作社、公營企業的選項。一開始，社會企業被賦予五個貢獻：獲利、人力資源、公共性、環境、生產／服務。後來被轉移爲兩個典範：共同持有、民主治理；三個價值堅持：交易與財務獨立、創造社會財富、以環境責任方式運作（林萬億，2022：654）。簡言之，英國的社會企業是一種服務社會爲本的機構，並不以營商和盈利爲目的，而將營商所得利潤，再投資於社會服務上面。

綜合地說，社會投資的觀點已受到國際的重視，固然有其優點，但是也有不足之處。就社會政策而言，其優點是將社會政策從以往的消極性社會支出（例如：社會保險）轉移爲積極性的社會支出（例如：積極勞動市場政策、教育政策、家庭政策）。相對的缺點，社會投資觀點聚焦於未來，忽略了當前的社會問題（例如：貧窮問題、救助政策），將經費投入工作富人（work-rich），甚於工作窮人（work-poor）〔亦即當代歐洲福利國家提倡的社會投資典範，社會政策投資所重視的政策領域，是勞動、教育、家庭等政策，不含救助政策〕。因而，社會投資比率上的受益者有利於中產階級，而下層階級反而失去原有的，落入一無所有的窘境。這種現象，稱爲「**馬太效應**」（Matthew Effect）（吳明儒，2020：24）。

 ## 第五節　永續發展的目標

聯合國於2015年9月25日舉辦高峰會議，通過《2030年永續發展議程》（2030 Agenda for Sustainable Development），包括17項目標（Goals）及169項次目標（Targets），作爲邁向 2030 年各國應積極發展的指導原則。

本質上，聯合國永續發展目標（SDGs）是建立在千禧年發展目標

（Millennium Development Goals, MDGs）的基礎上，繼續其未完成的工作，並回應新的挑戰。俄賓納－費雷珍斯（Urbina-Ferretjans, 2019: 111-116）從社會發展的觀點，針對聯合國永續發展目標（SDGs）反映在福利與社會政策的議題，進行相關論述。根據他的論述，千禧年發展目標（MDGs）與永續發展目標（SDGs）的重點，可比較如表2-4：

表2-4　千禧年發展目標與永續發展目標的重點之比較

	MDGs	SDGs
1. 議題焦點	全球面對貧窮而奮鬥，以維持一種基本的關切。	將焦點放在發展中世界的貧窮國家與貧窮個人。
2. 指涉範圍	為因應社會不平等與環境墮落反映在世界任何國家的人民身上，因而著重於全球社會層面的發展。	以多種部門（multi-sectorality），開展新的生產要素，強調連結於發展經濟和社會的層面。
3. 全球政策制定的過程	以北方國家為基礎。	開放南方國家政府、公民社會組織、私人部門、學術界的參與。
4. 對社會政策的解說	焦點放在貧窮的緩和，透過資產調查，介入最貧窮的標的。	為社會政策提供一種新的經濟關係，強調社會政策的生產性潛能。
5. 社會發展的架構	在社會發展的架構中，幾乎未顧及經濟層面。	在新發展的架構中，突顯經濟成長、就業與生產性層面。
6. 教育議題	確保女孩和男孩接受基本教育。	超越正式教育，強調終身學習、技術與職業技巧發展的重要性。
7. 人類能力	未清楚認知有關人類能力的投資。	清楚地認知為發展而投資於人類的能力，可透過國際合作而促進。
8. 社會保障領域	將社會保障的標的，放在貧窮者的脫貧教導，以及人群中更加脆弱團體的權益倡導。	促進一種普及性補償，其範圍涵蓋人口群成為一個整體，並提供可近性社會服務與保護系統的建立，不讓任何人落後。

表2-4（續）

	MDGs	SDGs
9. 不平等的議題	強調福利與社會政策是全球公共財（public goods），影響彼此及世界裡的每一個人，尤其是貧窮者。應確保婦女與男性同樣獲有平等的權利與機會。	再分配與不平等的議題，不僅在個人層次，也在國家之間。應擴大探討如何減少國家之內與國家之間不平等的議題，促進更多必要的立法，以確保平等。
10. 學術分析的脈絡	對於社會政策的瞭解較為狹窄，且將社會政策議題分離及邊緣化，結果導致社會政策角色的不適當分析，尤其在發展中國家的脈絡更是如此。	新的全球焦點，要求學術分析的脈絡對於社會政策與發展議題研究的學術架構之應用必須重新評估，重新將社會放入發展的論述位置，展現一種從「貧窮減少」（poverty reduction）轉變為「發展」（development）的新形式。

資料來源：根據Urbina-Ferretjans, 2019，提及MDGs與SDGs對照的部分，彙整而成。

由表2-4顯示，聯合國2030年的永續發展目標（SDGs），相對於2000年的千禧年發展目標（MDGs），有許多轉變。這些轉變的情況，也可視爲永續發展目標的特徵。以下以這些特徵爲基礎，申述社會政策達成相關永續發展目標可努力的重點工作：

一、SDG 1 終結貧窮（No Poverty）

爲了達成消除各地一切形式貧窮的永續發展目標，社會政策可以努力的重點工作：

(一) 強化資產調查的技術：對於社會中最貧窮者實施嚴謹的資產調查，據以提供社會救助，仍屬緩解貧窮問題的必要措施。

(二) 針對工作貧窮（working poor）提供給付：國家被期待能爲工作貧窮提供給付，以補充勞動的不穩定及工作的低薪。

(三) 不讓任何人落後（leaving no one behind）：在社會保障（social protection）的領域裡，促進一種普及性取向，涵蓋福利人口群作爲

一個整體，不讓任何人落後，使其能接近社會服務，並建立保障系統，以因應各式各樣的危機。

⑷ 對於中產階級的社會介入：在國家層級，普及化的社會政策，不僅對於貧窮和社會處境不利者的社會介入，而且對於中產階級也應視其需要直接介入，以預防其淪入貧窮。

⑸ 由減少貧窮率進而擴展經濟：例如：「金磚五國」（BRICS），包括：巴西（Brazil）、俄羅斯（Russia）、印度（India）、中國（China）與南非（South Africa）等國家，由於減少他們的貧窮比率，以及增加接觸區域和全球的視野，而快速擴展經濟（Urbina-Ferretjans, 2019: 111）。

二、SDG 4 優質教育（Quality Education）

為了達成確保公平與高品質教育的永續發展目標，社會政策可以努力的重點工作：

㈠ 投資於教育及參與經濟活動的技巧和能力：國家應堅持其利益是來自於對生產潛能有一種健康及優質的教育，以使勞動力具備生產與促進工作所需的知識和技巧，進而能在社會裡充分參與。

㈡ 將永續發展的標的放在教育上：要求一種更加綜合性（comprehensive）且與經濟連結的取向（economic-linked approach），並於2030年實質地增加其就業、體面的工作（decent job）、具企業精神相關技巧與科技的年輕人和成人之數量。

㈢ 強調終身學習（lifelong learning）、科技與職業技巧的重要性：由國家承諾在所有的層次——兒童基本教育、初等教育、中等教育、第三齡教育、技術與職業訓練階段，都能提供包容與均衡的平等教育。

㈣ 全體國民都有參加終身學習的機會：不論性別、年齡、種族，或不被尊重的族群、障礙者、移民、原住民，尤其是那些處於脆弱情境者，都必須參加終身學習，以協助他們獲得必要知識和技巧，進而擴大社會參與的機會。

三、SDG 5 性別平權（Gender Equality）

為了實現性別平等並賦予婦女權利的永續發展目標，社會政策可以努力的重點工作：

(一) 認知婦女在經濟層面的重要性：在社會政策裡，透過性別平等的促進，肯定婦女從事不支薪照顧與家務工作的價值，進而認知婦女在經濟再生產層面的重要性。

(二) 認知分擔照顧責任的重要性：介紹家務成員之間認知分擔照顧責任的重要性，並以適當方式諮商不支薪照顧與家務工作的再分配，以達成性別平等，隨機充權婦女與女孩。

(三) 肯定婦女對社會的貢獻：永續發展的目標不僅聚焦於婦女再生產的角色和照顧工作，而且放在她們對社會有廣泛的貢獻，包括：婦女在經濟上的積極參與（economic involvement）、肯定婦女有充分機會且有效地參與各種層次的政治、經濟、公共事務等相關決策的領導權。

(四) 強調機會與成果之性別平等：在性別領域，同時強調機會的平等（equality of opportunity）與成果的平等（equality of outcome）的重要性，是社會發展取向的核心要素。

四、SDG 8合適的工作及經濟成長（Decent Work and Economic Growth）

為了促進包容且永續的經濟成長，達成每個人都有其適當工作之永續發展目標，社會政策可以努力的重點工作：

(一) 採取類似新自由主義取向：聚焦於勞動力的供給端，徵求非政府的行動者，諸如個人、家庭和社區，投入於他們所擁有的人力資本，如此在勞動市場能有所成就（Jenson, 2012）。

(二) 透過國際合作來促進就業：在全球中，南方國家與南方國家合作的基本取向是理性的，社會福利與貧窮的減少，其最後目的是透過生產活動的促進，從而回饋於增進就業和經濟發展（Surender & Urbina-Ferretjans, 2013, cited in Urbina-Ferretjans, 2019: 116）。

㈢ 強調經濟成長、就業與投資：永續發展目標在社會政策生產性要素中，其所強調的三個領域是：經濟成長、就業與投資。其中，社會投資是連結於生產活動，進而有助於經濟成長與就業機會的正當性。

五、SDG 10減少不平等（Reduced Inequalities）

為了減少國內之中與國家之間不平等，進而達成永續發展目標，社會政策可以努力的重點工作：

㈠ 修補現存的不平等：將公共政策的焦點，放在協助個人、家庭和社會「準備」（prepare）去適應各種不同的轉變。為了使此事值得努力和具有效性，不僅將焦點放在投資，而且透過再分配，聚焦於「修補」（repairing）現存的不平等。這種取向，強調回應生活機會的平等，以及投資於未來而產生利益（Urbina-Ferretjans, 2019: 114）。

㈡ 傾聽南方國家對全球政策的聲音：傳統上，全球的福利和社會政策模式係由國際發展組織所支持，並由西方的理念、觀點和利益所主導（Hall & Midgley, 2004），這種過程已引領永續發展目標對於全球政策的制定，重新出現一種變遷——更加開放、透明、由「南方驅動」（Southern-driven），允許來自全球利害關係人的多數，尤其是來自南方的聲音，能夠被聽到。

㈢ 國際與國內均應支持相關計畫：永續發展目標清楚地認知，為了發展而投資於人力資本，必須透過北方－南方（North-South）、加上南方－南方（South-South），以及三角合作（triangular cooperation）的形式，以促進國際對於有效執行標的資本建立的支持。同時，發展中國家也要支持該國執行永續發展目標的計畫。

此外，**SDG3健康與福祉**（good health and well-being），其目標在「確保及促進各年齡層健康與福祉」，在2030年前，**消除新生兒與5歲以下兒童的可預防死亡率**〔不是消除6歲以下兒童可預防的死亡率〕，也是社會政策可以努力的重點工作。

總而言之，在全球永續發展的脈絡下，社會政策強調生產性，一方面透過社會政策來促進經濟成長，另一方面藉由經濟發展，促成社會政策的有效執行。

第三章
社會政策與社會立法
的制定及執行

社會政策是公共政策之一種，通常依循公共政策制定的過程，形成結構性的政策，以利執行。其中，透過立法的過程，將社會政策合法化，則爲社會立法的制定。

　　以往，在社會政策制定的過程，第一線社會工作者很少參加行動，只有在別人發展政策時接受諮詢，但現在被期待加入社會政策制定的活動（Midgley et al., 2000: 56）。無論如何，社會工作者有必要瞭解社會政策制定之理論與模式、過程及原則、執行及評量，以下略述之。

 ## 第一節　社會政策制定之理論

　　社會政策是公共政策的一環，也是政治運作的過程。這種過程如何運作？首先涉及的重要議題是：誰來決定社會政策（Who makes social policy）？

　　這類問題是描述性的、事實取向的，可依各種公共組織政策制定的實務運作狀況，歸納爲下列理論（Popple & Leighninger, 2008; Blakemore, 2003; Hill, 1997；丘昌泰，2013：41-53；吳定，2006：38-40；朱志宏，1995：34-45）：

一、菁英主義（elitism）

(一) 主要特徵：菁英主義也稱**菁英論**，認爲公共政策是由少數菁英分子所制定，藉由他們占著公私權力的重要職位而主導政策的決定，其他占絕大多數的社會大眾不常參加政策制定的過程。菁英主義的主要特徵：

1. 少數菁英是社會中特權階層，他們分配社會價值與決定公共政策，多數的群眾並沒有能力分配社會價值與決定公共政策。

2. 公共政策並未反映多數群眾的需求與期望，而是反映少數菁英的價值與偏好。因此，政策的改變是漸進的，而非激進的。

3. 在菁英的主導之下，公共政策的制定係採「由上而下」，而非「由下而上」的決策模式。

(二) 正面評價

　　1. 菁英理論適用於一些民主根基並不深厚的開發中國家，因其人民缺乏民主的認識及訓練，儘管形式上民主，實際上公共政策仍有賴菁英來制定及推動。

　　2. 即使在高度民主化的國家，公共政策仍是少數菁英偏好與價值的表現，因為多數民眾忙於事業、家庭及休閒，不關心政治事務的決定，而委由少數菁英來決策。

(三) 負面評價

　　1. 菁英分子之間，對於不同的政策議題，往往有不同的偏好，很難取得一致的共識，因而產生競爭、討價還價、私自結盟的現象，會影響政策制定的效率。

　　2. 菁英理論認為民眾對公共事務是冷漠的、消極的、被動的，所知又有限，事實上民眾對於影響他們生計、就業的民生議題，仍會主動的、積極的表明立場，並促請決策當局正視問題，提出因應對策。

二、多元主義（pluralism）

(一) 主要特徵：多元主義也稱**多元論**，認為公共**政策的制定**，是**由社會中多元的團體與個人所共同決定**，沒有任何單一的團體或個人能在任何單一領域中支配決策的方向。多元理論的主要特徵：

　　1. 權力是決策過程中，個人與其他個人關係的表現。這種權力關係不必然是持續的，它可能基於某特定決策而形成，也可能在政策制定之後，被另一組新的權力關係取而代之。

　　2. 多元主義將利益團體視為公共政策活動的重要基礎。就美國經驗而言，利益團體最足以表現多元社會的特徵，**公共政策的制定**基本上是**反映利益團體的勢力與影響力**〔例如：在各種利益相互競逐下，動員選民影響議會或官僚的決策〕。

　　3. 雖然，在參與政策議題討論的過程中，有些團體的權力超越其他團體，但是在多元主義中，其基本的假設是所有的聲音都會被聽到，權力是廣泛地擴散，而非集中。

（二）正面評價

1. 多元主義適用於利益團體活躍的民主國家，例如：美國，他們的公共政策係由**聯邦政府機關、國會委員會**與**利益團體共同制定**，成爲緊密相連的「**鐵三角**」（iron triangle）（Lowi, 1979，引自丘昌泰，2013：48）〔爲勞工團體、企業團體與國家的三方協商體系，社會政策制定的基礎，亦屬多元主義〕。

2. 在多元主義的理念之中，固然**有相當多數的利益團體在角逐政策制定的權力或影響力**〔亦即決策爲不同利益間競爭的產物〕，但是個人也可透過團體的組織，以團體成員的身分參與政策制定。

（三）負面評價

1. 多元主義將利益團體對公共政策制定的影響視爲必然的現象，並不正確，事實上不同的政策領域，往往有不同的影響因素，例如：政策制定者本身、官僚政治都可能影響政策制定。

2. 多元主義的假設是所有團體的利益都會被列入考慮，事實上還有許許多多「被遺忘的團體」（forgotten groups）（吳定，2006：40），例如：廣大的消費者、納稅人，其權益往往無法獲得重視與保障。

三、統合主義（corporatism）

（一）主要特徵：統合主義也稱**統合論，是菁英主義與多元主義的綜合**，但是有別於菁英主義、多元主義，是一種大型團體理論，將代表各種利益的單位，整合成爲數目有限之單一的、非競爭性、功能分化的團體類型，他們的地位受到國家的認知及重視，在其相關領域中授予代表性的決定權（Schmitter, 1977，引自丘昌泰，2013：49）。統合主義的主要特徵：

1. 社會中的**利益團體**，必須**在利益共同體的基礎下**，透過國家法令的保障，有效地整合成爲一個利益代表系統，藉以**發揮政策制定的影響力**。

2. 史密特（Schmitter, 1977）認爲統合主義**有國家統合主義**（states

corporation）與**社會統合主義**（societal corporation）**兩種**，前者的構成方式是「由上而下」，中央的權力核心是國家統合主義的來源，政府機關操縱了利益團體的結合程序，進而影響政策制定；後者的構成方式是「由下而上」，基於利益共同體的需要，參與國家政策的制定及執行。

(二) 正面評價

1. 統合主義認為**國家的責任**在於**保障集體利益**〔容易忽視弱勢團體的需求及利益〕，透過與大型利益團體的協商與參與，可深化利益團體對於公共政策制定的參與。

2. 統合主義仍保有菁英主義的特徵，社會中的利益團體被整合於一個大型的系統，國家賦予認可，這些團體的高級代表與政府相關主管共同協商重大民生議題，讓菁英有參與政策制定的機會。

(三) 負面評價

1. 社會中的利益團體，數量眾多，種類龐雜，究竟何種利益團體才會被國家機關重視，進而被組合成利益代表系統？似乎沒有一定的標準。

2. 統合理論並未說明國家機關的性質與利益究竟為何？國家機關如果過度介入利益團體的整合，很容易造成政府控制民間社會的反民主印象，不利於政策制定的多元參與。

四、制度主義（institutionalism）

(一) 主要特徵：制度主義者認為公共政策係由具有權威性價值分配的政府機關負責制定及執行，因此公共政策可視為政府制度的產物。制度主義的主要特徵：

1. 制度主義重視政府機關（機構）的法制面與正式組織，例如：組織型態、職掌功能、法制地位、作業程序。

2. 制度主義者認為公共政策賦予政府合法化的威權地位，也只有政府制定的政策才可施行於社會中的所有成員，顯示政府的結構對於政策制定具有相當的影響力。

(二) 正面評價：政府結構與政策制定之間的關係，一直是公共政策制定

過程中，必須謹慎考慮的關係，行政機關首長與立法機關議長的相互關係，也影響政策的形成過程。

(三) 負面評價：制度論者強調政府機關的結構面與法制面對於政策制定的影響力，卻忽略了行為面與環境互動對政策制定的影響，有學者批評它是一種形式主義（formalism）與靜態的分析途徑（丘昌泰，2013：52）。

除了上述四種政策制定理論之外，對於政策制定主體的論述，還有團體理論、公共選擇理論、國家中心論、公民參與理論等。

其中，**公共選擇理論**加入了經濟層面的討論，傳統的經濟學家認為市場行為是在追求私人利益，公共選擇理論乃將這種觀點運用於政策決定，認為政治行動者容易將個人利益和政治活動混為一談。

至於國家中心論，類似前述之制度主義，國家與政府本身就是政策制定的主體。同時，國家中心論也帶有菁英主義的味道，國家與政府的高層權威人物，就是主導政策制定的菁英分子。

無論如何，社會政策如同公共政策一般，菁英主義、多元主義、統合主義、制度主義及其他相關理論，對於政策的制定，都有其運用的價值，而且已有成功的案例。外國有些利益團體、軍事菁英、衛星產業、大型公司，有足夠的權力為本身利益去作成重大的政策，有時也與政府機關合作，制定某種政策來保護社會弱勢者的權益（Jansson, 1999: 278-279）。

 ## 第二節　社會政策制定之模式

在政治運作的過程中，對於政策的制定，除了誰主導政策的決定之外，還有一個重要議題是：社會政策如何決定（How are social policy made）？

這類問題是規範性的、價值取向的，可依人類對於完美理性的追求，歸納為下列政策制定的模式（Popple & Leighninger, 2008; Blakemore, 2003; Hill, 1997：丘昌泰，2013：301-313；朱志宏，1995：45-78）：

一、理性模式（rational approach）

（一）代表性人物：組織行為學者古立克（Gulick）與伍韋克（Urwick）。

（二）主要特徵：理性模式的基本假設，認為只要決策過程的每一步驟都是出於理性的考慮，其所決定的政策自然是合理的，而問題也能迎刃而解。因此，理性模式強調在政策制定的過程中，必須儘量關注所有尚未滿足的社會需求或社會問題，並且儘量蒐集相關資訊，再針對問題解決的方案，進行理性的考慮，以追求「效益最大，成本最低」的最佳政策為目標。理性模式的主要特徵：

1. 以一致性的標準，排列政策制定的目標或方案的優先順序。

2. 制定公共政策的原則是將最好的結果極大化，或者將最壞的結果極小化。

（三）優點

1. 從資料的蒐集、目標的設定、方案的研擬、標準的選擇，到順序的排列，整個政策制定的流程具有相當的一致性。

2. 強調積極進取的決策態度，發揮人類的智慧來設計最佳方案，具有相當旺盛的企圖心。

（四）缺點

1. 理性模式假設人類有完全的理性，這是不切實際的，因為人類的理性是有限的理性（bounded rationality）。

2. 一個公共政策是否可依理性模式來制定？不無疑問。因為理性模式的運作必須具備一些條件，例如：健全的政治結構、暢通的資訊交流、政策制定者應變的能力。事實上，任何一個決策體系很難擁有上述全部條件。

二、漸進模式（incremental approach）

（一）代表性人物：政策科學家**林布隆**（Charles E. Lindblom）〔不是艾尊尼〕。

（二）主要特徵：漸進模式**強調政策變遷是一步一步發生的，而且建立在一系列的協調過程**。如果激烈變革，或大幅度改變現狀，將轉移

權力的平衡，可能產生非預期的反效果（Lindblom & Woodhouse, 1993）。漸進模式的主要特徵：

1. 在政黨政治下，政策制定不可能出現完美的方案，決策者的任務是**維持穩定**，避免當前政策與過去政策之間出現過大差異，而**只小幅修正或溫和調整**。

2. 與以往政策越不同的方案，越難獲得一般人對這項政策的支持，其可行性也越低，因為重大的創新政策，後果難以預期，因此漸進模式的政策制定，基本上是保守的。

(三) 優點

1. 漸進模式具有權宜性，容易在利益爭奪與權力對抗的政治場域中達成共識，不至於淪為全有或全無（all or nothing）的零和賽局（丘昌泰，2013：308）。

2. 漸進模式具有實用性，一般決策者欠缺時間、精力、智慧進行完整的資料蒐集，仍可採取務實的態度，漸進式修改以前的政策。

(四) 缺點

1. 在快速變遷的社會中，漸進的政策制定或變更，無法滿足環境變化的需求。

2. 它是保守的、分權化的、範圍有限的政策制定模式，僅能反映一部分政策制定的現象，絕非全部。

三、綜合掃描模式（mixed-scanning model）

(一) 代表性人物：艾尊尼（Yehezkel Etzioni）。

(二) 主要特徵：綜合掃描模式認為政策制定應兼顧理性模式的基本決策與漸進模式的決策，不可偏廢。一個好的政策制定，首先必須針對整體政策，進行全面性審視及評估，此時可採理性模式；其次要針對該政策中有特殊需要或出現負面效應的部分，進行深度的審視，此時可採取漸進模式，如此綜合運用，始能做出好的政策制定。綜合掃描模式的主要特徵是將決策分為兩種（Etzioni, 1967，引自丘昌泰，2013：310）：

1. 基本決策：對於涉及基本方面的政策決定，運用理性模式來分析。
2. 漸進決策：在基本政策決定之後，運用漸進模式來加強或修補基本決策。

(三) 優點

1. 此模式吸取理性模式之長，而彌補漸進模式之短，反之亦然，可視政策制定的實際情境而決定兩者應被重視的程度。
2. 此模式顧慮到決策者的能力問題，決策能力越高者，越能進行更廣博的檢視層次、更詳盡的檢視，而決策的過程也越有效（魏鏞等，1991：55）。

(四) 缺點：艾尊尼（Etzioni）對於基本決策與漸進決策的區別標準、實際運作及其指導綱領，並未說明，其實用價值有所不足。

四、規範性最佳模式（normative optimum model）

(一) 代表性人物：卓爾（Amitai Dror）（或譯楚洛）。

(二) 主要特徵：規範性最佳模式主張，政策制定之決策，應該結合理性決策與拉斯維爾（Lasswell）的民主決策〔強調民主與人性價值的重要性，主張超理性的決策模式〕，俾能超越理性而進入超理性（extrarational）的境地。依據卓爾（Dror, 1968）的見解，規範性最佳模式應具備下列要件（引自朱志宏，1995：60）：

1. 強調質的一面，而非量的一面。
2. 既是理性，又是超理性。
3. 著眼於經濟理性〔儘量經濟地使用資源〕。
4. 加入「後設決策過程」（meta-policy-making）〔是對政策制定產生「規範作用」與「支持作用」的一些假設、標準與力量〕。
5. 嵌入回饋的作用。

(三) 優點

1. 規範性最佳模式強調超理性的觀念，著重決策者的直覺、創意、判斷或意識，補充了過去一直被忽略的重點。
2. 規範性最佳模式提出「後設決策過程」作為政策制定的一個階段，教導決策者如何制定政策，相當具有啟發性。

（四）缺點

　　1. 規範性最佳模式相當複雜，決策者需要的理性與超理性，本質上就是兩難情境，決策者需要其他條件的配合，例如：基本知識的培養、想像力的提高、實際決策經驗的磨練。

　　2. 民眾在規範性最佳模式中的參與角色，似乎被忽略了，並未落實拉斯維爾（Lasswell）所言民主決策的理念。

　　當然，社會政策制定的模式不只上述四種。依相關文獻的論述，還有：政治途徑、博弈理論模式、滿意決策模式、系統理論模式等。其中，**政治模式**認為政策的制定無法脫離政治的影響，有時政策也涉及群體之間的利益衝突，因而將政策制定過程聚焦於政治與經濟過程的相互影響，稱為**政治途徑**或**衝突理論**的決策模式。

第三節　社會政策制定的過程及原則

　　社會政策的制定，也稱社會政策的形成，它是決策程序（decision-making process）的一部分，必須放在決策過程的脈絡中進行探討。

　　依美國學者戴伊（Dye, 1992）的看法，社會政策是公共政策的一環。公共政策的制定是非常複雜，且動態的過程。美國總統杜魯門（Truman, 1951）在《政府過程》（*The governmental process: Political interests public opinion*）書中曾說：「沒有人能知道，一個總統在重要的政策上，其整個思考的過程及步驟。」

　　儘管如此，許多學者仍試圖從政策制定的實例中，抽絲剝繭提出政策制定所經歷的過程（或步驟）。以下列舉兩種政策制定的見解，然後說明其制定的原則：

一、五階段式政策制定

　　戴乃托（DiNitto, 2000: 12-13）的看法，政策制定過程有五個重要階段：

（一）定義政策問題（identifying policy problem）：當社會問題形成公共化的議題，在大眾的要求下，促使政府重視社會的嚴重性及影響人

數，進而界定政策問題的範圍與內涵。

（二）形成政策建議案（formulating public policy）：政策建議案的形成，可能來自政府行政單位、民間利益團體、中央或地方的民意代表。這些政策建議案，通常已有明確的政策目標及主要內容。

（三）政策合法化（legitimizing public policy）：由政府行政人員或民意代表提出政策建議案，經過公開說明、立法機關審議，法律公布，完成立法程序。**這個階段，也是官方、民意代表、利益團體，進行角力的階段**，其結果可能對後續的執行方向產生重大影響。

（四）執行政策（implementing public policy）：政策合法化之後，交由政府機關編列公務預算，付諸執行。如果是政府社會政策體系，其負責執行社會政策及立法的主要人員，是社會行政人員與社會工作人員。

（五）評量政策（evaluating public policy）：政策執行之後，由政府機關（機構）內部單位、利益團體、傳播媒體及社會大眾，進行各種正式或非正式的評量，據以瞭解政策的成本效益、影響層面及滿意程度。

二、七階段式政策制定

美國學者斯塔林（Starling）認為，政府對於重要政策的決策程序，可分以下七個階段（Starling著，陳志瑋譯，2015：67）：

（一）問題界定（problem identification）：任何社會都有許多社會問題，通常只有比較嚴重、多數人感到困擾或多數人權益受損的社會問題，才會形成公共議題，進而引起官方的注意，也才有機會形成社會政策。因此，社會政策制定的第一個階段，是界定什麼是政府權責單位應該介入處理的社會問題。

（二）議程設定（agenda setting）：即使官方注意到社會問題的存在，並不表示其對應的社會政策就會應運而生，必須官方將社會問題列入政府的政策議程裡，才有可能轉化為社會政策。

（三）政策建議案的形成（policy formulation）：一旦政府權威當局開始正視重大的社會問題，並認真探討及提出其因應對策的建議案時，這

個階段稱爲政策形成階段。

(四) 政策被採納或法制化（policy adoption or legitimization）：社會政策建議案形成之後，通常以「政策性計畫」提案的方式，在正式會議中議決；或者以「行政文件處理」的方式，簽請機關首長核示、公告。有時，機關首長在「施政報告」中，直接宣布，正式採納爲社會政策。如果社會政策涉及人民的權利或義務，則由政府行政部門擬訂立法草案，提請立法機關完成立法程序，以確保社會政策的正當性及合法性。

(五) 編列預算（budgeting）：社會政策被採納或法制化後，政府相關單位必須編列預算或撥款（appropriation），以支應社會政策之執行。

(六) 執行（implementation）：有了預算或專款後，社會政策的規劃或法規，轉回到社會福利機關或機構，由社會工作者負責執行，或者依契約委外辦理。

(七) 評量（evaluation）：社會政策執行後，必須評量政策目標達成的情況，作爲持續改善之依據。

由上述政策制定的過程中，可知五階段式政策制定與七階段式政策制定，其**最後一個階段**是**評量**，有時也稱評估〔不是公開訊息、方案設計與執行〕，而五階段式政策制定，其**第三個階段是政策合法化**〔不是政策分析、形成政策計畫、執行政策〕。

三、社會政策制定的原則

社會政策的制定，如同一般公共政策的制定，有其必須遵循的原則。卡普蘭（Kaplan, 1973）認爲政策制定或規劃，必須貫徹下列七項原則（引自丘昌泰，2013：185-186；吳定，2006：116-118）：

(一) 公正無私原則（principle of impartiality）：進行政策制定時，應儘量符合「社會正義」，讓每個人均擁有與其他人相同的基本權利，避免偏向某黨派或特定的利益團體〔但此原則，並不是強調價值中立，以符合多數民眾的利益，仍應優先照顧弱勢者〕。

(二) 最終受益是個人的原則（principle of individuality）：進行政策制定時，無論採用何種方案來解決問題，應考慮其最終受益人都落在服

務對象身上。否則，政策制定的理想無論多高，目標無論多好，若得不到人民的認同，可能無法順利執行。

(三) 弱勢族群利益最大化原則（maximize principle）：進行政策制定時，應儘量使社會上居於少數（minorities）的弱勢團體和個人，能夠獲得最大化（maximize）的利益。例如：低收入戶、身心障礙者、原住民族等**弱勢者，應優先受益**〔不是女性優先受益、繳稅多者優先受益〕，而且獲得較多的照顧及服務。

(四) 分配普遍原則（distributive principle）：進行政策制定時，應儘量使受益者的範圍擴大。亦即儘量使利益普及於有需要的人，而非侷限於特定的少數人。而且必須**考量資源的配置與調度**、成本與效益，讓有需要的人普遍受益。

(五) 持續進行原則（principle of continuity）：進行政策制定時，應考慮公共事務的延續性，對於解決問題之方案設計，能從過去、現在、未來的角度，探討方案之可行性與延續性，避免「人存政舉，人亡政息」，造成政策中斷，人民受害。

(六) 人民自主原則（principle of autonomy）：進行政策制定時，應儘量維持人民的自主性，考慮政策問題可否抽出一部分委託民間團體、企業組織來協助處理。如果**民間有意願且有能力來處理問題，儘量由他們來處理**，這是民營化的趨勢。

(七) 緊急處理原則（principle of urgency）：進行政策制定時，應考慮各項政策問題的輕重緩急，列出處理的優先順序，對於比較重要及緊急的問題，應立即處理，避免「今日不做，明天後悔」之憾。

綜合本節所言，無論將政策制定的過程區分為幾個階段，並非每一種政策都是依序經歷各個階段，有些政策可能一面執行、一面滾動式修正或重新規劃。但其基本原則，是要使弱勢團體和個人，能夠從中獲得最大化的利益。

第四節　社會立法制定的過程及原則

　　一個法規的制定，通常由政策轉化而來，而且經過若干階段，逐步完成立法的程序。

　　從政策到立法，最簡單的過程是三個階段：(1)問題確認及其政策解決策略的規劃（problem definition and proposal of a policy solution）；(2)政策的合法化（legitimatization of the policy）；(3)執行（implementation）（Popple & Leighninger, 2008: 136）。其中，政策合法化階段，是將第一個階段所策劃的「政策」，轉化為「法律」的過程，也稱為立法過程。

　　對於政策合法化過程或立法過程，布雷克摩（Blakemore, 2003: 111）曾根據英國的情況，繪表說明社會政策如何轉化為社會法規。雖然，我國與英國的國情不同，英國國會有上議院、下議院，我國則以立法院為最高立法機關；英國常以「綠皮書」（green paper）公開宣示政府的政策，我國較少提出綠皮書。但是，我國與英國在政策合法化或立法的過程，仍有許多相近之處。

　　茲參考布雷克摩（Blakemore）的架構，將我國中央政府層級有關社會政策轉化為社會法規的過程，彙整如圖3-1（見下一頁）。

　　由圖3-1顯示，將社會政策轉化為社會立法的過程，有兩大階段：第一個階段是立法之規劃，第二個階段是立法之過程。以下略述社會立法制定的過程：

一、立法之規劃

　　立法之規劃，就是正式立法的前置作業。政府行政部門基於立法之需求，通常以任務編組方式，成立法案規劃小組或委員會，並依照下列四個步驟進行立法議案之規劃：

(一) 提出規劃案：一個新法案的規劃，通常由政府行政部門提出。如果由立法委員提出，也常以委任立法的方式，交由行政部門進行規劃，或者要求行政部門提出相對法案（簡稱：對案）的規劃，以便

社會政策		

立法規劃開始

立法之規劃	1. 提出規劃案	依政策理念或政策變遷，提出立法之規劃案。
	2. 諮詢專家學者	籌組諮詢或顧問小組，對立法之規劃，進行討論。
	3. 辦理公聽會	將立法規劃案之文件或綠皮書向社會大眾說明，或公開討論。
	4. 草擬法律制定案	由政府主管機關或國會助理再檢視規劃的法案，並草擬法律制定案。

立法過程開始

立法之程序	5. 提案	政府提案、立法委員提案，或依據人民請願案而形成議案。
	6. 列入議程	由立法機關程序委員會將提案排入議程。
	7. 一讀	針對政府之提案，宣讀標題；針對立法委員之提案，摘要說明。
	8. 委員會審查	進入審查程序，交由相關委員會進行審查，聽取提案者報告，進行討論、修正，完成審查記錄。
	9. 二讀	朗讀議案，宣讀審查紀錄；逐條進行討論，仔細檢查及修正。
	10. 三讀	簡要討論、文字修正，全案交付表決，通過後完成立法程序。
	11. 公布	咨請總統公布。

法規生效

社會法規		

圖3-1 社會政策轉化為社會法規的過程

資料來源：林勝義，2023a，p. 112。

相互對照或併案處理。何以大部分的法律制定，係由行政機關提出並規劃？可能的原因有二：一是法律案的創制是由政策形成而開始作業的（羅傳賢，2016：115），而且行政機關對於解決問題的政策

目標或政策變遷，比較「在行」（expert），適合由他們提出法律規劃案：二是行政機關最接近實際行動，最能看到現有法律的瑕疵或不足，而且立法機關也期待那些真正接觸問題的人，能提出新法案或修正案，所以由行政機關提出，這並不奇怪（Starling著，陳志瑋譯，2015：69）。事實上，依**我國憲法規定**，除了**行政院、立法院**之外，**司法院、考試院、監察院**也可**向立法院提出法案**。再者，當某一機關決定制定法規時，必須透過公告，說明所要制定的法規，載明何時進行該法規的制定，以及該法規的主要宗旨與內容為何？

(二) 諮詢專家學者：任何新法案的規劃，尤其社會福利法案，攸關人民的權利與義務，必須慎重為之。通常，法規規劃小組或委員會在適當的時機，會邀請法案相關領域的專家、學者，針對法案規劃相關事宜，進行討論。必要時，行政機關也可能另行籌組諮詢或顧問小組，以便法規規劃小組或委員會的成員，可隨時向諮詢或顧問小組請益，或擇期共同開會，廣泛進行討論，使法案規劃更臻於周延。

(三) 舉辦公聽會：法案規劃案經過專家學者討論之後，大致上已具雛形。接著就是分區（北、中、南、東）舉辦公聽會（hearing），將規劃案的文件或綠皮書向社會大眾說明。公聽會的主要目的，在於集思廣益、博採周諮，徵詢有關機關、團體、利害關係人及更多專家學者的意見，以便對規劃案作進一步的修改，並符合民主的要求〔例如：修正《兒童及少年福利與權益保障法》，並非必須經過公聽會〕。

(四) 草擬法律制定案：在公聽會之後，立法規劃案回到法案規劃小組或委員會進行修改及全盤檢視，並著手草擬法律制定案（其由立法委員提出者，由國會助理檢視及草擬）。通常，法案起草非一蹴可幾，必須循序漸進。在起草前，最好擬訂一個起草工作計畫，必要時成立「起草小組」，並分四個階段進行起草工作（羅傳賢，2016：116-117）：

1. 先期作業階段：其主要工作是邀請政府有關機關開會，協商起草工作的分工，指派人員蒐集資料，提出立法的原則、要點、架構及預定時程。

2. 起草作業階段：將已經確定的立法原則、要點及架構，交由各有關機關、單位，分別草擬條文及說明，並依時程表所規定之時間，送交承辦人員彙整。

3. 草案彙整階段：由起草小組或起草的單位，分別指派參與人員，針對草案條文，進行綜合整理及編排，形成草案初稿。

4. 草案完成階段：邀集學者、專家、相關機關及團體的代表，針對草案初稿進行研討及修正，形成法律草案。通常，法律草案的結構，除了總說明之外，係以表格方式，逐一陳列條文，並在說明欄簡要說明該條文相關事項。

法律制定案草擬完成之後，一般需經過審查，始能定案。以社會福利法規草案為例，必須經過三個階段的審查。第一階段由衛生福利部法規委員就法規體系與法律術語進行審查；第二階段由衛生福利部部務會議進行確認；第三階段送行政院審議，並經院務會議通過後，函送立法院，進入立法程序。

二、立法之程序

立法院代表人民行使立法權，其立法之程序，相當嚴謹及繁雜，至少包括下列七個步驟：

(一) 提案：由政府（主要為行政院）提案、立法委員30個人以上連署提案，或依人民請願案形成議案，由立法院祕書處收受，提報程序委員會處理。

(二) 列入議程：程序委員會將提案排入議程。

(三) 一讀（first reading）：由立法院祕書長針對政府的提案，宣讀法案的名稱；針對立法委員的提案，摘要說明。一讀之後，可能的處理方式：一是交付委員會審查，二是不予審查，三是逕付二讀（羅傳賢，2016：529）〔一讀之後，不是「一定」交付委員會審查，可不予審查或直接交付二讀〕。

(四) 委員會審查：法律案進入審議程序之後，由相關委員會進行審查（社會福利相關法案係由福利與衛生環境委員會進行審查），聽取提案機關或提案委員報告，進行討論、修正，完成審查紀錄。

㈤ 二讀（second reading）：由祕書處**朗讀議案，宣讀**委員會之**審查記錄**，然後**逐條進行討論，仔細檢查及修正**。出席的立法委員如有正反意見且僵持不下時，則就相關條文或全部條文逐條進行表決〔二讀的重點是逐條審查、實質討論，而不是文字修正〕。

㈥ 三讀（third reading）：簡要討論，除非發現議案的內容相互牴觸之外，只得**進行文字之修正，不得再為實質問題之辯論**。最後，將議案全案交付表決，表決通過，即完成立法程序〔二讀的重點是文字修正，並檢視內容有無與《憲法》或其他法律相互牴觸，不再逐條討論〕。

㈦ 公布：由立法院行文咨請總統公布。法律，經總統公布之後，正式生效。

以上七個步驟的立法程序，是針對法律（某某法、某某條例）的制定或修正而言，至於一般行政規則（準則、辦法、規定），例如：**《校園性侵害性騷擾或性霸凌防治準則》**，其訂定或修正直接由行政部門為之，**不必經由立法院三讀通過**。至於召開公聽會或說明會，也不是立法的必要程序。

三、社會立法制定的原則

經過立法過程所制定的社會福利法規，對其適用對象的權益保障至關重要，因而在法規制定時，必須受到某些原則的規範。以下參考美國法律學者艾文（Evan）對於有效立法的必要條件之看法，擇要說明社會立法制定的原則（江亮演、林勝義、林振裕，2006：14-16）：

㈠ 社會立法的來源應具有權威性：首先，社會立法的法律案提出者必須具有合法性。其次，社會立法所根據的資料，最好有學理基礎或民意支持，如能引用實證調查的數據，將可增加立法來源的可信度，進而使制定的法規具有權威性。

㈡ 社會立法的表達應符合社會文化：法律是社會的產物，立法的基本原理應與既有的社會文化與相關法律取得一致性且相互連貫。換言之，社會立法必須符合社會文化與法律的發展，始能普遍被接受。

㈢ 應確立實際服從社會立法之規定：社會立法的目的，在於保障人民

的福利和權益，因而制定時必須清楚法律要求的性質，以及法律所要規範的對象。換言之，社會立法的內容必須切合人民的實際需求，而非爲立法而立法。

（四）應彈性規定社會立法的生效時間：法律從制定到生效的時間越短，越能達到立法的目的。但是有些新的法律需要對民眾進行宣導，配套措施需要充分準備，因而規定某些條文在公布後某一時間生效，一般稱爲「日出條款」。有時也規定某些條文在某一時間起失效，則稱爲「日落條款」。

（五）明定執法機關也應受法律之約束：社會立法直接與人民權益的保障有關，因而執法機關的行爲也應受法律約束，以免因內部或外部的壓力，造成執法的阻礙而影響人民權益。

（六）應兼顧法律的積極鼓勵與消極處罰：典型的法律約束，通常採取各種不同形式的處罰或損害賠償，但是採取積極性的鼓勵方式，例如：授權、減稅、特許，同樣能使法律達到目的，因而社會立法的制定，應兼顧鼓勵與處罰兩種方式。

（七）對於被害人應有保護措施之規定：法律要打擊違法者，更應保護守法者，尤其攸關人民權益保障的社會立法，更應針對他人違法而受害者，透過法律的規定提供有效的保護措施。

 ## 第五節　社會政策與社會立法的執行及評量

在社會政策方面，愛德華（Edwards, 1980: 1）曾說：「缺乏有效的執行，政策制定者的意圖將無法實現。」（引自吳定，2006：229）在社會立法方面，《孟子·離婁篇》有言：「徒善不足以爲政，徒法不足以自行。」

由此可知，社會政策與社會立法制定完成，必須加以執行，始能產生成效。至於執行的成效如何？政策或法規是否需要修訂？則須評量。況且，前述社會政策制定的五階段式或七階段式，都在政策合法化的階段之

後，列入「執行」與「評量」，使政策制定的過程更加完整，以下略述社會政策（包含立法在內）的執行及評量：

一、社會政策的執行

我國行政學者柯三吉（1986：22）對政策執行所下的定義是：政策執行乃是某項政策、法規或方案付諸實施的各項活動。這個定義，以政策涵蓋法規，一併執行。吳定（2006：230-232）引用此定義之後，進而指出政策執行是一種動態反覆運作的過程，有五項關鍵性活動，並認為第一、二項之擬訂施行細則與確定專業機關，是政策能否順利執行的關鍵。以下略作說明：

(一) 擬訂詳細執行政策的方法：就政策而言，政策方案或計畫經行政首長核定後，即由內部單位擬訂施行細則，將抽象性或原則性的計畫，轉換成執行人員容易瞭解與遵循的具體作為。就立法而言，法規出爐之後，政府還有更廣泛的事務要做，長期是完成立法賦予的使命（long on mission），短期是**訂定施行的細則**（short on detail），以便透過詳細規定、個別程序、實施準則及其他細節，落實法規之執行。這些行政上的補充過程，稱為「**第二次立法**」（secondary legislation）（Popple & Leighninger, 2008: 134）。對此，傅雷恩（Flyn, 1992: 8）曾觀察政府部門相關法規施行細節的組成，計有備忘錄、使用手冊、辦事細則、言詞解釋等，並認為這些才是社會政策（含立法）最貼近實務運作的部分。

(二) 確定負責推動政策的機關：在選擇專責機關時，應考慮機關的層級、職掌範圍、規模大小、能力高低、資源多寡等要素。目前，我國負責執行社會政策的機關，在中央政府是衛生福利部，在縣市政府是社會局處。進而言之，社會政策的執行，涉及福利服務輸送的抉擇與規劃，目前我國在福利多元主義（welfare pluralism）及福利混合經濟（mixed economic of welfare）〔除了政府，企業單位與非營利組織也提供福利服務〕的世界趨勢之下，對於社會政策的執行，相當重視結合各個部門，公私協力，落實服務。這些部門包括：

1. **政府部門**（也稱公部門）：透過**政策規劃，通過法令規章**、提供**財務支持**，作為後續福利政策執行或服務提供的依據。
2. **企業部門**（也稱商業部門、私人部門）：基於企業社會責任，而為弱勢者提供服務，或贊助政府之福利服務。
3. **非營利部門**（也稱志願部門、第三部門）：接受政府**契約委託辦理福利服務**，但不是要替代政府部門，促使政府退出社會福利。再者，志工參與照顧弱勢或提供福利服務，但**需接受相關法令的規範**。
4. **非正式部門**：由鄰里、親戚、社區居民等，基於血緣、地緣的關係，為附近居民提供福利服務，**是政府天生的好幫手**。

（三）配置執行政策所需的資源：包括人力、經費、物資、設備、設施。必要時，可結合民間資源，並建立資源網絡，以利執行政策時運用。

（四）採取適當的管理方法：包括計畫、組織、用人、領導、控制等行政方法之運用。其中，領導對於推動及控制執行政策的進度及品質，至關重要，不可不慎。

（五）採取必要的對應行動：包括促使行政人員努力執行政策的獎懲措施。

二、社會政策的評量

對於政策評量，公共行政學者的界定，是指政策評量人員運用科學的方法與技術，有系統的蒐集相關資訊，評量執行方案之內容、規劃與執行過程及執行結果的一系列活動，其目的在提供選擇、修正、持續或終止政策方案所需之資訊（吳定，2006：294）。由此可知，政策評量的活動，除了政策執行績效的評量之外，也包含政策執行前、執行中的評量。

通常，政策執行前、執行中的評量，稱為評估；執行後的評量，稱為評量或評鑑。無論如何，政策評量或評估的種類很多，下列是較常見的評估（丘昌泰，2013：447-451）：

（一）預評估與可行性評估：預評估（pre-evaluation），是對於某項準備執行的政策規劃進行低成本的、初期的檢視，以決定是否進行大規

模的、科學的評估。可行性評估（feasibility evaluation），是從決策面去評估某項政策規劃是否：清楚界定計畫的範圍、有清楚的目標或後果、政策行動與目標或結果之間具有因果關係？據以決定該項政策計畫是否值得進行？

㈡ 形成性評估與總結性評估：形成性評估（formative evaluation）是針對執行中的計畫，評估其執行的效率與效果，以改進目前進行中計畫的缺點，使計畫的方向符合預期目標。總結性評估（summative evaluation）是針對政策執行結束後的結果，進行整體性評估，以決定是否繼續進行或中止該計畫。

㈢ 過程評估與影響評估：過程評估（process evaluation）是針對執行中的計畫或政策所實施的評估，聚焦於計畫或政策為標的對象提供服務的手段是否正確？是否按照政策目標進行。影響評估（impact evaluation）是針對已經執行的政策結果所實施的評估，聚焦於政策目標是否達成？政策是否對標的服務對象提供預期的服務水準？

㈣ 規劃評估、執行評估與結果評估：規劃評估是政策規劃階段所做的評估，目的在於瞭解政策計畫是否可行？執行評估是政策執行階段所做的評估，目的在於掌握政策執行的進度及方向。結果評估是針對政策執行之後的結果所做的評估，目的在於瞭解政策產出對於標的服務對象所引起的行為或態度上的改變情形，以及對社會狀況引起正面或負面影響的情形。

綜言之，社會政策是公共政策的一環，適用公共政策的政策評量方式，且不僅重視政策執行後的績效評量，也重視政策執行前與執行中的評量或評估，以便適時調整政策規劃的方向、進度或所需資源，使整體政策執行更加順利，也更有績效。

第四章
社會政策與社會立法
的發展脈絡

世界各國都有其社會政策與社會立法，一般認為德國與英國是這個領域的先驅國家。

　　德國是**社會政策的發源地**。**1873年**〔不是20世紀初〕，德國新歷史學派的經濟學家為了解決當時國內的勞動問題，**成立「德國社會政策學會」，首先使用「社會政策」一詞**〔不是源自伊莉莎白的濟貧法案，也不是在瑞典福利國家推動下由國家介入解決社會問題為社會政策的開端〕。1881年，德皇威廉一世（Wilhelm Friedrich Ludwig von PreuBen）在柏林的帝國議會演說時，亦提出「社會立法」的具體主張。

　　接著，英國於**1884年**〔不是1853年〕，由一群信奉改革的社會主義者**成立費邊社**（Fabian Society），其創始成員包括：蕭伯納（George Bernard Shaw）、韋布夫婦（Sidney & Beatrice Webb）等社會改革者。費邊社**受到布斯**（Charles Booth）**與龍垂**（Seebohm Rowntree）在倫敦進行**貧窮研究的影響，主張國家應從政策介入，以防止社會問題的產生**〔不是社會問題應由市場解決，政府不應介入〕。費邊社的改革策略是透過演講、出版論文，積極影響英國政府的社會政策，甚至**影響**1990年英國**工黨的成立**，並**倡設倫敦社經學院**（London School of Economics, LES），於**1912年設立社會科學與行政學系**（不是1900年設此系），而費邊社也成為後來英國社會政策的搖籃，包括：英國社會政策學者馬歇爾、貝佛里奇、提默斯、紀登斯，都出自該學院（林萬億，2022：67）。

　　繼德國與英國之後，歐美各先進國家也陸續推動社會政策與社會立法。本章先擇要說明歐美國家歷年來重要的社會政策、社會立法，再略述我國歷年來重要的社會政策、社會立法，然後就我國當前有關社會政策的重要計畫，以及現行的《社會福利基本法》略作分析，藉以瞭解社會政策與社會立法的發展脈絡。

 ## 第一節　歐美歷年來重要社會政策

　　社會政策始於德國與英國，後來漸擴散於歐洲其他國家與北美。茲就歐美先進國家歷史上重要的社會政策，擇要說明如下：

一、德國俾斯麥的社會保險政策

德國大約在1845年，由英國引進機械化生產活動，開始工業化。隨著1860年代工業化加速發展，帶動了工人動員，要求政治參與。1968年，工人要求解除工會結社的限制。1975年，第一個全國性的社會主義工人黨成立，此後不斷引發勞工運動事件。

1978年10月，有「德國鐵血宰相」之稱的俾斯麥（Bismarck）下令禁止社會主義工人黨的所有組織活動，引起強烈反彈。在鎮壓勞工運動無效之後，俾斯麥企圖以國家支持的社會保險來籠絡勞工。

1881年，俾斯麥向國會提出第一個國家保險法案——《工業災害保險法》，由政府提供行政機制並補助保險費，但未獲得國會同意。到了1884年，這項保險法案的保險費改由雇主全部負擔，行政管理由雇主所組成的協會負責，才得以通過及執行。

倒是1882年提案的《勞工疾病保險法》，率先於1883年通過，成為世界上第一個創立強制性勞工保險法的國家，並於1884年正式施行。

二、葉斯平—安德森的《福利資本主義的三個世界》

1990年，葉斯平—安德森（Esping-Andersen）在所著《福利資本主義的三個世界》（*The three worlds of welfare capitalism*）書中，承襲提默斯（Titmuss, 1958）的福利類型（選擇式、繳費制、普及式），將當時的福利資本主義分為三種體制，其特性如表4-1：

表4-1　《福利資本主義的三個世界》之特性

	自由福利體制	保守／組合體制	社會民主體制
1. 權利設定	以個人為單位	以家庭為單位	以個人為單位
2. 福利責任	以個人為對象	以集體為對象	以集體為對象
3. 領取福利的依據	基於需求	基於就業／家庭需求	基於公民權利
4. 服務對象	窮人	男性就業者	全體國民
5. 社會政策的目標	緩和貧窮與失業	追求勞工所得維持	追求平等／均富／所得再分配

表4-1（續）

	自由福利體制	保守／組合體制	社會民主體制
6. 給付額度	通常固定給付社會救助	通常與保險費相關（比例制）	通常固定／與保險費相關（均一費率）
7. 照顧服務提供者	由家庭／經濟市場提供	由家庭／仲介團體提供	由國家提供
8. 服務類型	選擇性福利	繳費性福利	普及性福利
9. 財務來源	來自政府／經濟市場	來自政府／就業者	來自政府
10. 階級與性別的效果	放任階級與性別的差異	有意維持階級與性別的差異	努力朝向階級與性別的平等

資料來源：Esping-Andersen, 1990, p. 85，經筆者調整部分順序及文字。

茲依表4-1，擇要綜述《福利資本主義的三個世界》的社會政策，如下：

(一) 自由福利體制（liberal welfare regime）：承襲提默斯的殘補式福利模式。這類國家社會政策的目標，在於緩和貧窮與失業；其服務對象是窮人，需經資產調查來提供社會救助，屬於選擇性福利；其服務提供者，鼓勵經濟市場及家庭來提供照顧，國家較少介入福利的提供，因而福利的商品化程度較高〔亦即去商品化的程度較低〕，對於階級與性別的平等也較不重視〔亦即容易造成階層化〕。

(二) 保守／組合體制（conservative/corporatist regime）：承襲提默斯的工業成就模式。這類國家社會政策的目標，在於追求勞工所得維持；其服務對象是男性就業者，因而社會保險是主要服務類型，屬於繳費性福利；其服務提供者，由國家仲介職業團體來提供照顧，亦以傳統的家庭關係為照顧服務的基礎，因而女性被鼓勵留在家中扮演照顧者的角色，國家有意維持階級與性別的差異，並不重視階級與性別的平等〔亦即容易造成階層化〕。

(三) 社會民主體制（social democratic regime）：承襲提默斯的制度再分配模式。這類國家社會政策的目標，不僅追求所得維持，而且積極追求所得再分配與均富；其**服務對象**，不只是勞工，亦**普及於全體國民，屬於普及性福利**；其服務提供者，係**由國家介入福利的提**

供，並不鼓勵經濟市場來提供照顧，顯然有意**去商品化**，也**不強調非正式部門（家庭）的福利供給角色**，而強調**將女性解放於勞動市場，朝向階級與性別的平等**而努力〔亦級階層化較低〕。

所謂「**去商品化**」（decommodification），是指福利不被當成商品來交易，使缺乏購買力的低下階級與**勞工階級**都能透過社會福利的所得再分配效果，提高生活品質，目的為了社會團結。即使**女性及無法工作的人也可享有社會保障**，也就是**將福利視為一種社會權**（林萬億，2022：110）。

大致上，以英國為主的英語系國家，被劃歸為自由主義體制的國家；以德國為主的歐洲大陸國家，被劃歸為保守／組合體制的國家；北歐國家及瑞典，被劃歸為社會民主體制的國家。

三、美國羅斯福總統的「新政」

1929年10月，美國股市崩盤，許多工廠倒閉，勞工大量失業，申領救濟的人數倍增，形成所謂「經濟大恐慌」，期間長達6、7年。

當時，美國總統胡佛（Herbert Hoover）認為這種現象是短期的，聯邦政府沒有必要宣布國家進入緊急狀態，拒絕改變公共福利結構來配合救濟需求，因而引發失業工人示威與救濟金運動，並蔓延各大都市。

1932年，美國總統大選，胡佛總統的競爭對手**羅斯福**（Franklin Roosevelt）主張國家應該負起貧民救濟的責任，並積極介入就業服務，因而獲得支持，當選總統。羅斯福總統一上臺，即**推出「新政」**（New Deal），作為美國**對抗經濟大蕭條**的新政策。

「新政」的第一個措施是成立「聯邦緊急救濟總署」，統籌撥款給州政府救濟貧民。接著，成立「公共工程局」，以刺激企業投資。隨後，又成立「國民工作局」，負責推動補助就業方案。而「新政」最大的成就，莫過於1935年「社會安全法案」（Social Security Act）的通過〔不是羅斯福有感於社會的不安定，是因大量失業引發經濟大蕭條，乃建立社會安全制度〕。

四、英國貝佛里奇報告書

這是英國戰後規劃社會政策的重要報告。自1930年到二戰期間，英

國為處理戰爭帶來的失業及貧窮問題，焦頭爛額，亟需對策。邱吉爾首相乃委任貝佛里奇（Beveridge）組成委員會，對社會保險及相關服務進行全面調查，提出改革方案。

貝佛里奇認為完整的社會保險，應提供所得安全（income security）的保障，以克服五大惡魔：貧窮、疾病、懶惰、骯髒、無知，讓每一國民「從搖籃到墳墓」（cradle to grave），都獲保障。

1942年，他提出「社會保險與相關服務」報告書，簡稱「**貝佛里奇報告書**」（Beveridge Report），揭示社會保險政策的基本原則：

(一) 保險給付一律均等（均一給付制）。

(二) 繳納保險費一律均等（均一費率制）。

(三) 統一管理（保險費統一建立保險基金、保險給付統一由地方單位處理）。

(四) 保險給付配合受益人的基本需要（給付足以維生）。

(五) 綜合性保險（全民加保，將生育、疾病、傷害、殘廢、失業、老年、死亡、遺屬等保險事故的保障，綜合納入一種保險之中）。

(六) 國民分類保險（依性別、年齡之不同，辦理保險）。

這份報告獲得英國政府具體回應，促成後續相關立法的制定，使國民「從搖籃到墳墓」都不虞匱乏，成為制度相當完備的福利國家。

進而言之，貝佛里奇的社會保險計畫，常被拿來與德國俾斯麥（Bismarck）的強制性勞工保險，相互比較。俾斯麥的《勞工疾病保險法》，是一種強制性勞工保險，其保險對象是就業者、主要目的在於維持社會地位和所得、基本原則是社會安全的自給自足、給付方式依薪資所得而定、財源來自雇主與勞工繳交的保險費，稱為「**俾斯麥模式**」。相對上，貝佛里奇的社會保險計畫，其保險對象是全民、主要目的在於確保社會一定的生活水準、基本原則是確保工作安全與工作權利、給付方式是均一制、財源來自累進所得稅，稱為「**貝佛里奇模式**」。

五、美國最近幾任總統的社會政策

(一) 雷根（Ronald Reagan）：1981年，雷根擔任美國總統，實施一種保守主義的社會政策，對於社會福利的主張：

1. 公共支出應被限縮到最少。

2. 政府，尤其是聯邦政府，在公共救助的角色應極小化。

3. 人民只有在極端的情況下，亦即有眞正需求，才能得到公共救助。

4. 大多數公共救助應只是短期性質（DiNitto, 2000，引自林萬億，2022：115）。

(二) 布希（George H. W. Bush）：1989年，布希執政，追隨雷根的腳步，掌控家庭支出的門檻，作爲社會救助依據，拒絕增稅，推行一種倡導的社會議程，以維持國家對人民生活的保障。1990年，國會通過「障礙法」（ADA），禁止障礙者就業、公共住宿及交通運輸之歧視，是布希的重要成就。

(三) 克林頓（Bill Clinton）：1992年，克林頓政府努力於社會福利改革，可惜健康照顧改革計畫，不被共和黨占多數的國會所贊同。1996年，克林頓政府通過**「終結我們所熟悉的福利」**（Ending welfare as we know it），將「依賴兒童家庭補助」（AFDC）改爲「貧困家庭暫時補助」（TANT），針對有需要的家庭提供就業期限、時間限制的救助〔「終結我們所熟悉的福利」，不是雷根提出〕。

(四) 小布希（George W. Bush）：2000年，小布希當選21世紀第一位美國總統。在政策上，減少稅收，降低給付，相當依賴以信仰爲基礎的宗教機構之贊助。對於社會服務，限制金錢使用的可得性，沒有直接提供普及性的方案，引發許多人民對聯邦政府的負面評論。

(五) 歐巴馬（Barack Obama）：2008年，歐巴馬擔任美國總統，他將焦點放在對抗財務市場管制必要的改變、健康照顧的改革，並以行動回應氣候變遷與經濟危機。其中，公共衛生與福利安全網，以及推動實質的政策改變，較有績效。

(六) 川普（Donald John Trump）：2016年，川普以「使美國再度偉大」（Make America Great Again）贏得大選。在上任的第一年結束之後，他顚覆美國長期以來的政治規範，使用推特（Twitter）行銷個人的改變與主要政策的主導；並且與外國的領導者做朋友，爲自己不當的人權，以及妨礙美國的政治事務而辯護。

（七）拜登（Joseph Robinette Biden）：2020年，拜登上臺，在國會發表就職百日演講時，宣布爲因應新冠肺炎（COVID-19）疫情的影響，將爲3、4歲兒童提供免費學前班，並永久實施育兒抵稅，以重建兒童的未來。

第二節　歐美歷年來重要社會立法

　　將社會政策法制化，成爲社會立法。狹義的社會立法，係指社會福利法規而言。在歐美國家，有關社會福利的法規相當龐雜，不勝枚舉，以下僅擇要說明：

一、英國早期的濟貧法案

　　英國的社會立法，從濟貧政策著手。1536年，英國亨利八世頒布《懲罰健壯流浪漢與乞丐法案》，用以處理流浪者與乞丐的救濟問題。

　　1601年〔不是1608年〕，伊麗莎白女皇將其父王亨利八世以來的濟貧法令集結成爲「**濟貧法**」（Poor Law）（也稱伊麗莎白43號法案），確立了英國社會立法的基礎，規定**父母子女互負扶養責任**，當**親屬無力扶養**時**才由社會施予援手**，並將貧民分爲三類〔不是分爲婦女、老人、失依兒童三類〕，施予救濟：

　　第一類是有工作能力的窮人：健康的乞丐、流浪者，令其入工作院（work house）或習藝所、勞役所，參加工作。否則，施予鞭刑〔不是三類都強制工作〕。

　　第二類是沒有工作的窮人：帶有幼兒的寡婦、老人、障礙者、患病者，安置在救濟院，施予院內救濟（indoor relief），或由院外救濟（outdoor relief）提供實物救濟。

　　第三類是失依兒童、棄兒：安置於寄養家庭，不然可能被賣、或當童工。

　　至於濟貧過程，在每一教區設「濟貧監察員」（Overseers of the Poor），辦理救濟案件的申請、調查及審核。

1782年，通過「季爾伯特法案」（Gilbert's Act），將榮譽職的濟貧監察員改爲有給職，以提升士氣，並恢復院外救濟，以提高受助者工作的機會及意願。

1795年，實施「**史賓漢蘭制**」（Speenhamland System），採取普及式食物量表（a table of universal practice），以家庭維持基本生計所需的麵包價格，作爲救濟的基準。此即「麵包量度」（bread scale），係依家庭大小，計算多少救濟金。這是救濟給付客觀化的開始，也揭示最低工資的必要性（林萬億，2022：82）。

這些改革，促使英國於**1834年**提出「**新濟貧法**」（New Poor Law），揭示濟貧的三大原則（莊秀美，2019：30；李增祿，2011：4-5）：

(一) 全國統一救濟條件（national uniformity）：各區聯合成立協會，由倫敦的委員負監察及審核之責。

(二) 強化工作院制度（workhouse system）：以院內救濟爲原則，廢除院外救濟。

(三) 較少合格原則（principle of less-eligibility）：濟貧給予受助者的待遇，應低於一般工人。

比較上，「新濟貧法」比「濟貧法」更爲嚴格。而「濟貧法」與「新濟貧法」在英國總共實施347年，直到1948年始由「國民救助法」取而代之。

二、美國1935年社會安全法案

1932年，美國總統大選，羅斯福（Franklin Roosevelt）提出「**新政**」（New Deal）的政策主張。隨後，在1935年提出「社會安全法案」（Social Security Act），並獲國會通過〔新政，不是甘迺迪所提〕。

當時「**社會安全法案**」的**目的**，在於**舒緩貧窮、對抗風險、所得重分配**〔不含保障人身安全〕，其主要內容包括：老人救助（Old Age Assistance）、盲人救助（Aid to the Blind）、失依兒童救助（Aid to Dependent Children）、老人保險（Old Age Insurance），以及各州辦理的失業保險〔後來，詹森總統於1964年提出的是：對貧窮作戰計畫〕。

在社會保險方面，1939年修正時增加遺屬保險；1956年擴大保險適用對象，並增加殘障保險；1965年增加65歲以上可附加健康保險，形成今日「老人、遺屬、障礙、健康保險」（OASHDI）完整的社會保險體制。

三、英國1940年代的社會立法

貝佛里奇於1942年提出社會保險及相關服務報告書之後，英國進入社會立法的全盛時期。在1942-1949年之間，英國完成立法程序的社會立法，包括：

㈠ 1944年《教育法》，兒童免費接受中等教育，是一種普及性的權利。

㈡ 1945年《家庭津貼法》，對於育有2名（含）以上子女的家庭，提供一種普及性的現金給付。

㈢ 1946年通過《國民保險法》，建立一種以政府稅收為保險基金，實施均一給付之疾病、失業、老年、死亡之保險體制；通過《國民保健服務法》，是一種不必繳保險費，而以一般稅收來支應的醫療照顧體系。另有《職業災害法》。

㈣ 1948年通過《國民救助法》，單一、全國性、資產調查式的低收入者救助。另有《兒童法》。

㈤ 1949年，通過《住宅法》。

四、美國2000年代前後的健康保險法案

從1981年以來，美國幾任總統都相當重視健康保險與健康照顧的政策，並致力改革，但成敗互見。茲略述如下：

㈠ 克林頓（Bill Clinton）：於1994年提出健康安全法案，其目的在於擴大醫療覆蓋率達到95%，並成立一個委員會進行策劃，要求雇主分擔成本，遭到共和黨占多數的國會否決，改革計畫失敗。

㈡ 小布希（George W. Bush）：於2006年開始實施健康保險第四部分，使用一種私人部門的策略，為接受健康照顧者提供藥物處方，但遭到營利的藥師與保險公司的挑戰，未能立法保障老人與障礙者的用藥權益。

（三）歐巴馬（Barack Obama）：他對於公共衛生、福利安全網，以及健康保險的支出，所採取的策略，是藉由投資於基礎建設與工作福利，促進經濟復甦。同時歐巴馬也積極行動，進行健康照顧的改革，他不像克林頓的規劃，歐巴馬不建議由政府支應健康保險經費，而是引用福利多元主義，納入私人部門，政府的角色集中於管制健康照顧資源，控制成本，以確保所有的市民都能享有健康保險，因而獲得國會通過〔美國健康保險法並非1965年通過，是歐巴馬2008年擔任總統才獲國會通過；歐巴馬完成簽署的法案是健康保險法，不是年金保險法〕。

（四）川普（Donald John Trump）：川普於2017年1月上臺，隨即推出「葛理漢－卡西迪法案」等新健保法案，欲取代歐巴馬健保。因新健保的內容欠完善，遭到參眾議會否決。川普以行政命令取消聯邦政府對各州醫療補助保險計畫的補助，引起各州反彈，且被法官提告，後來經過參議員介入協調，川普同意延長補助時間，以失敗收場（黃芳誼，2019：39）。

 ## 第三節　我國歷年來重要社會政策

　　我國有悠久的歷史，歷朝歷代也有救荒與濟貧的措施。然而，就社會政策而言，到了1945年臺灣光復之後，在臺灣才有比較具體的政策。

　　1947年，國民政府在南京公布《憲法》。1949年大陸失守，政府轉進來臺，實施憲政。臺灣光復初期的社會政策，大致上以《憲法》基本國策之社會安全章節，作為指導原則。1991年，國民大會進行第一次《憲法》增修，變更中央民意代表的產生方式。2000年，第六次《憲法》增修，其第10條為國家應重視社會福利工作等相關規定。本書考量《憲法》社會安全章節與《憲法》增修之第10條等相關規定，將於後面相關章節呈現，為免重複，此處省略，直接探討下列重要社會政策：

一、民生主義現階段社會政策

　　臺灣從1953年實施經濟建設計畫，每期4年。到了1960年代中期，已完成3期計畫，經濟不斷地成長，而開始有推動社會政策之倡議。

　　1965年4月，行政院頒布實施「民生主義現階段社會政策」，作為加強社會福利措施，增加人民生活方針，其要點如下：

(一) 基本精神：以社區發展方式，落實民生建設，促進經濟與社會的均衡發展，並建立社會安全制度，改善人民生活。

(二) 政策內容

　1. 社會保險：於勞保、公保、軍保之外，視社會需要，逐步擴大社會保險的對象；勞保、公保的醫療服務，應力求改善，確保被保險人醫療之實惠。

　2. 社會救助：改善公私立救濟措施，擴大貧民免費醫療，拯救不幸婦女；修訂《社會救助法》，規定受助條件、給予標準，並改善其救助方式。

　3. **國民就業**：配合經濟發展，積極創造就業機會，擴充國民就業輔導機構及其業務；辦理勞動力調查、就業容量調查；舉辦就業、轉業暨在職訓練。

　4. **國民住宅**：由政府興建國宅，廉租或分期出售平民居住；以長期低利貸款方式，協助平民及公教人員自行興建住宅，並鼓勵私人投資建造國民住宅，出租或分期出售。

　5. 福利服務：加強勞工福利，改善勞工生活；鼓勵農會、漁會加強辦理農家或漁民服務；地方政府增設托兒所及兒童福利中心；重視家庭教育，推廣家庭副業。

　6. **社會教育**：結合社會力量，設置清寒優秀青年獎學金，擴大各種技藝訓練暨職業補習教育，充實地方圖書館與博物館的設備，責成大眾傳播負起社會教育責任。

　7. **社區發展**：採社區發展方式，改善居民生活；設立社區福利服務中心，並僱用曾受專業訓練之社工人員；鼓勵社區辦理消費合作社、副業生產運銷暨公共福利事業。

(三) 具體辦法：由政府與社會協力並舉，積極推動；**所需人才應儘量任**

用大學社工系畢業生，並為現有人員辦理在職訓練，增加其專業知識，改進其工作方法。經費方面，政府應寬列社會福利預算，另以都市平均地權所增收之地價稅，**設立社會福利基金**，並獎勵民間捐資興辦社會福利事業，豁免其所捐部分之所得稅與遺產稅。

總計民生主義現階段社會政策之實施，長達29年之久。直到1994年，行政院另頒《社會福利政策綱領》，才功成身退。

二、1994年《社會福利政策綱領》

1980年代後期，臺灣在政治、經濟與社會，面臨重大變遷。1987年解除戒嚴之後，農民、勞工、學生、環保、婦女、老兵、無殼蝸牛、身心障礙者等弱勢族群，相繼走上街頭，爭取權益。1994年7月，行政院因應社會變遷需求，核定《社會福利政策綱領》，其要點如下：

（一）基本原則：**著重經濟與社會之均衡發展**〔此概念出現於本政策綱領，而不是1965年版、2004年版、2021年版之政策綱領〕，倡導權利義務對等之福利倫理：**健全社會福利之行政體系**，適時修訂社會福利相關法規；**建構以家庭為中心之社會福利政策**〔不含以社區為中心之福利政策〕，弘揚家庭倫理；結合衛生、教育、司法、農業推廣等相關單位，推展各項社會福利工作。

（二）政策內容

1. **就業安全**：積極規劃人力資源之開發、培育與運用；規劃辦理失業保險，並結合職業訓練及就業服務，以發揮就業安全的整體功能。

2. 社會保險：以公保、勞保、私校教保及農保之被保險人及其眷屬為主軸，漸次擴及於全民；社會保險應分健康保險、老年殘障遺屬年金保險、失業保險及職災保險等類別辦理，逐步建立完整的社會保險機制。

3. 福利服務：推動多元化福利服務，提供兒童托育與育樂服務，健全少年身心發展，保障婦女基本權益，加強社區老人安養、療養設施，舉辦各項殘障福利服務措施，修訂社會救助相關法規。

4. **國民住宅**：推動國民住宅福利政策，根據住宅供需情形，統籌規劃興辦國民住宅，並酌量提供出租國民住宅；中央及地方政府應寬籌

國民住宅基金，辦理國宅措施。

5. **醫療保健**：推動國民保健工作，強化防疫措施，普及醫療服務，發展醫療衛生科技，促進國際衛生交流。

(三) 實施要領：以「就業安全」，達成自助；以「社會保險」，邁向互助；以「福利服務」，提升生活品質；以「國民住宅」，安定生活；以「醫療保健」，增進全民健康，逐步建立社會安全制度，發揮政策功能。

這個社會政策，首度將醫療保健列入，並強調結合衛生等相關單位，推展各項社會福利工作。但是，將社會救助併入福利服務項下，顯然忽略其在整個社會福利政策中的重要地位。

三、2004年《社會福利政策綱領》

2002年5月，內政部在臺北舉辦全國性社會福利會議，決議研修《社會福利政策綱領》。2004年2月，《社會福利政策綱領》修正案，經行政院核定施行，其要點如下：

(一) 基本原則：人民福祉優先、包容弱勢國民、支持多元家庭、建構健全制度、投資積極福利、中央地方分工、公私夥伴關係、落實在地服務、整合服務資源。

(二) 政策內容

1. **社會保險**與津貼：建構以社會保險為主，**社會津貼為輔，社會救助為最後一道防線的社會安全體系**，並明定社會保險、社會津貼、社會救助三者之功能區分，避免發生保障措施之重複、過當、片斷、不公等情事。

2. 社會救助：以維持人民在居住所在地區可接受的生計水準為目的，積極**協助低收入家庭累積人力資本**與**資產形成**，以利其家庭及早脫貧。

3. 福利服務：對於國民因社會人口特質而有之健康、照顧、保護、教育、就業、社會參與、發展等需求，政府應結合家庭與民間力量，提供適當的服務。

4. **就業安全**：加強社政、勞政、教育、原住民行政部門的協調與合

作，建立在地化的就業服務體系，強化教育與職訓的連結，提升人力資本投資的效益。

5. **社會住宅**與社區營造：對於低所得、障礙者、獨居老人、受暴婦女、原住民、災民，提供適合的社會住宅；鼓勵居民參與社區發展，營造活力自主的公民社會。

6. **健康與醫療照護**：積極推動國民保健工作，落實民眾健康行為與健康生活型態管理，預防疾病，促進國民健康。

2004年的《社會福利政策綱領》，將名分曖昧的社會津貼正名、將社區發展改為社區營造、將國民住宅改為社會住宅並與社區營造結合、將社會救助從福利服務之中獨立出來、將社會福利體系依社會安全為主流的傳統加以排列。

四、2012年《社會福利政策綱領》

2011年，中華民國建國100年，政府為因應國內社會變化及挑戰，並配合聯合國公布之《經濟社會文化權利國際公約》及《公民與政治權利國際公約》兩項人權公約，促進我國社會福利發展與國際接軌，乃著手修正《社會福利政策綱領》，並經行政院於2012年1月修正核定，其要點如下：

(一) 政策願景

1. 邁向**公平的新社會**：目的在保障弱勢國民，減少社會不公情形。為此，政府的作為，應積極協助弱勢家庭，落實在地服務，並考量兒童、少年、身心障礙者、老人等人口群的最佳利益，提供補充性措施，以切合個別需求與人性化要求。

2. 邁向**包容的新社會**：目的在消除一切制度性的障礙，保障所有國民參與社會的權利。為此，政府的作為，**應積極介入，預防與消除國民因年齡、性別、種族等差異而遭遇歧視或社會排除**，並尊重多元文化差異，營造友善包容的社會環境。

3. 邁向**正義的新社會**：目的在提供所有國民平等的發展機會，以國民福祉為優先，針對政治、經濟、社會快速變遷下的國民需求，主動提出因應對策。為此，政府的作為，應著重積極福利，**藉由社會投資累積人力資本來促進經濟與所得的穩定成長**，進而提升國民生活

品質，維繫社會團結與凝聚〔此政策願景，不含邁向平等的新社會、邁向科技的新社會〕。

(二) 政策內容

1. **社會救助**與津貼：目的在維護國民生活尊嚴，以社會救助維持國民之基本經濟生活，以**社會津貼因應**國民**特殊的需求**〔不含提供國民之基本經濟生活水準〕。

2. 社會保險：目的在維持國民基本經濟安全，其體系涵蓋職業災害保險、健康保險、**年金保險**、就業保險、長期照護保險等。

3. 福利服務：目的在提升家庭生活品質，針對經濟弱勢之兒童、少年、身心障礙者、老人、婦女、原住民、婚姻移民家庭、單親家庭等，提供有適切協助〔不含應以機構式服務為照顧老人及身心障礙者的主要方式〕。

4. **健康與醫療照護**：目的在維持國民健康與人力品質，致力促進及保護全民健康，積極推動弱勢國民健康照護與健康維護方案，以縮短國民之間的健康差距。

5. **就業安全**：目的在穩定國民之所得安全與社會參與，結合民間加強社政、勞政、教育、法務、原住民與經濟行政部門的協調與合作，建立就業安全體系。

6. **居住正義**與**社區營造**：目的在協助國民在地安居樂業，政府結合民間，興辦專供出租之**社會住宅**，並鼓勵社區居民參與社區發展，營造活力自主永續的公民社會〔2012年版的《社會福利政策綱領》不含社會教育、教育、社區發展、社安網〕。

綜觀臺灣社會政策的發展脈絡，大致上符應行政院核定建國100年《社會福利政策綱領》的前言所說，經歷了三個「黃金十年」：

第一個黃金十年，在1950年代，**確立勞保、公保**與**軍保**三大社會保險體系，實現政府遷臺前未竟的理想，也奠定臺灣現代福利體系的根基。

第二個黃金十年，在1960年代開始，「民生主義現階段社會政策」的制定，揭示政府福利施政的方針，**奠立專業社工的制度**、實施具有現代化意義的社會救助措施〔社區發展首先出現於民生主義現階段社會政策，故始於第二個黃金十年；設立社會福利基金，也是〕。

第三個黃金十年，在1990年代，先後完成具有現代化與社會正義意義的福利法案，並於1994年核定《社會福利政策綱領》，帶動社會福利的擴張，也開始納入個人的福利服務。

第四節　我國歷年來重要社會立法

社會立法是將社會政策加以法制化。我國配合社會政策的發展脈絡，也制定相關法規。茲分為五個階段列舉如下：

一、1950-1979年的社會立法

1949年，國民政府遷臺，檢討大陸失守的原因，決定透過立法來安定軍公教、勞工的生活。1950年至1979年之間，主要的社會立法包括：

(一) 1950年4月13日公布《臺灣省勞工保險辦法》（1960年4月4日廢止）。

(二) 1953年11月19日公布《陸海空軍軍人保險條例》（1970年改為《軍人保險條例》）。

(三) 1958年4月30日公布《公務人員保險法》（1999年改為《公教人員保險法》）。

(四) 1958年7月21日公布《勞工保險條例》，1960年2月24日起在臺灣省施行。

(五) 1973年2月8日公布《兒童福利法》（2004年6月2日廢止）。

這個階段的立法，側重於**社會保險**，是國民政府**遷臺後社會安全體系最早法制化的業務範疇**〔不是社會救助〕。**1973年**公布的《兒童福利法》，是**我國第一個針對個別人口群通過的立法**。

二、1980-1989年的社會立法

臺灣歷經1971年退出聯合國、1978年中美斷交，為了因應國家的合法性危機，乃於1980年代，通過下列社會立法：

（一）1980年1月16日公布《**老人福利法**》。

（二）1980年6月2日公布《殘障福利法》。

（三）1980年6月14日公布《社會救助法》。

（四）1989年1月23日公布《少年福利法》（2004年6月2日廢止）。

這個階段的立法，聚焦於增進貧窮者、老人、障礙者、少年等弱勢國民的福利。1980年代公布的《**社會救助法**》、《**老人福利法**》、《**殘障福利法**》，稱爲「**社福三法**」〔不含《**兒童福利法**》，不含《少年福利法》，也不含《家庭暴力防治法》〕。

三、1990-1999年的社會立法

1987年，臺灣解除戒嚴，社會運動興起，部分社運團體介入社會福利政策、立法、服務方案之推動。例如：1990年成立殘障聯盟、兒童福利聯盟；1993年成立老人福利推動聯盟，積極推動福利改革。1992年，立法委員全面改選，社會福利議題成爲政治競爭的標的之一，帶動大量的社會立法或修法。

（一）1990年12月7日公布《精神衛生法》。

（二）1991年5月1日訂定發布《社區發展工作綱要》。

（三）1992年5月8日公布《就業服務法》。

（四）**1994年8月9日公布《全民健康保險法》**，自1995年3月1日起施行。

（五）1995年4月23日修正及更名《身心障礙者保護法》（原名稱：《殘障福利法》）。

（六）1995年5月31日公布《老年農民福利津貼暫行條例》。

（七）1995年7月5日公布《公益彩券發行條例》。

（八）**1995年8月11日公布《兒童及少年性交易防制條例》**。

（九）**1997年1月22日公布《性侵害犯罪防治法》**。

（十）**1997年4月2日公布《社會工作師法》**〔不是2000年立法〕。

（土）**1998年6月24日公布《家庭暴力防治法》**。

這個階段是社會立法高度發展的時期，1994年公布、1995年實施《全民健康保險法》，是我國**第一個普及性福利的社會立法**〔不含《社會救助法》、《國民年金法》、《勞保條例》，因其給付對象爲選擇性〕。

1997年實施《性侵害犯罪防治法》、1998年實施《家庭暴力防治法》，將長久以來被忽略的婦女福利法規補足〔未含《性騷擾防治法》，該法是2005年立法〕。1997年公布實施《社會工作師法》，是我國社會工作專業化的里程碑。

四、2000-2010年的社會立法

2000年，臺灣首次政黨輪替，2008年再次輪替，在不同執政黨競爭下，帶動立法及修法，以貼近人民需求。2000年至2010年重要的社會立法，包括：

(一) 2000年5月24日公布《特殊境遇婦女家庭扶助條例》，自公布日施行。

(二) 2000年6月7日公布《安寧緩和醫療條例》，自公布日起施行。

(三) 2001年1月20日公布《志願服務法》，自公布日起施行。

(四) 2001年10月31日公布《原住民族工作權保障法》，自公布日施行。

(五) 2002年1月16日公布《兩性工作平等法》，2002年3月8日起施行。

(六) 2002年5月15日公布《就業保險法》，2003年1月1日起施行。

(七) 2003年4月30日公布《敬老福利生活津貼暫行條例》。

(八) 2003年5月28日公布及更名《兒童及少年福利法》（併《兒童福利法》、《少年福利法》）。

(九) 2005年2月5日公布《性騷擾防治法》，自公布1年後施行。

(十) 2005年2月5日公布《原住民族基本法》，自公布日施行。

(士) 2006年5月17日公布《公益勸募條例》。

(士) **2007年7月11日修正及更名《身心障礙者權益保障法》**（原名稱：《身心障礙者保護法》）。

(三) 2007年8月9日公布《國民年金法》，2008年10月1日起施行。

(古) **2009年1月23日修正及更名《特殊境遇家庭扶助條例》**（原名稱：《特殊境遇婦女家庭扶助條例》）。

這個階段，不但開創許多新法：第一次出現原住民族福利法規（基本法、工作權法）、2001年實施《志願服務法》是全球第二個通過的志願服務法規（第一個是西班牙），而且有三個法規修正及更名（「兒少

法」、「身障權法」、「特境家扶條例」），可能是政黨輪替後，較重視民生法案。

五、2011年之後的社會立法

2011年，中華民國建國100年，政府為因應國內社會變遷的挑戰，配合聯合國有關兒少、婦女、障礙者的人權公約之基本精神，快速進行立法及修法：

(一) **2011年11月30日修正及更名《兒童及少年福利與權益保障法》**（原名稱：《兒童及少年福利法》）。

(二) 2011年12月31日公布《住宅法》，自公布1年後施行。

(三) **2015年2月4日修正及更名《兒童及少年性剝削防制條例》**（原名稱：《兒童及少年性交易防制條例》）。

(四) **2015年6月3日公布《長期照顧服務法》**，自公布2年後施行。

(五) 2016年1月6日公布《病人自主權利法》，自公布3年後施行。

(六) 2018年1月6日修正及更名《性別工作平等法》（原名稱：《兩性工作平等法》）。

(七) 2018年1月31日公布《長期照顧服務機構法人條例》。

(八) 2018年6月6日公布《兒童及少年未來教育與發展帳戶》。

(九) 2019年12月4日公布《中高齡者及高齡者就業促進法》，2020年12月4日起施行。

(十) 2021年4月30日公布《勞工職業災害保險及保護法》，2022年5月1日施行。

(十一) 2021年12月1日公布《跟蹤騷擾防制法》，自公布後6個月施行。

(十二) 2023年5月24日公布《社會福利基本法》。

(十三) 2023年6月21日公布《原住民族健康法》。

(十四) **2023年8月16日修正及更名《性別平等工作法》**（原名稱：《性別工作平等法》），自2024年3月8日起施行。

(十五) 2024年8月12日公布《新住民基本法》，施行日期由行政院定之。

這個階段的立法，有三大特色：一是因應高齡社會之需求，通過多種高齡者相關法規（「長照法」、《長期照顧服務機構法人條例》、《中高

齡者及高齡者就業促進法》）。二是**受到聯合國人權公約的影響**，將**兒少與婦女相關法規加以修正，增列有關人權的規定**（例如：「兒少權法」、「兒少性防條例」、「性工法」）。三是將**醞釀25年之久**（1998-2023）的《社會福利基本法》，完成立法程序，作為相關法規制定或修正之基準。

　　至於修正及**更改名稱的法規，依其更名先後**為序：(1) 2007年，《身心障礙者保護法》，更名為《身心障礙者權益保障法》；(2) 2009年，《特殊境遇婦女家庭扶助條例》，更名為《特殊境遇家庭扶助條例》；(3) 2011年，《兒童及少年福利法》，更名為《兒童及少年福利與權益保障法》；(4) 2015年，《兒童及少年性交易防制條例》，更名為《兒童及少年性剝削防制條例》；(5) 2023年，《性別工作平等法》，更名為《性別平等工作法》。

　　此外，2023年，為因應性騷擾事件連環爆（MeToo），同步且大幅度修正**「性平三法」**（《性別平等工作法》、《性騷擾防制法》、《性別平等教育法》」（見第八章）。並且，為防止網路平臺散布家暴受害者的「性影像」，也於2023年同步完成**「數位性暴力四法」**之修正，包括：

（一）《性侵害犯罪防治法》（第7條）：新增以《刑法》第319-1條、第319-4條之性影像，準用第16條規定，除（第16條）第1項（徵得被害人同意）以外，任何人不得以媒體或其他方法公開或揭露被害人姓名或其他足以識別被害人身分之資訊（含《刑法》第319-4條之性影像）。

（二）《兒童及少年性剝削防制條例》（第8條）：擴充「性剝削」之定義，將散布、播送、交付、公然陳列或販賣兒少性影像等行為納入性剝削。

（三）《刑法》（第10條）：新增「性影像」之定義，稱性影像者，謂內容含有與性相關而客觀上足以引起性慾或羞恥之行為。

（四）《犯罪被害人權益保障法》（第35條）命被告遵守：移除或向網路平臺提供者申請刪除已上傳之被害人性影像。另（第13條）規定保護服務對象，包括被害人及其家屬〔不是限於未成年者〕。

　　再者，繼上述四法修正之後，2023年12月修正《家庭暴力防治

法》，其第14條第15項亦規定：命相對人刪除或向網際網路平臺提供者、網際網路應用服務提供者或網際網路接取服務提供者申請移除其已上傳之被害人性影像。就此而言，似可與前述四法合稱為**「數位性暴力五法」**或**「網路性暴力五法」**。

 第五節　我國當前社會政策的重要計畫

一、2021年修正通過的家庭政策

　　家庭政策，在於增強家庭功能，透過積極性的社會政策創造一個合適的環境，以協助家庭健全發展。

　　行政院社會福利推動委員會於2004年10月18日通過「家庭政策」，其後2次修正。茲依2021年8月修正後條文，略述其六大政策目標及其主要的政策內容：

(一) 強化家庭教育與性別平權，促進家庭正向關係

　　1.落實家庭教育，增強家庭經營能力，促進家庭成員的互動與凝聚。

　　2.以家庭教育為主軸，整合跨領域資源，預防家庭問題及危機之產生。

　　3.強化家庭教育及輔導效能，落實弱勢關懷，營造友善的親師關係。

　　4.增進年輕世代進入婚姻與家庭之機會與知能，提升家庭教育推展效能。

　　5.落實婚姻教育及諮商服務，保障未成年子女最佳利益。

　　6.提供家庭成員具性別平權之觀念，形塑性別平等之家庭觀及生長環境。

　　7.宣導共同分擔家務與照顧責任，減少照顧責任女性化現象。

(二) 宣導家庭價值與多元包容，促進家庭凝聚融合

　　1.營造友善家庭的社會氛圍，提供政策、制度等支持配套與優惠措施。

　　2.鼓勵媒體、企業及社會團體倡導家庭價值與友善家庭的文化。

　　3.促進家庭成員的社會參與，鼓勵高齡者投入志願服務及終身學習。

　　4.發展友善家庭的居住與照顧政策，以鼓勵代間融合及照顧。

　　5.宣導多元文化價值，消弭因年齡、種族等差異所產生的歧視。

6. 針對各原住民族之特性，推動支持服務，維繫部落互助之傳統文化。

7. 積極強化跨國婚姻家庭互動關係與社會支持網絡。

(三) 發展全生命歷程支持體系，促進家庭功能發揮

1. 健全生育保健體系，增進對懷孕及生產過程之周全照顧。

2. 鼓勵適婚年齡結婚及生育，並健全收出養制度，提升生育與養育子女的機會。

3. 落實青少年健康教育，強化未成年人生育支援體系，維護青少年生育健康。

4. 完備各生命週期之照顧服務與家庭支持系統，建構全人的家庭照顧機制。

5. 建構家庭照顧者服務體系，以減輕家庭照顧者的身心壓力。

6. 發展以家庭為核心、社區為基礎之整合性家庭支持服務體系。

(四) 建構經濟保障與友善職場，促進家庭與工作平衡

1. 建構整合性家庭經濟支持政策，確保家庭成員的經濟安全與公平正義。

2. 建立社會福利與就業服務體系之銜接，協助不利之家庭自立脫貧。

3. 建構老年經濟安全體系與促進中高齡就業，保障家庭長者的經濟安全。

4. 減輕兒童照顧費用支出壓力，對於承擔生養子女責任者給予公共支持。

5. 運用社會資源，協助家庭有工作意願者進入勞動市場並穩定就業。

6. 營造友善家庭之職場環境，提高彈性工時、自主性等措施，以兼顧家庭與工作之平衡。

(五) 維護家庭適足住宅權益，提供家庭宜居環境

1. 對於有居住需求之家庭，提供適宜之協助與支持生養的住宅策略。

2. 鼓勵興辦社會住宅時，考量迫切之特殊需求，提供適宜之設施或設備。

3. 建構友善兒童、身心障礙者、老人、外國人之社區居住環境。

(六) 提升暴力防治與保護服務，營造家庭安全環境

1. 積極深化社區防暴意識，全面提升民眾防暴素養，普及「暴力零容忍」觀念。

2. 結合非營利組織、社會團體及社區組織，發展脆弱家庭的支援服務體系。
3. 強化兒童、少年保護體系，並支持家庭妥善照顧與對待兒童及少年。
4. 落實家暴被害人及目睹兒少之救援及保護措施，以終止家庭暴力。

二、強化社會安全網計畫（第二期）

　　2018年，行政院核定「強化社會安全網計畫」（簡稱社安網計畫），加強社會福利服務中心的運作，以家庭爲中心、以社區爲基礎，對脆弱家庭的成員提供整合性服務，以協助其解決經濟安全、人身安全、心理健康等問題。

　　社安網第一期計畫（2018-2020年），已將精神疾病合併自傷與家暴、性侵、兒虐加害事件者納入整合服務的範圍。第二期計畫（2021-2025年），再納入司法精神鑑定、司法精神醫院、矯正機構的精神醫療服務、精神病患從監護處分到社區心理衛生服務的轉銜機制。茲略述社安網計畫（第二期）的計畫目標及實施要點：

（一）計畫目標
1. 強化家庭社區爲基礎，前端預防更落實。
2. 擴大服務範圍，補強司法心理衛生服務。
3. 優化受理窗口，提升流程效率。
4. 完善服務體系，綿密安全網絡。

（二）規劃重點
1. 補強精神衛生體系與社區支持服務：透過社區心衛中心、精神障礙者協作模式服務據點，提升精神疾病之預防與治療，減少精神疾病患者觸犯刑罰。
2. 加強司法心理衛生服務：設置司法精神醫院及病房，執行分級、分流處遇及建立社區銜接機制，協助精神疾病患者逐步復歸社區。
3. 強化跨體系、跨專業與公私協力服務：整合社政、衛政，與教育、勞政、警政、法務等橫向合作，並補助民間辦理各類服務方案，提升服務效能。
4. 持續拓展家庭服務資源與保護服務：強化公私協力合作，充實及拓

展社區親職育兒支持網絡、親職合作夥伴、社區式家事商談、社區療育服務資源及鄰里方案、社區兒少、障礙者、老人等支持方案，以滿足家庭多元需求。

5. 提升專業傳承與加強執業安全：提供社工科系學生兼職工讀機會，提高畢業生未來投入社工職場意願；另於各服務中心設置保全，加強安全防護。

(三) 實施策略及其具體作為

1. 策略一：**擴增家庭服務資源，提供可近性服務**〔不含建構活力老化的服務網絡〕。其具體作為：

(1) 因應脆弱家庭需求發展個別化及專精服務。

(2) 發展實證基礎的脆弱家庭服務。

(3) 從網絡合作推進到扎根社區的關懷互助。

(4) 落實脫離貧窮措施，協助服務對象及其家庭積極自立。

(5) 急難救助紓困方案資訊系統功能精進，落實轉介及關懷服務。

2. 策略二：**優化保護服務輸送，提升風險控管**。其具體作為：

(1) 結合公衛醫療資源，發掘潛在兒虐個案。

(2) 提升通報準確度及精進風險預警評估機制。

(3) 強化以家庭為中心之多元服務與發展。

(4) 透過夥伴關係，提升公私協力服務量能。

(5) 布建與發展性侵害創傷復原服務。

(6) 精進及擴充兒少家外安置資源。

(7) 強化跨網絡一起工作機制。

3. 策略三：**強化精神疾病及自殺防治服務，精進前端預防及危機處理機制**。其具體作為：

(1) 建構心理衛生三級預防策略，加強前端預防。

(2) 結合社區醫療資源，提升疑似精神病人轉介效能。

(3) 補實關懷訪視人力，強化精神病人社區支持服務。

(4) 強化家庭暴力及性侵害加害人個案管理，提升處遇計畫執行成效。

(5) 布建家庭暴力及性侵害加害人服務資源，整合個案服務資訊。

(6) 提升自殺通報個案服務量能，加強網絡人員自殺防治觀念。

4. 策略四：**強化部會網絡資源布建，拓展公私協力服務**。其具體作為：

(1)落實垂直／水平分層級協調機制。

(2) 強化藥癮個案管理服務網絡合作與服務效能。

(3) 強化教育體系與跨部會體系之服務連結。

(4) 強化勞政網絡合作機制，提升弱勢族群及青少年就業服務效能。

(5) 強化少年輔導工作跨網絡連結。

(6) 強化法務體系與其他服務體系之銜接。

(四) 脫貧服務資源分類的四大類人口及其服務項目

1. 戶內有兒少帳戶符合資格者，其服務項目：

(1) 協助開戶。

(2) 提供親職教育、理財教育或生涯規劃課程。

(3) 依據戶內福利需求轉介或提供服務。

2. 戶內有學齡兒少（依據不同年齡需求提供服務），其服務項目：

(1) 提供課業輔導。

(2) 協助提升學歷。

(3) 協助改善就學設備。

(4) 舉辦學習型營隊、協助挖掘興趣及潛能。

3. 戶內有即將新增工作人口（如子女即將畢業），其服務項目：

(1) 提供二代脫貧措施（如資產累積方法、提供暑期工讀機會）。

(2) 搭配生涯輔導及理財教育、職涯探索或就業見習課程。

4. 戶內有工作能力為就業人口，其服務項目：

(1) 協助排除就業障礙。

(2) 以工代賑。

(3) 與勞政單位合作，提供就業服務、職業訓練、證照考試。

(4) 結合地方特色產業，協助增加在地謀生技能或在地就業。

三、因應超高齡社會對策方案

　　根據國家發展委員會推估，2026年我國老人人口占總人口比率將達20.8%，接近聯合國定義的超高齡（super-aged）國家，老人人口占

21%；至2036年更將達28%，進入極高齡（ultra-aged）國家。為因應超高齡社會的來臨，行政院依據2021年9月修正之「高齡社會白皮書」，於2022年11月核定「因應超高齡社會政策方案」（2023-2026年），其目標及實施要點：

〔一〕目標

1. 增進高齡者健康與自主：提升高齡者健康活力、生活福祉及自主選擇權利，保障獲得優質的醫療服務與社會照顧。

2. 提升高齡者社會連結：鼓勵並支持高齡者參與就業、社會服務、進修學習，維持活躍的社會生活。

3. 促進世代和諧共融：消弭世代隔閡，促進高齡者與不同世代的交流互動，相互同理與彼此尊重。

4. 建構高齡友善及安全環境：破除社會對高齡者的刻板印象與年齡歧視，協助改善居家環境與安全，並提升社會環境對於高齡者的友善性與安全性。

5. 強化社會永續發展：強化因應人口高齡化的社會基礎，穩固重要社會制度的健全運作，促進社會永續發展。

〔二〕執行策略及具體工作

1. 增進高齡者健康與自主的執行策略及具體工作：推廣高齡者休閒運動、強化高齡者心理健康、提升高齡者對健康及醫療與照顧安排的自主選擇、精進高齡醫療照護服務、提升機構照顧品質、提升智慧科技於健康照護的應用、提升失智防護與照顧、提升社區照顧資源布建與資源運用效益、銜接醫療與長照、發展到宅式健康照顧、強化臨終照顧、營造在地共生社區（會）。

2. 提升高齡者與社會連結的執行策略及具體工作：提升高齡者數位連結、提升高齡者的家庭與社區連結、促進高齡者的職場連結、鼓勵高齡者積極參與社會活動、鼓勵高齡者參與社會服務、普及高齡者學習參與。

3. 促進世代和諧共融的執行策略及具體工作：落實人口教育、促進代間互動、提倡代間學習、強化跨世代的合作方案、提升青年世代投入高齡服務、促進跨世代家庭成員共同參與社會活動。

4. 建構高齡友善及安全環境的執行策略與具體工作：破除年齡歧視、保障高齡者人身安全、建立失智友善環境、普及高齡友善與可負擔的住宅、提升高齡者交通運輸便利性、構建安全社區交通網絡、強化民眾及相關服務人員高齡友善服務知能、強化災害防救措施。

5. 強化社會永續發展的執行策略及具體工作：強化家庭功能與連結、提升社會安全制度永續性、運用高齡人力資源、引導銀髮產業發展、強化高齡研究與政策前瞻規劃。

(三) 營造在地共生社區（會）的具體工作

1. 建立高齡者在社區中的平等互惠關係：於社區照顧據點培育種子人員；鼓勵高齡者與幼童進行活動；於農漁村社區辦理年齡平等互惠照顧課程；鼓勵社區辦理高齡者平等互惠相關方案。

2. 社區（會）責任的倡議與提升：辦理農漁村社區社會責任倡議活動、部落（社區）文健站照顧服務座談；補助社區辦理高齡者社區責任倡議方案。

3. 營造高齡者自主自立生活的社區環境：強化社區照顧關懷據點及巷弄長照站之數位環境，提升高齡者社會連結；結合科技推動智慧共生社區；推動合作社之發展，促進高齡者在地就業機會。

4. 在地照顧人力的整合與發展：整合在地各種分齡、分對象照顧體系的人力資源；鼓勵相關服務人員參與多元人力訓練，提升各種照顧人力資源的知能與產能。

四、性別平等推動計畫

行政院於2021年8月函頒「性別平等推動計畫」（2022-2026年），由院層級及部會層級以《性別平等政策綱領》為藍本，運用性別主流化工具，研訂性別相關議題、目標、政策或措施，編列所需性別預算，積極推動並提出年度成果報告。

茲列舉行政院層級性別平等推動計畫的重要議題及其目標，藉觀我國當前性別平等推動的方向及重點：

(一) 政策目標

1. 促進決策參與的性別平等：增進女性培力與發展，強化領導力，增

加不利處境者參與機會，以促進權力、決策及影響力的性別平等。

2. 整合就業與福利以提升女性經濟賦權：整合就業與福利資源，促進女性勞動參與，協助女性創業及技能建構，以提升女性經濟賦權，保障女性經濟安全。

3. 建構性別平等的社會文化：培養全民性別平等意識及尊重多元文化的觀念，消除各領域性別刻板印象、偏見、歧視，以建構性別平等的社會文化。

4. 消除基於性別的暴力：建構有效的性別暴力防治網絡，消除對被害人歧視，積極營造性別友善社會與司法環境，打造安全無虞的生活環境。

5. 提供性別平等的健康照顧：制定具性別意識及公平的健康、醫療與照顧政策，確保女性享有生育健康權利，提供性別友善的健康照顧及家庭支持。

6. 落實具性別觀點的環境、能源與科技發展：促進女性在環境能源與科技領域進入與發展；氣候變遷調適措施納入性別觀點，以促進資源的分配正義與永續發展。

(二) 推動策略

1. 權力、決策與影響力：推動性別平衡原則，縮小決策權力職位的性別差距，達成權力的平等；掌握國際性別議題趨勢，積極參與國際交流，提升我國性別平等成果的能見度。

2. 就業、經濟與福利：結合就業與福利政策，提供女性公平的經濟資源權利、福利服務及社會保障；重視混合式經濟體制的發展潛能，營造有利合作事業發展的環境，達成具性別觀點的經濟發展目標。

3. 教育、媒體與文化：建構性別平等的教育制度及友善的學習環境；提升全民、媒體內容產製者及媒體業者對於數位／網路傳播中性別暴力的認識與防治觀念，營造具性別觀點的數位／網路文化。

4. 人身安全與司法：提升社會大眾對性別暴力認知，消除基於性別的暴力行為；提升司法人員性別平等意識，建立具性別正義的司法環境。

5. 健康、醫療與照顧：制定具性別觀點的人口、健康、醫療與照顧政策；提升健康／醫療／照顧過程中的自主性，特別關注不利處境者

的需求與服務可及性。

6. 環境、能源與科技：營造有利於女性進入能源與科技領域職場，破除水平與垂直的性別隔離；落實環境、能源與科技領域參與機制，確保女性充分參與。

第六節　我國現行《社會福利基本法》分析

我國對於制定《社會福利基本法》，有一段相當長的醞釀期間。1998年，在全國社會福利會議的結論中，建議制定《社會福利基本法》，作為規劃及推展社會福利的依據。2002年、2005年，行政院曾將《社會福利基本法》草案函送立法院審議，但未能完成立法程序。

近年來，我國面對全球化及產業轉型，帶動就業型態的轉變；人口高齡化與少子女化，帶來世代正義議題。而且，家庭型態日趨多元、貧富差距擴大，構成當前我國社會發展之新挑戰。

有鑑於此，政府為確立社會福利基本方針，健全社會福利體制及保障國民社會福利之基本權利，作為未來進一步推展之參據，俾利相關社會福利法規得適時制（訂）定、修正或廢止，研議及落實各福利項目之具體措施，建構健全之社會福利體制。政府根據上述研擬背景，於2023年5月24日，完成《社會福利基本法》立法程序，茲略述其要點：

一、立法目的

為維護國民社會福利基本權利，確立社會福利基本方針，健全社會福利體制（第1條）。

二、社會福利的意義與範圍

㈠ 社會福利的意義：本法所稱社會福利，指社會保險、社會救助、社會津貼、福利服務、醫療保健、國民就業及社會住宅之福利事項（第2條）。

（二）社會福利的範圍

表4-2　社會福利的範圍及其實施

項目	相關規定
1. 社會保險	應採強制納保、社會互助及風險分擔原則，對於國民發生之保險事故，提供保險給付，促進其經濟安全及醫療照顧（第5條）。
2. 社會救助	應結合**就業**、**教育**、**福利服務**，對於低收入戶、中低收入戶及遭受急難、災害、不利處境之國民，提供**救助及緊急照顧**，並協助其自立（**第6條**）〔不含國民年金〕。
3. 社會津貼	應依國民特殊需求，給予定期之補充性現金給付，減輕家庭經濟負擔，使其獲得適足照顧（第7條）。
4. 福利服務	福利服務，應以人為本、以家庭為中心、以社區為基礎，對於有生活照顧或服務需求之國民，提供支持性、補充性、保護性或預防性之綜合性服務（第8條）。
5. 醫療保健	醫療保健，應健全衛生醫療照護體系，提升健康照護品質，保障國民就醫權益，縮短國民健康差距，增進各該生命歷程之健康照護（第9條）。
6. 國民就業	應提供就業服務、職業訓練、職業安全衛生及勞動權益保障，促進勞資協調合作及勞雇關係和諧，策進人力資源之有效運用及發展（第10條）。
7. 社會住宅	社會住宅，應對於有居住需求之經濟或社會不利處境之國民，提供宜居之住宅、房租補助或津貼、租屋協助，保障國民居住權益（第11條）。

三、社會福利的基本方針與原則

（一）社會福利的基本方針：以保障國民適足生活，尊重個人尊嚴，發展個人潛能，促進社會參與，維護社會公平正義為宗旨（第3條）。

（二）社會福利的基本原則：社會福利應本於社會包容、城鄉均衡及永續發展之原則，並兼顧家庭及社會責任，以預防、減緩社會問題，促進國民福祉為目標（第3條）。

（三）社會福利的運作原則：本法施行後，各級政府應依本法之規定，制（訂）定、修正或廢止社會福利相關法規（第30條）。

四、人民接受社會福利的機會平等

(一) 全體國民：國家應肯認多元文化，國民無分性別、性傾向、性別認同、年齡、能力、地域、族群、宗教信仰、政治理念、社經地位及其他條件，接受社會福利之機會一律平等（第4條）。

(二) 弱勢族群：政府對處於離島、偏遠地區或經濟、身心、文化、族群需要協助者之社會福利，應考慮其自主性及特殊性，依法律予以特別保障，並扶助其發展（第4條）。

(三) 原住民族：政府應尊重原住民族文化及族群之自主發展，依其意願，保障原住民兒童、少年、老人、婦女及身心障礙者之相關社會福利權益（第4條）。

五、社會福利的提供方式

有關社會福利的提供方式或提供形式，如表4-3：

表4-3　社會福利提供的方式

項目	相關規定
1. 以政策綱領為依據	中央政府應考量國家政策發展方向、經濟與社會結構變遷情況、社會福利需求及總體資源供給，訂定**社會福利政策綱領**，並至少**每5年檢討1次**（第12條）。
2. 提供現金及其他	各級政府應以現金給付、實物給付、租稅優惠、機會提供或其他方式，保障國民基本生活（第13條）。
3. 自行辦理或結合民間共同推動	(1) 自行辦理：各級政府應自行〔辦理福利服務〕。 (2) 委託辦理：或結合民間資源，以委託、特約、補助、獎勵或其他多元方式，提供國民可近、便利、適足及可負擔之福利服務。 (3) 委託前之協商：各級政府委託辦理福利服務前，應依實際需要，就受委託者資格條件、服務內容、人力、必要費用、驗收與付款方式及其他與服務品質相關之事項，邀請社會福利事業及服務使用者代表溝通協商；協商之代表，得由社會福利事業及服務使用者團體共同推舉之。 (4) 依採購法辦理：各級政府委託辦理福利服務時，應合理編列充足經費，落實徵選受委託者及採購相關規定，促進對等權利義務關係，以維護服務使用者之權益（第14條）。

六、中央與地方應落實之社會福利事項

中央政府應落實之社會福利事項（第15條），與直轄市、縣市政府應落實之社會福利事項（第16條），其相互對照，如表4-4：

表4-4　中央政府與地方政府應落實之社會福利事項

項目	中央政府應落實之事項	地方政府應落實之事項
1. 政策規劃	全國性社會福利政策、法規與方案之規劃、制（訂）定、宣導及執行。	直轄市、縣市社會福利政策、自治法規與方案之規劃、制（訂）定、宣導及執行。
2. 督導與執行	對直轄市、縣市政府執行社會福利業務之督導、考核、協調及協助。	中央社會福利政策、法規及方案之執行。
3. 經費	中央社會福利經費之分配及補助。	中央政府得衡酌縣市人口分布、財政能力，酌予補助。
4. 研究、統計及調查	中央或全國性社會福利之政策研究、統計及調查。	直轄市、縣市社會福利之政策研究、統計及調查。
5. 資訊系統	中央或全國性社會福利資訊系統之規劃、建置、資料整合及運用。	直轄市、縣市或區域性社會福利資訊系統之規劃、建置、資料蒐集及運用。
6. 社福事業之設立	中央或全國性社會福利事業之設立、督導及評鑑。	直轄市、縣市社會福利事業之設立、督導及評鑑。
7. 專業人力資源	全國性社會福利專業人力資源、訓練與管理之規劃、推動及督導。	直轄市、縣市社會福利專業人力資源、訓練與管理之規劃、推動及輔導。
8. 社福與科技之合作	社會福利與科技之合作、創新發展及跨域人才培育。	直轄市、縣市社會福利與科技之合作、創新發展及跨域人才培育。
9. 國際交流	社會福利國際交流之促進。	直轄市、縣市社會福利國際交流之促進。
10. 其他	其他具有**全國一致性**之社會福利事項。	其他直轄市、縣市**因地制宜**之社會福利事項。

七、社會福利制度之建立

(一) 定期召開會議：各級政府應以首長或其指定之人為召集人，邀集社會福利相關學者、專家、民間機構、團體代表、原住民族代表及服務使用者代表，定期召開會議，協調、諮詢、審議及規劃推動社會福利政策（第17條）。

(二) 福利經費之使用

1. 依法辦理：各級政府對於社會福利支出之負擔，依各該法律之規定（第18條）。

2. 酌情補助：中央政府對於重大社會福利政策，得衡酌直轄市、縣市人口分布、財政能力及其他情形，酌予補助（第18條）。〔各級政府〕對於經濟不利處境者，應優先補助。

3. 寬列經費：各級政府應寬列社會福利經費（第19條）。

4. 資源合理分配：直轄市、縣市政府應衡酌轄內社會福利需求及資源情形，就資源不足地區優先規劃興辦、布建各項社會福利設施，促進區域均衡發展及資源合理分配（第19條）。

(三) 專業人力之運用

1. 充實專業人力：各級政府應考量各地區需求人口屬性與數量、社會經濟條件、地理環境因素及資源配置情形，充實社會福利專業人力（第20條）。

2. 建立管理制度：中央各該主管機關得依各社會福利之需要，建立其專業人員之資格、認證、登錄、訓練及督導管理制度（第20條）。

3. 提升工作品質：各級政府應因應社會福利需求，建立社會福利行政體系，充實相關人力，並建立人員專業資格制度，辦理人員教育訓練，提升工作品質（第21條）。

(四) 依法辦理社福評鑑：各級政府應本於提升服務品質、維護服務對象權益及促進永續發展之原則，依法辦理社會福利評鑑。各級政府辦理社會福利評鑑，得委託學校、學術或專業評鑑機構、團體辦理；評鑑時，並應遵守利益衝突迴避原則及諮詢服務使用者之意見；其

評鑑項目、方式及結果，應予公開（第22條）。

(五) 依法獎助及必要協助：各級政府對於社會福利事業，應依法予以獎勵、補助、租稅優惠、督導或其他必要之協助（第23條）。

八、社會福利與相關措施之合作

有關社會福利與相關措施的合作，如表4-5：

表4-5　社會福利與相關措施的合作

項目	相關規定
1. 公共設施	(1) 納入社福規劃：各級政府應於各級國土計畫、都市計畫擬訂及通盤檢討時，將社會福利土地及空間使用需求納入規劃（第24條）。 (2) 通用設計：社會福利相關設施，應考量服務使用者之需求，並以通用設計原則建置（第24條）。 (3) 社宅保留空間：各級政府提供之社會住宅，應保留一定空間，供社會福利使用（第24條）。 (4) 公共設施：各級政府應積極利用閒置公共設施、公有土地或房舍，提供社會福利事業使用（第24條）。
2. 友善環境	社會福利事業提供社會福利事項時，應確保品質，公開透明，建立友善安全工作環境，並遵行相關法令規定，推動永續經營（第25條）。
3. 社區組織	各級政府應鼓勵社區組織，推動社區發展，並推展志願服務制度，協力推動社會福利（第26條）。
4. 企業及團體	各級政府應鼓勵企業及社會團體善盡社會責任，共同推動社會福利（第27條）。
5. 資訊提供	(1) 主動告知資訊：社會福利提供者應依服務對象之個別差異，主動告知社會福利相關資訊，並提供適切之協助，積極保障其權利（第28條）。 (2) 服務流程無障礙：各級政府應致力於社會福利申請之可及性，並提供服務流程之無障礙環境（第28條）。
6. 法律救濟	人民之社會福利權利遭受侵害時，得依法尋求救濟（第29條）。

第七節　我國現行《新住民基本法》分析

　　我國向來重視新住民之權益保障，內政部曾於2003年訂定新住民照顧服務措施，由各機關及地方政府依權責辦理，並定期召開檢討會議，作為跨部會溝通平臺。行政院於2015年成立新住民事務協調會報，每6個月召會一次，結合政府及民間力量，推動各項照顧服務工作。

　　政府為落實憲法保障多元文化之精神，營造多元友善及國際化之環境，並將現行各項措施及機制予以法制化，以確保新住民之基本權益，於2024年8月12日公布《新住民基本法》，茲略述其要點：

一、立法目的
　　為落實憲法保障多元文化精神，保障新住民基本權益，協助其融入我國社會，建立共存共榮之族群關係（第1條）。

二、新住民的意義及適用對象
　　本法所稱新住民，指符合下列情形之一者（第2條），其適用對象如表4-6：

表4-6　新住民的意義及適用對象

適用對象	相關規定	備註
婚姻移民	1. 經許可在臺灣地區居留、依親居留、長期居留或永久居留之〔婚姻移民〕，其配偶為居住臺灣地區設有戶籍國民（第2條第1項第1款）。 2. 依《入出國及移民法》第23條第1項第1款至第7款、第9款、第10款、第2項或第3項，經許可在臺灣地區居留，或依該法第25條經許可永久居留（第2條第1項第2款）。 3. 前款（第2條第1項第4款）規定之臺灣地區無戶籍國民，經許可在臺灣地區定居（第2條第1項第5款）。	本法保障對象及於新住民子女（第2條第3項）。

表4-6（續）

適用對象	相關規定	備註
外國人	1. 經許可在臺灣地區居留、依親居留、長期居留或永久居留之外國人、無國籍人民，其配偶為居住臺灣地區設有戶籍國民（第2條第1項第1款）。 2. 從事《外國專業人才延攬及僱用法》第4條第4款第4目、第5目、第8條、第10條之**專業工作**，或依該法第15條第1項**取得工作許可**，並經許可在臺灣地區居留或永久居留（第2條第1項第2款）。 3. （第2條第1項）第1款或第2款規定之外國人或無國籍人民，經歸化取得我國國籍，以臺灣地區無戶籍國民身分在臺灣地區居留（第2條第1項第4款）。 4. 前款（第2條第1項第4款）規定之臺灣地區無戶籍國民，經許可在臺灣地區定居（第2條第1項第5款）。 5. 前項（第2條第1項）第1款及第2款經許可居留之外國人，**以未兼具我國國籍者為限**（第2條第2項）。	本法保障對象及於新住民子女（第2條第3項）。
大陸地區人民	1. 經許可在臺灣地區居留、依親居留、長期居留或永久居留之大陸地區人民，其配偶為居住臺灣地區設有戶籍國民（第2條第1項第1款）。 2. 依《臺灣地區與大陸地區人民關係條例》第17條第4項規定，經專案許可在臺灣地區長期居留，且其居留事由於符合法定條件後，依法得申請在臺灣地區定居（第2條第1項第3款）。 3. （第2條第1項）第1款或第3款規定之大陸地區人民，或依《臺灣地區與大陸地區人民關係條例》第16條第2項規定，經許可在臺灣地區定居（第2條第1項第5款）。	本法保障對象及於新住民子女（第2條第3項）。
港澳地區居民	1. 經許可在臺灣地區居留、依親居留、長期居留或永久居留之香港或澳門居民，其配偶為居住臺灣地區設有戶籍國民（第2條第1項第1款）。 2. 依《香港澳門關係條例》經許可在臺灣地區居留，且其居留事由於符合法定條件後，依法得申請在臺灣地區定居（第2條第1項第3款）。 3. （第2條第1項）第1款或第3款規定之香港或澳門居民、經許可在臺灣地區定居（第2條第1項第5款）。	本法保障對象及於新住民子女（第2條第3項）。

三、主管機關

本法主管機關為內政部。本法所定事項，涉及各目的事業主管機關職掌者，由各目的事業主管機關辦理（第3條）。

四、相關單位之設置

（一）新住民事務專責機關：內政部應設置新住民事務專責中央三級行政機關，以統籌規劃、研究、諮詢、協調、推動、促進新住民就學、就業、培力、關懷協助及多元服務之相關事宜（第4條）。前條機關設立前，行政院為審議、協調本法相關事務，涉及各目的事業主管機關執掌者，必要時得召開跨部會首長會議，會同各目的事業主管機關辦理之（第5條）。

（二）新住民家庭服務中心：直轄市、縣（市）政府應設新住民家庭服務中心，對於在臺之新住民家庭，提供家庭、婚姻及育兒等諮詢服務，以及心理與法律諮詢之資源轉介。對於新住民家庭之子女，政府應提供輔導措施，以協助其適應生活（第11條）。

（三）新住民發展基金管理會：為推動新住民與其子女及家庭照顧輔導服務、人力資源培訓及發展、無障礙語言環境，建構多元文化社會，有效整合政府及民間資源，特設置新住民發展基金。新住民發展基金管理會之委員組成，納入具新住民或新住民子女身分之代表。新住民發展基金收支保管及運用辦法，由行政院定之（第8條）。

五、定期總體檢討與調查

（一）總體檢討事項：政府應每年針對我國新住民總體支持事項檢討並改進，其內容應包括下列事項（第6條）：

1. 我國新住民支持政策之基本方向。
2. 我國新住民支持政策於各領域中之具體措施。
3. 相關具體措施之成效分析。
4. 新住民支持經費之來源及分配。
5. 其他新住民支持相關事項。

㈡ 專家諮詢：研擬、訂定或檢討新住民支持具體措施時，得邀集相關學者專家及民間團體代表列席提供意見（第6條）。

㈢ 定期調查：為研擬、訂定或檢討相關支持事項，政府應每5年進行調查、擬定計畫，並將調查結果公開於網站（第7條）。

六、推動新住民權益之具體措施

政府為保障新住民之基本權益，應積極推動的具體措施，如表4-7：

表4-7　推動新住民權益之具體措施

具體措施	相關規定
1. 列入國考之類科	政府應於國家考試設立新住民事務相關類科，以因應新住民公務之需求（第9條）。
2. 辦理八項照顧服務措施及多語服務	(1) 政府應辦理**生活適應輔導**、**醫療生育保健**、**就業權益保障**、**提升教育文化**、**協助子女教養**、**人身安全保護**、**健全法令制度**及**落實觀念宣導**等相關措施，以維護新住民及其子女在臺之權益。 (2) 前項服務措施，政府應致力提供多語言服務（第10條）。
3. 推動語言學習及子女教育補助	(1) 政府應規劃結合相關資源及學校，積極提供新住民學習我國語言及文字之資源，以有效消除語言隔閡。 (2) 政府應提供獎勵措施，結合各級學校、家庭與社區推動新住民語言及我國語言學習，並提供新住民子女教育協助（第12條）。
4. 培養新住民專業人才	政府應獎勵或補助新住民學術研究，鼓勵大專校院設立新住民學術相關院、系、所學位學程，培育新住民專業人才（第13條）。
5. 辦理新住民就業服務	政府應鼓勵相關機關（構）、團體辦理新住民就業服務，提供就業諮詢、就業媒合及輔導取得技術士證，促進其就業（第14條）。
6. 關懷與扶助	政府應提供新住民關懷協助，並對弱勢新住民給予扶助（第15條）
7. 提供通譯及語言諮詢服務	(1) 政府機關（構）處理新住民事務，應使新住民得以其語言陳述意見，必要時應提供該語言之通譯服務。 (2) 政府應於公共領域提供新住民語言諮詢等服務及其他落實新住民語言友善環境之措施；著有績效者，得予獎勵（第16條）。

表4-7（續）

具體措施	相關規定
8. 保障媒體近用權	政府應鼓勵各媒體事業，製播新住民語言文化之廣播電視節目或影音，並得予獎勵或補助，以保障新住民媒體近用權（第17條）。
9. 鼓勵公共參與	政府應鼓勵新住民投入公共參與，增進多元文化交流（第18條）。

　　最後，歸結本章所述，我們一方面看到歐美國家歷年來重要社會政策與社會立法的發展，由殘補式走向制度式，逐步建立社會福利體系。另一方面也看到我國歷年來重要社會政策與社會立法的發展，雖其過程艱辛，成果有限，但2012年《社會福利政策綱領》的頒布實施，2023年《社會福利基本法》的公布施行，已分別為我國的社會政策與社會立法建構了基本藍圖。本書後續章節將以此藍圖為基礎，進行相關議題的探討，藉以瞭解其實際運作情況。

第五章
社會救助及津貼
政策與立法

社會政策與社會立法的制度設計，常因國情不同而異。大致上，歐美多數國家以社會保險為主，以社會救助及福利服務為輔；東方多數國家則比較重視社會救助及福利服務，相對忽略社會保險之重要性。我國在建國100年訂頒的《社會福利政策綱領》，即以社會救助與津貼為首要項目。

 ## 第一節　社會救助及津貼政策

　　我國有關社會救助及津貼的政策，主要見諸《憲法》、《憲法》增修條文，以及行政院於2012年修正核定的《社會福利政策綱領》：

一、《憲法》的規定

（一）保障人民的生存權：國家對人民之生存權、工作權、財產權應予保障（第15條）。

（二）扶助與救濟弱勢者：國家為謀社會福利，應實施社會保險制度。人民之老弱殘廢，無力生活，及受非常災害者，國家應予以適當之扶助與救濟（第155條）。

二、《憲法》增修條文的規定

（一）扶助國民自立發展：生活維護與救助，應予保障，並扶助其自立與發展（第10條第7項）。

（二）重視社會救助工作：國家應重視社會救助、福利服務、國民就業、社會保險及醫療保健等社會福利工作，對於**社會救助**和**國民就業**〔不是醫療保健、環境保護〕等救濟性**支出應優先編列**（第10條第8項）。

三、《社會福利政策綱領》的規定

（一）整合救助、津貼及保險的功能：政府應建構以社會保險為主，社會津貼為輔，**社會救助**為**最後一道防線**的**社會安全體系**，並應明定三

者之功能區分與整合（一之1）。

(二) 確保國民得到及時與適切的救助

1. 政府應結合民間資源，提供補充性之社會救助或福利服務，讓無法納入救助體系的弱勢者得到適時協助（一之8）。

2. 政府應定期檢討社會救助的請領資格、給付水準及行政程序，以確保國民得到適切的救助（一之3）。

(三) 保障國民的經濟生活及基本所得

1. 政府**社會救助**〔不是社會津貼〕之設計應以能**維持**國民之**基本經濟生活水準**〔不是維持最低經濟生活水準〕（二之2）。

2. **社會津貼**應因應國民特殊的需求而設計，針對社會保險不足之處予以補充，逐步整合成國民基本所得保障（二之4）。

(四) 積極協助低所得家庭早日脫貧

1. 政府應積極協助低所得家庭**累積資產**與**開創人力資本**，鼓勵其家庭及早脫貧（一之5）。

2. 政府應提供低所得家庭多元社會參與管道，擴增其社會資源，避免社會排除（一之6）。

3. 政府應結合金融機構推展微型貸款、微型保險、發展帳戶、逆向房貸、財產信託等方案，增進弱勢民眾資產累積或抵禦風險的能力（一之12）。

(五) 銜接救助與就業以紓緩家庭困境：政府應建立失業給付與社會救助體系間的銜接，依低所得家庭需求提供或轉介有工作能力者相關就業服務、職業訓練或以工代賑，增進其工作能力，協助其重返職場，以紓緩其家庭之經濟困境（一之7）。

(六) 及時提供災害、傷病與急難之救助

1. 政府對於國民因重大災難所造成的損害，應施予災害救助，以利國民儘速生活重建（一之9）。

2. 政府對於國民罹患嚴重傷病無力負擔所需醫療費用，應予以補助（一之10）。

3. 政府對於國民因遭逢急難變故致生活陷困，應予以急難救助，提供及時紓困（一之11）。

第二節　《社會救助法》分析

　　《社會救助法》於1980年6月14日公布施行，其後多次修正。茲依2015年12月7日修正後條文，略述其內容及新近修正重點：

一、概述
(一) 立法目的：為**照顧低收入戶、中低收入戶**及**救助遭受急難或災害者**，並**協助其自立**（第1條）。
(二) 社會救助的類別：分**生活扶助、醫療補助、急難救助及災害救助**〔不含失業補助、退休補助、就業媒合、人工生殖〕（第2條）。
(三) 主管機關：在中央為**衛生福利部**〔不是勞動部、內政部〕；在直轄市為直轄市政府；在縣市為縣市政府（第3條）。

二、名詞定義
　　社會救助名詞的定義，也可視為社會救助的認定條件，如表5-1：

表5-1　社會救助名詞的定義或認定的條件

名詞	定義或認定的條件
1. 低收入戶	(1) 指經申請戶籍所在地直轄市、縣市主管機關審核認定，符合**家庭總收入平均分配全家人口，每人每月在最低生活費以下**〔不是只計算家庭總收入在最低生活費以下〕。且家庭財產未超過中央、直轄市主管機關公告之當年度一定金額者（第4條）。 (2) 申請時，**戶內人口**均應**實際居住於戶籍所在地**之直轄市、縣市。且**最近1年居住國內超過183日**〔不是180日；其申請時**設籍之期間，不予限制**〕。
2. 中低收入戶	指經申請戶籍所在地直轄市、縣市主管機關審核認定，符合下列規定者（第4-1條）： (1) 家庭總收入平均分配全家人口，每人每月**不超過最低生活費1.5倍**〔不是2倍或2.5倍〕，且不得超過前條第3項之所得基準。 (2) 家庭財產未超過中央、直轄市主管機關公告之當年度一定金額。

表5-1（續）

名詞	定義或認定的條件
3. 最低生活費	(1) 由中央、直轄市主管機關參照中央主計機關所公布**當地區**最近1年每人**可支配所得中位數**60%〔不是可支配所得、平均消費性支出、平均消費性支出中位數；也不是可支配所得平均數、可支配所得眾數；其比率不是50%或70%〕定之，並於新年度計算出之數額較現行最低生活費**變動達**5%**以上時調整之**。 (2) 前項最低生活費之數額，**不得超過**最近年度中央主計機關所公布全國每人**可支配所得中位數**（以下稱**所得基準**）70%，同時**不得低於**臺灣省其餘縣市可支配**所得中位數**60%（第4條）。
4. 家庭財產	包括**動產**及**不動產**，其金額應分別定之（第4條）。

三、全家人口的計算

低收入戶、中低收入戶資格的調查、審核及認定，須計算全家人口，其應計算人口範圍與不列入應計算人口範圍，如表5-2：

表5-2　全家人口應計算人口範圍與不列入應計算人口範圍

類別	相關規定（或認定條件）
1. 應計算人口範圍	第4條第1項及前條（第4-1條）所定家庭，其應計算人口範圍，除**申請人**外，包括下列人員（第5條）： (1) **配偶**〔含設有戶籍之非本國籍配偶或大陸配偶〕。 (2) **一親等之直系血親**〔不含二至三親等之直系血親，也不含旁系血親〕。 (3) **同一戶籍**或**共同生活之**其他**直系血親**〔含同一戶籍且共同生活之祖父母，不含同一戶籍之旁系血親，也不含共同生活之旁系血親〕。 (4) 前3款以外，**認列綜合所得稅扶養親屬免稅額之納稅義務人**。 前項之申請人，應由同一戶籍具行為能力之人代表之。但情形特殊，經直轄市、縣市主管機關同意者，不在此限。
2. 不列入應計算人口範圍	第1項各款人員有下列情形之一者，不列入應計算人口範圍（第5條）： (1) 尚未設戶籍之非本國籍配偶或大陸配偶。 (2) 未共同生活且無扶養事實之特定境遇單親家庭直系血親尊親屬。

表5-2（續）

類別	相關規定（或認定條件）
	(3) 未共同生活且無扶養能力之已結婚直系血親卑親屬〔含未共同生活且無扶養能力之已結婚兒女〕。
	(4) 未與單親家庭未成年子女共同生活、無扶養事實，且未行使、負擔其對未成年子女權利義務之父或母。
	(5) 應徵集召集入營服兵役或替代役現役。
	(6) 在學領有公費。
	(7) 入獄服刑、因案羈押或依法拘禁。
	(8) 失蹤，經向警察機關報案協尋未獲，達6個月以上。
	(9) 因其他情形特殊，未履行扶養義務，致申請人生活陷於困境，經直轄市、縣市主管機關**訪視評估**以申請人最佳利益考量，**認定**以不列入應計算人口為宜〔第5條第3項第9款「因其他情形特殊，未履行扶養義務，致申請人生活陷於困境」，一般稱為「**539條款**」，須由直轄市、縣市主管機關派員訪視，評估申請人最佳利益為考量，據以認定是否不列入應計算人口，這涉及自由裁量權的運用，易受政治因素影響，而引發爭議〕。

四、家庭總收入的計算

低收入戶、中低收入戶資格的調查、審核及認定，也須計算家庭總收入，再依「家庭總收入」平均分配「全家人口」的情形，認定其是否符合低收入戶或中低收入戶。有關家庭總收入的計算，如表5-3：

表5-3　社會救助家庭總收入的計算

類別	相關規定
1. 已就業者的工作收入	**已就業者**，依序核算（第5-1條）： (1) 依全家人口當年度實際工作收入並提供薪資證明核算。**無法提出薪資證明者，依最近1年度之財稅資料所列工作收入核算**〔不是依基本工資計算〕。 (2) **最近1年度之財稅資料查無工作收入，且未能提出薪資證明者，依臺灣地區職類別薪資調查報告各職類每人月平均經常性薪資核算。** (3) **未列入臺灣地區職類別薪資調查報告各職類者，依中央勞工主管機關公布之最近1次各業初任人員每月平均經常性薪資核算**〔不是依製造業每月平均經常性薪資核算〕。

表5-3（續）

類別	相關規定
	前項第1款第1目之2及第1目之3工作收入之計算，**原住民應**依中央原住民族事務主管機關公布之原住民就業狀況調查報告，**按一般民眾主要工作所得與原住民主要工作所得之比例核算**〔不是依臺灣地區職類別薪資調查報告各職類每人月平均經常性薪資核算，也不只依原住民就業狀況調查報告來核計，還要再按一般民眾主要工作所得與原住民主要工作所得之比例來核算，而不只是再按一般民眾主要工作所得來核計〕。但核算結果**未達基本工資者，依基本工資核算**〔不是直接依基本工資核算〕。 第1項第1款第1目之2、第1目之3及第2目工作收入之計算，**16歲以上未滿20歲或60歲以上未滿65歲者**〔不是16歲至未滿60歲，也不是15歲至未滿65歲〕，**依其核算收入70%計算**〔不是80%〕；**身心障礙者，依其核算收入55%計算**〔不是70%〕。
2. 有工作能力未就業者的工作收入	**有工作能力未就業者**（第5-1條）： (1) **依基本工資核算**〔不是依基本工資80%核算，不是依財稅資料所列工作收入金額核算、也不是依各職類每人月平均經常性薪資核算〕。 (2) 經就業服務機構認定失業者或55歲以上經媒介工作3次以上未媒合成功、參加全日制職訓，其失業或**參加職訓期間得不計算工作收入**，所領取之失業給付或**職訓生活津貼，仍應併入**其他收入計算〔不是不併入其他收入計算〕。 (3) **高中建教生**領取之**職業技能訓練生活津貼不予列計**〔不是亦列入工作收入計算〕。
3. 動產與不動產的收益	下列土地，經直轄市、縣市主管機關認定者，不列入家庭之不動產計算： (1) 未產生經濟效益之原住民保留地。 (2) **未產生經濟效益之公共設施保留地**及具公用地役關係之既成道路〔不含自有住宅用地〕。 (3) 未產生經濟效益之非都市土地之國土保安用地、生態保護用地、古蹟保存用地、墳墓用地及水利用地。 (4) 祭祀公業解散後派下員由分割所得未產生經濟效益之土地。 (5) **未產生經濟效益**之嚴重地層下陷區之**農牧用地**、養殖用地〔不含具經濟效益的農牧用地〕。 (6) 因天然災害致未產生經濟效益之農牧用地、養殖用地及林業用地。 (7) 依法公告為汙染整治場址。但土地所有人為汙染行為人，不在此限。

表5-3（續）

類別	相關規定
4. 其他收入	前二款（工作收入、以動產與不動產收益）以外非屬社會救助給付之收入，由直轄市、縣市主管機關認定之。

五、工作能力的計算

本法所稱有工作能力，指**16歲以上，未滿65歲**，而無下列情事之一者（第5-3條）：

(一) 正規學制學生：**25歲以下仍在國內就讀**空中大學、大學院校以上進修學校、在職班、學分班、**僅於夜間或假日上課、遠距教學以外學校**〔不是：等類學校〕，致不能工作〔不是18歲以下人口皆不列有工作能力，不是20歲以下仍在國內就讀空中大學……、也不是18歲到20歲，雖未繼續升學，皆不列入有工作能力計算〕。

(二) 身心障礙：身心障礙**致不能工作**〔不是身心障礙者均視為無工作能力〕。

(三) 嚴重傷病：罹患嚴重傷、病，必須3個月以上之治療或療養，致不能工作。

(四) 家庭照顧：因**照顧特定身心障礙或罹患特定病症**且不能自理生活之共同生活或受扶養親屬，**致不能工作**。

(五) 獨自扶養幼兒：**獨自扶養6歲以下**〔不是6歲以上，也不是12歲以下〕**之直系血親卑親屬**〔不含獨自扶養65歲以上直系血親尊親屬〕，**致不能工作**。

(六) 孕產婦：婦女**懷胎6個月以上**〔不是懷胎3至6個月內〕至**分娩後2個月內**〔不是分娩後1個月內至6個月內〕**致不能工作**；或懷胎期間經醫師診斷**不宜工作**。

(七) 接受監護：**受監護宣告者**。

依前項第4款規定（家庭照顧）主張**無工作能力者**，同一低收入戶、**中低收入戶家庭以1人為限**〔此1人為限的規定，不含身心障礙、獨自扶養幼兒、孕產婦〕。

六、社會救助的一般原則

(一) 專責辦理救助：為執行有關社會救助業務，**各級主管機關應設專責單位或置專責人員**（第6條）。

(二) 從優辦理救助：**本法所定救助項目，與其他社會福利法律所定性質相同時，應從優辦理**〔亦即以救助優先，不是依其他法律規定辦理〕，並不影響其他各法之福利服務（第7條）。

(三) 救助總額適當：依本法或其他法令**每人每月所領取政府核發**之**救助總金額，不得超過當年**政府公告之**基本工資**〔不是不得超過可支配所得中位數，也不是不得超過最低生活費的1.5倍〕（第8條）。

(四) 申報資料必須詳實：直轄市、縣市主管機關為執行本法所規定之業務，申請人及其家戶成員有提供詳實資料之義務。受社會救助者**有下列情形之一，**主管機關應**停止其社會救助，**並得以書面行政處分**命其返還所領取之補助**（第9條）：

　1. 提供不實之資料者。

　2. 隱匿或拒絕提供主管機關所要求之資料者。

　3. 以詐欺或其他不正當方法取得本法所定之社會救助者〔不含不願接受職業訓練，或接受後不願工作者，此為第15條之規定，是不予扶助，不是停止其社會救助與返還所領補助；停止救助的條件也不含受扶助者收入與資產減少〕。

(五) 建立通報機制：教育人員、**保育人員**、社工人員、醫事人員、村里幹事、警察人員因執行業務知悉有社會救助需要之個人或家庭時，應通報直轄市、縣市主管機關。直轄市、縣市主管機關於知悉或接獲前項通報後，應派員調查，依法給予必要救助（第9-1條）。

七、生活扶助

　　低收入戶得**向戶籍所在地**直轄市、縣市主管機關**申請生活扶助**〔不是向工作地主管機關、居住地主管機關申請，也不是由政府設立貧窮門檻且主動給與〕。直轄市、縣市主管機關應自受理前項**申請之日起5日內**〔不是7日內〕，**派員調查**申請人家庭環境、經濟狀況等項目後核定之；必要時，得委由鄉鎮市區公所為之。申請生活扶助，應檢附之文件、申請調查

及核定程序等事項之規定，由直轄市、縣市主管機關定之。

　　前項申請生活扶助經核准者，**溯自備齊文件之當月生效**〔不是自核准當月生效，也不是第一個月領取金額依核准天數比例計算〕（第10條）。生活扶助的相關規定，如表5-4：

表5-4　生活扶助的相關規定

項目	相關規定
1. 生活扶助的方式	(1) 以現金為原則：生活扶助**以現金給付為原則**。但因實際需要，**得委託適當之社會救助機構、社會福利機構或其他家庭予以收容**。 (2) **訂定給付等級**：前項現金給付，**中央、直轄市主管機關並得依收入差別訂定等級**〔不是由中央主管機關統一訂定現金給付等級〕；直轄市主管機關並應報中央主管機關備查。 (3) 定期調整：現金給付所定金額，**每4年調整1次**〔不是每3年〕，由中央、直轄市主管機關參照前1年**消費者物價指數成長率**公告調整之。但成長率為零或負數時，不予調整（第11條）。
2. 增加補助金額	低收入戶成員中有下列情形之一者，得依其原領取現金給付之金額**增加補助**，但最高**不得逾40%**（第12條）： (1) **年滿65歲**〔不含年滿55歲的原住民，也不含具有長照服務資格〕。 (2) **懷胎滿3個月**〔不是懷胎滿1個月，也不含3歲以下嬰幼兒、未滿12歲兒童〕。 (3) 領有身心障礙手冊或身心**障礙證明**〔不含領有重大傷病證明，且經醫師評估無法工作；也不含配偶入獄服刑、因案羈押或依法拘禁〕。
3. 定期辦理調查	(1) 社會救助調查：直轄市及縣市主管機關**每年**〔不是每5年〕應定期**辦理低收入戶、中低收入戶調查**〔此即資產調查，是必要程序，不是自動提供扶助〕。 (2) 對於停止扶助者之協助：直轄市及縣市主管機關依前項規定調查後，對**因收入或資產增加而停止扶助者**，應主動評估其需求，**協助申請**其他相關**福利補助或津貼**〔不是自立脫貧即不能申請其他補助或津貼〕，並得視需要提供或轉介相關就業服務。 (3) 生活狀況調查：主管機關應至少**每5年**舉辦**低收入戶及中低收入戶生活狀況調查**。若社會經濟情勢有特殊改變，得不定期增加調查次數（第13條）。

表5-4（續）

項目	相關規定
4. 提供或轉介就業相關服務及補助	(1) **應辦**：直轄市、縣市主管機關應依需求**提供**或轉介低收入戶及中低收入戶中**有工作能力**者**就業服務、職業訓練**或**以工代賑**〔不含生育補助〕。 (2) **得辦**：直轄市、縣市主管機關得**視需要提供**低收入戶及中低收入戶**創業輔導、創業貸款利息補貼**、求職交通補助、求職或職業訓練期間之**臨時托育及日間照顧津貼**等其他就業服務與補助。 (3) **免計入家庭總收入**：參與第1項**服務措施**之低收入戶及中低收入戶，於**一定**期間及**額度內因就業**（含自行求職）而**增加之收入**，得**免計入**第4條第1項（低收入戶）及第4-1條第1項第1款（中低收入）之**家庭總收入**〔是一定額度內得免計入家庭總收入，而不是因就業而增加之收入，得全數免列入家庭總收入計算〕，最長**以3年為限**〔不是2年為限〕，經評估有必要者，**得延長1年**〔不是6個月〕。 (4) **不配合不扶助**：**不願接受第1項之服務措施**（就業服務、職業訓練或以工代賑），或**接受後不願工作者**，直轄市、縣市主管機關**不予扶助**。 (5) **不重複領取補助**：其他法令有性質相同之補助規定者，不得重複領取（第15條）。
5. 辦理脫貧措施	(1) **協助脫貧**：直轄市、縣市主管機關為協助**低收入戶及中低收入戶積極自立**〔不以低收入戶為限〕，得自行或**運用民間資源**〔不是依稅收〕辦理脫離貧窮相關措施〔含財產累積，不含公益創投〕。 (2) **增加免計入家庭總收入**：**參與前項措施**（脫貧措施）之低收入戶及中低收入戶，於一定期間及額度內因措施所增加之收入及存款，得**免計入**第4條第1項之**家庭總收入及家庭財產**，最長**以3年為限**〔不是1年、2年為限〕，經評估有必要者，得延長1年〔不是6個月、2年〕（第15-1條）。 (3) **增加社會參與**：直轄市、縣市主管機關為促進低收入戶及中低收入戶之社會參與及社會融入，得**擬訂相關教育訓練、社區活動及非營利組織社會服務計畫**，提供低收入戶及中低收入戶**參與**〔其目的在避免社會排除，不是避免福利依賴〕（第15-2條）。

表5-4（續）

項目	相關規定
6. 提供特殊項目之救助及服務	直轄市、縣市主管機關得視實際需要及財力，對設籍於該地之低收入戶或中低收入戶提供下列特殊項目救助及服務（第16條）： (1) **產婦及嬰兒營養補助**。 (2) **托兒補助**。 (3) **教育補助**。 (4) 喪葬補助。 (5) 居家服務。 (6) 生育補助。 (7) 其他必要之救助及服務〔不含以工代賑、急難救助、電腦補助、犯罪被害人及其家人之救助〕。
7. 減免學雜費	低收入戶及中低收入戶之家庭成員就讀國內公私立高級中等以上學校者，得申請減免學雜費；其減免基準（第16-2條）： (1) **低收入戶學生**：**免除全部學雜費**。 (2) **中低收入戶學生**：**減免學雜費60%**〔不是免除學雜費，也不是減免50%〕。
8. 短期生活扶助	國內**經濟情形發生重大變化**時，中央主管機關得視實際需要，**針對中低收入戶提供短期生活扶助**〔不是急難貸款、安置服務、緊急紓困，因為緊急紓困等同急難救助，救助法已有規定〕（第16-3條）。
9. 對遊民之協助	(1) 安置輔導：警察機關發現無家可歸之遊民，除其他法律另有規定外，應通知社政機關（單位）共同處理，並查明其身分及協助護送前往社會救助機構或社會福利機構安置輔導。 (2) 通知家屬：其身分經查明者，立即通知其家屬。 (3) 提供社福資訊：不願接受安置者，予以列冊並提供社會福利相關資訊。 (4) 定期聯繫會報：為強化遊民之安置及輔導功能，應以直轄市、縣市為單位，並**結合警政、衛政、社政、民政、法務及勞政機關**（單位）〔不含交通單位〕，建立**遊民安置輔導體系**，並定期召開遊民輔導聯繫會報（第17條）。

八、醫療費補助

（一）醫療費補助：具有下列情形之一者，得檢同有關證明，向戶籍所在地主管機關申請醫療補助（第18條）：

1.低收入戶之傷、病患者。

2.患嚴重傷、病，所需醫療費用非其本人或扶養義務人所能負擔者〔不限於低收入戶〕。

參加全民健康保險可取得之醫療給付者，不得再依前項規定申請醫療補助〔但已領取其他法令性質相同之醫療補助，不得重複補助〕。

(二) 健保費補助

1.**低收入戶**：參加全民健保之保險費，由中央主管機關編列預算補助〔全額補助，不是補助50%，且不含低收入戶18歲以下兒童補助50%，也不含低收入戶70歲以上老人補助50%〕（第19條）。

2.**中低收入戶**：參加全民健保應自付之保險費，由中央主管機關**補助**1/2〔不是1/3，也不是全額補助〕（第19條）。

其他法令有性質相同之補助規定者，不得重複補助。

九、急難救助

急難救助的相關規定，如表5-5：

表5-5　急難救助的相關規定

項目	相關規定
1. 申請條件及救助項目	具有下列情形之一者，得檢同有關證明，**向戶籍所在地主管機關申請急難救助**〔不是向居住地之主管機關申請，即使在居住地死亡而無力殮葬，亦然〕（第21條）： (1) 戶內人口死亡無力殮葬。 (2) 戶內人口遭**意外傷害**或**罹患重病**，致**生活陷於困境**〔不含低收入戶之傷、病患者〕。 (3) 負家庭主要生計責任者，失業、失蹤、應徵集召集入營服兵役或替代役現役、入獄服刑、因案羈押、依法拘禁或其他原因，無法工作致生活陷於困境。 (4) 財產或存款帳戶因遭強制執行、凍結或其他原因未能及時運用，致生活陷於困境。 (5) **已申請福利項目或保險給付，尚未核准期間生活陷於困境。** (6) 其他因遭遇重大變故，致生活陷於困境，經直轄市、縣市主管機關訪視評估，認定確有救助需要。

表5-5（續）

項目	相關規定
2. 缺返鄉車資之救助	**流落外地，缺乏車資返鄉者，當地主管機關**得依其申請**酌予救助**（第22條）。
3. 無力殮葬之協助	**死亡而無遺屬與遺產者，應由當地鄉鎮市區公所**辦理葬埋〔不是由當地社會局處、當地警察單位、戶籍所在地之縣市政府辦理葬埋〕（第24條）。

十、災害救助

(一) 災害救助的內容：人民遭受水、火、風、雹、旱、地震及其他災害，致損害重大，影響生活者，予以災害救助（第25條）。

(二) 災害救助的方式：直轄市或縣市主管機關應視災情需要，依本法所列方式辦理災害救助（第26條）；直轄市、縣市主管機關於必要時，得洽請民間團體或機構協助辦理災害救助（第27條）。

十一、社會救助機構

有關社會救助機構的相關規定，如表5-6：

表5-6　社會救助機構的相關規定

項目	相關規定
1. 利用原有社福機構與新設公家救助機構	社會救助，除利用各種社會福利機構外，直轄市、縣市主管機關得視實際需要，設立或輔導民間設立為實施本法所必要之機構（第28條）。 (1) **利用原有社福機構**：前項社會福利機構，對於受救助者所應收之費用，由**主管機關予以補助**。 (2) **新設公家救助機構**：直轄市、縣市主管機關依第1項規定設立之機構，**不收任何費用**。
2. 私立救助機構之設立	(1) 申請許可：設立私立社會救助機構，應申請當地主管機關許可。 (2) 辦理法人登記：經許可設立者，應**於3個月內**辦理**財團法人登記**；其有正當理由者，得申請主管機關核准延期3個月。 (3) 層報上級備查：前項申請經許可後，應層報中央主管機關備查（第29條）。

表5-6（續）

項目	相關規定
3. 主管機關對救助機構的權責	(1) 輔導：對社會救助機構應予輔助、監督及評鑑。 (2) 獎勵：社會救助機構之獎勵辦法，由主管機關定之。 (3) 通知改善：社會救助機構辦理不善或違反原許可設立標準或依第1項評鑑結果應予改善者，主管機關應通知其限期改善（第31條）。
4. 救助機構的職責	(1) 專業人員辦理：社會救助機構之業務，應由專業人員辦理之（第34條）。 (2) 依法接受委託安置：接受政府委託安置之社會救助機構，非有正當理由，不得拒絕依本法之委託安置（第32條）。 (3) 依法使用補助經費：社會救助機構接受政府補助者，應依規定用途使用之，並詳細列帳；其有違反者，補助機關得追回補助款。 (4) 增置財產依法列管：依前項規定增置之財產，應列入機構財產管理，以供查核（第35條）。 (5) 接受主管機關查核：社會救助機構應接受主管機關派員對其設備、帳冊、紀錄之檢查（第33條）。

十二、社會救助的經費

(一) 各級政府應編列預算支應救助經費：辦理本法各項救助業務所需經費，應由中央、直轄市、縣市主管機關及各目的事業主管機關分別編列預算支應之（第36條）。

(二) 補助之經費應限定使用範圍及用途：中央依地方制度法第69條第3項及相關規定籌編補助直轄市、縣市政府辦理本法各項救助業務之定額設算之補助經費時，應限定支出之範圍及用途（第36條）。

(三) 現金給付與補助之權利不得轉讓：依本法請領各項現金給付或補助之權利，不得扣押、讓與或供擔保（第44條）。

(四) 接受私人捐贈現金應專款專用：各級政府及救助機構接受私人或團體之捐贈，應妥善管理及運用；其屬現金者，應設專戶儲存，專作救助事業之用，捐贈者有指定用途者，並應專款專用。前項接受之捐贈，應公開徵信（第44-1條）。

㈤ 請領現金給付或補助者應開立專戶：依本法請領各項現金給付或補助者，得檢具直轄市、縣市主管機關出具之證明文件，於金融機構開立專戶，並載明金融機構名稱、地址、帳號及戶名，報直轄市、縣市主管機關核可後，專供存入各項現金給付或補助之用。前項專戶內之存款，不得作為抵銷、扣押、供擔保或強制執行之標的（第44-2條）。

十三、重要罰則

㈠ 設立私立社會救助機構未經當地主管機關許可並辦理法人登記：處其負責人6萬元以上30萬元以下罰鍰，並公布其姓名及限期令其改善（第38條）。

㈡ 社會救助機構無正當理由而拒絕接受政府委託安置：主管機關得處以20萬元以上100萬元以下罰鍰，並得令其限期改善；屆期不改善者，得廢止其許可（第41條）。

㈢ 社會救助機構停、歇業、被撤銷而未配合規定安置該機構安置之人：強制實施之，並處6萬元以上30萬元以下罰鍰；必要時，得予接管（第40條）。

十四、《社會救助法》新近修正重點

《社會救助法》新近於2013年1月、2013年6月、2015年12月修正，其修正重點：

㈠ 調整原住民工作收入之計算：依中央原住民族事務主管機關公布之原住民就業狀況調查報告，按一般民眾主要工作所得與原住民主要工作所得之比例核算。但核算結果未達基本工資者，依基本工資核算（第5-1條）。

㈡ 調整建教合作學生有工作收入之計算：依高中建教合作實施及建教生權益保障法規定參加建教合作所領取之職業技能訓練生活津貼不予列計（第5-1條）。

㈢ 增訂生活扶助金額每4年調整1次：由中央、直轄市主管機關參照中央主計機關發布之最近1年消費者物價指數較前次調整之前1年消費

者物價指數成長率公告調整之。但成長率爲零或負數時，不予調整（第11條）。

(四) 調整低收入及中低收入家庭總收入之計算：參加縣市主管機關提供或推介的相關就業服務、職業訓練或以工代賑之低收入戶及中低收入戶，於一定期間及額度內因就業（含自行求職）而增加之收入，得免計入家庭總收入（第15條）。

(五) 開放中低收入者參加脫貧措施：爲防止中低收入戶落入低收入境地，修正爲：參與前項（脫貧措施）之低收入戶及中低收入戶，於一定期間及額度內因措施所增加之收入及存款，得免計入家庭總收入及家庭財產，最長以3年爲限，經評估有必要者，得延長1年（第15-1條）。

(六) 將中低收入戶納入住宅補貼的對象：爲照顧低收入戶及中低收入戶得到適宜之居所及居住環境，修正爲：各級住宅主管機關得提供住宅補貼措施（第16-1條）。

(七) 調整高中以上學生學雜費減免基準：爲符合社會救助應有的公平正義，參酌特殊境遇家庭扶助條例、低收入戶學生及中低收入戶學生學雜費減免辦法之規定，調整爲：低收入戶學生得免除全部學雜費，中低收入戶學生得減免學雜費60%（第16-2條）。

 ## 第三節　《特殊境遇家庭扶助條例》分析

　　《特殊境遇家庭扶助條例》的原名爲《特殊境遇婦女家庭扶助條例》，於2000年5月24日公布施行，2009年1月修正時改爲現行名稱，其後多次修正。茲依2021年1月修正後之條文，略述其內容及新近修正要點：

一、概述

(一) 立法目的：爲扶助特殊境遇家庭解決生活困難，給予緊急照顧，協助其自立自強及改善生活環境（第1條）。

(二) 扶助的項目：本條例所定特殊境遇家庭扶助，包括**緊急生活扶助**、

子女生活津貼、子女教育補助、傷病醫療補助、兒童托育津貼、法律訴訟補助及創業貸款補助〔不含求職交通補助、家庭照顧者津貼、親職教育輔導、心理輔導補助、災害救助，其中災害救助已列救助法，此為特殊條例，自不再列入〕（第2條）。

(三) 主管機關：在中央為**衛生福利部**；在直轄市為直轄市政府；在縣市為縣市政府（第3條）。

(四) 經費預算：辦理本條例各項家庭扶助業務所需經費，應由各級政府分別編列預算支應之（第13條）。

二、特殊境遇家庭扶助（對象）的界定

本條例所稱**特殊境遇家庭**，指**申請人其家庭總收入按全家人口平均分配**，**每人每月未超過**政府當年公布**最低生活費2.5倍**〔不是1.5倍〕及臺灣地區平均**每人每月消費支出1.5倍**〔不是2.5倍〕，且家庭財產未超過中央主管機關公告之一定金額，並具有下列情形之一者（第4條）：

(一) 年老且失偶：**65歲以下**〔不是65歲以上，也不是70歲以下〕，其配偶死亡，或**失蹤**經向警察機關報案**協尋未獲達6個月以上**〔不是1年以上〕。

(二) 因受虐離婚：因配偶惡意遺棄或受配偶不堪同居之虐待，經判決離婚確定或已完成協議離婚登記。

(三) 遭受家暴：家庭暴力受害者。

(四) 未婚之孕產婦：**未婚**懷孕婦女，**懷胎3個月以上至分娩2個月內**〔不是懷胎1個月以上至分娩6個月內〕。

(五) 婚變或嚴重傷病且須照顧幼兒致無法工作：因離婚、喪偶、未婚生子**獨自扶養**18歲以下子女或祖父母扶養18歲以下父母無力扶養之孫子女，其無工作能力，或雖有工作能力，因遭遇重大傷病或**照顧6歲以下**子女或孫子女〔不是12歲以下〕致不能工作〔此款含單親家庭、祖孫家庭〕。

(六) 配偶服刑中：配偶處1年以上之徒刑〔不是6個月以上〕或受拘束人身自由之**保安處分1年以上**，且在執行中。

(七) 其他重大變故致生活陷入困境：其他經直轄市、縣市政府評估因3個

月內生活發生重大變故導致生活、經濟困難者,且其重大變故非因個人責任、債務、非因自願性失業等事由〔亦即不含因債務致生活困難的家庭〕。

三、特殊境遇家庭扶助項目的申請及給付

特殊境遇家庭得依第2條所定家庭扶助項目申請,**不以單一項目為限**（第5條）,其申請及給付的相關規定,如表5-7:

表5-7 特殊境遇家庭扶助項目的申請及給付

類別	申請條件	給付標準
1. 緊急生活扶助	(1) 應於事實發生後6個月內〔不是1年內〕,檢具戶口名簿影本及證明文件,**向戶籍所在地**直轄市、縣市主管機關提出申請。 (2) 或由鄉鎮市區公所、社福機構轉介申請。 (3) 證明文件取得困難時,得依社工員訪視資料審核之（第6條）。	(1) 按當年度低收入戶每人每月**最低生活費用標準1倍**核發,每人每次以補助3個月為原則〔不是6個月;是為原則,不是為限〕。 (2) **同一個案同一事由以補助1次為限**〔不是2次〕。 (3) 直轄市、縣市主管機關應於緊急生活扶助核准後,**定期派員訪視**其生活情形;其**生活已有明顯改善者,應即停止扶助**（第6條）。
2. 子女生活津貼	(1) 符合第4條第1項第1款至第3款（年老且失偶、因受虐離婚、遭受家暴）、第5款（婚變或嚴重傷病且須照顧幼兒致無法工作）或第6款（配偶服刑中）規定,並有15歲以下子女或孫子女者,得申請子女生活津貼。 (2) 初次申請子女生活津貼者,得隨時提出。 (3) 但有延長補助情形者,應於會計年度開始前2個月提出（第7條）。	(1) **每1名子女或孫子女每月補助當年度最低工資之1/10,每年申請1次**〔不是2次〕（第7條）。 (2) 符合第4條第1項第3款規定,申請子女生活津貼,以依民事保護令取得未成年子女之權利義務行使或有具體事實證明獨自扶養子女者為限（第12-1條）。

表5-7（續）

類別	申請條件	給付標準
3. 子女教育補助	符合第4條規定，且其子女或孫子女就讀國內公私立高中以上學校，得申請教育補助。但其他法令有性質相同之補助規定者，不得重複領取（第8條）。	(1) 就讀高中高職減免學雜費60%〔不是50%、全免〕。 (2) 就讀大專院校減免學雜費60%〔不含社區大學；不是70%、全免〕。 前項學雜費減免，應於註冊時檢附相關證明文件，經學校審核確認後逕予減免（第8條）。
4. **傷病醫療補助**	符合第4條規定，而有下列情形之一，得申請傷病醫療補助： (1) 本人及6歲以上未滿18歲之子女或孫子女參加全民健保，最近3個月內自行負擔醫療費用超過3萬元，無力負擔且未獲其他補助或保險給付者。 (2) 未滿6歲之子女或孫子女，參加全民健保，無力負擔自行負擔之費用者。 (3) 應於**傷病發生後3個月內**〔不是6個月內〕，檢具證明文件，向戶籍所在地主管機關**提出申請**。 (4) 未滿6歲之子女或孫子女傷病醫療補助申請，應向戶籍所在地之鄉鎮市區公所申請醫療補助（第9條）。	傷病醫療補助之標準： (1) **本人及6歲以上未滿18歲之子女或孫子女**：自行負擔醫療費用**超過3萬元之部分**〔並未調為5萬元〕，最高**補助70%，每人每年最高補助12萬元**。 (2) 未滿6歲之子女或孫子女：凡在健保特約之醫療院所接受門診、急診及住院診治者，依全民健保法第33條及第35條之規定應自行負擔之費用，每人每年最高補助12萬元（第9條）。
5. 兒童托育津貼	(1) 符合第4條第1項第1款至第3款、第5款及第6款規定，並有未滿6歲之子女或孫子女者，應優先獲准進入公立托教機構。 (2) 如子女或孫子女進入私立托教機構時，得申請兒童托育津貼。 (3) 應於事實發生後6個月內，檢	(1) 兒童托育津貼每人每月1,500元（第10條）。 (2) 符合第4條第1項第3款規定，申請兒童托育津貼，以依民事保護令取得未成年子女之權利義務行使或有具體事實證明獨自扶養子女者為限（第12-1條）。

表5-7（續）

類別	申請條件	給付標準
	具證明文件，向戶籍所在地主管機關申請（第10條）。	
6. **法律訴訟補助**	(1) 符合第4條第1項第3款規定，而無力負擔訴訟費用者，得申請法律訴訟補助。 (2) 應於事實**發生後3個月內**〔不是6個月內〕檢具相關證明，向戶籍所在地之主管機關申請（第11條）。	法律訴訟補助，其標準最高金額**以5萬元為限**（第11條）。
7. 創業貸款補助	符合第4條第1項第1款至第3款、第5款及第6款規定，且**成年者**〔配合民法修正18歲為成年〕，得申請創業貸款補助（第12條）。	其申請資格、程序、補助金額、名額、期限及其他相關事項之辦法，由中央目的事業主管機關定之（第12條）。

四、《特殊境遇家庭扶助條例》新近修正重點

《特殊境遇家庭扶助條例》新近於2014年1月、2020年1月、2021年1月修正，其修正重點：

(一) 重新界定申請創業貸款年齡之定義：配合民法**成年之年齡下修為18歲**，將有關創業貸款補助申請年齡規定，由「年滿20歲」**修正為「成年」**（第12條）。

(二) 確保特境家庭扶助專戶內存款之安全：修正前，僅對請領津貼或補助，禁止作為扣押、抵銷、供擔保或強制執行之標的。但實務上，津貼或補助匯入申請人存款帳戶之後，可能遭金融機構扣押或行使抵銷權。因而修正為：請領各項津貼或補助者，於金融機構開立專戶之存款不得作為扣押、抵銷、供擔保或強制執行之標的（第13-1條）。

第四節 《老年農民福利津貼暫行條例》分析

　　老年經濟安全對每位國民都很重要，《老年農民福利津貼暫行條例》是專爲老年農民所建立的經濟保障措施之一。該條例於1995年5月31日公布實施，其後多次修正。茲依2018年6月修正後條文，略述其內容及新近修正重點：

一、概述

(一) 立法目的：爲照顧老年農民生活，增進農民福祉（第1條）。

(二) 主管機關：在中央爲行政院農業委員會〔2023年8月改爲農業部〕；在直轄市爲直轄市政府；在縣市爲縣市政府（第2條）。

(三) 經費負擔方式：老年農民福利津貼在直轄市區域，由中央主管機關負擔50%，直轄市負擔50%；在省轄區域，由中央負擔（第6條）。

二、老年農民的資格條件

　　本條例所稱老年農民，應符合下列各款資格條件（第3條）：

(一) 年滿**65歲**國民〔不含60歲〕，在國內設有戶籍，且於**最近3年內**〔不是5年內〕每年**居住超過183日**者。

(二) 申領時**參加農民健康保險**〔不是參加全民健保〕之農民且**加保年資合計15年以上者**〔不是10年以上〕，或已領取勞工保險老年給付之漁會甲類會員且會員年資合計15年以上者。

三、福利津貼的發放標準

(一) 發放的金額：符合前條（第3條）資格條件之老年農民，得申請發給福利津貼，自民國101年1月1日起調整爲**每月7,000元**，發放至本人死亡當月止（第4條）。

(二) 定期調整：其後**每4年調整1次**，由中央主管機關參照中央主計機關發布之最近1年消費者物價指數較前次調整之**前1年消費者物價指數成長率**公告**調整**之，但成長率爲零或負數時，不予調整。

（三）不予發放的情形：自民國102年1月1日起，始申請領取福利津貼之老年農民，有下列情形之一者不予發給，或停止發給至其原因消失之當月止（第4條）：

1. 財稅機關提供中央主管機關公告年度之農業所得以外之個人綜合所得稅各類所得總額，合計50萬元以上。

2. 個人所有土地及房屋價值，合計500萬元以上。

四、《老年農民福利津貼暫行條例》新近修正重點

《老年農民福利津貼暫行條例》新近於2014年1月、2014年7月、2018年6月修正，其修正重點：

（一）新增老年農民資格須設戶籍且居住一定日數：為避免老年農民長期旅居國外，亦可領取津貼之不合理現象。修法對於津貼之請領資格增列：在國內設有戶籍，且於最近3年內每年居住超過183日者（第3條）。

（二）確保老農請領福利津貼之安全：修正前規定：請領老年農民福利津貼之權利，不得作為扣押、讓與、抵消或供擔保之標的，但實務上福利津貼匯入金融帳戶後，可能遭到金融機構扣押或行使抵押權，致老農陷經濟困境。因而修法增列：依本條例規定請領福利津貼者，於金融機構開立專戶，專供存入本津貼之用（第4-1條）。

第五節　社會救助及津貼相關議題

一、社會保險、社會救助與社會津貼之比較

社會保險、社會救助與社會津貼三者，都是基本的社會政策，也是社會安全制度的三道防線，彼此之間有相輔相成的功能。但是三者的特質不盡相同，可簡單比較，如表5-8：

表5-8　社會保險、社會救助與社會津貼之比較

	社會保險	社會救助	社會津貼
1. 保障對象	就業人口（勞動者及其家屬）或全民	低收入、中低收入人口	特定人口（兒童、老人、障礙者）
2. 資格要件	納保、有繳保費紀錄〔高度強調權利義務〕	**資產調查**、合乎低所得標準	涵蓋在**特定人口群**之內〔即身分認定〕、常有**居住設籍**之要求
3. 給付方式	**現金**給付差異性　**實物**給付共同性	選擇性　**現金、實物**〔不是只提供現金給付〕	**普及性**〔不是個別需求，也不是殘補式〕現金
4. 保障水準	**所得替代（保障基本生活水準）**	**保障最低生活水準**	促進特定群體的生活機會均等〔不是保障生存權〕
5. 制度性質	自助互助	社會扶助	社會補充
6. 制度功能	**防貧**（防止國民的生活風險事故）	**脫貧**	濟貧〔不是防貧〕
7. 行政層次	中央主導（全國一致）	政方主導（因地制宜）	中央主導（全國一致）
8. 經費來源	保險費	**政府稅收**	**政府稅收**
9. 福利模式	工業成就模式（有一部分所得再分配作用）	殘補福利模式（易有工作倫理的懲罰及烙印化）	**制度再分配模式**（有一部分所得再分配作用）
10. 政治合法性	社會公民權（贏得的權利）	慈善、仁政	社會公民權（普及的權利）

資料來源：參考林萬億，2022：201；孫健忠，2000：5整理而成。

　　由表5-8及相關資料（林萬億，2022：222-226），可知**社會救助的特質**如下：

(一) **低收入水準**：社會救助的保障對象是所得或**資產低於「最低維生水準所得」以下的人口群**〔不是以個人為救助單位原則，也含低收入戶、中低收入戶〕。

（二）資產調查（means test）：申請社會救助必須接受所得與財產的檢查，以計算個人或家庭的所得與資產不足以維生的差距，作為社會救助給付多寡的依據，**存在著汙名化的效應**。

（三）個別差異的資格要件與給付水準：雖然社會救助有資格要件的規定，但是承辦人員有時可以透過自由裁量權（discretion）來決定申請者是否符合救助資格，因而可能**在資格認定**與**給付水準**出現**個別差異**〔不是：救助金額有其普遍一致性，不因受救助者個別差異的影響〕。

（四）較少合格原則（principle of less-eligibility）：也稱**低於舒適原則**。**社會救助的給付，不得高於或等於最低工資**，否則有害工作意願，因而政府會儘量降低貧窮率，使社會救助合格的對象極小化。

（五）工作倫理（work ethic）：一般認為從事生產性的工作是個人的職責，如果個人或家庭不能透過工作來自我維持生計，就會牴觸工作倫理。因此，領取救助的窮人之中，有工作能力者應參與勞動以賺取工資，避免福利依賴（welfare dependency）。

（六）烙印化（stigmatization）：不能經由工作以維持個人或家庭生計者，會被認為是道德的偏差者，可能遭到社會排除，進而加深社會階層化。

（七）親屬責任：早期，英國的濟貧法（Poor Law）強調親屬負有照顧與支持自家窮人的責任，如果家人無力自我維持生計時，社會大眾才有必要給予協助，這種理念一直延續至今日各國的社會救助方案。

（八）政府稅收支應：當代的**社會救助財源**，大部分由中央政府與地方**政府的稅收中，編列預算來支應**〔主要財源不是來自公益彩券、民間捐款、保險費〕。

簡言之，社會救助最鮮明的特質是：經由**資產調查、以稅收支應、協助低收入者維持基本生活**〔不含通案審查原則、使用者付費原則、對價性原則（領取給付前類似社保要先繳保費）、道德化原則、救助金額均一化原則、可一直請領到終老〕。

二、特定族群的貧窮化現象

　　當代社會的貧窮現象，已不同於傳統的樣貌。歸納相關文獻的論述，特定族群貧窮化的現象，約有下列幾種：

(一) 兒童貧窮（child poverty）：兒童比成人更容易陷入貧窮，因為兒童需要他人照顧，而且滿足自身需求的能力較低。此外，兒童因為家庭貧窮而感到「相對剝奪感」（relative deprivation），也應一併列入考量（鄭麗珍，2005：84）。針對兒童貧窮的問題，可從提供資源於兒童教育著手，以確保貧窮家庭子女接受教育與接受健康照護，進而儲備兒童未來的就業力及生產力（林萬億，2022：221）。

(二) 貧窮女性化（feminization of poverty）：這是美國佩爾斯（Diane Pearce）於1928年提出的概念，用以描述美國當時日益增加的女性人口比例。貧窮女性化的定義有三大類：(1)貧窮人口中，女性人口的比例持續上升；(2)女性相對的貧窮風險（relative poverty risks）高於男性；(3)女性戶長貧戶組成比例有上升的趨勢（王德睦、何華欽，2001：108）。女性比男性容易陷入貧窮，主要的問題出於就業市場的性別區隔、婦女勞動參與率較低，也與家戶長的女性化有關。針對女性貧窮化的問題，可從輔導就業及增加公共社會照顧體系著手，以增加婦女收入並減少其子女托育的經濟負荷。

(三) 工作貧窮（working poverty）：歐盟對於「工作貧窮」的定義，為家中至少有1人有工作，但其家庭收入低於該國家庭平均收入的60%。工作貧窮的原因，個人因素為女性、教育程度較低；家庭因素為單親、家庭扶養率較高；結構因素為自僱工作者、居於非都市地區、從事農業與服務業、工作於私部門的勞動市場者（李淑容、洪惠芬、林宏陽，2015：51-53）。針對工作貧窮的問題，最簡單的作法是提高薪資。然而，薪資高低取決於勞動生產率，因而需要加強低薪工人的訓練，提高其工作技能，以獲取較高薪資。此外，讓受僱者參與企業持股，擁有部分經營權，也可在薪資之外，增加來自資本的部分所得（林萬億，2022：218-222）。

(四) 青年貧窮（youth poverty）：近年來，青年貧窮已成為世界各國中常見的問題。青年貧窮，也稱青年世代貧窮，這是由工作貧窮衍生

來的概念，泛指擁有固定工作但相對貧窮的年輕人。就臺灣而言，青年貧窮與低薪現象有關，而低薪工作者有很高比例在初次尋職時曾遭遇困難，其主要原因是學經歷與技能不足、對於自己適合哪方面工作不暸解（古允文，2017）。針對青年貧窮的問題，可由強化青年的就業知能著手，進而提升薪資，建議政府提供就業服務及資訊、辦理專業技能訓練、提供創業資訊及課程輔導，以增加青年就業知能與就業機會，進而提升薪資，以免陷入貧窮困境。

(五) 貧窮種族化（ethnicization of poverty）：某些國家（例如：瑞典）由於移民大量的湧入，而出現貧窮種族化，亦即移民有較高的貧窮率（林萬億，2022：219-220）。臺灣也有類似的情形，在1980年代之後，來自東南亞國家的婚姻移民（marital immigrants），在未取得身分證之前，沒有勞健保，生病需要自費；取得身分證之後，由於語言隔閡，尋找工作困難，也比較容易陷入貧窮，其解決辦法，可辦理新住民生活適應輔導、就業促進研習及就業推介，以協助其改善家計，脫離貧窮。

　　總之，當代社會特定族群的貧窮問題，往往不是傳統社會救助體系可以應付得來，必須從就業、教育、健康照顧、社會服務、社會安全等多種管道，協力合作，始能奏效。

三、協助社會救助對象自立脫貧的策略

　　衛生福利部為協助低收入戶及中低收入戶自立脫貧，依據《社會救助法》第15-1條第3項規定，於2016年6月訂頒《**協助積極自立脫離貧窮實施辦法**》。其中，第4條規定：直轄市、縣市主管機關**辦理脫離貧窮措施**之方式如下：

(一) **教育投資**：協助改善就學設備、課業輔導或提升學歷。
(二) **就業自立**：協助就業準備、排除就業障礙，提供或轉介就業服務、職業訓練、輔導證照考試、小本創業或穩定就業誘因。
(三) **資產累積**：協助儲蓄、投資、融資，累積有形資產或無形資產〔強調志願參與、人力資本累積、去除福利依賴，不是強調以工作換取福利〕。

(四) **社區產業**：結合地方特色產業，協助增加在地謀生技能或在地就業。

(五) **社會參與**：協助參與相關教育訓練、社區活動、志願服務或公共服務。

(六) 其他直轄市、縣市主管機關視實際需要發展之創新、多元或實驗性服務。

再者，其第2條規定：為強化脫離貧窮服務品質與效能，直轄市、縣市主管機關應依實際需要，結合教育、勞政或其他相關局（處）及民間團體，建立合作服務體系，並定期召開聯繫會報。第6條規定：直轄市、縣市主管機關對**參與脫離貧窮措施之服務對象**，於一定期間及額度內因措施所**增加之收入及存款**，得**免計入家庭總收入及家庭財產**，最長**以3年為限**；經評估有必要者，得延長1年。

隨後，政府於2018年6月公布施行《兒童及少年未來教育發展帳戶條例》，建立兒童及少年建立未來教育發展帳戶制度，協助資產累積、教育投資及就業創業，以促進及自立發展。顯然，**兒少教育發展帳戶**的政策，是運用《協助積極自立脫離貧窮實施辦法》之中的**教育投資**、**自立就業**、**資產累積**等**三大脫貧策略**。

第六章
社會保險
政策與立法

我國的社會保險，早期係依被保險人的職業分類，先後實施：勞工保險、公務（公教）人員保險、軍人保險、農民健康保險。從1995年起，才逐步調整以保險功能分類，於1994年公布《全民健康保險法》、2000年公布《就業保險法》、2007年公布《國民年金法》、2021年公布《勞工職業災害保險及保護法》，使得社會保險制度更臻完備。

第一節　社會保險政策

我國有關社會保險的政策，主要見諸《憲法》、《憲法》增修條文、行政院2012年修正核定的《社會福利政策綱領》。

一、《憲法》的規定

國家應辦理社會保險：國家為謀社會福利，應實施社會保險制度。人民之老弱殘廢，無力生活，及受非常災害者，國家應予以適當之扶助與救濟（第155條）。

二、《憲法》增修條文的規定

(一) 應重視社會保險：國家應重視社會救助、福利服務、國民就業、社會保險及醫療保健等社會福利工作（第10條第8項）。

(二) 應推行全民健保：國家應推行全民健康保險，並促進現代和傳統醫藥之研究發展（第10條第5項）。

三、《社會福利政策綱領》的規定

(一) 建構以社會保險為主的社會安全體系：政府應建構以社會保險為主，社會津貼為輔，社會救助為最後一道防線的社會安全體系（一之1）。

(二) 社會保險體系包含五種保險：社會保險之目的在於保障全體國民免於因年老、疾病、死亡、身心障礙、生育，以及保障受僱者免於因

職業災害、失業、退休，而陷入個人及家庭的經濟危機。據此，其體系應涵蓋職業災害保險、健康保險、年金保險、就業保險、長期照護保險〔我國目前長照採稅收制而非保險制等〕（二之1）。

(三) 社會保險重視所得安全及所得重分配：社會保險應兼顧個人與家庭的所得安全，以及各人口群、職業別的所得重分配效果（二之2）。與所得相關之保險給付，若因不同職業別與所得等級造成給付水準、所得替代率與給付條件等之差距，政府應積極予以縮小（二之4）。

(四) 社會保險著重公平正義原則：社會保險應依公平正義原則對經濟弱勢者提供保險費之補助，且給付應考量適足性，以維持被保險人的經濟安全（二之3）。

(五) 社會保險給付年金化：社會保險之**退休給付與老年給付，應以年金化、年資可隨個人移轉的原則**來優先設計〔不含財務盈虧自負或逐年增加保費、逐年降低給付〕（二之5）。

(六) 詳實評估社會保險財務：社會保險體系之財務設計必須考量人口結構變遷所可能產生之財務危機，保險費率、給付水準、支付制度、所得替代率、行政費用等均應詳實評估，以符合財務健全與世代間公平正義（二之6）。

(七) 健全社會保險財務的穩定性：社會保險**保險費率應依精算結果收支連動**，避免因政治及經濟等環境因素干擾，影響保險費率之調整，以健全各類社會保險的財務穩定性（二之7）。

(八) 確保全民健保的永續性：政府應持續推動全民健保改革，確保健保永續經營、排除弱勢族群就醫障礙、導入促進國民健康並提升醫療服務品質的措施，強化醫療資訊透明（四之6）。

第二節 《全民健康保險法》分析

《全民健康保險法》於1994年8月9日公布，**1995年3月1日施行**〔不是1994年施行〕，經多次修正。茲依2023年6月修正後條文，略述其內容及新近修正重點：

一、概述

(一) 立法目的：**為增進全體國民健康**〔不是為有效分配有限的醫療資源、建立醫療照顧的風險分擔機制〕，辦理全民健康保險，以提供醫療服務（第1條）。

(二) 名詞定義

　　1. 保險對象：指被保險人及其眷屬（第2條）。

　　2. 眷屬（第2條）：

　　　(1) 被保險人之**配偶**，且無職業者。

　　　(2) 被保險人之**直系血親尊親屬**，且無職業者。

　　　(3) 被保險人**二親等內直系血親卑親屬未成年**且無職業，或**成年無謀生能力**或**仍在學就讀且無職業者**〔不含二親等內直系血親卑親屬成年仍在學就讀，亦即成年在學者還要無職業，也不含直系姻親且無職業者〕。

(三) 主管機關：本保險之主管機關為衛生福利部（第4條）。

(四) 保險人：以衛生福利部**中央健康保險署**為保險人〔不是衛福部，也不是全民健康保險會〕，辦理保險業務（第7條）。

(五) 監理機制：全民健康保險會（健保會），由被保險人、雇主、保險醫事服務提供者、專家學者、公正人士及有關機關代表組成之；其中**保險付費者代表**之名額，**不得少於1/2**；且被保險人代表不得少於全部名額之1/3（第5條）。

(六) 保險財務：政府每年度負擔**本保險之總經費，不得少於每年度保險經費扣除法定收入後金額之36%**〔不是30%〕。政府依法令規定應編列本保險相關預算之負擔不足每年度保險經費扣除法定收入後金額

之36%部分，由主管機關編列預算撥補之（第3條）。本保險財務，由保險人至少**每5年精算1次**〔不是每10年〕；**每次精算25年**〔不是15年〕（第25條）。

二、保險對象及其分類與投保單位

(一) 具有中華民國國籍：符合下列各款資格之一者，應參加本保險為保險對象（第8條）：

1. **最近2年內曾有參加本保險紀錄**〔不是最近1年內〕且在臺灣地區設有戶籍〔不含失蹤滿6個月者〕，或參加本保險**前6個月繼續在臺灣地區設有戶籍**。

2. 參加本保險時已在臺灣地區設有戶籍之下列人員：
   (1) 政府機關、公私立學校專任有給人員或公職人員。
   (2) 公民營事業、機構之受僱者。
   (3) 前2目被保險人以外有一定雇主之受僱者。
   (4) 在臺灣地區出生之新生嬰兒〔含其父親具中華民國國民身分且設有戶籍，但其母親不具中華民國國民身分〕。
   (5) 因公派駐國外之政府機關人員與其配偶及子女〔含已移民國外，但具我國國民身分，而參加全民健保前6個月繼續在臺設有戶籍；具有我國國籍的返國留學生，出國停保未超過2年，在臺灣仍保有戶籍；但不含海外出生的國人子女，首次返國設籍尚未滿3個月者〕。

(二) 領有在臺居留證者：除前條規定者外，在臺灣領**有居留證明**文件，並符合下列各款資格之一者，亦應參加本保險（第9條）：

1. **在臺居留滿6個月**〔不是3個月〕。
2. **有一定雇主之受僱者**〔含不具我國國民身分，但在臺灣有一定雇主之外國籍受僱者；持有居留權之外籍移工，不含逃逸之外籍勞動者〕。
3. 在臺灣出生之新生嬰兒。

(三) 被保險人的分類與投保單位：被保險人區分為六類（第10條），以及其投保單位（第15條），如表6-1：

表6-1 全民健保被保險人之分類及投保單位

類別	被保險人	投保單位
第一類	(1) 政府機關、公私立學校之專任人員或公職人員。 (2) 公、民營事業、機構之受僱者。 (3) 前2目以外有一定僱主之受僱者。 (4) 僱主或自營業主。 (5) **專技人員自行執業者。**	以其服務機關、學校、事業、機構、僱主或所屬團體為投保單位。但國防部所屬被保險人，由國防部指定投保單位。
第二類	(1) 無一定僱主或自營作業而參加職業工會者。 (2) 參加海員總工會或船長公會之外僱船員。	
第三類	(1) **農會及水利會之會員，或年滿15歲以上農業工作者。** (2) 無一定僱主或自營作業之漁會甲類會員，或年滿15歲以上漁業工作者。	以其所屬或戶籍所在地之基層農會、水利會或漁會為投保單位。
第四類	(1) 在營期間逾2個月之義務役軍人、軍校軍費生、無依軍眷及在領卹期間之軍人遺族。 (2) 替代役男。 (3) **矯正機關受刑人**或接受保安處分、管訓處分者。但其執行期間，在2個月以下或接受保護管束處分者，不在此限。	(1) 軍人、軍校生、無依軍眷、軍人遺族，由國防部指定投保單位。 (2) 替代役男由內政部指定投保單位。 (3) 受刑人、收容人，由法務部及國防部指定投保單位
第五類	合於**社會救助法規定之低收入戶成員**〔不是第四類〕。	以戶籍所在地之鄉鎮市區公所為投保單位。安置於社福機構者，得以該機構為投保單位。
第六類	(1) 榮民、**榮民遺眷之家戶代表。** (2) 其他地區人口。	

三、一般保險費之收繳及計算

第一類至第三類被保險人及其眷屬之保險費，依被保險人之**投保金額及保險費率計算之**〔不是家戶總所得×保險費率，再加補充保險費〕；**保險費率，以6%為上限**〔不是5%〕。前項**眷屬之保險費**，由被保險人繳納；**超過3口者，以3口計**〔不是超過4口者，以4口計；不是以全國平均

眷口數計；也不是最多以4口計〕（第18條）。

第四類至第六類保險對象之保險費，以依第18條規定精算結果之每人平均保險費計算之。前項眷屬之保險費，由被保險人繳納；超過3口者，以3口計（第23條）。

第18條及第23條規定之保險費負擔，依下列規定計算之（第27條），其保險費分擔比率，如表6-2：

表6-2　全民健保一般保險費負擔比率（%）

類別	保險對象		被保險人	投保單位	政府
第一類	公教人員、公職人員	本人及眷屬	30	70	
	私校教職員	本人及眷屬	30	35	35
	公民營事業、機構有一定雇主的受僱者	本人及眷屬	30	60	10
	雇主、自營業主、專技人員自行執業者	本人及眷屬	100		
第二類	職業工會會員、外僱船員	本人及眷屬	60		40
第三類	農、漁、水利會員	本人及眷屬	30		70
第四類	義務役軍人、替代役男、軍費生、在卹遺眷、在矯正機關受刑或保安處分（保護管束除外）、管訓處分之執行逾2個月者	本人			100
第五類	低收入戶成員	本人			100
第六類	榮民、榮民遺眷家戶代表	本人			100
		眷屬	30		70
	其他地區人口	本人及眷屬	60		40

資料來源：衛生福利部中央健康保險署官網（更新日期2023/12/30）。

四、補充保險費之收繳及計算

2011年1月，《全民健康保險法》修正之後，一般稱為「二代健保」，其對於保險費改採「雙軌制」，除了一般保險費之外，加收補充保險費。

第一類至第四類及第六類保險對象有下列各類所得，應依規定之補充保險費率計收補充保險費，由扣費義務人於給付時扣取，並於給付日之次月底前向保險人繳納。但單次給付金額逾1,000萬元之部分及未達一定金額者，免扣取（第31條）：

(一) 高額獎金：所屬投保單位給付全年累計**逾當月投保金額4倍部分之獎金**。

(二) 兼職所得：非所屬投保單位給付之薪資所得。但第二類被保險人之薪資所得，不在此限。

(三) 執行業務收入：依第20條規定以執行業務所得為投保金額者之執行業務收入，不在此限。

(四) 股利所得：已列入投保金額計算保險費部分，不在此限。

(五) 利息所得。

(六) 租金收入。

綜言之，我國二代健保保費的課費基礎，是以被保險人**經常性薪資**加上**獎金、兼職、執行業務、股利、利息、租金**等收入為課費基礎〔不是以經常性薪資為課費基礎，不是以家庭總所得為課費基礎；其課費收入也不含：生育補助費、教師之超鐘點費、公務人員之國民旅遊卡補助費〕。

五、保險給付的項目

本保險為**強制性社會保險**，於保險對象在保險有效期間，發生**疾病、傷害、生育事故**時〔不含長照事故〕，依本法規定**給與保險給付**（第1條）。

保險對象發生疾病、傷害事故或生育時，保險醫事服務機構提供保險醫療服務，被保險人須依一定比例負擔門診、急診費用、居家照護醫療費用、住院費。

（一）一般門診或急診費用：保險對象應**自行負擔**20%〔不是10%〕（第43條）。

（二）不經轉診之門診或急診費用：於地區醫院門診就醫者自行負擔30%〔不是40%〕、於區域醫院門診就醫者自行負擔40%〔不是45%〕、於醫學中心門診就醫者自行負擔50%〔不是55%〕（第43條）。

（三）居家照護醫療費用：保險對象應自行負擔5%（第43條）。

（四）急性病房住院費用：保險對象應**自行負擔，30日以內**，10%〔不是20%〕；逾30日至第60日，20%；逾60日起，30%（第47條）。

（五）慢性病房住院費用：保險對象應**自行負擔，30日以內**，5%〔不是10%〕；逾30日至第90日，10%；逾90日至第180日，20%；逾180日起，30%（第47條）。

（六）免自行負擔費用：保險對象有(1)**重大傷病**〔不含失能〕；(2)**分娩**；(3)**山地離島地區之就醫**等情形之一者，免依第43條及前條規定自行負擔費用（第48條）。

六、保險不給付的項目

下列項目不列入本保險給付範圍（第51條）：

（一）依其他法令應由各級政府負擔費用之醫療服務項目。

（二）預防接種及其他由各級政府負擔費用之醫療服務項目。

（三）**藥癮治療**、美容外科手術、非外傷治療性齒列矯正、預防性手術、人工協助生殖技術、變性手術。

（四）成藥、醫師藥師藥劑生指示藥品。

（五）**指定醫師**、特別護士及護理師。

（六）血液。但因緊急傷病經醫師診斷認為必要之輸血，不在此限。

（七）人體試驗。

（八）日間住院。但精神病照護，不在此限。

（九）管灌飲食以外之膳食、病房費差額。

（十）病人交通、掛號、證明文件。

（十一）義齒、義眼、眼鏡、**助聽器**、輪椅、拐杖及其他非具積極治療性之裝具。

(圭) 其他由保險人擬訂，經健保會審議，報主管機關核定之診療服務及藥物。

七、安全準備及行政經費

本保險為平衡保險財務，應提列安全準備（第76條），其相關措施，如表6-3：

表6-3　全民健保安全準備基金

項目	相關規定
1. 安全準備基金的來源	(1) 本保險**每年度收支之結餘**。 (2) 本保險之滯納金。 (3) 本保險**安全準備所運用之收益**。 (4) 政府已開徵之**菸、酒健康福利捐**。 (5) 依其他法令規定之收入〔不含本保險之保險費〕。 本保險年度收支發生短絀時，應由本保險安全準備先行填補（第76條）。
2. 安全準備基金總額	本保險安全準備總額，以相當於最近精算1個月至3個月之保險給付支出為原則（第78條）。

八、重要罰則

(一) 保險對象不依本法規定參加本保險者：處3,000元以上1萬5,000元以下罰鍰，並追溯自合於投保條件之日起補辦投保，於罰鍰及保險費未繳清前，暫不予保險給付（第91條）。

(二) 投保單位未依規定為所屬被保險人或眷屬投保者：除追繳保險費外，並按應繳納之保險費，處以2倍至4倍之罰鍰。前項情形非可歸責於投保單位者，不適用之（第84條）。

(三) 將被保險人投保金額以多報少者：除追繳短繳之保險費外，並按其短繳之保險費金額處以2倍至4倍之罰鍰（第89條）。

（四）醫事單位以不當方式領取醫療費用者：處以其領取之保險給付、申請核退或申報之醫療費用2倍至20倍之罰鍰；其涉及刑責者，移送司法機關辦理（第81條）。

九、《全民健康保險法》新近修正重點

《全民健康保險法》新近於2018年1月、2021年1月、2023年6月修正，其修正重點：

（一）界定眷屬定義中之「未成年」：配合《民法》成年年齡下修為18歲，將眷屬定義中，被保險人二親等內直系血親卑親屬「未滿20歲」且無職業，修正為：未成年且無職業（第2條）。

（二）增訂危害醫療資訊系統設備之處罰

1. 以竊取、毀壞或其他非法方法，危害本保險承保或醫療服務之核心資通系統設備或電腦機房之功能正常運作者，處1至7年有期徒刑，併科1,000萬元以下罰金。

2. 意圖危害國家安全或社會安定，而犯前項之罪者，處3至10年有期徒刑，得併科5,000萬元以下罰金。

3. 前2項情形致釀成災害者，加重其刑至1/2；因而致人於死者，處無期徒刑或7年以上有期徒刑，得併科1億元以下罰金；致重傷者，處5至12年有期徒刑，得併科8,000萬元以下罰金（第80-1條）。

（三）增訂故意危害醫療資訊系統功能之處罰：辦理本保險承保及醫療服務之核心資通系統，以下列方法之一，危害其功能正常運作者，處1至7年有期徒刑，得併科1,000萬元以下罰金（第80-2條）：

1. 無故輸入其帳號密碼、破解使用電腦之保護措施或利用電腦系統之漏洞，而入侵其電腦或相關設備。

2. 無故以電腦程式或其他電磁方式干擾其電腦或相關設備。

3. 無故取得、刪除或變更其電腦或相關設備之電磁紀錄。

第三節　《國民年金法》分析

　　《國民年金法》於2007年8月8日公布，2008年10月1日實施，經多次修正。茲依2020年6月修正後條文，略述其內容及新近修正重點：

一、概述

(一) 立法目的：爲確保未能於相關社會保險獲得適足保障之國民於老年、生育及發生身心障礙時之基本經濟安全，並謀其遺屬生活之安定（第1條）。

(二) 名詞定義（第6條）

　　1. 保險年資：指被保險人依本法規定繳納保險費之合計期間；其未滿1年者，依實際繳納保險費月數按比率計算；其未滿全月者，依實際繳納保險費日數按每月30日比率計算。

　　2. **相關社會保險**：指**公保**（含原公保與原私校保險）、**勞保、軍保及農民健保**。

　　3. **相關社會保險老年給付**：指**公教保險**養老給付（含原公保養老給付與原私校保險養老給付）、**勞保**老年給付及軍保退伍給付。

(三) 主管機關：在中央爲中央社政主管機關；在直轄市爲直轄市政府；在縣市爲縣市政府（第3條）。

(四) 保險人：本保險之業務由中央主管機關委託**勞工保險局**辦理，並爲保險人〔不是衛生福利部中央健康保險署，也不是國民年金局〕（第4條）。

(五) 審議機制：由有關**政府機關代表、被保險人代表**及**專家**各占1/3爲原則，以合議制方式監理之。被保險人及受益人對保險人所爲之核定案件**發生爭議**事項時，應於收到核定通知文件之**翌日起60日內**〔不是30日內〕，先**申請審議**；對審議結果不服時，得提起訴願及行政訴訟（第5條）。

二、被保險人及保險效力

國民年金之被保險人及保險效力，如表6-4：

表6-4　國民年金之被保險人及保險效力

項目	相關規定
1. 被保險人	**未滿65歲**國民，設有戶籍而有下列情形之一者，除應參加或已參加相關社會保險外，應參加本保險（第7條）： (1) **年滿25歲**〔亦即納保的年齡層為：25-65歲，不是20-65歲，也不是年滿30歲〕，且**未領取**相關社會保險**老年給付者**〔不含老年農民津貼、醫療給付〕。 (2) 本法**施行前**，領取相關社保老年給付之年資未達15年或1次領取之相關社保老年給付**未達50萬元**〔不是100萬元〕。但所領取勞保老年給付之年資或金額不列入計算。 (3) 本法**施行後**15年內，領取相關社保老年給付之年資未達15年或1次領取之勞保及其他社保老年給付未達50萬元〔不是100萬元〕。但勞保年金制度實施前，所領取**勞保老年給付之年資或金額不列入計算**〔不是應列入計算〕。
2. 保險效力	(1) 效力之開始：符合前條規定之被保險人，其保險效力之開始，自符合加保資格之當日零時起算。 (2) 效力之終止：前項保險效力於被保險人喪失加保資格之前一日24時停止。 (3) 死亡者，於死亡之當日終止（第8條）。
3. 退保再保	被保險人退保後再參加本保險者，其保險年資應予併計（第9條）。

三、保險費之相關規定

(一) 保險費率：本保險之保險費率，於施行第1年為6.5%；於第3年調高0.5%，以後每2年調高0.5%至上限12%。但**保險基金餘額足以支付未來20年保險給付時**〔不是30年〕，**不予調高**（第10條）。

(二) 投保薪級之調整：本保險之**月投保金額**，於施行**第1年，依勞保投保薪資分級表第1級定之**〔亦即依投保薪資作為給付之計算基準，但與所得稅率無必然關係〕；第2年起，於中央主計機關發布之**消費者物價指數**累計成長率達5%時，即依該成長率**調整**之〔不是依基本工資或薪資成長指數調整，也不是與勞工保險同步調整〕（第11條）。

(三) 保險費之負擔：本保險保險費負擔之規定（第12條），如表6-5：

表6-5　國民年金保險保險費的負擔（%）

類別		被保險人	直轄市主管機關	縣市主管機關	中央主管機關
一般被保險人		60			40
低收入戶	在直轄市		100		
	在縣市			35	65
中低收入戶	在直轄市	30	70		
	在縣市	30		35	35
被保險人家庭總收入平均未達最低生活費1.5倍，且未超過平均消費支出之1倍者	在直轄市	30	70		
	在縣市	30		35	35
家庭總收入平均未達最低生活費2倍，且未超過平均消費支出1.5倍者	在直轄市	45	55		
	在縣市	45		27.5	27.5
極重度、重度障礙者					100
中度障礙者		30			70
輕度障礙者	在直轄市	45	27.5		27.5
	在縣市	45		27.5	27.5

㈣ 保險費之計算

1. 按實際投保日計算：自被保險人保險效力開始之當日起，至保險效力停止或終止之當日止。**當月未全月加保者，依實際加保日數按每月30日比率**計算保險費（第13條）。

2. 按雙月計算：被保險人應負擔之保險費，由保險人**按雙月計算**〔不是按月計收〕，於次月底前以書面命被保險人於再次月底前，向保險人繳納（第13條）。

㈤ 保險費之預繳：被保險人得預繳一定期間之保險費，其**預繳保險費**期間**以1年為限**〔不是半年〕。被保險人應負擔之保險費於繳納後，不予退還（第13條）。

㈥ 保險費逾期未繳之計息：被保險人及各級政府未依規定期限繳納保險費者，自繳納期限屆滿翌日起至完納前1日止，每逾1日，以每年

1月1日之**郵政儲金1年期定期存款利率**爲準**按日計算利息**，一併計收（第14條）。

(七) 保險費之補繳：被保險人應繳納之保險費及利息，**未依規定期限繳納者，不予計入保險年資**；其逾10年之部分，被保險人亦**不得請求補繳**〔可補繳保險費的最高期限是10年，稱爲**「國民年金十年大限」**，不是5年〕。但因不可歸責於被保險人之事由致未繳納者，仍得請求補繳及計入保險年資（第17條）。

四、保險給付的通則

國民年金保險給付的一般通則，如表6-6：

表6-6　國民年金保險給付的通則

項目	相關規定
1. 按月發給或追溯補給之	(1) 老年年金給付自當月起按月發給至死亡當月爲止，其他年金給付自提出申請之當月起按月發給至應停止發給或死亡之當月止。 (2) 遺屬年金給付受益人未於符合請領條件之當月提出申請者，其提出請領之日起**前5年得領取之給付**，由保險人依法**追溯補給**之（第18-1條）。
2. 同一事故不得重複領	同一種保險給付，**不得因同一保險事故，重複請領**（第20條）。
3. 溢領給付應追回	領取年金給付者或其法定繼承人未依規定通知保險人致溢領年金給付者，保險人應以書面命**溢領人於30日內繳還**；保險人並得自匯發年金給付帳戶餘額中追回溢領之年金給付（第24條）。
4. 得申請減領保險給付	被保險人**得申請減領保險給付**；其申請，1年以1次為限〔不是3次〕。前項減領保險給付之期間**至少1年**，一經申請減領，不得請求補發（第25條）。
5. 故意或戰亂不予給付	(1) 被保險人、受益人或其他利害關係人，**故意造成保險事故者**，除喪葬給付外，保險人**不予保險給付**。 (2) 因被保險人或其父母、子女、配偶**故意犯罪行為**，致發生保險事故者，除未涉案之當序受益人外，**不予保險給付**。 (3) 因戰爭變亂，致發生保險事故者，**不予給付**（第26條）。
6. 給付之請求權年限	領取**保險給付之請求權**，自得**請領之日**起，因5年間不行使而消滅〔不是2年〕（第28條）。

表6-6（續）

項目	相關規定
7. 保障領取給付之權利	(1) 領取相關給付之權利，不得作為扣押、讓與、抵銷或供擔保之標的。但被保險人曾溢領或誤領之給付，保險人得自其現金給付或發還之保險費中扣抵。 (2) 依規定請領年金給付或第53條所定給付者，於金融機構開立專戶，專供存入給付之用。**前項專戶內之存款，不得作為抵銷、扣押、供擔保或強制執行之標的**〔含縣市政府社會局處、金融機構、法院或地檢署，對前項專戶內存款，均不得作為抵銷、扣押、供擔保或強制執行之標的〕（第55條）。

五、老年年金給付與生育給付

本保險之保險事故，分為**老年**、**生育**、**身心障礙**及**死亡**四種〔不含疾病傷害、失業、長照、結婚、失能、職業病等保險事故〕。被保險人在保險有效期間發生保險事故時，分別給與**老年年金給付**、**生育給付**、**身心障礙年金給付**、**喪葬給付**及**遺屬年金給付**〔不含失業給付、醫療給付、傷病給付、育嬰留職停薪給付〕（第2條）。

其中，老年年金給付與生育給付之給付條件與給付標準，如表6-7：

表6-7　國民年金之老年年金給付與生育給付

類別	給付條件	給付標準
1. 老年年金給付	(1) 被保險人或曾參加本保險者，於年滿65歲時，得請領（第29條）。 (2) **原住民年滿55歲**〔不是65歲〕，設有戶籍，且無下列各款情事者（第53條）： A.現職軍公教（職）及公、民營事業人員。 B.領取政務人員、公教人員、公營事業人員月退休（職）金或軍人退休俸（終身生活補助費）。 C.已領取障礙者生活補助或榮民就養給付。	請領老年年金給付，依下列方式擇優計給（第30條）： (1) 月投保金額×其保險年資×0.65%＋3,000元。 (2) 月投保金額×保險年資×1.3%。 原住民每人每月3,000元**至年滿65歲前一個月為止**。

表6-7（續）

類別	給付條件	給付標準
2. 老年基本保證年金	年滿65歲國民，設有戶籍，且於最近3年內每年居住超過183日，而無下列各款情事之一者（第31條）： (1) 經政府全額補助收容安置。 (2) 領取軍人退休俸（終身生活補助費）、政務、公教、公營事業人員月退休（職）金或一次退休（職、伍）金。 (3) 領取社會福利津貼。 (4) 年度個人所得稅總額50萬元以上。 (5) 個人之土地及房屋價值合計500萬元以上〔不是200萬元以上〕。 (6) 入獄服刑、因案羈押或拘禁。	每人每月3,000元至死亡為止。
3. 生育給付	被保險人分娩或早產（第32-1條）。	(1) 分娩或早產者，按其月投保金額1次發給**2個月**生育給付。 (2) 分娩或早產為**雙生以上者，比例增給**。 (3) 同一分娩或早產事故同時符合本保險與相關社會保險生育給付或補助條件者，**僅得擇一請領**〔不是得重複請領〕。

六、身心障礙給付與死亡給付

身心障礙給付與死亡給付之給付條件與給付標準，如表6-8：

表6-8　國民年金之身心障礙給付與死亡給付

類別	給付條件	給付標準
1. 身心障礙年金給付	下列情形之一者（第33條）： (1) 遭受傷害或罹患疾病，經治療終止，症狀固定，再行治療仍不能期待其治療效果，並經診斷為重度以上障礙，且經評估無工作能力者。 (2) 所患傷病經治療1年以上未痊癒，如身心遺存重度以上障礙，並經診斷為永不能復原，且經評估無工作能力者。 (3) 經診斷為重度以上障礙且經評估無工作能力者，如同時符合相關社會保險請領規定，僅得擇一請領。 領取障礙年金給付或障礙基本保證年金者，除經審定無須查核者外，保險人得**每5年查核其障礙程度**〔不是每3年〕（第37條）。	(1) 依其保險年資計算，每滿1年，按其月投保金額發給1.3%之月給付金額（第34條）。 (2) 數額如低於基本保障4,000元，且無下列各款情形者，得按月發給基本保障至死亡： A.有欠繳保險費期間不計入保險年資情事。 B.領取相關社會福利津貼。
2. 身心障礙基本保證年金	被保險人於參加本保險前，已符合第33條規定之重度以上障礙且經評估無工作能力者，並於請領障礙基本保證年金前3年內，每年居住國內超過183日，且無下列各款情事之一者（第35條）： (1) 因重度以上障礙領取相關社會保險障礙年金或一次金。 (2) 有第31條第1項第1款（經政府全額補助收容安置）、第3款至第6款情形之一（領取社福津貼）。個人所得稅總額50萬元以上、土地及房屋價值500萬元以上、入獄服刑、因案羈押或拘禁。 依前項規定請領障礙基本保證年金者，不得再請領障礙年金給付。但其於年滿65歲時，得改領老年年金。	於參加本保險有效期間，得請領障礙基本保證年金，每人每月4,000元。

表6-8（續）

類別	給付條件	給付標準
3. 喪葬給付	被保險人死亡（第39條）。	按其月投保金額1次發給**5個月喪葬給付**〔不是10個月〕。前項喪葬給付由**支出殯葬費之人領取之**，並以1人請領為限。
4. 遺屬年金給付	(1) 被保險人死亡者、符合第29條規定而未及請領老年年金前死亡者，或領取障礙或老年年金給付者死亡時，遺有配偶、子女、父母、祖父母、孫子女或兄弟、姊妹者，其遺屬得請領遺屬年金給付（第40條）。 (2) 發給對象（配偶、子女、父母、祖父母、孫子女或兄弟、姊妹），須符合**每月工作收入未超過其領取**遺屬年金時之**基本工資**（第40條）。 (3) 領遺屬年金給付之順序（第41條）： 　A.**配偶及子女**。 　B.**父母**。 　C.祖父母。 　D.孫子女。 　E.兄弟、姊妹。 前項所定當序受領遺屬年金對象存在時，後順序之遺屬不得請領。當序遺屬於請領後死亡或喪失請領條件時，亦同。	遺屬年金給付標準（第42條）： (1) 被保險人死亡：依保險年資每滿1年，按其月投保金額發給1.3%之月給付金額。 (2) 領取障礙年金或老年年金給付期間死亡：按被保險人障礙年金或老年年金金額之半數發給。 (3) 符合第29條規定而**未及請領老年年金給付前死亡**：依保險年資每滿1年，按其月投保金額發給1.3%之月給付**金額半數**〔亦即50%，不是40%〕。 (4) 依前項規定計算之年金金額不足3,000元者，按3,000元發給。 (5) 同一順序之遺屬有2人以上時，每多1人加發遺屬年金給付標準之25%，最多計至50%。

七、保險基金及經費

㈠ 保險基金的來源：政府應設國民年金保險基金（第45條），其
　　來源：

　　1. 設立時中央政府一次撥入之款項。

　　2. 保險費收入。

　　3. 中央主管機關依法負擔及中央政府責任準備款項。

　　4. 利息及罰鍰收入。

　　5. 基金孳息及運用之收益。

　　6. 其他收入。

㈡ 行政事務費：保險人為辦理本保險所需之人事及行政管理經費，以
　　當年度應收保險費總額**3.5%為上限**（不是5.5%），由中央主管機關
　　負擔（第46條）。

㈢ 補助保險費及應負擔款項之籌措：中央主管機關依規定應補助之保
　　險費及應負擔之款項，除第36條規定之**基本保證年金應由中央主管
　　機關編列預算支應**外，依序**由下列來源籌措支應**〔亦即三種類型：
　　中央編列預算；公彩、調增營業稅，各有優缺點〕；其有結餘時，
　　應作為以後年度中央政府責任準備；如依規定籌措財源因應後，仍
　　有不足，亦無法由中央政府責任準備支應時，應由**中央主管機關編
　　列**預算撥補〔不含基金孳息收入、罰鍰收入〕（第47條）：

　　1. **供國民年金之用**之**公益彩券盈餘**。

　　2. **調增營業稅徵收率1%**（不含調增營利事業所得稅0.5%，但含調增
　　　遺產稅及贈與稅稅率1%）。

㈣ 基金之運用：本基金除法定用途外，僅得投資運用，不得移作他用
　　或處分；本基金之運用，得委託金融機構辦理（第48條）。

㈤ 財務之最後支付責任：本保險之財務，由政府負最後支付責任（第
　　49條）。

八、重要罰則

(一) 以詐欺或不當行為領取保險給付者：除應予追回外，並按其領取之保險給付處以2倍罰鍰（第50條）。

(二) 未依規定繳納保險費及其利息：應負連帶繳納義務之被保險人配偶**非有正當理由未依規定繳納保險費**及其利息，經保險人以書面限期命其繳納屆期仍未繳納者，處3,000元以上1萬5,000元以下罰鍰〔不是2,000元以上1萬元以下罰鍰〕（第50條）。

九、《國民年金法》新近修正重點

《國民年金法》新近於2016年11月、2019年12月、2020年6月修正，其修正重點：

(一) 新增「中低收入戶」依一定比率負擔保險費：本保險保險費之負擔，中低收入戶者，自付30%，在直轄市，由直轄市主管機關負擔70%；在縣市，由中央主管機關負擔35%，縣市主管機關負擔35%（第12條）。

(二) 逾期繳納保險費之利息改由保險給付中扣抵：修正前，利息須另繳，常造成高齡者困擾；修正為：保險人核發各項給付時，應將被保險人……逾期繳納保險費所應計收之利息，由發給之保險給付中扣抵，並計入保險年資（第16條）。

(三) 確保未於限期內領取遺屬年金給付之權益：實務上請領遺屬年金之遺屬多數為未成年人或無謀生能力者，為確保受益人權益，修正為：遺屬年金給付之受益人未於符合請領條件之當月提出申請者，其提出請領之日起前5年得領取之給付，由保險人依法追溯補給之（第18-1條）。

(四) 遺屬年金給付改依基本工資為基準：修正前，係依申請年金時之月投保金額為基準；修正為：遺屬年金給付條件：配偶應年滿45歲且婚姻關係存續1年以上，且每月工作收入未超過其領取遺屬年金給付時之基本工資（第40條）。

第四節　《勞工職業災害保險及保護法》分析

　　《勞工職業災害保險及保護法》於2021年4月30日公布，2021年5月1日施行。藉由制定專法，整合《勞工保險條例》的職業災害保險，以及《職業災害勞工保護法》的規定，並擴大納保範圍，將受僱登記有案事業單位勞工，不論僱用人數全部強制納保，以促進社會安全。茲略述其內容：

一、概述

(一) 立法目的：爲保障遭遇職業災害勞工及其家屬之生活，加強職業災害預防及職業災害勞工重建，以促進社會安全（第1條）。

(二) 主管機關：在中央爲**勞動部**；在直轄市爲直轄市政府；在縣市爲縣市政府（第2條）。

(三) 保險人：勞工職業災害保險（以下簡稱本保險）以勞動部**勞工保險局爲保險人**，辦理保險業務（第3條）。

(四) 監理及審議機制

　　1. 監理：本保險之保險業務及基金投資運用管理業務，由中央主管機關監理，並適用勞工保險條例之監理規定〔勞保之監理係由勞、資、政及專家組成監理委員會，不是委由民間組織監督管理委員會定期監管、不是由立法機關監督管理、也不是成立公法人組織進行監督管理〕（第4條）。

　　2. 審議：爭議之審議，適用勞工保險爭議事項審議辦法；其勞工保險爭議審議會委員，應有職業醫學科專科醫師及勞工團體代表，且比例合計不得低於1/5（第5條）。

二、被保險人

　　勞工職業災害保險的被保險人，如表6-9：

表6-9　勞工職業災害保險的被保險人

類別	相關規定
1. 有一定雇主者	**年滿15歲以上之下列勞工，應以其雇主為投保單位，參加本保險**為被保險人（第6條）： (1) 受僱於領有執業證照、依法已辦理登記、設有稅籍或經中央主管機關依法核發聘僱許可之雇主、實際從事勞動之雇主。 (2) 依法不得參加公教保險之政府機關（構）、行政法人及公、私立學校之受僱員工。 前項規定，於依勞動基準法規定未滿15歲之受僱從事工作者，亦適用之。 下列人員**準用第1項規定參加本保險**（第6條）： (1) 勞動基準法規定之技術生、事業單位之養成工、見習生及其他與技術生性質相類之人。 (2) **高級中等學校建教合作實施及建教生權益保障法規定之建教生**〔應投保，不屬於自願性加保對象〕。 (3) 其他有提供勞務事實並受有報酬，經中央主管機關公告者。
2. 無一定雇主或自雇者	年滿15歲以上之下列勞工，應以其所屬團體為投保單位，參加本保險為被保險人（第7條）： (1) 無一定雇主或自營作業而參加職業工會之會員。 (2) 無一定雇主或自營作業而參加漁會之甲類會員。
3. 職訓機構受訓者	年滿15歲以上，於政府登記有案之職訓機構或受政府委託辦理職訓之單位接受訓練者，應以其所屬機構或單位為投保單位，參加本保險為被保險人（第8條）。
4. 其他相關人員	下列人員得準用本法規定參加本保險（第9條）： (1) 受僱於經中央主管機關公告之第6條第1項規定以外雇主之員工。 (2) **實際從事勞動之雇主應與**其受僱員工，以同一投保單位參加本保險〔應投保，不屬於自願性加保對象〕。 (3) 參加海員總工會或船長公會為會員之外僱船員〔僱用漁撈工作之漁會甲類會員，其僱用人數10人以下，且仍實際從事海洋漁撈工作者，得依第7條第2款規定參加本保險，不受前項規定之限制〕。前項人員參加本保險後，非依本法規定，不得中途退保。 (4) 第6條至第9條規定以外之受僱員工或實際從事勞動之人員，得由雇主或本人辦理參加本保險（第10條）。 (5) 勞動基準法第45條第4項所定之人（未滿15歲之人透過他人取得工作為第三人提供勞務，或直接為他人提供勞務取得報酬未具勞僱關係者），得由受領勞務者辦理參加本保險（第10條）。 (6) 第6條至第10條所定參加本保險之人員，包括外國籍人員（第11條）。

三、保險費相關規定

(一) 保險費之計算：本保險之保險費，依被保險人當月月投保薪資及保險費率計算（第16條）。

(二) 保險費率之分類：本保險費率，分為行業別災害費率及上、下班災害單一費率兩種（第16條）。

(三) 保險費率之調整

1. 前項保險費率，自施行之日起，**每3年調整1次**，由中央主管機關視保險收支情形及精算結果擬訂，報行政院核定後公告（第16條）。

2. 僱用員工達一定人數以上之投保單位，第2項行業別災害費率**採實績費率**〔不是定額費率制或比例費率制〕，按其最近3年保險給付總額占應繳保險費總額及職業安全衛生之辦理情形，由保險人每年計算調整之（第16條）。

(四) 投保薪資之計算

1. 前條第1項月投保薪資，投保單位應按被保險人之月薪資總額，依投保薪資分級表之規定，向保險人申報（第17條）。

2. 被保險人之薪資，在當年2月至7月調整時，投保單位應於當年8月底前將調整後之月投保薪資通知保險人；在當年8月至次年1月調整時，應於次年2月底前通知保險人。前開調整，均自通知之次月1日生效（第17條）。

3. 依第9條第1項第2款（實際從事勞動之雇主）規定加保，其所得未達投保薪資分級表最高一級者，得自行舉證申報其投保薪資（第17條）。

4. 前項投保薪資分級表之下限與中央主管機關公告之基本工資相同；**基本工資調整時，該下限亦調整之**（第17條）。

(五) 保險費之負擔：本保險之保險費負擔，依下列規定辦理（第19條），如表6-10：

表6-10　勞工職業災害保險保險費之負擔（%）

類別	投保單位	被保險人	中央政府
1. 第6條、第8條、第9條第1項第1款、第2款及第10條規定之被保險人（第10條第1項除外）： (1) 受僱於政府許可之雇主的勞工；不得參加公保之政府機關（構）、行政法人、學校之員工；技術生、養成工、見習生；建教生。 (2) 職訓機構受訓者。 (3) 受僱於政府登記有案以外雇主之員工、實際從事勞動之雇主。 (4) 勞動基準法第45條第4項所定之人（未滿15歲之人透過他人取得工作為第三人提供勞務，或直接為他人提供勞務取得報酬未具勞僱關係者）。	100		
2. 第7條第1款規定之被保險人：**無一定雇主或自營作業而參加職業工會之會員。**		60	40
3. 第7條第2款規定之被保險人：無一定雇主或自營作業而參加漁會之甲類會員。		20	80
4. 第9條第1項第3款規定之被保險人：參加海員總工會或船長公會為會員之外僱船員。		80	20

(六) 保險費繳納後不退還：本保險之**保險費一經繳納，概不退還**。但因不可歸責於投保單位或被保險人之事由致溢繳或誤繳者，不在此限〔不含投保單位誤算投保薪資而溢繳的保費，亦即誤算不能於修正後申請退費〕（第20條）。

(七) 未依規定限期繳納之滯納金

　1. **投保單位**對應繳納之保險費，未依前條第1項規定限期繳納者，得寬限15日；在寬限期間仍未向保險人繳納者，保險人自寬限期滿之翌日起至完納前1日止，每逾1日加徵其應納費額0.2%滯納金；加徵之滯納金額，以至應納費額20%為限（第21條）。

　2. 第7條（職業工會之會員、漁會之甲類會員）及第9條第1項第3款（外僱船員）規定之**被保險人**，其所負擔之保險費未依第20條第1項第2款規定期限繳納者，得寬限15日；在寬限期間仍未向其所

屬投保單位繳納者，其所屬投保單位應準用前條第1項規定，代為加收滯納金彙繳保險人（第22條）。

（八）保險費及滯納金優先處理：本保險之保險費及滯納金，優先於普通債權受清償（第24條）。

四、醫療給付、傷病給付、失能給付

本保險之給付種類如下：**醫療給付、傷病給付、失能給付、死亡給付、失蹤給付**〔不含失業給付、老年給付〕（第26條）。

被保險人於保險效力開始後停止前，遭遇職業傷害或罹患職業病（以下簡稱職業傷病），而發生醫療、傷病、失能、死亡或失蹤保險事故者，被保險人、受益人或支出殯葬費之人得依規定，請領保險給付。被保險人在保險有效期間遭遇職業傷病，於保險效力停止之翌日起算1年內，得請領同一傷病及其引起疾病之醫療給付、傷病給付、失能給付或死亡給付（第27條）。其中，醫療給付、傷病給付、失能給付的給付條件及給付標準，如表6-11：

表6-11　勞工職災保險之醫療給付、傷病給付、失能給付

類別	給付條件	給付標準
1. 醫療給付	被保險人遭遇職業傷病時應至全民健康保險特約醫院或診所診療（第38條）。	門診及住院診療之醫療費用，由保險人支付予全民健保保險人，被保險人不得請領現金（第38條）。
2. 傷病給付	被保險人遭遇職業傷病不能工作，致未能取得原有薪資，正在治療中者，自不能工作之日起算**第4日起**〔不是第3日起〕，得請領傷病給付（第42條）。	前項傷病給付，前2個月按被保險人平均月投保薪資發給，第3個月起按被保險人**平均月投保薪資70%發給**，每半個月給付1次，最長以2年為限（第42條）。
3. 失能給付	被保險人遭遇職業傷病，經治療後，症狀固定，再行治療仍不能改善其治療效果，經全民健保特約醫院或診所診斷為永久失能，	按其平均月投保薪資，依規定之給付基準，請領**失能一次金給付**。符合下列情形之一者，得請領**失能年金**（第43條）：

表6-11（續）

類別	給付條件	給付標準
	符合本保險失能給付標準規定者（第43條）。	(1) 完全失能：按平均月投保薪資70%發給。 (2) 嚴重失能：按平均月投保薪資50%發給。 (3) 部分失能：按平均月投保薪資20%發給。
	請領失能年金者，同時有符合各款條件所定眷屬（第44條）。	每1人加發依前條第2項規定計算後金額10%之**眷屬補助**，最多加發20%（第44條）。

五、死亡給付與失蹤給付

　　勞工職災保險死亡給付與失蹤給付的給付條件及給付標準，如表6-12：

表6-12　勞工職災保險之死亡給付與失蹤給付

類別	給付條件	給付標準
1. 死亡給付	被保險人於保險有效期間遭遇職業傷病致死亡時（第49條）。	**支出殯葬費之人，得請領喪葬津貼**（第49條）。喪葬津貼給付之基準：按被保險人平均月投保薪資1次發給5個月。但被保險人無遺屬者，按其平均月投保薪資1次發給10個月（第51條）。
	前項被保險人，遺有配偶、子女、父母、祖父母、受其扶養之孫子女或受其扶養之兄弟姊妹者，其條件（第49條）： (1) 配偶符合第44條第1項第1款或第2款規定者。 (2) 子女符合第44條第1項第3款規定者。 (3) 父母、祖父母年滿55歲，且每月工作收入未超過投保薪資分級表第一級者。	依第52條所定順序，請領**遺屬年金**：配偶及子女、父母、祖父母、受扶養之孫子女、受扶養之兄弟姊妹（第49條）。遺屬年金、遺屬一次金及遺屬津貼給付之基準（第51條）： (1) 依第49條第2項規定請領**遺屬年金**者，按被保險人之平均月投保薪資50%發給。 (2) 依前條第1項規定請領**遺屬年金**者，依失能年金給付基準計

表6-12（續）

類別	給付條件	給付標準
	(4) 孫子女符合第44條第1項第3款第1目至第3目規定情形之一者。 (5) 兄弟姊妹符合下列條件之一： 　A.有第44條第1項第3款第1目或第2目規定情形。 　B.年滿55歲，且每月工作收入未超過投保薪資分級表第一級。	算後金額之半數發給。 (3) **遺屬一次金**及**遺屬津貼**：按被保險人平均月投保薪資發給40個月。
	依第43條第2項第1款或第2款規定請領失能年金者，於領取期間死亡時，其遺屬符合前條第2項規定者（第49條）。	得請領**遺屬年金**（第50條）。遺屬津貼給付之基準（第51條）：遺屬年金於同一順序之遺屬有2人以上時，每多1人加發依前項第2款計算後金額10%，最多加計20%。
2. 失蹤給付	被保險人於作業中遭遇意外事故致失蹤時，自失蹤之日起，發給失蹤給付（第55條）。	失蹤給付，按被保險人平均月投保薪資70%，於每滿3個月之期末給付1次，至生還之前1日、失蹤滿1年之前1日或受死亡宣告裁判確定死亡時之前1日止。 第1項被保險人失蹤滿1年或受死亡宣告裁判確定死亡時，其遺屬得依第49條規定，請領死亡給付（第55條）。

六、保險給付之通則

　　勞工職業災害保險之保險給付之通則，如表6-13：

表6-13 勞工職災保險給付之通則

項目	相關規定
1. 效期內領同一傷病相關之給付	被保險人在保險有效期間遭遇職業傷病，於保險效力停止之翌日起算1年內，得請領同一傷病及其引起疾病之醫療給付、傷病給付、失能給付或死亡給付（第27條）。
2. 現金之給付按平均月投保薪資計算	應按被保險人發生保險事故之當月起前6個月之實際月投保薪資，平均計算；未滿6個月者，按其實際投保期間之平均月投保薪資計算。保險給付以日為給付單位者，按前項平均月投保薪資除以30計算（第28條）。
3. 現金給付於15日內給付之	以現金發給之保險給付，應在15日內給付之；年金給付應於次月底前給付。逾期給付可歸責於保險人者，其逾期部分應加給利息（第35條）。
4. 給付或補助之請求權以5年為期限	領取**保險給付之請求權**，自得請領之日起，因**5年**間不行使而消滅（第37條）。職業災害勞工請領第78條至第81條所定**津貼或補助之請求權**，自得請領之日起，因**5年**間不行使而消滅（第82條）。

七、保險基金的來源與運用

(一) 保險基金的來源：勞工職災保險基金的來源（第59條）：

1. 設立時由勞工保險職業災害保險基金一次撥入之款項。
2. 設立時由職業災害勞工保護專款一次撥入之款項。
3. 保險費與其孳息之收入及保險給付支出之結餘。
4. 保險費滯納金、依第36條第1項規定繳納之金額。
5. 基金運用之收益。
6. 第101條之罰鍰收入。

(二) 保險基金的運用：勞工職災保險基金的運用（第60條）：

1. 投資國內債務證券。
2. 存放國內之金融機構及投資短期票券。
3. 其他經中央主管機關核准有利於本保險基金收益之投資。

八、職業災害預防及重建

中央主管機關得於職業災害保險年度應收保險費20%及歷年經費執行賸餘額度之範圍內編列經費,辦理下列事項(第62條),如表6-14:

表6-14　職業災害預防及重建之重要事項

項目	相關規定
1. 職業傷病通報、職業災害勞工轉介及個案服務	(1) 中央主管機關:應規劃職業災害勞工個案管理服務機制,建立職業災害勞工個案服務資料庫。 (2) 直轄市、縣市主管機關:應建立轄區內通報及轉介機制,並應置專業服務人員,依職業災害勞工之需求,適時提供下列服務:A.職業災害勞工個案管理服務;B.職業災害勞工家庭支持;C.勞動權益維護;D.復工協助;E.轉介就業服務、職業輔導評量等職業重建資源;F.連結相關社福資源;G.其他協助(第65條)。
2. 職業災害勞工之重建服務	主管機關應規劃整合相關資源,並得運用保險人核定本保險相關資料,依職業災害勞工之需求,提供下列適切之重建服務事項:(1)醫療復健;(2)社會復健;(3)職能復健;(4)職業重建。職業災害勞工之重建涉及社會福利或醫療保健者,主管機關應協調衛生福利主管機關,以提供整體性及持續性服務(第64條)。
3. 捐助第70條規定成立之財團法人	為統籌辦理本法職業災害預防及職業災害勞工重建業務,中央主管機關應捐助成立財團法人職業災害預防及重建中心(簡稱職災預防及重建中心)(第70條)。
4. 其他相關事項	(1) 辦理職能復健服務(第66條)。 (2) 協助恢復原工作或安置適當之工作(第67條)。 (3) 提供必要之輔助設施(第67條)。 (4) **請領職能復健津貼**:前項津貼之請領日數,合計**最長發給180日**(第68條)。 (5) **申請補助**:僱用職業災害勞工之**事業單位**,於符合下列情形之一者,得向直轄市、縣市主管機關申請補助: 　A.協助職業災害勞工恢復原工作、調整職務或安排其他工作。 　B.僱用其他事業單位之職業災害勞工(第69條)。

九、職業傷病通報及職業病鑑定

(一) 職業傷病通報：雇主、醫療機構或其他人員知悉勞工遭遇職業傷病者，及遭遇職業傷病勞工本人，得向主管機關通報（第73條）。

(二) 職業病鑑定

1. 保險人，於審核職業病給付案件認有必要時，得向中央主管機關申請職業病鑑定（第75條）。

2. 被保險人，對職業病給付案件有爭議，且曾經第73條第1項認可醫療機構之職業醫學科專科醫師診斷罹患職業病者，於依第5條規定申請審議時，得請保險人逕向中央主管機關申請職業病鑑定（第75條）。

十、其他勞動保障

除了前面所述勞工職災保險各種保險給付、職業災害預防及重建服務之外，其他勞動保障相關事項，如表6-15：

表6-15 其他勞動保障相關事項

項目	相關規定
1. 終止勞動契約後得繼續加保	參加勞保之職災勞工，於職災醫療期間終止勞動契約並退保者，得以勞工團體或保險人委託之團體為投保單位，繼續參加勞保（第77條）。
2. 從事有害工作於退保後罹職業病者得申請補助	被保險人從事第63條所定有害作業，於退保後，經認可醫療機構專科醫師診斷係因保險期間執行職務致罹患職業病者，得向保險人申請醫療補助、失能或死亡津貼（第78條）。
3. 遭職業傷病需輔具者得申請器具補助	被保險人遭遇職業傷病，經醫師診斷或其他專業人員評估必須使用輔助器具，且未領取相同輔助器具項目之補助者，得向勞動部職業安全衛生署（簡稱職安署）申請器具補助（第79條）。
4. 因職業傷病需他人扶助者得申請照護補助	被保險人因職業傷病，有下列情形之一者，得向保險人申請照護補助（第80條）： (1) 符合第42條第1項規定（遭遇職業傷病不能工作，正在治療中者），且住院治療中。

表6-15（續）

項目	相關規定
	(2) 經評估為終身無工作能力，喪失全部或部分生活自理能力，經常需醫療護理及專人周密照護，或為維持生命必要之日常生活活動需他人扶助。
5. 未加保勞工遭職業傷病之補助	未加入本保險之勞工，於本法施行後，遭遇職業傷病致失能或死亡，得向保險人申請照護補助、失能補助或死亡補助（第81條）。
6. 依規定終止勞動契約者應發給勞工資遣費或退休金或離職金	(1) 資遣費：雇主依第84條規定終止勞動契約者，雇主應按勞工工作年資，發給勞工資遣費。 (2) 退休金：勞工同時符合勞動基準法第53條規定時，雇主應依規定發給勞工退休金。 (3) 離職金：雇主依第84條規定終止勞動契約者，應以不低於勞工退休金條例規定之資遣費計算標準發給離職金，並應於終止勞動契約後30日內發給（第86條）。
7. 單位變更之勞工原有權益存在	事業單位改組或轉讓後所留用之勞工，因職業災害致身心障礙、喪失部分或全部工作能力者，其依法令或勞動契約原有之權益，對新雇主繼續存在（第87條）。
8. 職災認定前後之給假或留職停薪	職業災害未認定前，勞工得先請普通傷病假；普通傷病假期滿，申請留職停薪者，雇主應予留職停薪。經認定結果為職業災害者，再以公傷病假處理（第88條）。
9. 雇主應負職災賠償	勞工因職業災害所致之損害，雇主應負賠償責任。但雇主能證明無過失者，不在此限（第91條）。

十一、重要罰則

㈠ 投保單位或雇主未依規定為所屬員工投保、退保者：處2萬元以上10萬元以下罰鍰，並令其限期改善；屆期未改善者，應按次處罰（第96條）。

㈡ 投保單位將投保薪資金額多報或少報或未依期限通知投保薪資之調整者：處2萬元以上10萬元以下罰鍰（第98條）。

㈢ 以不當手段領取保險給付或補助者：按其領取之保險給付、津貼、補助或醫療費用處以2倍罰鍰（第92條）。

第五節　《就業保險法》分析

　　《就業保險法》於2002年5月15日公布，2003年1月1日施行，其後多次修正。茲依2022年1月修正後條文，略述其內容及新近修正重點：

一、概述

（一）立法目的：為提升勞工就業技能，促進就業，保障勞工職業訓練及失業一定期間之基本生活（第1條）。

（二）名詞定義

　　1. 非自願離職，指被保險人因投保單位關廠、遷廠、休業、解散、破產宣告離職；或因勞動基準法第11條、第13條但書、第14條及第20條規定各款情事之一離職（第11條）。

　　2. 受扶養眷屬：指受被保險人扶養之無工作收入之父母、配偶、未成年子女或身心障礙子女（第19-1條）。

（三）主管機關：在中央為勞動部；在直轄市為直轄市政府；在縣市為縣市政府（第2條）。

（四）監理機制：本保險業務，由勞工保險監理委員會監理。被保險人及投保單位對保險人核定之案件發生爭議時，應先向勞工保險監理委員會申請審議；對於爭議審議結果不服時，得依法提起訴願及行政訴訟（第3條）。

（五）保險人：本保險由中央主管機關委任**勞工保險局**辦理，並為保險人（第4條）。

二、投保對象及投保單位

　　就業保險的投保對象及投保單位，如表6-16：

表6-16　就業保險的保險對象及投保單位

項目	相關規定
1. 參加本保險之對象	年滿15歲以上，65歲以下之下列**受僱勞工，應以其雇主或所屬機構為投保單位**，參加本保險（第5條）： (1) 具中華民國國籍者。 (2) 與在我國設有戶籍之國民結婚，且獲准居留在臺工作之外國人、大陸地區人民、香港居民或澳門居民。
2. 不得參加本保險者	前項人員有下列情形之一者，不得參加本保險（第5條）： (1) 依法應**參加公保**或**軍保**〔不排除參加勞保者〕。 (2) 已領取**勞保老年給付**或**公保養老給付**。 (3) 受僱於依法免辦登記且無核定課稅或依法免辦登記且無統一發票購票證之雇主或機構。
3. 有2個以上雇主	受僱於**2個以上雇主者，得擇一參加**本保險（第5條）。
4. 保險效力之開始與停止	本法施行後，依前條規定應參加本保險為被保險人之勞工，自投保單位**申報參加勞保生效之日起**，取得本保險被保險人身分；自投保單位申報勞保退保效力停止之日起，其保險效力即行終止（第6條）。

三、保險財務

㈠ 保險費率之擬訂：本保險之保險費率，由中央主管機關按被保險人當月之月投保薪資1%至2%擬訂（第8條）。

㈡ 保險費率之精算：本保險之保險費率，保險人**每3年**應至少**精算1次**，並由中央聘請精算師、保險財務專家、相關學者及社會公正人士9人至15人組成精算小組審查之（第9條）。

㈢ 保險費率之調整：有下列情形之一者，中央應於規定之保險費率範圍內調整保險費率（第9條）：

1. 精算之保險費率，其前3年度之平均值與當年度保險費率相差幅度超過正負5%。

2. 本保險累存之基金餘額低於前1年度保險給付平均月給付金額之6倍或高於前1年度保險給付平均月給付金額之9倍。

3. 本保險增減給付項目、給付內容、給付標準或給付期限，致影響保
   險財務。

四、保險給付

　　本保險之給付，分下列五種〔不含國民年金保險費補助、求職者交通
補助、生育給付、失能給付、死亡給付、喪葬給付〕（第10條），其請
領給付條件與給付標準，如表6-17：

表6-17　就業保險之保險給付相關規定

類別	請領給付條件	給付標準
1. 失業給付	(1) 於**非自願離職辦理退保**當日前3年內，保險**年資合計滿1年以上**〔不是6個月〕具有工作能力及工作意願，**自求職登記之日起14日內**仍**無法推介就業或安排職業訓練**（第11條）〔不是15日內無法推介才能領〕。 (2) **失業給付自向公立就業服務機構辦理求職登記之第15日起算**（第20條）〔不是辦理求職登記當日、也不是非自願離職退保日當日起算〕。 (3) 領取該保險給付之請求權，自得請領之日起，2年間不行使而消滅（第24條）〔不是5年〕。	(1) 按申請人離職辦理本保險**退保之當月起前6個月**〔不是3個月〕平均月投保薪資60%**按月發給**〔不是50%〕，最長發給6個月。 (2) 申請人離職辦理本保險退保時已**年滿45歲**〔不是65歲〕或**領有**社政主管機關核發之**身心障礙證明者**〔不含懷孕3個月以上、具有未成年被扶養者〕，最長**發給9個月**〔不是12個月〕。 (3) 中央主管機關於經濟不景氣致大量失業或其他緊急情事時，審酌失業率及其他情形，得延長前項之給付期間最長至9個月，必要時得再延長之，但最長不得超過12個月（第16條）。
2. 提早就業獎助津貼	符合失業給付請領條件，於失業給付請領期間屆滿前受僱工作，並參加本保險3個月以上（第11條）。	於失業給付請領期限屆滿前受僱工作，並依規定參加本保險滿3個月以上者，按其尚未請領之失業給付金額之50%，1次發給提早就業獎助津貼（第18條）。

表6-17（續）

類別	請領給付條件	給付標準
3. 職業訓練生活津貼	(1) 非自願離職，向公立就業服務機構辦理求職登記，經公立就業服務機構安排參加全日制職業訓練（第11條）。 (2) 職業訓練生活津貼自受訓之日起算（第20條）。	於受訓期間，每月按申請人離職辦理本保險退保之當月起前6個月平均月投保薪資60%發給職業訓練生活津貼，最長發給6個月（第19條）〔上述就業保險之給付項目中，**失業給付**、**就業服務**、**職業訓練**等方案，整合為就業安全體制的運作基礎，稱為**「就業三合一服務」**〕。
4. 育嬰留職停薪津貼	**保險年資**合計滿**1年以上**〔不是1年6個月〕，子女滿3歲前，依《性別工作平等法》〔2023年修正為《性別平等工作法》〕之規定，辦理育嬰留職停薪（第11條）〔有關育嬰留職停薪津貼之請領條件與發放標準，主要規範於《就業保險法》，而不是《性別工作平等法》，或修正後之《性別平等工作法》〕。	(1) 以被保險人育嬰留職停薪之當月起前6個月平均**月投保薪資60%計算**〔不是以50%計算〕，於被保險人育嬰留職停薪期間，按月發給津貼，每1子女合計最長發給6個月（第19-2條）。 (2) 前項津貼，於同時撫育子女2人以上之情形，以發給1人為限。 (3) 依家事事件法、兒童及少年福利與權益保障法相關規定與收養兒童先行共同生活之被保險人，其共同生活期間得依第11條第1項第4款及前2項規定請領育嬰留職停薪津貼。
5. 全民健保費之補助	失業之被保險人及隨同被保險人辦理加保之眷屬（第10條）。	其補助對象、補助條件、補助標準、補助期間之辦法，由中央主管機關定之（第10條）。

五、不得請領失業給付之規定

(一) 被保險人有下列情形之一者，公立就業服務機構應拒絕受理失業給付之申請：

　　1. 無第13條規定情事之一（工資低於每月失業給付數額、**工作地點距離住處30公里以上**），不接受公立就業服務機構推介之工作〔含以專長不符為由拒絕〕。

　　2. 無前條規定情事之一不接受公立就業服務機構之安排，參加就業諮詢或職業訓練（第15條）。

(二) 被保險人於失業期間另有工作，其每月工作收入超過基本工資者，不得請領失業給付；其每月工作收入未超過基本工資者，其該月工作收入加上失業給付之總額，超過其平均月投保薪資80%部分，應自失業給付中扣除。但總額低於基本工資者，不予扣除（第17條）。

(三) 領取勞工保險傷病給付、職業訓練生活津貼、臨時工作津貼、創業貸款利息補貼或其他促進就業相關津貼者，領取相關津貼期間，不得同時請領失業給付（第17條）。

六、促進失業者再就業的措施

(一) 公立就業服務機構為促進失業之被保險人再就業，得提供就業諮詢、推介就業或參加職業訓練（第12條）。

(二) 中央主管機關得於就業保險年度應收保險費10%及歷年經費執行賸餘額度之範圍內提撥經費，辦理下列事項（第12條）：

　　1. 被保險人之在職訓練。

　　2. 被保險人失業後之職業訓練、創業協助及其他促進就業措施。

　　3. 被保險人之僱用安定措施。

　　4. 雇主僱用失業勞工之獎助。

七、就業保險給付的原則

　　就業保險給付的一般原則，如表6-18：

表6-18　就業保險給付的原則

項目	相關規定
1. 非法領取者限期返還	投保單位故意為不合本法規定之人員辦理參加保險手續，領取保險給付者，保險人應通知限期返還，屆期未返還者，依法移送強制執行（第21條）。
2. 於限期內給付	發給之保險給付，應在15日內給付之。如逾期給付可歸責於保險人者，其逾期部分應加給利息（第22-1條）。
3. 發生勞資爭議仍得請領給付	申請人與原雇主間因離職事由發生勞資爭議者，仍得請領失業給付。前項爭議結果，確定申請人不符失業給付請領規定時，應於確定之日起15日內，將已領之失業給付返還。屆期未返還者，依法移送強制執行（第23條）。
4. 給付之請求期限	領取保險**給付之請求權**，自得請領之日起，因**2年**間不行使而消滅〔不是5年〕（第24條）。
5. 給付前辦理失業再確定	領取失業給付者，應於辦理失業再認定時，**至少提供2次以上之求職紀錄**〔不是3次〕，始得繼續請領。未檢附求職紀錄者，應於7日內補正；屆期未補正者，停止發給失業給付（第30條）。

八、基金及行政經費

㈠ 保險基金的來源：就業保險基金之來源（第33條）：1.本保險開辦時，中央主管機關自勞工保險基金提撥之專款；2.保險費與其孳息收入及保險給付支出之結餘；3.保險費滯納金；4.基金運用之收益；5.其他有關收入。

㈡ 就業保險基金的運用：就業保險基金，得為下列之運用（第34條）：

　　1. 對於公債、庫券及公司債之投資。

　　2. 存放於公營銀行或中央主管機關指定之金融機構及買賣短期票券。

　　3. 其他經中央主管機關核准有利於本基金收益之投資，但不得為權益證券及衍生性金融商品之投資。

㈢ 行政事務費：辦理本保險所需之經費，由保險人以當年度保險費收入預算總額**3.5%為上限**編列，由中央主管機關編列預算撥付之（第35條）。

九、重要罰則

(一) 勞工未依規定參與就業保險及辦理就業保險手續者：處1,500元以上7,500元以下罰鍰（第37條）〔不是1萬5,000元以上7萬5,000元以下〕（第37條）。

(二) 以詐欺或其他不正當行為領取保險給付者：除按其領取之保險給付處以2倍罰鍰外，並應依民法請求損害賠償；其涉及刑責者，移送司法機關辦理（第36條）。

(三) 投保單位將投保薪資金額以多報少或以少報多者：按其短報或多報之保險費金額，處4倍罰鍰，其溢領之給付金額，經保險人通知限期返還，屆期未返還者，依法移送強制執行，並追繳其溢領之給付金額。勞工因此所受損失，應由投保單位賠償之（第38條）。

十、《就業保險法》新近修正重點

《就業保險法》新近於2015年4月、2021年12月、2022年1月修正，其修正重點：

(一) 更新中央主管機關：配合《勞動部組織法》之制定，將就業保險中央主管機關「行政院勞工委員會」，修正為「勞動部」（第2條）。

(二) 新增失業給付或職訓生活津貼之受扶養眷屬：修正前，未列入受被保險人扶養之無工作收入之父母。修正為：前項所稱受扶養眷屬，指受被保險人扶養之無工作收入之父母、配偶、未成年子女或身心障礙子女（第19-1條）。

(三) 增訂兒童試養期間得請領育嬰留職停薪津貼：為打造友善育兒及收養環境，新增：依家事事件法、兒少福權法相關規定與收養兒童先行共同生活之被保險人，其共同生活期間得依規定請領育嬰留職停薪津貼（第19-2條）。

(四) 刪除雙親不得同時請領育嬰留職停薪津貼：考量照顧子女為雙親共同責任，如勞工已有育嬰留職停薪事實，本保險可於被保險人發生保險事故時，提供部分所得損失填補，故刪除原規定：父母同為被保險人者，應分別請領育嬰留職停薪津貼，不得同時為之（第19-2條）。

第六節　社會保險相關議題

一、社會保險的基本原則

綜合相關文獻的論述（林萬億，2022：150-156；鍾秉正，2016：129-138），社會保險具有下列基本原則：

(一) 強制保險原則：也稱強制納保原則、強制原則。考慮國民中多數人的利益以及費用負擔之能力，由國家制定強制性法規，規定特定範圍內之國民均應投保並繳交保費，如不納保將會受罰，以期透過風險分擔方式，讓處於高風險者因為多數人互助的力量而得到保障。

(二) 給付權利原則：社會保險是納費制的社會福利，被保險人依法有繳納保費的義務，一旦發生疾病、傷害、失業、死亡等保險事故時〔不含提早老化〕，不須經過核保，也不須資產調查，而有依法領取保險給付的權利。

(三) 基本生活保障原則：也稱基本收入保障原則。社會保險的給付，在於支持被保險人的基本支出，使其生活不致於陷入困頓。通常，社會保險的給付，高於社會救助的「最低生活需求」，因為兩者的功能不同，**保險的功能**在**防貧**，而**救助的功能**在**脫貧**。

(四) 財務自給自足原則：簡稱自給自足原則。原則上，社會保險以保費收入，作為保險給付支出之用，至於行政事務費，則由政府預算支應。當保費不足以因應給付支出時，可能提高保費以增加保險財務的穩定性。

(五) 基金提存非完全準備原則：社會保險的基金通常採取「部分準備制」（partially funded），以短期足以支應保險給付所需的金錢為原則，而不採取「完全基金準備」（fully funded），以免保費負擔過重，基金累積過多，造成資金流通與管理的困難。

(六) 給付假定需要原則：也稱未來假定需求（future presumptive needs），是假定被保險人會因某種保險事故或風險的發生而有被補償的需求。社會保險係透過風險分擔，將個人的假定需求經由法律規範轉變為給付的法定權利。

（七）給付適足原則：社會保險的給付，通常以滿足社會可接受的保障程度與服務需求爲原則。因此，社會保險的給付，會隨物價指數或購買力指數而調整，即在避免給付偏低而造成被保險人生計困難。基本上，社會保險是一種**確定給付**（defined benefit, DB），而非**確定提撥**（defined contribution, DC），給付要能隨著生活水準而調整，以確保被保險人所領給付是社會適足的。至於**退休後所領取的給付，與退休前所得的比值**，稱爲「**所得替代率**」（income replacement rate）〔亦即所獲得之給付，與原來就業狀態所得之比率，不是所獲得之工資與最低工資之比率〕。

（八）給付與所得無直接關係原則：通常，高所得的被保險人依保險費率計算，必須繳納較多的保險費。相對上，低所得的被保險人繳較少的保險費。但是領取保險給付，尤其是醫療給付，不一定與繳保費的多寡有直接關係。

（九）社會適當性原則：社會保險以**促進社會公平爲目的**，對於低收入者、障礙者應繳納的保險費，通常降低其分擔比率或全部由政府負擔，有時也增加特定的給付項目，藉以促進社會公平的作用。

（十）所得重分配原則：社會保險的社會適當性，經常以「所得重分配」的理念來表現。例如：**全民健保的保費與所得成正比**，所得高則保費高、所得低則保費低。**接受醫療服務**時，服務品質相同，**與保費高低無關**，即有所得重分配的效果，且**可降低階層化**。

相對於上述原則，下列各項並非社會保險的原則：自由加入原則、保障最適生活水準原則、財務政府補助原則、給付依被保險人實際需要爲原則、完全提存基金準備原則、給付與所得直接相關原則。

二、多柱年金保險的概念

年金保險的主要對象是：老人、失能者及遺屬。在社會保險體系中，爲了保障這些對象的經濟安全，而有年金制度的設計，範圍包括：老年給付、退休給付、失能給付、遺屬給付。

1994年，**世界銀行**（The World Bank）認爲老人經濟安全的保障，不是單一體系所能達成，而提出「三柱模式」（Three-Pillar Models）的老

年年金體系。到了2005年，擴大爲「多層式的退休金體系」（Multi-pillar Pension System），也稱爲「五柱模式」（Five-Pillar Models）（葉孟峰，2007：118）：

(一) 第零柱或基層保障（zero or basic pillar）：屬於非繳費（non-contributory）的給付。主要是爲了有效保障終身貧困者〔並非貧窮者不能列入多柱年金的服務設計對象〕，以及年老沒有足夠資源或資格領取正式退休金的勞工。通常採取類似社會救助的方式，實施資產調查及排富條款。

(二) 第一柱保障（the first pillar）：屬於強制性繳保費的所得相關年金保障制度，通常採取**隨收隨付制**（Pay-As-You-Go, PAYG）的確定給付之所得相關年金。亦即透過社會保險年金制度，產生社會連帶責任，以及代內或代間所得轉移的作用，以提供老年退休最低生活的終身保障。

(三) 第二柱保障（the second pillar）：對於員工退休制度，不論是「職業計畫」或「個人計畫」，都採取**強制性確定提撥**的退休金。通常，是交由私人管理的**個人儲蓄帳戶**（individual savings accounts, ISA），也可能是雇主協助其員工辦理團體退休保險的**職業年金**。

(四) 第三柱保障（the third pillar）：屬於自願性的個人商業保險儲蓄制度，可自主決定是否投保？繳多少保險費？因而形成多種型態，可以是「完全由個人繳費型」或「雇主資助型」，主要經營者是私人機構，是以保障退休目標而建立的機制，並接受監督的一種自願性退休金計畫。

(五) 第四柱保障（the forth pillar）：屬於附加的、非正式的「家庭支持制度」，是基於倫理規範，由家庭成員爲老年提供生活照顧。通常，採取提供贍養費、醫療照顧、房屋所有權信託等支持性措施。

當然，各國年金制度的設計不同，分柱的概念也不可能一致。就我國的年金制度而言，在勞工的老年經濟安全體系中，第一柱是勞工保險的老年給付（與薪資所得相關、確定提撥、隨收隨付），第二柱是勞工退休金（確定提撥、個人儲蓄帳戶）（林萬億，2022：162）。

進而言之，有關老年退休年金的財務規劃，有兩種主要機制：一種

是「確定給付制」（DB），亦即預期確定年金給付，被保險人與贊助者（雇主或政府）繳交保險費一段時間（保險年資），等到被保險人退休時，可定期領取工作期間薪資的一定比率（所得替代率）的年金。另一種是「確定提撥制」（DC），確定基金提撥額度但不確定給付，其給付額度取決於提撥金累計與投資報酬率高低。受僱者與其贊助者（雇主或政府）每月提撥固定比率的基金（確定提撥），到了退休時定期或一次領回自己與雇主共同提撥的薪資×確定獲益的複利（林萬億，2022：170-171）。

此外，**隨收隨付制**（PAYG）是以當年度勞動人口所繳納的保險費收入，支付該年度的保險給付，不儲蓄龐大的保險基金。**隨收隨付制，常見於健康保險等短期性的社會保險**。簡言之，隨收隨付對於保險財務運作的觀點，主張保費收入用在當時的保險給付，保險財務只需平衡現在收支。

三、《農民健康保險條例》的要點

農民健康保險（簡稱農民健保）是職業別的社會保險，前面雖未列入分析，但考量農民健保與《國民年金法》、《勞工職業災害保險及保護法》，以及前章《老年農民福利津貼暫行條例》，都有一些關聯性，故放在此處說明之。

《農民健康保險條例》於1989年6月23日公布施行，經多次修正。茲依2023年2月修正後條文，略述其要點：

（一）立法目的：為維護農民健康，增進農民福利，促進農村安定（第1條）。

（二）保險事故及保險給付：本保險之保險事故，分為生育、傷害、疾病、身心障礙及死亡五種；並分別給與**生育給付**、**醫療給付**、**身心障礙給付**及**喪葬津貼**（第2條）〔不含老年津貼〕。

（三）主管機關：在中央為行政院農業委員會（2023年8月起為農業部）；在直轄市為直轄市政府；在縣市為縣市政府（第3條）。

（四）保險人：由中央主管機關設立之中央社會保險局為保險人。在中央社會保險局未設立前，業務暫委託勞工保險局辦理，並為保險人（第4條）。

㈤ 監理及審議機制：爲監督本保險業務及審議保險爭議事項，由有關機關代表、農民代表及專家各占1/3爲原則，組織農民健康保險監理委員會行之（第4條）。

㈥ 被保險人及投保單位

1. 農會會員：農會法第12條所定之農會會員從事農業工作，未領取相關社會保險老年給付者，得參加本保險爲被保險人，並以其所屬基層農會爲投保單位（第5條）。

2. 非前項農會會員：年滿15歲以上從事農業工作之農民，未領取相關社會保險老年給付者，得參加本保險爲被保險人，並以其戶籍所在地之基層農會爲投保單位（第5條）。

㈦ 本保險與相關保險之關聯

1. 農民除應參加或已參加軍人保險、公教人員保險或勞工保險者外，應參加本保險爲被保險人（第6條）。

2. （農民）同時符合國民年金保險加保資格者，得選擇參加該保險，不受國民年金法第7條有關應參加或已參加本保險〔農保〕除外規定之限制；其未參加本保險〔農保〕者，視爲選擇參加國民年金保險（第6條）。

3. 已參加本保險者，再參加前項所列其他保險時〔含國保〕，應自本保險退保。但僅再參加勞工保險職業災害保險或於農暇之餘從事非農業勞務工作再參加勞工保險者，不在此限（第6條）。

㈧ 投保金額及保險費率：本保險之月投保金額定爲2萬400元；保險費率定爲2.55%（第11條）。

㈨ 保險費之分擔

1. 本保險之保險費，由被保險人負擔30%，政府補助70%（第12條）。

2. 政府補助之保險費，在直轄市，由中央主管機關負擔40%，直轄市負擔30%；在縣市，由中央主管機關負擔60%，縣市負擔10%（第12條）。

㈩ 領取給付之期限：領取**保險給付之請求權**，自得請領之日起，因**5年**間不行使而消滅（第23條）。

(±) 喪葬津貼：被保險人死亡時，按其當月投保金額，給與喪葬津貼15個月。前項喪葬津貼，**由支出殯葬費之人領取**之（第40條）〔不是依照民法所定之繼承順位領取〕。

(±) 農民職業災害保險

1. 中央主管機關為保障農民職業安全及經濟補償，得試行辦理農民職業災害保險（第44-1條）。

2. 本職災保險以**勞動部勞工保險局為保險人**〔不是衛生福利部中央健康保險署〕，並以基層農會為投保單位（第44-1條）。

3. 本職災保險之保險費，由被保險人負擔60%，在直轄市，中央主管機關補助20%，直轄市補助20%；在縣市，中央主管機關補助30%，縣市補助10%（第44-1條）。

4. 於2023年1月10日修正之本條文施行之日起，申請參加本保險者，視為一併申請參加本職災保險（第44-2條）。

第七章
兒童及少年福利
政策與立法

兒童及少年是人生的起步階段，他們的未來有無限發展的可能。因此，世界各國無不重視兒童及少年的福利與權益之保障，希望能為他們打造一種健康、幸福、快樂的成長環境。

 ## 第一節　兒童及少年福利政策

我國兒童及少年福利的政策，主要見諸《憲法》、《憲法》修正條文、行政院2012年修正核定的《社會福利政策綱領》：

一、《憲法》的規定

(一) 對童工特別保護：婦女**兒童從事勞動者**，應按其年齡及身體狀態，予以特別之保護（第156條）。

(二) 訂定兒童福利政策：國家為奠定民族生存發展之基礎，應保護母性，並實施婦女兒童福利政策（第153條）。

二、《憲法》修正條文的規定

國教經費優先編列：教育、科學、文化之經費，尤其國民教育之經費應優先編列，不受憲法第164條規定之限制（第10條第10項）。

三、《社會福利政策綱領》的規定

(一) 對弱勢兒少適切協助：政府針對經濟弱勢之兒童、少年……單親家庭等應有適切協助，以提升生活品質（三之4）。

(二) 營造有利兒少發展的環境：政府與民間應協力營造有利於兒童與少年身心健全發展之環境。兒童與少年其家庭或照顧者若有經濟、社會與心理支持、衛生醫療、及其他有關家庭功能發揮之需求時，政府應給予協助。當原生家庭不利於兒童與少年的身心健全發展時，政府應保護之，並提供適當之照顧或安置資源，以利其健康成長（三之6）。

（三）整合提供兒童早療服務：政府應整合社會福利、衛生、教育等部門，提供兒童早期療育服務（三之7）。

（四）保障兒少優質照顧服務：政府應建構完整之兒童教育與照顧服務體系，落實整合托兒、學前教育及學齡兒童課後服務，並對處於經濟、文化、區域、族群發展等不利條件下的兒童及少年，保障其接受平等普及且高品質之照顧支持的機會（三之8）。

（五）協助兒少自主發展：政府應結合民間協助兒童與少年建立自尊、培養社區歸屬感、熱愛生命、因應生活壓力、學習獨立自主、參與公共事務及發展潛能（三之9）。

 ## 第二節　《兒童及少年福利與權益保障法》分析

　　我國於1973年公布《兒童福利法》，是**第一部完成立法程序**的社會福利法規。1989年，公布《少年福利法》。2003年5月修正《兒童福利法》，更名爲《兒童及少年福利法》。2011年11月再度修正，更名爲《兒童及少年福利與權益保障法》（簡稱「兒福法」），其後多次修正。茲依2021年1月修正後之條文，略述其內容及新近修正重點：

一、概述

（一）立法目的：爲促進兒童及少年身心健全發展，保障其權益，增進其福利（第1條）。

（二）兒童及少年之界定：兒童及少年，指未滿18歲之人；所稱**兒童，指未滿12歲之人**；所稱少年，指12歲以上未滿18歲之人（第2條）。當然，1歲以下嬰兒屬於兒童範圍，亦適用兒福法。

（三）主管機關：在中央爲衛生福利部；在直轄市爲直轄市政府；在縣市爲縣市政府（第6條）。

（四）目的事業主管機關

　　1.教育主管機關：主管兒少教育及其經費之補助、特殊教育、學前教育、安全教育、家庭教育、中介教育、職涯教育、休閒教育、性別

平等教育、社會教育、兒童及少年就學權益之維護及**兒童課後照顧服務**〔不是衛生主管機關職責〕等（第7條）。

2. 文化主管機關：主管兒少藝文活動、閱聽權益之維護、**出版品及錄影節目帶分級**〔不是衛生主管機關職責〕等（第7條）。

(五) 審議與諮詢機制：主管機關應**以首長為召集人**，邀集兒童及少年福利學者或專家、民間機構、團體代表、目的事業主管機關代表、兒童及少年代表，協調、研究、審議、諮詢及推動兒童及少年福利政策。前項學者、專家、**民間機構、團體代表、兒童及少年代表不得少於1/2**〔不是1/3〕，單一性別不得少於1/3（第10條）。

(六) 事故傷害防制協調會議：中央主管機關及目的事業主管機關應定期召開兒童及少年事故傷害防制協調會議。前項會議應遴聘學者專家、民間團體及相關機關代表提供諮詢。學者專家、民間團體代表之人數，**不得少於總數1/2**（第28條）。

(七) 經費來源：兒童及少年福利經費之來源：各級**政府年度預算及社會福利基金、私人或團體捐贈、依本法所處之罰鍰**、其他相關收入〔不含國民年金保險之保險費、全民健保之保險費、就業安定基金、菸捐〕（第12條）。

(八) 回溯分析與定期調查：**中央衛生主管機關應進行6歲以下兒童死亡原因回溯分析**〔不是警察主管機關職責〕，並定期公布分析結果。主管機關應**每4年**〔不是每5年〕對兒童及少年身心發展、社會參與、生活及需求現況**進行調查、統計及分析，並公布結果**（第13條）。

二、基本原則

(一) 以兒少最佳利益為優先考量：政府及公私立機構、團體處理兒童及少年相關事務時，應**以兒童及少年之最佳利益為優先考量**〔不是以兒少最少限制、以父母期待、以減緩兒少失能為優先考量〕，並依**其心智成熟程度權衡**其意見；有關其保護及救助，並應優先處理。兒童及少年之權益受到不法侵害時，**政府應予適當之協助及保護**〔不是先追究父母照顧責任〕（第5條）。

(二) 尊重多元文化差異：主管機關及目的事業主管機關應針對兒童及少

年之需要，**尊重多元文化差異**，**主動規劃所需福利**，對涉及相關機關之兒童及少年福利業務，應全力配合之（第7條）。

三、身分權益

(一) 出生通報：胎兒出生後**7日內**〔不是1個月內〕，**接生人**應將其出生之相關資料**通報衛生主管機關**備查〔不是由胎兒的父母或監護人、村里幹事、戶政人員通報〕；其為**死產者**，**亦同**。接生人無法取得完整資料以填報出生通報者，仍應為前項之通報（第14條）。

(二) 收養事件之處理：對於兒童及少年收養事件之處理，如表7-1：

表7-1　兒童及少年收養事件之處理

基本規定	1. **收出養媒合服務者**之規範：**經主管機關許可之財團法人、公私立兒童及少年安置、教養機構**為限〔例如：兒盟、教養院、育幼院，但不含少年及家事法院、社會局處、縣市委辦之兒童教養機構、縣市立案之幼兒園〕。收出養媒合服務者應評估並安排收養人與兒童、少年**先行共同生活或漸進式接觸**〔不是儘快接觸〕。收出養媒合服務者從事收出養媒合服務，**得向收養人收取服務費用**〔不是向出養人收服務費〕。**前項之收費**項目、基準及其他應遵行事項之辦法，**由中央主管機關定之**（第15條）。 2. 出養之委託：父母因故無法對其兒少盡扶養義務而擬予出養時，應委託收出養媒合服務者代覓適當之收養人〔不是自行尋求委託人代為辦理〕。但旁系血親在六親等以內及旁系姻親在五親等以內，輩分相當；**夫妻之一方收養他方子女，不在此限**（第16條）。 3. **國內優先收養**：以國內收養人優先收養為原則（第16條）。
法院認可收養前	1. 提出訪視報告：命適當團體或專業人員進行訪視，提出訪視報告及建議（第17條）。 2. 試養：命收養人與兒少先行共同生活一段期間，**共同生活期間，對兒少權利義務之行使或負擔，由收養人為之**〔不是由主管機關負擔〕（第17條）。 3. 實施親職教育及鑑定：命收養人接受**親職準備教育課程、精神鑑定，藥、酒癮檢測**〔不含障礙身分鑑定〕，其費用，**由收養人自行負擔**〔不是主管機關負擔〕（第17條）。

表7-1（續）

	4. 調查棄兒資料：命直轄市、縣市主管機關調查被遺棄兒少身分資料（第17條）。 5. 意見不一之處理：父母對兒少出養之意見不一，或一方所在不明時，**父母之一方仍可向法院聲請認可**。經法院調查認為收養乃符合兒少之最佳利益時，應予認可（第18條）。
法院認可 收養後	1. 有書面契約者：**經法院認可者，收養關係溯及於收養書面契約成立時生效**（第19條）。 2. 無書面契約者：以向法院聲請時為收養關係成立之時生效。 3. 有試行收養者：收養關係溯及於開始共同生活時生效。
收養關係 之終止	1. 養父母不當行為：養父母對養子女有遺棄、虐待等行為（第49條）；未禁止施用毒品等（第43條）、未禁止兒少進入危害身心之場所（第47條）。養子女、利害關係人或主管機關得向法院請求宣告終止其收養關係（第20條）。 2. 兒少死亡：聲請認可收養後，法院裁定前，**兒少死亡者，聲請程序終結**（第19條）。
檔案保存與 尋親服務	1. 檔案保存：**中央主管機關應保存**出養人、收養人及被收養兒少之身分、健康等資訊之**檔案**（第21條）〔不是由收養人、收出養媒合服務者保存〕。 2. 尋親服務：主管機關應對被收養兒少、出養人、收養人及其他利害關係人提供尋親服務，必要時得請求戶政、警政或其他機關（構）協助，機關（構）應予配合（第21-1條）。
無身分兒少 之保障	主管機關應會同戶政、移民主管機關協助未辦戶籍登記、**無國籍**或未取得居留、定居許可之兒少辦理戶籍登記、歸化、居留或定居等事項。兒少於戶籍登記完成前或未取得居留、定居許可前，其社會福利服務、醫療照顧、就學權益等事項，**應予以保障**（第22條）。

四、福利措施

縣市政府應建立整合性服務機制，並鼓勵、輔導、委託民間或自行辦理兒童及少年福利措施（第23條）。其相關福利措施，如表7-2：

表7-2　兒童及少年相關福利措施

對象	相關福利措施
一般通則	1. 兒少所使用之交通載具應予輔導管理，以維護其交通安全。前項交通載具**載運學前之幼兒、國小學生者，其車齡不得逾出廠10年；載運國中、高中等學生者，其車齡不得逾出廠15年**（第29條）。 2. 國內大眾交通、文教設施、風景區與康樂場所等公營、公辦民營及民營事業，應**以年齡為標準，提供兒童優惠措施**，並提供未滿一定年齡之兒童免費優惠（第33條）。
對發展遲緩兒童或障礙兒少之**福利及保護措施**	1. **縣市政府應建立發展遲緩兒童早期通報系統**〔接受通報，不是各單位向中央衛生主管機關通報〕，並提供早期療育服務（第23條）。 2. **縣市政府**應對發展遲緩兒童之扶養義務人**無力支付醫療費用之補助**（第23條）。 3. 疑似發展遲緩、發展遲緩或身心障礙兒少之父母或監護人，**得**〔不是應〕申請**警政主管機關**〔不是衛政〕**建立指紋資料**（第30條）。 4. 政府應**建立6歲以下**〔不是12歲以下〕兒童**發展之評估機制**，對發展遲緩兒童，應按其需要，**給予早期療育、醫療、就學及家庭支持**方面之特殊照顧（第31條）。
處境不利之兒少	1. 對無力撫育其**未滿12歲**之子女或受監護人者〔不是未滿6歲〕，視需要**予以托育、家庭生活扶助或醫療補助**（第23條）。 2. 對無謀生能力或在學之少年，無扶養義務人或扶養義務人無力維持其生活者，予以生活扶助、**協助就學**或醫療補助，並協助**培養其自立生活之能力**（第23條）。
早產兒及病童	1. 早產兒、罕見疾病、重病兒少扶養義務人無力支付醫療費用之補助（第23條）。 2. 中央衛生主管機關對**早產兒、重病**及其他**危及生命有醫療需求**之兒童〔不含出生時體重大於4,000公克、出生時檢查有黃疸、出生後聽力檢查為異常之類兒童〕，為**維持生命所需之藥品及醫療器材**，應建立**短缺通報及處理機制**（第23-1條）。
兒童及孕婦	1. 保留停車位：政府機關（構）、公營事業、鐵路車站、航空站、捷運站、設有兒科或產科病房之區域級以上醫院〔不是地區級以上醫院〕、遊樂園區附設之公共停車場，應**保留2%汽車停車位**〔不是5%〕，作為孕婦、育有6歲以下兒童者之停車位；汽車停車位**未滿50個**之公共停車場，至少應**保留一個**孕婦、育有6歲以下兒童者之停車位。但汽車停車位未滿25個之公共停車場，不在此限（第33-1條）。

表7-2（續）

對象	相關福利措施
	2. 親子廁所：樓地板面積5,000平方公尺以上之政府機關（構）、公營事業、鐵路車站、航空站、捷運站、樓地板面積10,000平方公尺以上之百貨公司及量販店、設有兒科或產科病房之區域級以上醫院〔不是地區級以上醫院〕、遊樂園區，應設置適合6歲以下兒童及其照顧者共同使用之親子廁所盥洗室，並附設兒童安全座椅、尿布臺等設備（第33-2條）。 3. 運送旅客之鐵路列車應保留一定座位，作為孕婦及有兒童同行之家庭優先使用（第33-3條）。
有意進修或就業之少年	1. 少年年滿**15歲**〔不是滿18歲以上〕或國中畢業，有進修或就業意願者，教育、勞工主管機關應視其性向及志願，**輔導其進修、接受職業訓練或就業**（第34條）。 2. 勞工主管機關對於缺乏技術及學歷，而有就業需求之少年，應整合教育及社政主管機關，提供個別化就業服務措施（第36條）。 3. 高中以下學校應協調建教合作機構與學生及其法定代理人，簽訂書面訓練契約，明定權利義務關係（第37條）。 〔在資本主義社會中，對於不升學、不就業、不進修或不參加就業輔導，而終日無所事事的年輕族群，稱之為「**尼特族**」（Not engaged in Education, Employment or Training, NEET）〕（林萬億，2022：152）。

五、居家式托育服務

居家式托育服務，指兒童由其**三親等內親屬以外之人員**〔不是四親等內親屬以外之居家托育，也不含祖父母〕，**於居家環境中提供收費之托育服務**（第25條）。居家式托育服務的相關措施，如表7-3：

表7-3　居家式托育服務相關措施

	相關措施
應辦登記	**居家式托育服務提供者，應向縣市主管機關辦理登記**。縣市主管機關應自行或委託專業機構、團體辦理居家式托育服務提供者之登記、管理、輔導、監督及檢查等事項（第26條）。

表7-3（續）

	相關措施
應具資格	居家式托育服務提供者**應為成年**〔依民法規定，2023年起18歲為成人〕，並具下列資格之一（第26條）： 1. 取得**保母人員技術士證**〔不是家庭托顧技術士證〕。 2. 高中以上學校幼兒保育、家政、護理相關學程、科、系、所畢業〔不是大專以上〕。 3. 修畢托育人員專業訓練課程，並領有結業證書。
不得擔任托育提供者之情況	有下列之一，不得擔任居家式托育服務提供者（第26-1條）： 1. 曾犯**性侵害**（性自主罪）、**性騷擾**、兒少性交易、**兒少性剝削之罪**，經緩起訴處分或有罪判決確定。但**未滿18歲之人**，犯刑法第227條之罪者（性自主罪），**不在此限**。 2. 曾犯毒品危害之罪，經緩起訴處分或有罪判決確定。 3. 有兒福法第49條各款所定行為之一（遺棄、身心虐待等），經有關機關查證屬實。 4. 行為違法或不當，其情節影響收托兒童權益重大，經主管機關查證屬實。 5. 有客觀事實認有傷害兒童之虞，經直轄市、縣市主管機關認定不能執行業務。 6. 受監護或輔助宣告，尚未撤銷。 7. 曾犯**家庭暴力罪**，經緩起訴處分或**有罪判決確定之日起5年內**〔不是終身〕。
僅能提供到宅托育之情況	與居家式托育服務提供者共同居住之人，有下列情事之一者，以提供到宅托育為限（第26-2條）： 1. 有前條曾犯性侵害、性騷擾、兒少性交易、兒少性剝削之罪；曾犯毒品危害之罪；行為違法或不當，其情節影響收托兒童權益重大。 2. 有客觀事實認**有傷害兒童之虞**，經直轄市、縣市主管機關邀請專科醫師、兒少福利及其他相關學者專家組成小組認定。其**認定事實消失**，仍得依法提供居家式托育服務。

六、保護措施之禁止事項

有關兒少保護措施，包括：兒少不得有之行為、任何人不得對兒少之行為、新聞紙刊載之規範、網際網路內容之規範等面向。先說明前面兩項，如表7-4：

表7-4　兒童及少年保護措施之禁止事項

項目		相關規定
兒少不得有之行為	1. 使用有害物質	吸菸、飲酒、嚼檳榔；施用毒品、非法施用管制藥品或有害身心之物質（第43條）。
	2. 使用違禁出版品	觀看、收聽或使用有害其身心之暴力、色情、賭博之出版品、遊戲軟體、網際網路（第43條）。
	3. 飆車行為	競駛或蛇行等駕車或參與其行為（第43條）。
	4. 超時使用3C	超時持續使用電子產品，致有害身心（第43條）。
	5. 出入不當場所	出入酒家、成人用品店、限制級電子遊戲場及賭博、色情、暴力等危害身心之場所（第47條）。
	6. 從事不當工作	禁止充當不當場所之侍應或從事危險、不正當或足以危害或影響其身心之工作（第48條）。
任何人不得對兒少之行為	1. 遺棄或傷害	遺棄；身心虐待；強迫兒少婚嫁；拐騙、綁架、買賣、質押兒少（第49條）。
	2. 不當利用	(1) 欺騙：從事有害健康活動或欺騙行為（第49條）。 (2) 供人參觀：利用障礙或特殊形體供人參觀。 (3) 行乞：利用兒童及少年行乞。 (4) 拍攝：利用兒少拍攝或錄製暴力、色情或有害身心健康之出版品。 (5) 犯罪：利用兒少犯罪或為不正當之行為。
	3. 不當誘迫	(1) 媒介色情：強迫、引誘、容留或媒介其猥褻或性交（第49條）。 (2) 處於危險環境：迫使或誘使兒少處於對其生命、身體易發生立即危險或傷害之環境。 (3) 帶入有害場所：帶領或誘使進入有礙身心之場所。 (4) 自殺：強迫、引誘、容留或媒介自殺行為。
	4. 剝奪受教權	剝奪或妨礙兒少接受國民教育之機會（第49條）。
	5. 供應危險物	供應兒少刀械、槍砲、彈藥或危險物品（第49條）。
其他禁止之行為	1. 有害胎兒發育之行為	孕婦不得吸菸、酗酒、嚼檳榔、施用毒品、非法施用管制藥品或為其他有害胎兒發育之行為。任何人不得強迫、引誘或以其他方式使孕婦為有害胎兒發育之行為（第50條）。
	2. 獨處或不適當之照顧	父母、監護人或實際照顧兒少之人，不得使**6歲以下兒童**〔不是12歲以下〕或需要特別看護之兒少**獨處**或由不適當之人代為照顧（第51條）。

表7-4（續）

項目	相關規定
3. **特種場所應離學校之距離**	酒家、特種咖啡茶室、成人用品店、限制級電子遊戲場及涉及賭博、色情、暴力等足以危害兒少身心之場所。應距離幼兒園、小學、國中、高中、職校200公尺以上〔不是500公尺以上〕，並檢附證明文件，經商業登記後，始得營業（第47條）。

七、媒體與網路之規範

兒少面對資訊時代，易受新聞刊載與網路內容的傷害，必須有適度的規範，如表7-5：

表7-5　兒童及少年保護措施之媒體與網路規範

	項目	相關規定
新聞刊載	不得刊載	過度描繪強制性交、猥藝、自殺、施用毒品等細節之文字或圖片；過度描繪血腥、色情細節之文字或圖片。但引用司法或行政機關公開之文書而適當處理者，不在此限（第45條）。
	審議機制	對違規案之舉發、逾期不處置、申訴，主管機關應邀報業公會代表、兒少福利團體代表、專家學者代表，依自律規範，共同審議認定之（第45條）。
網際網路內容	**防護措施**	為防止兒少接觸有害其身心之網際網路內容，由通訊傳播主管機關召集各目的事業主管機關委託民間成立內容防護機構，並辦理下列事項（第46條）：1.**兒少使用網際網路行為觀察**；2.申訴機制之建立及執行；3.內容分級制度之推動及檢討；4.過濾軟體之建立及推動；5.**兒少上網安全教育宣導**；6.**推動網際網路平臺提供者建立自律機制**；7.其他防護機制之建立及推動〔不含禁止兒少過度使用手機及電腦等資訊設備〕。任何人不得於網際網路散布或傳送有害兒少之內容，未採取防護措施，使兒少得以接取或瀏覽（第46-1條）。
	分級管理	新聞紙以外出版品、錄影節目帶、遊戲軟體應**由有分級管理義務人予以分級**；其他認定影響兒少身心之虞之物，經目的事業主管機關認定應予分級者，亦同（第44條）。

表7-5（續）

	項目	相關規定
其他相關事項	不得報導之內容	宣傳品、出版品、廣播、電視、網際網路或其他媒體對下列兒少不得報導其姓名或足以識別身分之資訊（第69條）： 1. 遭受第49條（遺棄、虐待等）或第56條第1項（未受適當養育、照顧、醫療、被迫害等）各款行為，但兒少福利團體與報業公會共同審議後，認為有公開必要，不在此限。 2. 施用毒品、非法施用管制藥品或有害身心之物質。但兒少福利團體與報業公會共同審議後，認為有公開必要，不在此限。 3. 為否認子女之訴、收養事件、親權行使、負擔事件或監護權之選定、酌定、改定事件之當事人或關係人。 4. 為刑事案件、少年保護事件之當事人或被害人。

八、保護措施之實施過程

兒少的保護措施，除了消極的禁止事項之外，更需要積極的實施，其流程，如表7-6：

表7-6　保護措施之實施過程

過程	項目	相關規定
申請機構協助	申請及協助	兒少有兒福法所訂不得為之行為、出入不當場所、從事不當工作、偏差行為情形嚴重，經其父母或實際照顧之人盡力矯正而無效果。縣市主管機關得依其父母、監護人或實際照顧兒少者之申請或經其同意，**協調適當之機構協助、輔導**或安置之（第52條）。
	費用	**機構協助、輔導**或安置所需之**生活費**、衛生保健費、學雜費、代收代辦費，**由扶養義務人負擔**〔不是由主管機關、寄養家庭、兒少福利機構負擔〕（第52條）。
責任通報	**不當行為之通報**	醫事、**社工**、教育、保育、教保服務、警察、司法、移民業務、戶政、**村里幹事**〔不含村里長、公寓大廈管理員〕，於執行業務時知悉兒少有**施用毒品**、充當酒家等不當場所侍應、使獨處或處於易發生立即危險環境、未受適當養育、照顧、就醫、被迫害或遭受其他傷害者〔不含吸菸、飲酒、嚼檳榔、飆車、超時使用3C〕，應立即向縣市主管機關通報，**至遲不超過24小時**〔不是48小時〕。縣市主管機關接獲通報，應立即**分級分類處理**，至遲**不超過24小時**（第53條）。

表7-6（續）

過程	項目	相關規定
	未獲照顧之通報	醫事、社工、教育、保育、教保服務、警察、司法、移民業務、戶政、村里幹事、**村里長**、**公寓大廈管理員**，於執行業務時知悉**6歲以下**兒童**未辦理出生登記**、**預防接種**及兒少家庭遭遇經濟、教養、婚姻、醫療或**不利處境**，致兒少有**未獲適當照顧**之虞，**應通報**縣市主管機關（第54條）。 〔不同於第53條兒少被迫害或受傷害之通報，此處是兒童未獲適當照顧，而增加公寓大廈管理人員通報責任，但縣市於接獲通報後並無分級分類處理、也無至遲不超過24小時之規定〕。
訪視評估及協助	訪視評估	縣市主管機關於接獲通報後，應對前項家庭進行訪視評估（第54條）。
	查訪	兒童之父母、監護人或照顧兒童之人，有違反毒品危害防制條例者，於受通緝、羈押、觀察、勒戒、強制戒治或入獄服刑時，司法警察官、**司法警察**、檢察官或法院〔不含社工、兒福人員、村里幹事〕應**查訪**兒童之生活與照顧狀況（第54-1條）。
	協助項目	1. 視其〔前項家庭〕需要結合相關機關提供生活、醫療、就學、托育及必要之協助（第54條）。 2. 兒少罹患性病或有酒癮、藥物濫用者，其父母或照顧之人應協助就醫，或由縣市主管機關會同衛生主管機關配合協助就醫（第55條）。
緊急安置	應緊急安置之情況	兒少有下列各款情形之一者，縣市主管機關應予保護、安置或處置；必要時得進行緊急安置（第56條）： 1. 兒少未受適當之養育或照顧。 2. **兒少有立即接受醫療之必要，而未就醫**〔不含未給兒少接受正當教育、出入不當場所、吸菸、飲酒、嚼檳榔、觀看有害身心之暴力出版品、超過合理時間持續使用電子類產品，這些無立即危險，無需緊急安置〕。 3. 兒少遭受遺棄、虐待、買賣、質押，被強迫或引誘從事不正當之行為或工作。 4. **兒少遭受其他迫害，非立即安置難以有效保護。**
	時限	**緊急安置不得超過72小時**〔不是24小時，也不是不得超過3個月〕，非72小時以上之安置不足以保護兒少者，得聲請法院裁定繼續安置。 **繼續安置以3個月為限**；必要時，得聲請法院裁定延長之，每次得延長3個月（第57條）。

表7-6（續）

過程	項目	相關規定
	抗告	縣市主管機關、父母、監護人、受安置兒少對於第57條第2項裁定有不服者，得於裁定送達後**10日內提起抗告**〔不是15日內〕。對於**抗告**法院之裁定，不得再行抗告。聲請及**抗告期間**，原安置機關、機構或寄養家庭**得繼續安置**〔不是應繼續安置〕（第59條）。
訪談偵訊	不使接受	安置期間，**非為貫徹保護兒少之目的，不得使其接受訪談、偵訊**、訊問或身體檢查（第61條）〔不是應接受〕。
	社工陪同	〔安置期間〕兒少接受訪談、偵訊、訊問或身體檢查，應由**社工人員陪同**〔是在安置期間陪同，不含收出養媒合期間、障礙重建評估期間、早療特殊照顧期間〕並保護其隱私（第61條）。
實施處遇計畫	安置輔導	兒少因家庭發生重大變故，致無法正常生活於其家庭者，其父母、監護人、利害關係人或兒少福利機構，得申請縣市主管機關安置或輔助。前項安置，縣市主管機關得辦理家庭寄養、交付適當之兒少福利機構或其他安置機構教養之（第62條）。安置時，**寄養家庭**或**安置機構**提供兒少所需之生活費、衛生保健費〔含戒癮治療〕、學雜費、代收代辦費及其他與**安置有關之費用**，得**向扶養義務人**〔父母或監護人〕**收取**（第63條）〔不是向縣市主管機關、兒福機構、寄養家庭收取〕。
	保護性個案	兒少有第49條（遺棄、虐待）或第56條（緊急安置）情事，或屬**目睹家暴之兒少**，經縣市主管機關列為保護個案者，該主管機關應於**3個月內提出**〔不是6個月內提出〕兒少**家庭處遇計畫**〔不是提出長期輔導計畫〕；前項處遇計畫得**包括：家庭功能評估、兒少安全與安置評估、親職教育、心理輔導**、精神治療、戒癮治療或有關之協助及福利服務方案（第64條）。
	長期輔導	依兒福法安置**2年以上**〔不是安置3個月以上〕之兒少，經縣市主管機關評估其家庭功能不全或無法返家者，應提出**長期輔導計畫**〔並未規定3個月內提出〕（第65條）。
	涉及少年事件	縣市主管機關對於依少年事件處理法以少年保護事件、少年刑事案件處理之兒少及其家庭，應持續提供必要之福利服務（第67條）。
	財產信託	有事實足以認定兒少之財產權益有遭受侵害之虞者，縣市主管機關得請求法院就兒少財產之管理、使用、收益或處分，指定受託人管理財產之全部或一部，或命監護人代理兒少設立信託管理之（第72條）。

表7-6（續）

過程	項目	相關規定
	保障受教權	高中以下學校對於依少年事件處理法交付安置或施以感化教育之兒少，應依法配合福利、教養機構或感化教育機構，執行轉銜及復學教育計畫，以保障其受教權（第73條）。
	矯正之服務	法務主管機關應針對矯正階段之兒少，依其意願，整合各主管機關提供就學輔導、職業訓練、就業服務或其他相關服務與措施，以協助其回歸家庭及社區（第74條）。
追蹤輔導	安置期滿	直轄市、縣市主管機關對於安置期間期滿或**撤銷安置之兒少**，應**追蹤輔導至少1年**〔不是至少6個月〕（第59條）。
	返回家庭	安置或輔導之家庭情況改善者，被安置之兒少仍得返回其家庭，並由縣市主管機關**追蹤輔導至少1年**（第62條）。

九、福利機構

　　兒少福利機構分為：托育中心、早期療育機構、安置及教養機構、心理輔導或家庭諮詢機構、其他**兒童及少年福利機構**〔不含兒童課後照顧中心、幼兒園、休閒遊樂機構〕（第75條）。以下略述一般兒少福利機構及托嬰中心之相關規定，如表7-7：

表7-7　一般兒少福利機構與托嬰中心之相關規定

	項目	相關規定
一般兒少福利機構	申請許可	私人或團體辦理兒少福利機構，以向當地主管機關申請設立許可者為限（第82條）。
	財團法人登記	**有對外勸募行為**或享受租稅減免者，應於設立**許可之日起6個月內辦理財團法人登記**〔不是1年內〕。未於前項期間辦理登記，而有正當理由者，得申請核准延長1次，期間不得超過3個月（第82條）。
	不得擔任社福機構人員之情況	兒少福利機構之業務，應遴用專業人員辦理（第78條）。有下列之一者，不得擔任兒少福利機構之負責人或工作人員（第81條）： 1. 曾犯性侵害（性自主）、性騷擾、兒少性交易、兒少性剝削，經緩起訴處分或有罪判決確定。但未滿18歲之人，犯刑法第227條（性自主）之罪者，不在此限。 2. 有兒福法第49條所定行為之一（遺棄、身心虐待等），經有關機關查證屬實。

表7-7（續）

	項目	相關規定
		3. 有客觀事實認有傷害兒少之虞，經主管機關認定不能執行職務。 4. 有客觀事實認有性侵害、性騷擾、性霸凌，經有關機關（構）、學校查證屬實。
	輔導及評鑑	兒少福利機構不得利用其事業為任何不當之宣傳；其接受捐贈者，應公開徵信，不得利用捐贈為設立目的以外之行為。主管機關應辦理輔導、監督、檢查、獎勵及定期評鑑兒少福利機構並公布評鑑報告及結果（第84條）。
	停辦之處理	兒少福利機構停辦、停業、歇業、解散、經撤銷或廢止許可時，對其收容之兒少應予適當之安置；其未能予以適當安置者，設立許可主管機關應協助安置（第85條）。
育嬰中心	輔導管理	縣市主管機關為辦理托嬰中心托育服務之輔導及管理事項，應自行或委託相關專業之機構、團體辦理（第75條）。
	保險	托嬰中心應為其收托之兒童**辦理團體保險**（第77條）〔不是應為其收托之兒童辦理全民健保或職災保險〕。
	監視設備	**托嬰中心應裝設監視錄影設備**〔不是得裝設〕。監視錄影設備之設置、管理與攝錄影音資料之處理、利用、查閱、保存方式與期限之辦法，由中央主管機關定之（第77-1條）。

十、重要罰則

(一) **販賣、交付或供應酒或檳榔予兒少者**：處1萬元以上10萬元以下罰鍰（第91條）〔不是2萬元以上10萬元以下罰鍰〕。

(二) 在網際網路散布或傳送有害兒少身心之內容，**處10萬元以上50萬元以下罰鍰**，並公布其姓名及限期改善；屆期未改善者，得按次處罰；情節嚴重者，並得勒令停業1個月以上1年以下（第94條）。

(三) **使6歲以下兒童獨處或由不適當之人照顧**：處3,000元以上1萬5,000元以下罰鍰（第99條），接受4小時以上50小時以下之親職教育輔導（第102條）〔不含公布其姓名、命其限期改善、安排出養〕。

(四) **照顧者未禁止兒少不當行為**：父母、監護人或照顧兒少之人有下列情形者，主管機關應命其接受4小時以上50小時以下之親職教育輔導〔不是8小時以上50小時以下之**親職教育輔導**〕（第102條）：

1. **未禁止兒少**為第43條第1項第2款行為者（**施用毒品**等）。

2. 違反第47條第2項規定者（禁止出入不當場所等）。

3. 違反第48條第1項規定者（禁止充當不當場所侍應、從事危險工作等）。

4. 違反第49條各款規定之一者（不得遺棄、虐待等）。

5. 違反第51條規定者（使6歲以下獨處、受不當照顧者之照顧等）。

6. 使兒少有第56條第1項各款情形之一者（需緊急安置之情況）。

依前項規定接受親職教育輔導，如有正當理由無法如期參加，得申請延期。不接受親職教育輔導或拒不完成其時數者，處3,000元以上3萬元以下罰鍰；經再通知仍不接受者，得按次處罰至其參加為止。

十一、《兒童及少年福利與權益保障法》新近修正的重點

《兒童及少年福利與權益保障法》新近於2019年4月、2020年1月、2021年1月修正，其修正重點：

(一) 增列兒童及少年表意權之行使：主管機關應以首長為召集人，邀集兒童及少年福利相關學者或專家……兒童及少年代表，協調、研究、審議、諮詢及推動兒童及少年福利政策（第10條）。

(二) 增列6歲以下兒童死亡原因之調查：為瞭解兒童死亡原因，採取改善措施，有效降低兒童死亡率，增列：中央衛生主管機關應進行6歲以下兒童死亡原因回溯分析，並定期公布分析結果（第13條）。

(三) 新增被收養兒童及少年之尋親服務：明定主管機關應對被收養兒少、出養人、收養人及其他利害關係人提供尋親服務（第21-1條）。

(四) 確定居家式托育提供者為成人：配合《民法》成年年齡下修為18歲，將居家式托育服務提供者應「年滿20歲」，修正為：應為成年（第26條）。

(五) 新增確保早產兒、重病等兒童之生命權：中央衛生主管機關對早產兒、重病及其他危及生命有醫療需求之兒童，為維持生命所需之適用藥品及醫療器材，應建立短缺通報及處理機制（第23-1條）。

(六) 增列兒童及少年接觸有害物質之型態：為使實務運用更明確，在原規定不得「供應」有害物質之外，增列「販賣」、「交付」等型態

（第43條）。

㈦增列社工人員等應主動通報之事項範圍：除原規定之未依規定辦理
　　出生登記、預防接種之外，再擴及：兒少家庭遭遇經濟、教養、婚
　　姻、醫療或其他不利處境，致兒少有未獲適當照顧之虞，應通報直
　　轄市、縣市主管機關（第54條）。

㈧新增保護個案照顧者變更住所之通知：為維護兒童及少年的生命
　　權，以利社工即時處理，增訂：第1項之保護個案，其父母、監護人
　　或其他實際照顧之人變更住居所或通訊方式，應告知直轄市、縣市
　　主管機關（第64條）。

㈨新增配合國家公托等政策之措施：直轄市、縣市主管機關為配合國
　　家政策，委託非營利性質法人辦理托嬰中心、早期療育機構、安置
　　及教養機構需用國有土地或建築物者，得由國有財產管理機關以出
　　租方式提供使用（第75-1條）。

㈩增訂托嬰中心應裝設監視系統：為保護嬰兒安全與發生兒虐案件時
　　得以查明事實並保存證據，進而保障托育嬰兒之權益，新增：托嬰
　　中心應裝設監視錄影設備（第77-1條）。

第三節　《兒童及少年性剝削防制條例》分析

　　我國為配合《兒童權利公約施行法》第一次國家報告，對於兒少相關
法規之檢視及改進，以符合聯合國《兒童權利公約》之精神，而於2015
年2月4日將《兒童及少年性交易防制條例》修正為《兒童及少年性剝削
防制條例》，其後多次修正。茲依2024年8月修正後條文，略述其內容及
新近修正要點：

一、概述
㈠立法目的：為防制兒童及少年遭受任何形式之性剝削，保護其身心
　　健全發展（第1條）。

（二）主管機關：在中央為衛生福利部；在直轄市為直轄市政府；在縣市為縣市政府。主管機關應獨立編列預算，並置專職人員辦理兒童及少年性剝削防制業務（第3條）。

（三）目的事業主管機關的權責（第3條）：

1. 衛生主管機關：被害人驗傷、採證、行為人身心治療及其他相關事宜。

2. 教育主管機關：各級學校、幼兒園兒童及少年性剝削防制教育、被害人就學權益之維護、中途學校及其他相關事宜。

3. 警政主管機關：兒童及少年性剝削犯罪預防及調查、資料統計、行為人登記、報到、查訪、查閱及其他相關事宜。

4. 數位發展主管機關：兒童或少年性影像犯罪防制情事之技術支援相關事宜。

（四）審議與諮詢機制：主管機關應邀集相關學者或專家、民間相關機構、團體代表及目的事業主管機關代表，協調、研究、審議、諮詢及推動兒童及少年性剝削防制政策；其中學者、專家及民間相關機構、團體代表不得少於1/2，**任一性別不得少於**1/3〔不是1/4〕（第3條）。

（五）成立性影像處理中心：為協助被害人處理性影像限制瀏覽或移除，中央主管機關得自行或委託民間團體成立性影像處理中心，並設專職人員辦理性影像防制相關業務（第3條）。

（六）性剝削之界定：兒童或少年性剝削，指下列行為之一者（第2條）：

1. 涉及色情之對價關係：使兒少為**有對價**之性交或猥褻行為。

2. 涉及色情之觀覽：**利用兒少為性交或猥褻之行為，以供人觀覽。**

3. 涉及色情之散布：**拍攝、製造**、重製、持有、散布、播送、交付、**公然陳列、販賣或支付對價觀覽兒少之性影像**、與性相關而客觀上足以引起性慾或羞恥之圖畫、語音或其他物品。

4. 涉及色情之侍應：使兒少坐檯陪酒或涉及色情之伴遊、伴唱、伴舞或其他類似行為〔性剝削之界定，不含任何打擾、警告、嘲弄或辱罵他人之言語、動作或製造使人心生畏怖情境之行為；此條例也不是依告訴乃論罪處理〕。

二、救援及保護

本條例所稱被害人，指遭受性剝削或疑似遭受性剝削之兒童或少年（第3條）。對於兒童及少年性剝削被害人的救援及保護措施，如表7-8：

表7-8　救援與保護的相關措施

項目	相關規定
預防性之緊急庇護	為預防兒少遭性剝削，縣市主管機關對脫離家庭之兒少應提供緊急庇護、諮詢、關懷、連繫或必要服務（第6條）。
責任通報	醫事、社工、教育、**保育**、移民管理、移民業務、戶政、村里幹事、警察、司法、**觀光業**、**電子遊戲場**、**資訊休閒業**、**就業服務**、公寓大廈管理及其他執行兒少福利業務人員〔不含村里長、大賣場從業人員、圖書出版業從業人員、便利超商店長、公益彩券經銷商、新聞記者〕，於執行職務或業務時，知有被害人，應即通報當地縣市主管機關，至遲**不得超過24小時**（第7條）。
網路資料之保存	1. 網路業者：透過主管機關或其他機關，知有第四章犯罪嫌疑（有對價之性交、強暴等）情事，應於**24小時內**限制**瀏覽**或**移除**與犯罪有關之網頁資料。前項犯罪網頁資料與嫌疑人之個資及網路使用紀錄，**應保留180日**，以提供司法及警察機關調查（第8條）〔未保留資料180日，依第47條規定處6萬元以上60萬元以下罰鍰〕。 2. 性影像處理中心：得知網頁資料涉有兒少之性影像犯罪嫌疑情事者，應通知網路業者、警察機關及中央主管機關（第8條）。 3. 主管機關：對網路業者依前條及第47條作成之行政處分，得以電子文件利用網際網路之方式，傳送至網路業者公開揭示、指定或網域註冊之電子郵件、電子表單，以為送達（第8-1條）。
審理時之陪同人員	1. 指定陪同：警察及司法人員於調查、偵查或審判時，訊問被害人，應通知縣市主管機關指派**社工人員陪同**〔不含心理師、輔導人員〕在場，**並得陳述**意見（第9條）。 2. 得陪同：被害人於偵查或審理中受訊問時，其**法定代理人**、**直系或三親等內旁系血親**、配偶、家長、家屬、醫師、**心理師**、**輔導人員**或**社工人員得陪同在場**〔陪同者不含醫師、學校班導師〕，並陳述意見。於司法警察官或司法警察調查時，亦同（第10條）。
確保兒少安全	偵查及審理中訊問兒少時，應注意其人身安全，並提供確保其安全之環境與措施，必要時，應採取適當隔離方式為之，另得依聲請或依職權於法庭外為之。於司法警察官、司法警察調查時，亦同（第12條）。

三、安置及服務

　　檢察官、司法警察官及司法警察查獲及救援被害人後，應於24小時內〔不是即時，也不是12小時內〕將被害人交由當地縣市主管機關處理。前項縣市主管機關應即評估被害人就學、就業、生活適應、人身安全及其家庭保護教養功能，經列為保護個案者，為下列處置（第15條），如表7-9。被害人未列為保護個案者，縣市主管機關得視其需求，轉介相關服務資源協助〔不是直接通知父母帶回〕。

表7-9　保護性個案安置及服務之處置方式

項目	相關規定
1. 通知父母、監護人或親屬帶回保護及教養	(1) 縣市主管機關依第15條緊急安置被害人，應於安置起72小時內〔不是24小時內〕，評估有無繼續安置之必要〔並非不評估而直接處理，也不是皆緊急安置〕，經評估無繼續安置必要者，將被害人交付其父母、監護人或其他適當之人〔不含通知學校老師帶回〕；經評估有安置必要者，應提出報告，聲請法院裁定。 (2) 法院受理前項聲請後，認無繼續安置必要者，將被害人交付其父母、監護人或其他適當之人（第16條）。
2. 送交適當場所安置、保護及服務	(1) 縣市緊急安置後之聲請及裁決：法院受理前項聲請後，認有繼續安置必要者，應交由縣市主管機關安置於兒少福利機構、寄養家庭或其他適當之醫療、教育機構，期間不得逾3個月〔不是1個月〕（第16條）。 (2) 縣市提出審前報告後之聲請及裁決：縣市主管機關應於被害人安置後45日內〔不是15日內〕，向法院提出審前報告，並聲請法院裁定。審前報告如有不完備者，法院得命於7日內補正（第18條）。 (3) 法院依前條之聲請，於相關事證調查完竣後7日內對被害人為下列裁定（第19條）： A.認無安置必要者，應不付安置，並交付父母、監護人或其他適當之人。其為無合法有效之停（居）留許可之外國人、大陸地區人民、香港、澳門居民或臺灣地區無戶籍國民，亦同。於遣返前，直轄市、縣市主管機關應委託或補助民間團體續予輔導，移民主管機關應儘速安排遣返事宜，並安全遣返〔不是逕行遣返〕。 B.認有安置之必要者，應裁定安置於縣市主管機關自行設立或

表7-9（續）

項目	相關規定
	委託**兒少福利機構**、**寄養家庭**、**中途學校**或適當之**醫療**、**教育機構**，期間**不得逾2年**〔不是1年，此與前一項緊急安置後聲請及裁決安置不得逾3個月不同〕。 C.其他適當之處遇方式。
3. 其他必要之保護及協助	(1) 抗告：縣市主管機關、檢察官、父母、監護人、被害人或適當之人對法院裁定不服者，得於裁定送達後**10日內提起抗告**〔同兒福法抗告於10日內提出〕。**對抗告法院之裁定，不得再抗告**。抗告期間，不停止原裁定之執行（第20條）。 (2) 定期評估：被害人經依第19條**安置後**，主管機關應**每3個月進行評估**（第21條）。 (3) 延長安置：安置期滿前，縣市主管機關認有繼續安置之必要者，應於安置期滿**45日前**，向法院**提出評估報告**，聲請法院裁定延長安置，其**每次延長之期間不得逾1年**。但以延長**至被害人年滿20歲為止**。被害人於安置期間年滿18歲，經評估有繼續安置之必要者，得**繼續安置至期滿或年滿20歲**〔最長繼續安置至20歲〕（第21條）。 (4) 社工訪視輔導： A.依第19條規定，經裁定**無安置必要而交付父母**、監護人或適當之人，或其他適當之處遇方式者，由縣市主管機關**指派社工人員進行輔導處遇**，期間至少1年或至其**年滿18歲止**（第23條）。 B.依第16條規定，經法院裁定，認有繼續安置必要，而**安置於兒少福利機構、寄養家庭**或適當之醫療、教育機構。法院應協助縣市主管機關**指派之社工人員對被害人進行輔導**（第24條）。 (5) **中途學校之設置**：**教育部及衛生福利部應聯合設置**，或協調縣市主管機關設置安置被害人之中途學校（第22條）〔2023年1月修正，不列舉中途學校聘請專業人員類別及學籍處理，依《中途學校教育實施辦法》第13條：中途學校學生之學籍應分散設於普通學校，畢業證書應由該普通學校發給。亦即學籍不設於中途學校，畢業證書不是中途學校發給〕。 (6) 無法返家者之處理：**對於免除、停止或結束安置，無法返家之被害人，應依兒童及少年福利與權益保障法**為適當之處理（第25條）〔不是依《少年事件處理法》、《社會秩序維護法》、《家庭教育法》、《家事事件法》、《特殊境遇家庭扶助條例》、《性別平等工作法》處理〕。

表7-9（續）

項目	相關規定
	(7) **另犯其他罪者之處理**：應**先依第15條規定移送**縣市主管機關處理後，**再依少年事件處理法**移送少年法院（庭）**處理**（第26條）〔不是直接依《少年事件處理法》處理；如未另犯其他罪，則不適用《少年事件處理法》及《社會秩序維護法》〕。 (8) **停止親權之行使**：父母、養父母或監護人對未滿18歲之子女、養子女或受監護人犯第32條至第38條〔使兒少為有對價之性交或猥褻、拍攝兒少性影像等〕、第39條第2項（無正當理由持有兒少性影像）、第4項（持有兒少與性相關物品第二次被查獲）之罪者，被害人、檢察官、被害人最近尊親屬、縣市主管機關、兒少福利機構或其他利害關係人，得向法院聲請停止其行使、負擔父母對於被害人之權利義務，另行選定監護人。對於養父母，並得請求法院宣告終止其收養關係（第28條）。 (9) **親職教育輔導**：縣市主管機關得**令被害人之父母**、**監護人**或**實際照顧之人接受8小時以上50小時以下之親職教育輔導**〔不同於「兒福法」4-50小時；此處也不是加害人處遇輔導〕，**並得實施家庭處遇計畫**（第29條）。 (10) **追蹤輔導**：縣市主管機關應對於依規定處遇、不付安置之處遇、裁定安置期滿或停止安置之被害人進行輔導處遇及追蹤，並提供就學、就業、自立生活或其他必要之協助，其期間至少1年或至其年滿20歲止（第30條）。

四、重要罰則

（一）**與未滿16歲者有對價之性交或猥褻行為**：依刑法之規定處罰之〔不是依《兒童及少年福利與權益保障法》、《性侵害犯罪防治法》處理〕。**18歲以上之人與16歲以上未滿18歲之人為有對價之性交或猥褻行為者**：處**3年以下有期徒刑、拘役或10萬元以下罰金**（第31條）〔不是處6個月以下有期徒刑、拘役或3萬元以下罰金〕。

（二）拍攝、製造、無故重製兒少之性影像、與性相關之圖畫、語音或其他物品者，處1年以上7年以下有期徒刑，得併科10萬元以上100萬元以下罰金（第36條）。

（三）招募、引誘、容留、媒介、協助或以他法，使兒少被拍攝、自行拍

攝、製造、無故重製性影像、與性相關之物品者，處3年以上10年以下有期徒刑，得併科300萬元以下罰金（第36條）。

(四) 以強暴、脅迫、藥劑、詐術、催眠術或其他違反本人意願之方法，使兒少被拍攝、自行拍攝、製造、無故重製性影像、與性相關物品者，處7年以上有期徒刑，得併科500萬元以下罰金。意圖營利犯前3項之罪者，依各該條項之規定，加重其刑至1/2（第36條）。

(五) 無正當理由持有兒少與性相關物品，第一次被查獲者，處1萬元以上10萬元以下罰鍰，並得令其接受2小時以上10小時以下之輔導教育。第二次以上被查獲者，處2萬元以上20萬元以下罰金（第39條）。

(六) **公務員**或經選舉產生之**公職人員犯本條例之罪**，或包庇他人犯本條例之罪者：依各該條項之規定，**加重其刑至1/2**〔不是1/3〕（第41條）。

(七) 犯第31條第2項、第36條第1項、第38條第1項、39條第1項、第2項、第4項或第44條之罪，經判決有罪或緩起訴處分，縣市主管機關應對其實施**4小時以上50小時以下**之**輔導教育**。無正當理由不接受輔導教育，或拒不完成其時數者，處6千元以上3萬元以下罰鍰，並得按次處罰（第51條）。

五、《兒童及少年性剝削防制條例》新近修正重點

《兒童及少年性剝削防制條例》新近於2024年8月修正，其修正重點：

(一) **擴大第2條第3項性剝削之定義範圍**：修法前為：拍攝、製造、散布、播送、交付、公然陳列或販賣兒少之性影像、與性相關之圖畫、語音或其他物品。修法後增列：重製、持有、支付對價觀覽等三種行為（第2條）。

(二) **在中央增設性影像處理中心**：中央主管機關得自行或委託民間團體成立性影像處理中心，協助被害人處理性影像限制瀏覽或移除，並設專職人員辦理相關業務（第3條）。

(三) **明定學校辦理兒少性剝削防制教育之時數**：高級中等以下學校每學期應辦理兒少性剝削防制教育課程，至少2小時。各級學校、幼兒園

應對教職員工及教保相關人員實施兒少性剝削防制教育及宣導（第4條）。

（四）明定網路業者限制瀏覽或移除有關資料之時限：網路業者知有第四章犯罪嫌疑情事，應於24小時內限制瀏覽或移除與犯罪有關之網頁資料（第4條）。

（五）**依違反兒少性影像相關規定之嚴重性加重處罰**（第36條）：

1. 一般人拍製兒少性影像：處1年以上7年以下有期徒刑，得併科10萬元以上100萬元以下罰金。

2. 以他法使兒少自拍性影像：處3年以上10年以下有期徒刑，得併科300萬元以下罰金。

3. 違反兒少本意被拍或自拍性影像：處7年以上有期徒刑，得併科500萬元以下罰金。

4. 意圖營利犯前3項之罪者：依各該條項之規定，加重其刑至1/2。

第四節　《兒童及少年未來教育與發展帳戶條例》分析

兒童及少年未來教育與發展帳戶，簡稱「兒少教育發展帳戶」，有助於兒少累積資金，以利未來教育及相關發展。該條例於2018年6月公布施行。茲略述其內容：

一、概述

（一）立法目的：為提升兒少平等接受良好教育與生涯發展之機會，建立兒少未來教育與**發展帳戶**制度，協助**資產累積**、**教育投資**及**就業創業**，以促進其**自立發展**（第1條）〔不含健康照護，也不是多元連續性的社區整合服務；其社會福利的理論觀點是立基於資產累積論，而不是社會發展論〕。

（二）主管機關：在中央為衛生福利部；在直轄市為直轄市政府；在縣市為縣市政府（第2條）。

（三）經費來源：主管機關辦理兒少教育發展帳戶所需經費，除政府相對提撥款由中央政府**編列預算支應**外，其餘由各級政府編列預算支應（第7條）。

（四）審議及諮詢機制：中央主管機關應定期邀集學者、專家、民間團體及機關代表，協調、諮詢及推動兒少教育發展帳戶相關事項。必要時，得邀請兒少開戶人代表列席。前項學者、專家及機關代表，**任一性別不得少於1/3**（第8條）。

（五）定期研究公布：中央主管機關應每年公布兒少教育發展帳戶申請結果，另應**每4年**就辦理情形進行研究，並**公布結果**（第9條）。

（六）開戶人之界定：指完成**開立兒少教育發展帳戶之兒童或少年**〔不是兒少的家長、最近親屬、監護人〕（第3條）。

二、適用對象

本條例適用對象為符合下列條件之一之兒童及少年（第6條）：

（一）低收入或中低收入家庭的兒少：具有社會救助法所定之低收入戶或中低收入戶資格，且於2016年1月1日以後出生者〔不是106年1月1日以後出生者，也沒有限未滿18歲者〕。

（二）安置中的兒少：依據兒童及少年福利與權益保障法相關規定**安置2年以上**〔不是4年以上〕，由法院指定縣市主管機關、兒少福利機構負責人為監護人者。

三、帳戶之開立與管理

兒少教育發展帳戶之開立與管理，如表7-10：

表7-10　兒少教育發展帳戶之開立與管理

項目	相關規定
1. 開立帳戶	(1) 開戶：以兒童或少年之名義開立帳戶（第3條）。 (2) 中央主管機關：得指定承辦兒少帳戶之金融機構。中央主管機關應於承辦機構開立帳戶，作為兒少帳戶之總帳戶、收存個別開戶金、自存款及政府相對提撥款（第10條）。 (3) 地方主管機關：知悉轄內設籍之兒少符合第6條所定條件之一者〔亦即適用對象〕，應1個月內，通知其法定代理人或最近親屬任1人，申請開立兒少帳戶（第11條）。 (4) 開戶金及自存款年度**存款上限金額**得**每4年調整1次**〔不是每5年〕，由中央主管機關參照中央主計機關發布之最近1年消費者物價指數較前次調整之前1年成長率累計達5%以上公告調整之（第11條）。
2. 自存款與提撥款	(1) 自存款：開戶人、其法定代理人或最近親屬，應每月依擇定之自存款金額存入兒少帳戶，至開戶人**滿18歲止**〔不是20歲〕。但有特殊情形者，得於每年年度終了前，辦理補存（第12條）。 (2) 政府相對提撥款：中央主管機關應依個別兒少帳戶之自存款金額，每年定期核算及撥入**同額**之政府相對提撥款（第13條）。
3. 利息及所得稅	(1) **未滿18歲者**：兒少教育發展帳戶之利息，依承辦機構一年期定期儲蓄存款一般牌告機動利率計算，並**免納綜合所得稅**（第14條）。 (2) **年滿18歲者**：開戶人之帳戶存款自滿18歲之日起至辦理結清帳戶提領之日止之利息，依承辦機構牌告活期儲蓄存款機動利率計算，並**應繳納綜合所得稅**（第14條）。
4. 獎勵措施	開戶人之兒少教育發展帳戶儲金，均**不計入家庭總收入**或家庭財產，且不得作為抵銷、扣押、供擔保或強制執行之標的（第21條）。
5. 限制	(1) 開戶人於前項存入自存款之期間內，不得提領其兒少教育發展帳戶之儲金（第12條）。 (2) 開戶人辦理帳戶結清後，**未滿3年不得重行申請開立**兒少教育發展帳戶（第19條）。

四、帳戶之請領及結算

兒少教育發展帳戶的請領與結算，如表7-11：

表7-11　兒童及少年教育發展帳戶之請領及結算

項目	相關規定
1. 辦理請領	縣市主管機關應於開戶人**滿18歲1個月前**〔不是3個月前〕，通知其檢具儲金用途相關證明，辦理兒少教育發展帳戶款項之**請領並結清帳戶**（第16條）。
2. 用途限制	儲金用途，以協助開戶人**就學、就業、職業訓練**或**創業**為限（第16條）。
3. 結清帳戶	(1) 開戶人申請退出：該管主管機關應自其申請日起1年內派員輔導，期滿後開戶人仍決定退出者，僅得請領該帳戶內之自存款及其利息，並結清帳戶（第18條）。 (2) 不符合儲金用途：經審查不符儲金用途或開戶人自存款總額未達中央撥入之開戶金金額者，應辦理提領自存款及其利息並結清帳戶（第16條）。 (3) 年滿18歲之開戶人死亡：開戶人於**滿18歲之日起10年內**，因死亡而未請領及結清帳戶者，得由原為其開戶之**法定代理人**或**最近親屬**任1人申請提領該帳戶之自存款及其利息，並**結清帳戶**〔未依規定結清，所餘款項，歸屬國庫〕（第16條）。 (4) 開戶人辦理帳戶結清後，**未滿3年不得重行申請開立**兒少教育發展帳戶（第19條）。

五、專業服務之提供

㈠ 社工人員進行輔導：縣市主管機關得結合民間資源，運用**社工人員**〔不是學校教師〕，對連續**3至6個月未存款**〔不是1至3個月〕之開戶人、法定代理人或最近親屬，進行輔導及提供相關協助（第22條）。

㈡ 辦理相關教育訓練：主管機關得對開戶人及其法定代理人或最近親屬，規劃與辦理財務管理、生涯規劃及親職教育之教育訓練（第23條）。

第五節　兒童及少年福利相關議題

一、聯合國《兒童權利公約》的要點

聯合國於1989年11月20日通過《兒童權利公約》（The Convention on the Right of the Child, CRC）〔並將公約通過的日期，11月20日訂為「國際兒童人權日」〕，1990年9月2日生效，其要點：

（一）保障對象：兒童，係指**未滿18歲之人**，但其所適用之法律規定未滿18歲為成年者，不在此限（第1條）〔公約所定兒童，不是未滿12歲之人〕。

（二）普遍性指導原則（四大原則）

1. **禁止歧視原則**：應尊重**本公約所揭櫫之權利**，**確保**其管轄範圍內之**每一兒童均享有此等權利**，不因兒童、父母或法定監護人之種族、膚色、性別、語言、宗教、政治或其他主張、國籍、族裔或社會背景、財產、身心障礙、出生或其他身分地位之不同而有所歧視（第2條）。

2. **兒童最佳利益原則**：所有**關係兒童之事務**，無論是由公私社會福利機構、法院、行政機關或立法機關作為，均應**以兒童最佳利益為優先考量**（第3條）〔不含：父母有生養之恩可不受此原則的規範、兒童可不在監護人的同意下自行做任何決定、此原則受政治或經濟環境不同而有不同標準〕。

3. **確保兒童的生存權及發展權**：承認**兒童有與生俱來之生命權**〔不是「生活權」〕。應盡最大可能確保兒童之生存及發展（第6條）。

4. **尊重兒童的表意權及參與權**：確保有形成其自己意見能力之兒童有權就影響其本身之所有事物自由表示其意見，其所表示之意見應依其年齡及成熟度予以權衡（第12條）〔對照我國《民法》第1055條第1項規定：「夫妻離婚者，對於未成年子女權利義務之行使或負擔，依協議由一方或雙方共同任之。可能與《兒童權利公約》第12條所保障的表意權較未契合。再者，聯合國兒童權利委員會提出的四項指導原則，不含父母管教權力、福利與受教權、尊重多元文化原則、重視多元交織性、最低所得保障〕。

(三) 兒童之身分權利

1. 兒童於出生後應立即被登記，並自出生起即應有取得姓名及國籍之權利，並於盡可能的範圍內有知其父母並受父母照顧的權利（第7條）。

2. 承諾尊重兒童維護其身分的權利，包括法律所承認之國籍、姓名與親屬關係不受非法侵害（第8條）〔其中，姓名權，依我國《民法》第1059條規定，父母於子女出生登記前，應以書面約定子女從父姓或母姓。未約定或約定不成者，於戶政事務所抽籤決定之，並不是從父姓爲原則〕。

(四) 身心障礙兒童的權利

1. 體認身心障礙兒童，應確保其尊嚴、促進其自立、有利於其積極參與社會環境下，享有完整與一般之生活（第23條）。

2. 承認身心障礙兒童有受特別照顧之權利，且應鼓勵並確保在現有資源範圍內，依據申請，對符合資格之兒童及其照顧者提供協助（第23條）。

3. 有鑑於身心障礙兒童之特殊需求，確保其能有效地接受教育、訓練、健康照顧服務、復健服務、職前準備及休閒機會，促進該兒童充分地融入社會與實現個人發展（第23條）。

4. 本國際合作精神，促進預防健康照顧以及身心障礙兒童的醫療、心理與功能治療領域交換適當資訊，以使締約國能夠增進該等領域之能力、技術並擴大其經驗（第23條）。

(五) 兒童教育的目標

1. 使兒童的人格、才能、精神、身體之潛能獲得最大發展（第29條）。

2. 培養兒童對人權、基本自由及聯合國憲章各項原則之尊重（第29條）。

3. 培養兒童對父母和自身的文化認同、語言與價值觀、民族價值觀、不同文明之尊重（第29條）。

4. 培養兒童於自由社會中，以理解、和平、寬容、性別平等，以及與所有人民、種族、民族、宗教、原住民之間友好之精神，過著負責任的生活（第29條）。

5. **培養兒童對自然環境的尊重**〔不是培養兒童對人文環境的尊重〕（第29條）。

此外也規定：締約國應**採取一切適當之立法、行政、社會與教育措施，保護兒童**於受其父母、法定監護人或其他照顧兒童之人照顧時，不受任何形式之身分暴力、傷害或虐待、疏忽或疏失、不當對待或剝削，包括性虐待（第19條）。

二、我國《兒童權利公約施行法》的要點

我國為實施聯合國於1989年通過的《兒童權利公約》（CRC），於2014年6月4日制定公布《兒童權利公約施行法》，**全文10條**，並自**2014年11月20日**（國際兒童人權日）**起施行**。其要點：

（一）主要目的：健全兒少身心發展，落實保障及促進兒少權利（第1條）。

（二）配套措施

　　1. 推動小組：行政院為推動本公約相關工作，應邀集學者專家、民間團體及相關機關代表，成立兒童及少年福利與權益推動小組；其中，學者專家、民間團體及相關機關代表之人數不得少於總數1/2；任一性別不得少於1/3。必要時，並得邀請少年代表列席（第6條）。

　　2. 經費編列：各級政府機關執行本公約，保障各項兒少權利之規定所需之經費，應依財政狀況，優先編列，逐步實施（第8條）。

　　3. 定期報告：政府應建立兒少權利報告制度，於本法施行後2年內提出第一次國家報告，其後**每5年**提出**國家報告**（第7條）。

　　4. 定期改進：各級政府機關應依公約規定之內容，就其所主管之法規及行政措施，於本法施行後定期改進（第9條）。

　　（1）1年內：提出優先檢視清單。

　　（2）3年內：有不符公約規定者，完成法規之增修或廢止及行政措施之改進。

　　（3）5年內：完成其餘法規之制（訂）定、修正或廢止及行政措施之改進。

（三）實施策略

1. 推動小組定期開會：兒少福利與權益推動小組，定期召開會議，協調、研究、審議、諮詢等事項（第6條）。

2. 不同機關間協調聯繫辦理：各級政府機關應確實依現行法規規定之業務職掌，負責籌劃、推動及執行公約規定事項，並實施考核；其涉及不同機關業務職掌者，相互間應協調連繫辦理（第5條）。

3. 與國內外相關組織合作：政府應與各國政府、國內外非政府組織及人權機構共同合作，以保護及促進公約所保障各項兒少權利之實現（第5條）。

4. 審閱及檢討改進：針對國家報告，邀請相關專家學者及民間團體代表審閱，並應依審閱意見檢討、研擬後續施政（第7條）。

（四）實施原則（四大原則）

1. **視同國內法律之效力**：本公約所揭示保障及促進兒少權利之規定，具有國內法律之效力（第2條）。

2. **參照原公約之意旨及解釋**：適用公約規定之法規及行政措施，應參照公約意旨及聯合國兒童權利委員會對公約之解釋（第3條）。

3. **行使職權應符合公約之規定**：各級政府機關行使職權，應符合公約有關兒少權利保障之規定，避免兒少權利受到不法侵害（第4條）。

4. **積極促進兒少權利之實現**：各級政府機關應積極促進兒少權利之實現（第4條）。

《兒童權利公約施行法》（CRC）於2015年11月20日屆滿1年，政府已於2015年2月，針對兒少相關法規予以檢視及改進。其主要影響：《兒童及少年福利與權益保障法》大幅度修正27條條文、《兒童及少年性交易防制條例》全面修正，更名為《兒童及少年性剝削防制條例》，並於2016年提出第一次國家報告，2021年提出第二次國家報告。

三、《少年事件處理法》有關兒少權益之規定

《少年事件處理法》於1962年1月公布施行，2019年6月修正時，廢除原第85-1條：7歲以上未滿12歲之人，有觸犯刑罰法律之行為者，由少

年法院適用少年保護事件之規定處理之。亦即7歲以上未滿12歲的兒童觸法，將回歸教育、社福、警政等行政體系協助，並依《兒童及少年福利與權益保障法》、《學生輔導法》處理觸法行為。以下依2021年12月修正後條文，略述其與兒少權益相關之重要規定：

(一) 對於聽障少年之詢問或訊問：少年不通曉詢問或訊問之人所使用之語言者，應由通譯傳譯之。其為聽覺、語言或多重障礙者，除由**通譯傳譯**外，並得**以文字、手語**或**其他適當方式詢問**或訊問，亦得許其以上開方式表達（第3-1條）。

(二) 心理測驗員、心理輔導員及佐理員之配置：少年法院分設刑事庭、保護庭、調查保護處、公設輔佐人室，並應配置心理測驗員、心理輔導員及佐理員（第5-1條）。心理測驗員、心理輔導員及佐理員**配置於調查保護處**（第5-3條）〔不是配置於刑事庭、保護庭、公設輔佐人室〕。

(三) 由少年法院處理的事件

1. 少年有觸犯刑罰法律之行為者（第3條）。

2. 少年有下列情形之一，而認有保障其健全自我成長之必要者（第3條）：

(1) 無正當理由經常攜帶危險器械。

(2) 有施用毒品或迷幻物品之行為而尚未觸犯刑罰法律。

(3) 有預備犯罪或犯罪未遂而為法所不罰之行為。

(四) 需社工等專業人員對少年施以輔導之情況

1. 司法警察官、檢察官或法院於執行職務時，知有第3條第1項第2款之情形者（攜帶危險器械、施用毒品、犯罪未遂），得通知少年住所、居所或所在地之**少年輔導委員會處理**之（第18條）。

2. 對於少年有監督權人、少年之肄業學校、從事少年保護事業之機關或機構，發現少年有第3條第1項第2款之情形者（攜帶危險器械、施用毒品、犯罪未遂），得通知少年住所、居所或所在地之**少年輔導委員會處理**之〔2023年7月1日前，是：得移送或請求少年法院處理之〕（第18條）。

3. 少年輔導委員會知悉少年有第3條第1項第2款情形之一者（攜帶危

險器械、施用毒品、犯罪未遂），應**結合福利**、**教育**、**心理**、醫療、衛生、戶政、警政、財政、金融管理、勞政、移民及其他相關資源，對少年**施以適當期間之輔導**（第18條）。

4.直轄市、縣市政府少年輔導委員會應由具備**社工**、心理、教育、家庭教育或其他相關**專業之人員**，辦理第2項至第6項（少輔會）之事務（第18條）。

(五) 少年法院對少年得以裁定之處置：少年法院於必要時，對於少年得以裁定為下列之處置（第26條）：

1.**責付於**少年之**法定代理人**、**家長**、**最近親屬**、現在保護少年之人或其他適當之**機關（構）**、團體或個人，並得在事件終結前，交付少年調查官為適當之輔導。

2.命收容於少年觀護所進行身心評估及行為觀察，並提供鑑別報告。但以不能責付或以責付為顯不適當，而需收容者為限〔不含命收容於社區日照中心〕。

(六) 少年法院對少年觸犯刑罰法律之裁定：少年法院依調查之結果，認少年觸犯刑罰法律，且有下列情形之一者，應以裁定移送於有管轄權之法院檢察署檢察官（第27條）：

1.犯最輕本刑為5年以上有期徒刑之罪者。

2.事件繫屬後已滿20歲者。

前2項情形，於少年犯罪時**未滿14歲者**，不適用之〔不是未滿15歲者〕。

(七) 對少年保護處分的類別：少年法院審理事件，除為前2條處置者外（移送之裁定、裁定諭知不付保護處分），應對少年以裁定諭知下列之保護處分（第42條）：

1.訓誡，並得予以假日生活輔導。

2.交付保護管束並得命為勞動服務。

3.交付安置於適當之福利、教養機構、醫療機構、執行過渡性教育措施或其他適當措施之處所輔導。

4.令入感化教育處所施以感化教育。

5.相關規定：

(1) 保護管束所命之**勞動服務**為3小時以上50小時以下，**由少年保護官執行**，其期間視輔導之成效而定（第55-1條）。

(2) **保護管束**與**感化教育**之執行，其期間均**不得逾3年**（第53條）〔不是2年〕。

(3) 少年轉介輔導處分及保護處分之執行，至多執行至滿21歲為止（第54條）。

(4) 少年在緩刑或假釋期中應付保護管束。前項**保護管束**，於**受保護管束人滿23歲前**，由檢察官囑託少年法院**少年保護官執行之**（第82條）。

(八) 親職教育輔導：少年之法定代理人，因忽視教養，致少年有第3條第1項之情形（觸犯刑罰法律之行為），而受保護處分或刑之宣告，或致保護處分之執行難收效果者，少年法院得裁定命其接受（第84條）：

1. 8小時以上50小時以下之**親職教育輔導**，以強化其親職功能〔不是4小時以上〕。

2. 拒不接受親職教育輔導或時數不足者，少年法院得裁定處6,000元以上3萬元以下罰鍰，至其接受為止。其經連續處罰3次以上者，並得裁定公告法定代理人之姓名。

第八章
婦女福利
政策與立法

俗話說：「女人半天邊，聲音一點點。」這句話的表面意思是：女性人數占總人口數的一半，可是女性為自己發聲，往往微不足道，並未引起關注。如果從社會政策與社會立法的立場思考，這句話也可解讀為：女性的福利需求，長期被政府忽視，有必要從政策面與立法面加以強化，以確保婦女應有的福利與權益。

第一節　婦女福利政策

我國婦女福利的政策，主要見諸《憲法》、《憲法》增修條文、行政院2012年修正核定的《社會福利政策綱領》，以及2021年行政院性別平等處修正頒布的《性別平等政策綱領》：

一、《憲法》的規定
㈠ 保護勞動婦女：婦女兒童從事勞動者，應按其年齡及身體狀態，予以特別之保護（第153條）。
㈡ 實施婦幼福利政策：國家為奠定民族生存發展之基礎，應保護母性，並實施婦女兒童福利政策（第156條）。

二、《憲法》增修條文的規定
促進性別地位平等：國家應維護婦女之人格尊嚴，保障婦女之人身安全，消除性別歧視，促進兩性〔性別〕地位之實質平等（第10條第6項）。

三、《社會福利政策綱領》的規定
㈠ 因應性別特質提供服務：政府對於國民因年齡、性別……婚姻、性傾向等社會人口特質而有之健康、照顧、保護、教育、就業、社會參與、發展等需求，應結合家庭與民間力量，提供適當的服務，以促進其身心健全發展（三之1）。
㈡ 適切協助經濟弱勢婦女：政府針對經濟弱勢之婦女……婚姻移民家

庭、單親家庭等應有適切協助，以提升生活品質（三之4）。

㈢ 減少婦女之照顧負擔：政府應結合民間資源提供家庭支持服務措
　　施，提升家庭照顧能量及親職教育功能、減少家庭照顧及教養壓
　　力，預防並解決家庭問題（三之15）。

㈣ 消除性別歧視：政府推動各項福利服務措施應有性別意識，政策擬
　　訂前應執行性別影響評估，以保障性別平等，消除性別歧視（三之
　　16）。

㈤ 建構反性別暴力安全網：政府應強化司法、警政、社政、衛政、教
　　育、勞政、戶政等系統之整合與協調合作，建構反性別暴力之安全
　　網，完備保障民眾人身安全之法令，加強對加害人之約制、落實對
　　被害人之保護，確保被害人人身安全、尊嚴與權益（三之17）。

四、《性別平等政策綱領》的規定

㈠ 願景：保障自由、自主的性別人權，建立共治、共享、共贏的永續
　　社會。

㈡ 理念

　　1.性別平等是公平正義、永續社會的基石。

　　2.提升女性權益是促進性別平等的優先任務。

　　3.性別主流化是實現施政具性別觀點的有效途徑〔不含社會投資是開
　　　創婦女被公平對待的重要政策〕。

　　4.尊重、保護與實現不同性別者各領域的權利是國家的義務。

㈢ 政策目標：1.促進決策者的性別平等；2.整合就業與福利提升女性
　　經濟賦權；3.建構性別平等的社會文化；4.消除基於性別的暴力；
　　5.提供性別平等的健康照顧；6.落實具性別觀點的環境、能源與科技
　　發展。

㈣ 推動策略：1.權力、決策與影響力；2.就業、經濟與福利；3.教育、
　　媒體與文化；4.人身安全與司法；5.健康、醫療與照顧；6.能源與科
　　技發展。

　　〔上述推動策略不含貧窮、創業與救助，且於2021年修正時，刪除
2015年原有的第三項核心議題：人口、婚姻與家庭。〕

第二節 《家庭暴力防治法》分析

　　《家庭暴力防治法》於1998年6月24日公布施行，其後多次修正。茲依2023年12月修正後條文，略述其內容及新近修正重點：

一、概述

(一) 立法目的：為防治家庭暴力行為及保護被害人權益（第1條）。

(二) 名詞定義

　　1. 家庭暴力：指家庭成員間實施**身體**、**精神**或**經濟上**之騷擾、控制、脅迫或其他不法侵害之行為（第2條）。

　　2. 目睹家庭暴力：指**看見**或直接**聽聞**家庭暴力〔不僅指看見家暴，也包括直接聽聞家暴情事〕（第2條）。

　　3. 騷擾：指任何打擾、警告、嘲弄或辱罵他人之言語、動作或製造使人心生畏怖情境之行為（第2條）。

　　4. 跟蹤：指任何以人員、車輛、工具、設備、電子通訊或其他方法持續性監視、跟追或掌控他人行蹤及活動之行為（第2條）。

　　5. **加害人處遇計畫**：指對於加害人實施之認知教育輔導、**親職教育輔導**、**心理輔導**、精神治療、戒癮治療或其他輔導、治療（第2條）。

(三) 主管機關：在中央為**衛生福利部**〔不是法務部〕；在直轄市為直轄市政府；在縣市為縣市政府（第4條）。本法所定事項，主管機關及目的事業主管機關應就其權責範圍，**針對家庭暴力防治之需要，基於性別平等，尊重多元文化差異**，主動規劃所需保護、預防及宣導措施，對涉及相關機關之防治業務，並應全力配合之（第4條）。中央主管機關應辦理事項，包括：協調被害人保護計畫及加害人處遇計畫（第5條）。

(四) 諮詢機制：中央主管機關辦理前項事項（家暴防治相關事項），應遴聘（派）學者專家、民間團體及相關機關代表提供諮詢，其中學者專家、民間團體代表之人數，不得少於總數1/2；且**任一性別人數不得少於總數1/3**（第5條）。縣市主管機關為協調、研究、審議、諮

詢、督導、考核及推動家庭暴力防治工作，應設家庭暴力防治委員會（第7條）。

(五) 家暴防治基金：中央主管機關爲加強推動家庭暴力及性侵害相關工作，應設置基金。前項基金來源：政府預算撥充、**緩起訴處分金**、**認罪協商金**、本基金之孳息收入、受贈收入、依本法所處之罰鍰、其他相關收入〔不含公益彩券盈餘分配款〕（第6條）。

(六) 定期調查：**每4年**〔不是每5年〕對家暴問題、防治現況成效與需求進行**調查分析**，並定期公布家暴致死人數、各項補助及醫療救護支出等相關之統計分析（第5條）。

二、家庭成員的界定

本法所定家庭成員，亦即保護對象或服務對象，包括下列各員及其未成年子女（第3條）：

(一) **配偶**或**前配偶**（及其**未成年子女**）。

(二) 現有或**曾有同居關係**、家長家屬或家屬間關係者（及其未成年子女）〔含未婚同居的男女朋友、同居共組家庭的同志伴侶、曾同居之情侶關係已分手者、現有或曾有親密關係之未同居伴侶、同居人的子女。但不包括：未同居的男女朋友、戶籍在同一個戶的人們、住居在同一鄰的朋友、曾經一起工作的同事、加害人爲病人（受害人）的學校宿舍室友〕。

(三) 現爲或曾爲直系血親（及其未成年子女）。

(四) 現爲或曾爲**四親等以內之旁系血親**（及其未成年子女）〔不含五親等、六親等以內〕。

(五) 現爲或曾爲四親等以內**血親之配偶**。

(六) 現爲或曾爲**配偶之四親等以內血親**。

(七) 現爲或曾爲**配偶之四親等以內血親之配偶**。

三、家庭暴力防治中心之設立

直轄市、縣市主管機關應整合所屬警政、教育、衛生、社政、民政、戶政、勞工、新聞等機關、單位業務及人力，設立家庭暴力防治中

心，並協調司法、移民相關機關，辦理下列事項／業務（第8條）：

(一) 提供24小時電話專線服務。

(二) 提供被害人**24小時緊急救援**、協助診療、驗傷、採證及緊急安置。

(三) 提供或轉介被害人經濟扶助、法律服務、就學服務、住宅輔導，並以階段性、支持性及多元性提供職業訓練與就業服務。

(四) 提供被害人及其未成年子女**短、中、長期庇護安置**。

(五) 提供或**轉介**被害人、經評估有需要之**目睹家庭暴力兒童**及少年或家庭成員**身心治療、諮商、社會與心理評估及處置**。

(六) **轉介加害人處遇及追蹤輔導**。

(七) 追蹤及管理轉介服務案件。

(八) 推廣家庭暴力防治教育、訓練及宣導〔不含衛教宣導〕。

(九) 辦理危險評估，並召開跨機構網絡會議。

(十) 其他家暴防治有關之事項〔不含提供被害人輔具諮詢服務〕。

　　前項中心，得與性侵害防治中心合併設立（家庭暴力與性侵害防治中心，簡稱家防中心），並應配置社工、警察、衛生及相關專業人員。

四、保護令的種類

　　民事保護令，簡稱保護令，分為通常保護令、暫時保護令及緊急保護令（第9條），其比較如表8-1：

表8-1　通常保護令、暫時保護令及緊急保護令之比較

項目	通常保護令	暫時保護令	緊急保護令
聲請人	1. 檢察官、警察機關或直轄市、縣市主管機關 2. 被害人、法定代理人、**三親等**內之血親或姻親	1. 檢察官、警察機關或直轄市、縣市主管機關 2. 被害人、法定代理人、**三親等**內之血親或姻親	檢察官、警察機關或直轄市、縣市主管機關
聲請時間	法院辦公時間	法院辦公時間	法院辦公時間、**夜間**或**休息日**

表8-1（續）

項目	通常保護令	暫時保護令	緊急保護令
聲請方式	書面聲請	書面聲請	**書面、言詞、電信傳真**或**科技**設備傳送方式聲請
聲請地點	被害人住居地、相對人住居地、家暴發生地之地方（少年及家事）法院	被害人住居地、相對人住居地、家暴發生地之地方（少年及家事）法院	被害人住居地、相對人住居地、家暴發生地之地方（少年及家事）法院
審理方式	開庭審理	得不經審理程序	得不經審理程序
生效日期	核發時生效	核發時生效	核發時生效
有效期間	**2年以下**	至通常保護令生效前	至通常保護令生效前
失效日期	保護令有效期間屆滿或屆滿前法院另為裁判失效	聲請人撤回通常保護令之聲請、法院審理終結核發通常保護令或駁回聲請	聲請人撤回通常保護令之聲請、法院審理終結核發通常保護令或駁回聲請
撤銷、變更或延長	1. 保護令有效期間屆滿前，依當事人或被害人聲請撤銷、變更或延長 2. **每次延長**期間為2**年以下** 3. 於**法院裁定前**，原保護令**不失其效力**	1. 依當事人或被害人聲請撤銷或變更 2. 法院依職權撤銷或變更 3. 並自撤銷或變更時起生效	1. 依當事人或被害人聲請撤銷或變更 2. 法院依職權撤銷或變更 3. 並自撤銷或變更時起生效
保護令核發前之救濟措施	通常保護令審理終結前依聲請或依職權核發暫時保護令	由警察人員採取相關保護措施	由警察人員採取相關保護措施
送達之相關規定	核發後**24小時**發送當事人、被害人、警察機關及縣市主管機關	核發後**24小時**發送當事人、被害人、警察機關及縣市主管機關	**4小時內**以書面核發或以電信傳真或其他科技設備傳送警察機關

資料來源：社會及家庭署官網，2023/5/16，並補充聲請地點、審理方式及新近修正。

五、法院對保護令聲請之處理

　　法院受理保護令之聲請後，應即進行審理程序。其中，與家暴被害人關係較密切而必須因應者，如表8-2：

表8-2　法院對保護令聲請事件之處理

	與被害人有關之規定
法院審理前	聲請保護令之程式或要件有欠缺者，法院應以**裁定駁回**之。但其情形可補正者，應定期間先命補正（第13條）。
法院審理中	1. 法院得依職權調查證據，必要時得隔別訊問（第13條）。 2. 被害人得於審理時，聲請其親屬或個案輔導之**社工人員、心理師陪同**被害人在場，並**得**陳述意見（第13條）。 3. 保護令事件之**審理不公開**（第13條）〔不是以公開為原則〕。 4. 法院於審理終結前，得**聽取直轄市、縣市主管機關或社會福利機構之意見**（第13條）。 5. 保護令事件**不得進行調解或和解**（第13條）。
法院審理後	1. 法院受理保護令之聲請後，應即行審理程序，**不得以當事人間有其他案件偵查或訴訟繫屬為由，延緩核發保護令**（第13條）〔不是有其他案件為由得延緩核發〕。 2. 法院於審理終結後，認有家暴之事實且有必要者，應依聲請或依職權**核發通常保護令**（第14條）。 3. 聲請人於聲請通常保護令前聲請暫時保護令或緊急保護令，其經法院准許核發者，**視為已有通常保護令**之聲請（第16條）。

　　表8-2在法院審理中，保護令事件不得進行調解或和解，但有下列情形之一者，不在此限（第47條）：

　㈠ 進行方式安全：進行和解或調解之人曾受家暴防治之訓練，並以確保被害人安全之方式進行和解或調解。

　㈡ 有輔助人參與：准許被害人選定輔助人參與和解或調解。

　㈢ 程序免受脅迫：進行和解或調解之人認為能使被害人免受加害人脅迫之程序〔並不含加害人及其家屬或關係人有高度的和解或調解動機和誠意〕。

六、保護令之保護內容及其執行

保護令核發後，當事人及相關機關應確實遵守，並依下列規定辦理
（第14條、第21條），如表8-3：

表8-3　保護令之保護內容及其執行單位

保護內容	相關規定	執行單位
1. 禁止家暴	禁止相對人對被害人、目睹家暴兒少或其特定家庭成員實施家暴。	警察機關
2. 禁止非必要之聯絡	禁止相對人對被害人、目睹家暴兒少或其特定家庭成員為騷擾、接觸、跟蹤、通話、通信或非必要之聯絡行為。	警察機關
3. 禁止使用不動產	命相對人遷出被害人、目睹家暴兒少或其特定家庭成員之住所；並得禁止相對人就該不動產為使用、收益或處分。	法院
4. 遠離特定距離	命相對人遠離下列場所特定距離：被害人、目睹家暴兒少或其特定家庭成員之住所、學校、工作場所或經常出入之特定場所。	警察機關
5. 必需品使用權	規定汽車、機車及個人生活、職業或教育上必需品之使用權；並得命交付之。	警察機關
6. 對子女的權利義務	(1) 規定暫時對未成年子女權利義務之行使或負擔，由當事人一方或雙方共同任之、行使或負擔之內容及方法；並得命交付子女。 (2) 裁定前，應考量未成年子女之**最佳利益**，並得**徵詢**未成年子女或**社工人員**之意見。	警察機關
7. 對子女的會面	(1) 規定相對人對未成年子女會面交往時間、地點及方式；並得禁止會面交往。 (2) 裁定前，應考量未成年子女之**最佳利益**，並得**徵詢**未成年子女或**社工人員**之意見。	直轄市、縣市主管機關
8. 付房租及扶養費	命相對人給付被害人住所之**租金**或被害人及其未成年子女之**扶養費**。	法院〔不是社工職責〕
9. 付醫療等費用	命相對人交付被害人或特定家庭成員之醫療、輔導、庇護所或財物損害等費用。	法院

表8-3（續）

保護內容	相關規定	執行單位
10. 完成加害人處遇計畫	(1) 命相對人完成加害人處遇計畫（載明完成期限）。 (2) 法院得逕命相對人接受**認知教育輔導**、**親職教育輔導**及其他輔導，並得命相對人接受有無必要施以其他處遇計畫之鑑定。 (3) 直轄市、縣市主管機關得於法院裁定前，對處遇計畫之實施方式提出建議。	直轄市、縣市主管機關 法院
11. 負擔律師費用	命相對人負擔相當之律師費用。	法院
12. 禁止查閱相關資訊	**禁止相對人**與其**特定家庭成員查閱被害人**及受其暫時監護之未成年子女**戶籍**、**學籍**、**所得來源**相關資訊。	相 關 機 關〔不含警察機關〕
13. **禁止散布性影像**	禁止相對人未經被害人同意，重製、散布、播送、交付、公然陳列，或以他法供人觀覽被害人之性影像。	相關機關
14. **命交付性影像**	命相對人交付所持有之被害人性影像予被害人；必要時，並得命其刪除之。	相關機關
15. **命刪除或移除性影像**	命相對人刪除或向網際網路平臺提供者、網際網路應用服務提供者或網際網路接取服務提供者申請移除其已上傳之被害人性影像。	相關機關

七、處理家暴事件之刑事程序

㈠ 逮捕：警察人員發現家暴罪之**現行犯**時，應**逕行逮捕**〔家暴罪不是告訴乃論，不因被害人求情或原諒加害人而免予逮捕〕，並依刑事訴訟法規定處理（第29條）。

㈡ 拘提：檢察官、司法警察官或司法警察偵查犯罪認被告或犯罪嫌疑人犯家暴罪或違反保護令罪嫌疑重大，且有繼續侵害家庭成員生命、身體或自由之危險，而情況急迫者，得逕行拘提。前項拘提，由檢察官親自執行時，得不用拘票；由司法警察官或司法警察執行時，以其急迫情形不及報請檢察官者為限，**於執行後，應即報請檢**

察官簽發拘票〔不是以急迫情形為由，執行後不必另行報請檢察官簽發拘票〕。如檢察官不簽發拘票時，應即將被拘提人釋放（第29條）。

（三）羈押：被告經法官訊問後，認為犯違反保護令者、家庭成員間故意實施家暴行為而成立之罪，其嫌疑重大，有事實足認為有反覆實行前開犯罪之虞，而有羈押之必要者，得羈押（第30-1條）。被告違反檢察官或法院依前條（第31條）所定應遵守之條件，犯罪嫌疑重大，且有事實足認被告有反覆實施家庭暴力行為之虞，而有羈押之必要者，**偵查中**檢察官得聲請法院**羈押之**；**審判中**法院得命**羈押之**（第32條）。

（四）處分：家暴罪或違反保護令罪之被告經檢察官或法院訊問後，認無羈押之必要，而命具保、責付、限制住居或釋放者，對被害人、目睹家暴兒少或其特定家庭成員得附條件命被告遵守。前項所附條件有效期間自具保、責付、限制住居或釋放時起生效，至刑事訴訟終結時為止，最長不得逾1年（第31條）。被告違反檢察官或法院依前條（第31條）第1項規定所附之條件者，檢察官或法院得撤銷原處分，另為適當之處分；其有繳納保證金者，並得**沒入其保證金**（第32條）。

（五）緩刑宣告及保護管束：犯家暴罪或違反保護令罪而受緩刑之宣告者，在緩刑期內應付保護管束（第38條）。

其中，被害人於偵查中受訊問時，得自行指定其親屬、醫師、心理師、輔導人員或**社工人員陪同在場**，該陪同人**並得陳述意見**（第36-1條）。另外，對家暴現行犯之報案，警方不應要求被害人向醫療機構申請驗傷診斷書才受理報案。

八、加害人會面其未成年子女之規定

法院依法准許家庭暴力加害人會面交往其未成年子女時，應審酌子女及被害人之安全，並得為下列一款或數款命令（第45條）：

（一）場所：於特定安全場所交付子女。

㈡ 監督：**由第三人或機關、團體監督會面交往**，並規定應遵守事項。

㈢ 條件：完成加害人處遇計畫或其他特定輔導爲會面交往條件。

㈣ 費用：**負擔監督會面交往費用**〔由加害人負擔，不是由縣市政府或其委託監督會面的機構、團體負擔〕。

㈤ 過夜：禁止過夜會面交往〔不含酌情處理或經法院同意，可過夜會面交往；也不含禁止就醫就學〕。

㈥ 保證：**準時、安全交還子女**，並繳保證金，**違背者沒入保證金**。

㈦ 安全：保護子女、被害人或其他家庭成員安全〔不含爲了安全而禁止子女就醫、就學〕。

再者，法院如認有**違背前項命令**之情形，或准許會面交往無法確保被害人或其子女之安全者，得依聲請或**依職權禁止之**（第45條）。直轄市、縣市主管機關應設未成年子女會面交往處所，或委託其他機關（構）、團體辦理，其人員應受過家庭暴力安全及防制訓練（第46條）。

九、家暴之預防與處遇

對於家庭暴力事件，必須事前預防，也要事後處遇，而且要保護受暴者，也要對加害人進行處遇。家暴之預防與處遇相關規定，如表8-4：

表8-4　家庭暴力之預防與處遇

項目	相關規定
保護及預防	警察人員處理家暴案件，應採下列方法保護被害人及防止家暴發生（第48條）： 1. 於法院核發緊急保護令前，在被害人住所守護或採其他保護被害人或其家庭成員之必要安全措施。 2. 保護被害人及其子女至庇護所或醫療機構。 3. 告知被害人其得行使之權利、救濟途徑及服務措施。 4. 查訪並告誡相對人。 5. 訪查被害人及其家庭成員，並提供必要之安全措施。 **醫事、社工、教育及保育人員**〔不含村里幹事〕為防治家暴或保護家暴被害人之權益，有受到身體或精神上不法侵害之虞者，**得請求警察機關提供必要協助**（第49條）。

表8-4（續）

項目	相關規定
責任通報	**醫事**、**社工**、教育、教保、**保育**、警察、移民業務及執行家暴防治人員〔不含勞政、村里長、村里幹事〕，在執行職務時知有疑似家暴，應立即通報當地直轄市、縣市主管機關，至遲**不得逾24小時**〔不是72小時〕（第50條）。
評估及訪視調查	直轄市、縣市主管機關接獲通報後，應即行處理，並評估被害人需求、有無兒少目睹家庭暴力之情事；必要時得自行或委託其他機關（構）、團體進行**訪視**、**調查**，**並提供適當處置**。訪視、調查時，得請求警察、醫療、學校、教保服務機構、公寓大廈管理委員會或其他相關機關（構）協助，被請求者應予配合（第50條）。
媒體之職責	1. 宣傳品、出版品、廣播、電視、網際網路或其他媒體，不得報導或記載有被害人及其未成年子女之姓名，或其他足以識別被害人及其未成年子女身分之資訊。但有下列情形之一者，不在此限： (1) 被害人為成年人，經本人同意；受監護宣告者並應取得其監護人同意。 (2) 犯罪偵查機關或司法機關依法認為有必要。 (3) 前項但書第1款所定被害人為心智障礙者、受監護宣告或輔助宣告者，應以其可理解方式提供資訊。第1項但書第1款所定監護人為同意時，應尊重受監護宣告者之意願。 (4) 第1項但書第1款所定監護人為該家庭暴力案件相對人時，不得報導或記載有被害人及其未成年子女之姓名，或其他足以識別被害人及其未成年子女身分之資訊（第50-1條）。 2. 網際網路平臺提供者、網際網路應用服務提供者及網際網路接取服務提供者，透過網路內容防護機構、主管機關、警察機關或其他機關，**知有被害人之性影像**，應**先行限制瀏覽或移除**與被害人性影像有關之**網頁資料**。前項網頁資料與散布被害人性影像行為人之個人資料及網路使用**紀錄資料**，應**保留180日**，以提供司法及警察機關調查（第50-2條）〔不是保留120日〕。
各部門職責	1. 直轄市、縣市主管機關：設置24小時電話專線（第51條）。應提供醫療、國小及戶政機關家暴防治相關資料給新生兒之父母、辦理小學新生註冊之父母、辦理結婚登記之新婚夫妻及辦理出生登記之人（第57條）。 2. 醫療機構：對家暴之被害人，不得無故拒絕診療及開立驗傷診斷書（第52條）。

表8-4（續）

項目	相關規定
	3. 中央主管機關：應**訂定家暴加害人處遇計畫規範**〔訂規範，不是地方衛生主管機關的職責，也不是社福主管機關的職責〕，其內容包括下列各款（第54條）：
	(1) 處遇計畫之評估標準。
	(2) 司法機關、家庭暴力被害人保護計畫之執行機關（構）、加害人處遇計畫之執行機關（構）間之連繫及評估制度。
	(3) 執行機關（構）之資格。
	中央主管機關應會同相關機關負責家庭暴力加害人處遇計畫之推動、發展、協調、督導及其他相關事宜。
	4. **地方衛生主管機關**：應擬訂及推廣家暴防治之**衛生教育宣導計畫**〔衛教不是社政機關職責〕（第53條）。
	被害人因於未成年遭受家庭成員實施家庭暴力或性侵害行為之創傷經驗，致影響生活者，直轄市、縣市政府應提供**身心治療、諮商、社會與心理評估及處置**（第58-2條）。
各部門應辦防治家暴在職教育	1. 主管機關應辦社工人員、居家式托育服務提供者、托育人員、保育人員及其他相關社會行政人員防治家庭暴力在職教育（第59條）。
	2. 各目的事業主管機關辦防治家庭暴力在職教育訓練，應納入性別平等課程（第59條）。
	3. 學校應實施防治家暴之課程或活動。**高中以下學校**〔不是國中以下或大專以下〕每學年應有**4小時以上之家暴防治課程**。得彈性安排於各學年實施（第60條）。〔不是8小時以上家防課程〕

十、核發家暴被害人之補助

直轄市、縣市主管機關得核發家暴被害人下列補助（第58條）：

(一) **緊急生活扶助費用**（目睹家暴兒少準用之）。

(二) 非屬全民健保給付範圍之醫療費用及身心治療、諮商與輔導費用（目睹家暴兒少準用之）。

(三) **訴訟費用**及律師費用。

(四) 安置費用、**房屋租金費用**。

(五) 子女教育、生活費用及兒童**托育費用**。

(六) 其他必要費用〔不含求職交通費用、職業訓練津貼、復健交通補助〕。

另外，家暴被害人爲成年人者〔2023年起，18歲爲成年〕，得申請**創業貸款**〔貸款不能視爲補助〕。

十一、重要罰則

(一) 媒體負責人違反規定：廣播、電視事業違反第50-1條第1項或第4項規定（宣傳品、出版品、廣播、電視、網際網路或其他媒體，不得報導或記載有被害人及其未成年子女之姓名，或其他足以識別被害人及其未成年子女身分之資訊），由目的事業主管機關處6萬元以上60萬元以下罰鍰，並令其限期改正；屆期未改正者，得按次處罰（第61-1條）。

(二) 亂撥專線電話：違反第51條第3款規定（無正當理由撥打專線電話，致妨害公務執行），經勸阻不聽者，直轄市、縣市主管機關得處3,000元以上1萬5,000元以下罰鍰（第63條）。

十二、《家庭暴力防治法》新近修正重點

《家庭暴力防治法》新近於2023年12月修正，其修正重點：

(一) 增列家庭成員之界定範圍：增列：現爲或曾爲四親等以內之旁系血親、現爲或曾爲四親等以內血親之配偶、現爲或曾爲配偶之四親等以內血親、現爲或曾爲配偶之四親等以內血親之配偶（及其未成年子女）（第3條）。

(二) 在保護令增列禁止相對人傳布被害人之性影像
1. 禁止相對人未經被害人同意，重製、散布、播送、交付、公然陳列，或以他法供人觀覽被害人之性影像（第14條）。
2. 命相對人交付所持有之被害人性影像予被害人；必要時，並得命其刪除之（第14條）。
3. 命相對人刪除或向網際網路平臺提供者、網際網路應用服務提供者或網際網路接取服務提供者申請移除其已上傳之被害人性影像（第14條）。

(三) 規定通常保護令聲請變更或延長於法院裁定前原保護令仍屬有效：當事人或被害人依（第15條）第2項規定聲請變更或延長通常保護令，

於法院裁定前，原保護令不失其效力（第15條）。

(四) 在責任通報增列教保服務人員且於訪視調查之後應有適當處置：醫事、社工、教育、教保、保育、警察、移民業務人員及其他執行家暴防治人員，於執行職務時知有疑似家暴情事，應立即通報當地直轄市、縣市主管機關，至遲不得逾24小時。直轄市、縣市主管機關接獲通報後，應即行處理，必要時得自行或委託其他機關（構）、團體進行訪視、調查，並提供適當處置（第50條）。

(五) 網際網路平臺對於家暴被害人之性影像等資料應保留180日：網際網路平臺提供者、應用服務提供者及接取服務提供者，透過網路內容防護機構、主管機關、警察機關或其他機關，知有被害人之性影像，應先行限制瀏覽或移除有關之網頁資料。前項網頁資料與散布被害人性影像行為人之個人資料及網路使用紀錄資料，應保留180日，以提供司法及警察機關調查（第50-2條）。

(六) 被害人於未成年遭家人家暴或性侵可向戶政申請註記該行為人且禁止直系血親閱覽被害人戶籍資料：被害人於未成年遭受家庭成員實施家暴或性侵害行為，並有下列情事之一者（該行為人經判決有罪、直系血親經法院宣告停止親權或監護權、被害人經法院裁定繼續安置至成年、被害人獲法院核發民事保護令、其他經主管機關評估其對個人生活或人身安全有不利影響之虞），得向戶政機關申請註記該行為人、直系血親不得申請閱覽或交付被害人之戶籍資料（第58-2條）。

(七) 提高媒體負責人違反報導規定之罰款額度：廣播、電視事業違反規定（宣傳品、出版品、廣播、電視、網際網路或其他媒體，不得報導或記載有被害人及其未成年子女之姓名，或其他足以識別身分之資訊），其罰款由原規定3萬元以上15萬元以下罰鍰，提高為6萬元以上60萬元以下罰鍰（第61-1條）。再者，網際網路平臺業者違反規定（未先行限制瀏覽或移除被害人之性影像、相關資料未保留180日），亦處6萬元以上60萬元以下罰鍰（第61-2條）。

第三節　《性侵害犯罪防治法》分析

《性侵害犯罪防治法》於1997年1月22日公布實施，其後多次修正。茲依2023年2月修正後條文，略述其內容及新近修正重點：

一、概述

(一) 立法目的：為**防治性侵害犯罪**及**保護被害人權益**（第1條）。

(二) 性侵害犯罪的定義：指**觸犯刑法**第221條至第227條、第228條、第229條、第332條第2項第2款、第334條第2項第2款、第348條第2項第1款及其特別法之罪（第2條）。

(三) 主管機關：在中央為衛生福利部；在直轄市為直轄市政府；在縣市為縣市政府（第3條）。**中央主管機關**應辦理事項：規劃、推動、監督與訂定性侵害防治**政策及**相關**法規**（第5條）。

(四) 目的事業主管機關的權責

　　1. **社政主管機關**：被害人保護、**扶助**與定期公布統計資料及相關事宜〔不含各級學校性侵害防治教育、就學權益之維護等相關事宜，此為教育主管機關權責〕（第4條）。

　　2. **教育主管機關**：各級學校、幼兒園**性侵害防治教育**、被害人與其子女**就學權益之維護**及相關事宜（第4條）。

　　3. **警政主管機關**：被害人**安全維護**、性侵害犯罪調查、資料統計、加害人登記、報到、查訪、查閱及其他相關事宜（第4條）。

　　4. **法務主管機關**：性侵害**犯罪偵查**、矯正、徒刑執行期間治療及相關事宜（第4條）。

(五) 諮詢機制：中央主管機關辦理性侵害事項，應遴聘（派）學者專家、民間團體及相關機關代表提供諮詢；其中**學者專家、民間團體代表之人數，不得少於總數1/2。任一性別人數不得少於總數2/5**（第5條）。

二、性侵害防治中心應辦理事項／業務

直轄市、縣市主管機關應整合所屬警政、教育、衛生、社政、勞政、新聞、戶政與相關機關、單位之業務及人力,設立**性侵害防治中心**,並協調相關機關辦理下列事項／業務〔第6條〕:

(一) 提供24小時電話專線服務。

(二) 提供被害人**24小時緊急救援**。

(三) 協助被害人就醫診療、驗傷及採證。

(四) 協助被害人心理治療、輔導、緊急安置與法律諮詢及服務。

(五) **協調醫療機構成立**專門處理性侵害案件之**醫療小組**。

(六) 提供**加害人身心治療**、**輔導**〔含追蹤輔導〕或教育。

(七) 辦理加害人登記、報到、查訪及查閱。

(八) 轉介加害人接受更生輔導。

(九) 推廣性侵害防治教育、訓練及宣導。

(十) 召開加害人再犯預防跨網絡會議。

(土) 其他有關性侵害防治及保護事項〔不含研擬性侵害防治政策及法規,此為中央主管機關權責〕。

三、性侵害之預防與通報

(一) 性侵害防治之教育訓練

　1. **高中以下學校**:**每學期**應實施性侵害防治教育課程,至少**2小時**〔每學年為4小時〕。幼兒園應實施性侵害防治教育宣導〔第9條〕。

　2. 機關(構)人員:機關、部隊、學校、機構或僱用人之組織成員、受僱人或受服務人數達**30人以上**者〔不是40人以上〕,應定期舉辦或督促所屬人員參與性侵害防治教育訓練〔第9條〕。

　3. 專責人員:法院、檢察署、司法警察機關及醫療機構,應由經專業訓練之專責人員處理性侵害案件。前項專責人員**每年**應至少接受性侵害防治專業訓練課程**6小時**〔不是4小時〕〔第10條〕。

(二) 性侵害案件之通報:醫事、社工、教育、保育、教保、警察、**勞政**、**司法**、移民、**矯正人員**、**村里幹事**〔不含村里長〕、私立就業

服務機構及其從業人員，於執行職務時，知有疑似性侵害犯罪情事者，應立即向當地直轄市、縣市主管機關通報，至遲不得超過**24小時**〔不是72小時〕（第11條）。

(三) 性侵害案件通報後之處理

1. 評估需求：直轄市、縣市主管機關於接獲通報時，應即派員評估被害人需求及提供服務（第11條）。

2. 轉介服務：直轄市、縣市主管機關接獲通報後，知悉**行為人為兒少者**，應依相關法規轉介各該權責機關**提供教育、心理諮商或輔導、法律諮詢**或其他服務（第12條）。

3. **網路資料保存**：網路平臺提供者、網路防護機構、主管機關、警察機關或其他機關，知有性侵害犯罪嫌疑情事，應先行限制瀏覽或移除相關網頁資料。前項網路資料，應**保留180日**，以提供司法及警察機關調查（第13條）。

四、對性侵害被害人之保護／防治措施

對於性侵害事件被害人的**保護**／防治**措施**，如表8-5：

表8-5　對性侵害被害人之保護措施

項目	相關規定
1. 保護安全	警察人員必要時應採取保護被害人之安全措施（第15條）。
2. 診療及開立證明	**醫療機構**對被害人，**不得無故拒絕診療及開立驗傷診斷書**。醫療機構對被害人診療時，**應有護理人員陪同**〔不含為保護隱私，護理人員不應陪同〕，並應保護被害人之隱私，提供安全及合適之就醫環境（第14條）。
3. **驗傷及採證**	對被害人之驗傷及採證，應經被害人之同意，並依規定辦理（第17條）。 (1) 被害人為心智障礙者、受監護宣告或輔助宣告者，應以其可理解方式提供資訊。受監護宣告者並應取得其監護人同意。 (2) 監護人或法定代理人不明、通知顯有困難或為該性侵害犯罪之嫌疑人時，得逕行驗傷及採證。 (3) 被害人為**未滿12歲者**〔不是未滿18歲者〕，應經其**法定代理人同意**。

表8-5（續）

項目	相關規定
	(4) 應將所取得之**證物**保全於證物袋。證物鑑驗報告應依法妥善保存。保管**6個月後**得將該證物**逕行銷毀**。
4. 陪同偵查或審判	(1) 經被害人同意後，其法定代理人、配偶、直系或**三親等內旁系血親**、家長、家屬、醫師、心理師、輔導人員、社工人員或其信賴之人，得於偵查或審判時，**陪同被害人在場**，並得陳述意見（第18條）。 (2) **被害人為兒少時，縣市主管機關應**〔不是：得不〕**指派社工人員於偵查或審判時陪同在場**，並得陳述意見（第18條）。
5. 專業人員協助訊問	兒童或**心智障礙被害人**於偵查或審判中，經司法警察、檢察官或法官認有必要時，**應由具相關專業人士**〔不含家長、配偶、法定代理人〕**在場協助詢（訊）問**。專業人士於協助詢（訊）問時，司法警察、檢察官、法官、被告或其辯護人，得透過單面鏡、聲音影像相互傳送之**科技設備**，或適當隔離措施為之（第19條）。
6. 專家證人	偵查或審判時，檢察官或法院得依職權或依聲請指定或選任相關領域之專家證人，提供專業意見（第24條）。
7. 核發補助	縣市主管機關得依被害人申請，核發補助（第28條）： (1) **非屬全民健保給付範圍之醫療費用**、驗傷與採證費用及**心理復健費用**。 (2) **訴訟費用**及律師費用。 (3) 其他費用〔不含被害人租屋補助、生活補助費用〕。

五、對於性侵害加害人之處遇

對於性侵害犯罪的加害人，給予必要的處置，是性侵害防治不可忽略的一環。其相關處遇措施，如表8-6：

表8-6　對性侵害加害人之處遇措施

項目	相關規定
1. 建立檔案資料	**中央警政主管機關**〔不是衛政或社政主管機關〕應建立加害人相片、指紋、去氧核醣核酸紀錄及個人**基本資料**（第29條）。

表8-6（續）

項目	相關規定
2. 身心治療輔導或教育	(1) 加害人有下列情形之一（有期徒刑、保安處分、強制治療執行完畢、假釋、緩刑、免刑、赦免、裁定停止強制治療）（第31條）；緩起訴處分確定者（第32條），經評估有施以身心治療、輔導或教育之必要者，縣市主管機關應令其接受身心治療、輔導或教育。但犯罪後經驅逐或限令出境者，不適用（第31條）。 (2) 前項（第31條）**執行期間為3年以下**。經評估認有繼續執行之必要者，縣市主管機關得**延長**之，最長不得逾**1年**（第31條）。
3. 強制治療	(1) 加害人依規定接受身心治療、輔導或教育，經評估認有再犯之風險者，直轄市、縣市主管機關得檢具相關評估報告，送請檢察官聲請強制治療（第36條）。 (2) 加害人於徒刑執行期滿前，接受身心治療、輔導或教育後，經評估有再犯之風險，得檢具評估報告，送請檢察官聲請法院裁定，命其進入醫療機構或其他指定處所，施以強制治療（第37條）。 (3) 加害人依第31條接受身心治療、輔導或教育後，經評估認有再犯之風險，而不適用刑法規定者，由檢察官或縣市主管機關檢具評估報告聲請法院裁定命其進入醫療機構或指定處所，施以強制治療（第37條）。 (4) 強制治療之**執行期間為5年以下**，經評估有繼續強制治療之必要者，檢察官或縣市主管機關得向法院聲請許可延長之，**第1次延長**期間為3年以下，**第2次以後**每次延長期間為1年以下（第38條）。
4. 轉銜提供相關服務	(1) 強制治療處所應於執行或延長期間屆滿前3個月，檢具治療、評估等結果通知強制治療受處分人及檢察官或縣市主管機關（第38條）。 (2) 縣市主管機關於收受通知後，認強制治療受處分人無繼續強制治療之必要，或收受停止強制治療執行之裁定後，應召開**轉銜會議**，安排強制治療受處分人身心治療、輔導或教育及登記、報到事宜，並**提供就學、就業、家庭支持**及其他**照顧服務**（第38條）。

表8-6（續）

項目	相關規定
5. 定期向警察機關登記、報到及接受查訪	(1) **犯刑法各相關條款者**，應定期向警察機關辦理身分、就學、工作、車籍之異動或相關資料之登記、報到；其登記、**報到期間為7年**（第41條）。 (2) 犯刑法第224、225（第2項）、227、228條之加害人，有第31條第1項各款情形之一者，亦適用前項之規定；其登記、**報到期間為5年**（第41條）。 (3) 前2項規定，對於犯罪後經驅逐或限令出境者或犯罪時**未滿18歲者，不適用**（第41條）。 (4) 第1項、第2項加害人於登記、報到期間，應定期或不定期接受**警察機關查訪**；其登記內容有變更者，應於**變更之7日內辦理資料異動**（第41條）。 (5) 被告或判決有罪確定之**加害人逃亡**、藏匿經通緝者，該管警察機關得將其**身分相關資訊**刊載於機關網站、報紙**公開**之。前項規定，於犯罪時**未滿18歲**者，不適用（第52條）。

六、對於交付保護管束加害人之處遇方式

觀護人對於交付保護管束之加害人，得採取下列之處遇方式（第34條）：

(一) 約談訪視：實施約談、訪視，並得進行團體活動或問卷等輔助行為。

(二) 密集訪談：有事實足認其有再犯之虞或需加強輔導及管束者，得密集實施約談、訪視；必要時，並得請警察機關派員定期或不定期查訪。

(三) 尿液採驗：有事實可疑為施用毒品者，得命其接受尿液採驗。

(四) 指定住所：無一定之住所，或其住所不利保護管束之執行者，得報請檢察官許可，命其居住於指定處所。

(五) 限制外出：有於特定時間犯罪之習性，或有事實足認其有再犯之虞時，得報請檢察官許可，命其於監控時段內，未經許可，不得外出。

(六) 實施測謊：報請檢察官許可，對其實施測謊。

(七) 科技監控：報請檢察官許可，對其實施科技設備監控。

(八) 禁止接近：有固定犯罪模式，或有事實足認其有再犯之虞時，得報請檢察官許可，禁止其接近特定場所或對象。

(九) 轉介處遇：轉介相關機構或團體為適當處遇。

七、重要罰則

(一) 違反第14條第1項規定者（醫療機構對於被害人，不得無故拒絕診療及開立驗傷診斷書）。由縣市主管機關處1萬元以上5萬元以下罰鍰（第49條）。

(二) 經縣市主管機關通知，無正當理由不到場或拒絕接受評估、身心治療、輔導或教育，或接受之時數不足。由縣市主管機關處1萬元以上5萬元以下罰鍰，並令其限期履行（第50條）。

(三) 未依規定，定期辦理登記、報到、資料異動或接受查訪。由縣市主管機關處1萬元以上5萬元以下罰鍰，並令其限期履行（第50條）。

八、《性侵害犯罪防治法》新近修正重點

《性侵害犯罪防治法》新近於2023年2月全文修正，其修正重點：

(一) 增訂「專業人士」之定義：為協助兒童或心智障礙被害人於偵查或審判程序之詢問，定義專業人士：指因學識、技術、經驗、訓練或教育而就兒童或心智障礙性侵害案件協助詢（訊）問具有專業能力之人（第2條）。

(二) 將幼兒園納入性侵害防治教育宣導的適用對象：為防治學齡前幼童性侵害案件，加強其身體界線及兒童保護概念，增訂：幼兒園應實施性侵害防治教育宣導（第9條）。

(三) 增訂私立就業服務機構及其人員為性侵害之責任通報人員：私立就業服務機構及其從業人員，於執行職務時，知有疑似性侵害犯罪情事者，應立即向當地縣市主管機關通報，至遲不得超過24小時（第11條）。

(四) 強化性侵害加害人之內控機制：增訂：強制治療經評估認無繼續執行之必要者，於其登記、報到期間，經評估認有施以身心治療、輔導或教育之必要，縣市主管機關應令其再接受身心治療、輔導或教育（第31條）。

（五）強化對受保護處分少年之外控機制：增訂：少年保護官對於依規定接受身心治療、輔導或教育之少年，除前項第4款至第8款（命其居住於指定之處所、未經許可不得外出、實施測謊、實施科技設備監控、禁止其接近特定場所或對象）外，於與少年保護事件性質不相違反者，得採取前項1款或數款之處遇方式（第34條）。

（六）增訂在境外觸犯性侵害罪之國人返國後適用查訪之規定：犯性侵害犯罪經外國、大陸地區、香港或澳門法院有罪判決確定後，於未經我國法院重新判決確定前，準用前項查訪規定（第41條）〔亦即加害人於登記、報到期間，應定期或不定期接受警察機關查訪，以免空窗期間過長，形成性侵害犯罪防治漏洞。〕

 第四節　《性別平等工作法》分析

　　《性別平等工作法》，最初名稱：《兩性工作平等法》，於2002年1月16日公布，3月8日施行。2008年1月修正更名為：《性別工作平等法》。2023年8月修正，再更名為：《性別平等工作法》（簡稱「性工法」）。茲依2023年8月修正後條文，略述其內容及新近修正重點：

一、概述

（一）立法目的：為**保障工作權之性別平等**，貫徹憲法**消除性別歧視、促進性別地位實質平等**之精神。工作場所性騷擾事件，除校園性騷擾事件依性別平等教育法規定處理外，依本法規定處理〔其規範之內容，含職場性騷擾之防治，但不含性侵害犯罪之防治〕（第1條）。

（二）適用對象

1. **雇主與受僱者之約定優於本法者，從其約定**（第2條）。
2. **公務人員、教育人員及軍職人員，亦適用之**。但第32-1條、第32-2條、第33條、第34條、第38條及第38-1條之規定，不適用之（第2條）。
3. 雇主依勞動基準法規定招收之技術生及準用技術生規定者，除適用

高級中等學校建教合作實施及建教生權益保障法規定之建教生外，亦適用之。但第16條及第17條之規定，不在此限（第2條）。

4. **實習生於實習期間**遭受性騷擾時，**適用本法**規定〔不是實習期間不適用〕（第2條）。

5. **公務人員、教育人員及軍職人員之申訴、救濟及處理程序，依各該人事法令之規定**（第2條）。

（三）主管機關：在中央為**勞動部**；在直轄市為直轄市政府；在縣市為縣市政府（第4條）。

（四）諮詢審議機制：各級主管機關應設**性別平等工作會**，處理審議、諮詢及促進性別平等工作事項。性別平等工作會置委員5人至11人，任期2年，由具備勞工事務、性別問題之相關學識經驗或法律專業人士擔任之，其中經勞工團體、性別團體推薦之委員各2人；**女性委員人數**應占全體委員人數**1/2以上**〔不是1/3以上〕；政府機關代表不得逾全體委員人數1/3。前2項性別平等工作會組織、會議及其他相關事項，由各級主管機關另定之。地方主管機關設有就業歧視評議委員會者，第1項性別平等工作會得與該委員會合併設置，其組成仍應符合第2項規定（第5條）。

（五）配套措施

1. 編列經費：縣市主管機關應編列經費，辦理各類職業訓練、就業服務及再就業訓練，並於該期間提供或設置托兒、托老及相關福利設施，以促進性別平等（第6條）。

2. 納入勞動檢查：主管機關應就本法所訂之性別、性傾向歧視之禁止、性騷擾之防治及促進工作平等措施納入勞動檢查項目（第6-1條）。

3. 建立人才資料庫：中央主管機關應建立性別平等人才資料庫、彙整性騷擾防治事件各項資料，並作統計及管理（第12條）。

二、性別歧視之禁止

有關性別或性傾向歧視之禁止，如表8-7：

表8-7　性別歧視之禁止

項目	相關規定
1. 進用過程	雇主對求職者或受僱者之招募、甄試、進用、分發、配置、考績或陞遷等，**不得因性別或性傾向而有差別待遇。但工作性質僅適合特定性別者，不在此限**（第7條）。
2. 教育訓練	雇主為受僱者舉辦或提供教育、訓練或其他類似活動，不得因性別或性傾向而有差別待遇（第8條）。
3. 福利措施	雇主為受僱者舉辦或提供各項福利措施，不得因性別或性傾向而有差別待遇（第9條）。
4. 薪資給付	雇主對受僱者薪資之給付，不得因性別或性傾向而有差別待遇；其**工作或價值相同者，應給付同等薪資。但基於年資、獎懲、績效**或其他非因性別或性傾向因素之**正當理由者，不在此限**。雇主不得以降低其他受僱者薪資之方式，規避前項之規定（第10條）。
5. 退休、資遣、離職、解僱	雇主對受僱者之退休、資遣、離職及解僱，不得因性別或性傾向而有差別待遇（第11條）。
6. 單身條款或禁孕條款	工作規則、勞動契約或團體協約，不得規定或事先約定受僱者有結婚、懷孕、分娩或育兒之情事時，應行離職或留職停薪；亦不得以其為解僱之理由〔不含：工作性質僅適合特定性別者，不在此限〕（第11條）。

三、性騷擾之界定及其適用之認定

本法《性別平等工作法》（性工法）對於「性騷擾」相關概念之界定及適用情況之認定（第12條），如表8-8：

表8-8　「性騷擾」相關概念之界定及適用情況之認定

項目	相關規定
1. 性騷擾之界定	本法所稱性騷擾，指下列情形之一： (1) **環境敵意型性騷擾**：受僱者於執行職務時，任何人以性要求、具有性意味或性別歧視之言詞或行為，對其造成敵意性、脅迫性或冒犯性之工作環境，致侵犯或干擾其人格尊嚴、人身自由或影響其工作表現。

表8-8（續）

項目	相關規定
	(2) **交換型性騷擾**：雇主對受僱者或求職者為明示或暗示之性要求、具有性意味或性別歧視之言詞或行為，作為勞務契約成立、存續、變更或分發、配置、報酬、考績、陞遷、降調、獎懲等之交換條件。
2. **權勢性騷擾之界定**	指**對於**因僱用、求職或執行職務關係受**自己指揮、監督之人，利用權勢或機會為性騷擾**。
3. 性騷擾適用情況之認定	有下列情形之一者，適用本法之規定： (1) 被同單位同一人性騷擾：受僱者於非工作時間，遭受所屬事業單位之同一人，為持續性性騷擾。 (2) 被不同單位同一人性騷擾：受僱者於非工作時間，遭受不同事業單位，具共同作業或業務往來關係之同一人，為持續性性騷擾。 (3) 被最高負責人或雇主性騷擾：受僱者於非工作時間，遭受最高負責人或僱用人為性騷擾。 前3項性騷擾之認定，應就個案審酌事件發生之背景、工作環境、當事人之關係、行為人之言詞、行為及相對人之認知等具體事實為之。
4. 最高負責人之界定	本法所稱最高負責人，指下列之人： (1) 機關（構）首長、學校校長、軍事機關（構）及部隊上校編階以上之主官、行政法人董（理）事長、公營事業機構董事長、理事主席或與該等職務相當之人。 (2) 法人、合夥、設有代表人或管理人之非法人團體及其他組織之對外代表人或與該等職務相當之人。

四、對於工作場所性騷擾之防治

責成雇主負起防治受僱者或求職者遭到性騷擾之責任，其具體措施，包括：

㈠應訂定性騷擾申訴管道：雇主應採取適當措施，防治性騷擾之發生。**僱用受僱者10人以上未達30人者，應訂定申訴管道**，並在工作場所公開揭示（第13條）。

㈡應訂定性騷擾防治措施：**僱用受僱者30人以上者**〔不是100人以上〕，**應訂定性騷擾防治措施**、申訴及懲戒規範，並在工作場所公

開揭示。防治措施之內容應包括性騷擾樣態、防治原則、教育訓練、申訴管道、申訴調查程序、應設申訴處理單位之基準與其組成、懲戒處理及其他相關措施（第13條）。

(三) 接獲性騷擾被害人申訴時採取糾正及補救措施（第13條）

　　1. 採行避免申訴人受性騷擾情形再度發生之措施。

　　2. 對申訴人提供或轉介諮詢、醫療或心理諮商、社福資源及其他必要之服務。

　　3. 對性騷擾事件進行調查。

　　4. 對行為人為適當之懲戒或處理。

(四) 非因申訴而知悉性騷擾事件時採取糾正及補救措施（第13條）

　　1. 就相關事實進行必要之釐清。

　　2. 依被害人意願，協助其提起申訴。

　　3. 適度調整工作內容或工作場所。

　　4. 依被害人意願，提供或轉介諮詢、醫療或心理諮商、社福資源及必要服務。

(五) 不同單位性騷擾行為人之雇主知悉時亦應採取糾正及補救措施：被害人及行為人分屬不同事業單位，且具共同作業或業務往來關係者，該行為人之雇主於知悉性騷擾之情形時，亦應採取立即有效之糾正及補救措施（第13條）。

(六) 秉持相關原則處理性騷擾事件：雇主對於性騷擾事件之查證，應秉持客觀、公正、專業原則，並給予當事人充分陳述意見及答辯機會，有詢問當事人之必要時，應避免重複詢問；其內部依規定應設有申訴處理單位者，其人員應有具備性別意識之專業人士（第13條）。

(七) 處理過程應與相關單位密切聯繫：雇主**接獲被害人申訴時，應通知地方主管機關**；經調查認定屬性騷擾之案件，並應將**處理結果通知地方主管機關**（第13條）。

(八) 運用主管機關的相關資源及補助：地方主管機關應規劃整合相關資源，提供或轉介被害人運用，並協助雇主辦理第2項各款之措施；中央主管機關得視地方主管機關實際財務狀況，予以補助（第13

條）。

(九) 對性騷擾被申訴人具權勢地位者之處理：性騷擾被申訴人具權勢地位，且情節重大，於進行調查期間有先行停止或調整職務之必要時，雇主得**暫時停止或調整被申訴人之職務**；經調查未認定為性騷擾者，停止職務期間之薪資，應予補發。申訴案件經雇主或地方主管機關調查後，認定為性騷擾，且**情節重大者**，雇主得於知悉該調查結果之日起**30日內，不經預告終止勞動契約**（第13-1條）。

五、促進工作平等之措施

有關促進工作平等之措施，如表8-9：

表8-9　促進工作平等之措施

項目	申請條件	相關規定
1. 生理假	女性受僱者因生理日致工作有困難者。	每月得請生理假1日，全年請假日數**未逾3日**〔不是6日〕，**不併入病假計算，其餘日數併入病假計算**。前項併入及不併入病假之**生理假薪資**，減半發給（第14條）。
2. 產假	女性受僱者分娩前後。	給予**產假8星期**〔不是6星期〕。產假期間薪資之計算，依相關法令之規定（第15條）。
	妊娠**3個月以上流產**者。	給予**產假4星期**〔不是3星期〕。
	妊娠2個月以上未滿3個月流產者。	給予產假1星期。
	妊娠未滿2個月流產者。	給予產假5日。
3. 產檢假	受僱者妊娠期間。	雇主應給予**產檢假7日**〔不是10日〕。
4. 陪產檢、陪產假	受僱者陪伴其配偶妊娠產檢或其配偶分娩時。	雇主應給予陪產檢及**陪產假7日**〔不是5日〕。陪產檢及陪產假期間，**薪資照給**〔不是減半或支薪80%〕（第15條）。

表8-9（續）

項目	申請條件	相關規定
5. 育嬰留職停薪	受僱者**任職滿6個月**後〔不是滿3個月；也不是參加保險滿6個月後〕，於**每一子女滿3歲前**〔並未規定只適用於員工30人以上的企業〕。	(1) 得申請育嬰留職停薪，期間至該子女滿3歲止，但**不得逾2年**〔不是1年〕（第16條）。 (2) 同時撫育子女2人以上者，其育嬰留職停薪期間應**合併計算**〔不是分別計算〕，**最長以最幼子女受撫育2年為限**〔亦即每一子女最長2年，不是合併最長4年〕（第16條）。 (3) 受僱者育嬰留職停薪期間，**得繼續參加原有之社會保險**，原**由雇主負擔之保險費，免予繳納**；原**由受僱者負擔之保險費**，得**遞延3年繳納**〔不是遞延1年、不是免予繳納，也不是由中央主管機關補貼〕（第16條）。 (4) 育嬰**留職停薪津貼之發放**，另**以法律定之**〔不是以行政命令定之，也不是依勞保條例相關規定給付〕（第16條）。 (5) 期滿申請復職：受僱者於育嬰留職停薪期滿後，申請復職時，**除有下列情形之一**，並經主管機關同意者外，**雇主不得拒絕**： A.歇業、虧損或業務緊縮者。 B.雇主依法變更組織、解散或轉讓者。 C.不可抗力暫停工作在1個月以上者〔不是3個月以上〕。 D.**業務性質變更**，有減少受僱者之必要，又無適當工作可供安置者。

表8-9（續）

項目	申請條件	相關規定
		雇主因前項各款原因**未能使受僱者復職**時，應於**30日前通知**之〔不是7日前〕，並依法定標準發給資遣費或退休金（第17條）。
6. 哺乳時間	子女未滿2歲須受僱者親自哺（集）乳者。	(1) 除規定之休息時間外，雇主應每日另給**哺（集）乳時間60分鐘**〔不是30分鐘〕（第18條）。 (2) 受僱者於每日正常工作時間以外之**延長工作時間**達1小時以上者，雇主應給予**哺（集）乳時間30分鐘**（第18條）。 (3) 哺（集）乳時間，視為工作時間（第18條）。
7. 調整工作	受僱於**僱用30人以上**雇主之受僱者，為**撫育未滿3歲子女**。	得向雇主請求（第19條）： (1) 每天減少工作時間1小時〔不是2小時〕。**減少之工作時間，不得請求報酬**〔不是薪資照給〕。 (2) 調整工作時間。
8. 家庭照顧假	受僱者於其家庭成員**預防接種**、發生嚴重疾病或其他重大事故須親自照顧時〔不含受僱者之配偶未就業者，亦適用此規定〕。	得請家庭照顧假；其請假日數併入**事假**〔不是併入病假〕計算，**全年以7日為限**。**家庭照顧假薪資之計算，依各該事假規定**辦理〔不是薪資照給，不是有薪家庭照顧假，也未規定雇主得視工作狀況決定是否拒絕〕（第20條）。 受僱者依前7條（第14-20條）之規定為請求時，**雇主不得拒絕**。 受僱者為前項之請求時，雇主**不得視為缺勤而影響其全勤獎金**、考績或其他不利之處分（第21條）。

表8-9（續）

項目	申請條件	相關規定
9. 哺乳托兒設施	僱用受僱者100人以上〔不是30人以上〕。	雇主，應提供（第23條）： (1) 哺（集）乳室。 (2) 托兒設施或適當之托兒措施。
10. 再度就業協助	為協助因結婚、懷孕、分娩、育兒或照顧家庭而離職之受僱者獲得再就業之機會。	主管機關應採取就業服務、職業訓練及其他必要之措施〔不含雇主鼓勵女性受僱者參與性騷擾相關教育訓練〕（第24條）。

六、救濟與申訴程序

（一）雇主應負賠償責任

1. 受僱者或求職者因第7條至第11條（因進用過程、教育訓練、福利措施、薪資給付、退休離職、工作約定等方面，受到性別或性傾向歧視）或第21條（對於促進性別平等工作各項措施之請求，被雇主拒絕）之情事，受有損害者，雇主應負賠償責任（第26條）。

2. 受僱者或求職者因雇主違反第13條第2項（雇主於知悉前條性騷擾之情形時，應採取立即有效之糾正及補救措施）之義務，受有損害者，雇主應負賠償責任（第28條）。

（二）雇主及行為人負連帶賠償責任

1. **受僱者或求職者因遭受性騷擾，受有財產或非財產上損害者，由雇主及行為人連帶負損害賠償責任**。但雇主證明其已遵行本法所定之各種防治性騷擾之規定，且對該事情之發生**已盡力防止仍不免發生者，雇主不負損害賠償責任**（第27條）。

2. 如被害人依前項但書之規定不能受損害賠償時，法院因其聲請，得斟酌雇主與被害人之經濟狀況，令雇主為全部或一部之損害賠償（第27條）。

3. **雇主賠償損害時，對於性騷擾行為人，有求償權**〔不是無求償權〕（第27條）。

4. 被害人因遭受性騷擾致生**法律訴訟**，於受司法機關通知**到庭期間，**

雇主應給予公假（第27條）。

5. 行為人因**權勢性騷擾**，應依第1項規定負損害賠償責任者，法院得因被害人之請求，依侵害情節，酌定損害額**1倍至3倍**之**懲罰性賠償金**。前項行為人為**最高負責人或僱用人**，被害人得請求損害額**3倍至5倍**之**懲罰性賠償金**（第27條）。

㈢ 請求回復名譽之適當處分：前3條（第26、27、28條）情形，受僱者或求職者雖非財產上之損害，亦得請求賠償相當之金額。其名譽被侵害者，並得請求回復名譽之適當處分（第29條）。

㈣ 損害賠償請求權之時效：第26條至第28條之損害賠償請求權，自請求權人知有損害及賠償義務人時起，**2年間不行使而消滅**。自有性騷擾行為或違反各該規定之**行為時起，逾10年者，亦同**（第30條）。

㈤ 雇主負差別待遇舉證責任：受僱者或求職者於釋明差別待遇之事實後，雇主應就差別待遇之非性別、性傾向因素，或該受僱者或求職者所從事工作之特定性別因素，負舉證責任〔不是申訴者應負舉證責任〕（第31條）。

㈥ 建立申訴制度協調處理：雇主為處理受僱者之申訴，得建立申訴制度協調處理（第32條）：

1. 向雇主提起申訴：受僱者或求職者遭受性騷擾，應向雇主提起申訴（第32-1條）。

2. 逕向地方主管機關提起申訴：但有下列情形之一者，得逕向地方主管機關提起申訴（第32-1條）：
   (1) 被申訴人屬最高負責人或僱用人。
   (2) 雇主未處理或不服被申訴人之雇主所為調查或懲戒結果。

3. 請專業人士、團體或警察機關協助：地方主管機關為調查前條第1項但書之性騷擾申訴案件，得請專業人士或團體協助；必要時，得請求警察機關協助（第32-2條）。

4. 向上級機關（構）、所屬主管機關或監督機關申訴：**公務人員、教育人員或軍職人員遭受性騷擾**，且行為人為第12條第8項第1款所定**最高負責人者，應向上級機關（構）**、所屬主管機關或監督機關**申訴**（第32-3條）。

（七）依規定或延長的期限提出申訴
    1. 受僱者或求職者依前項但書規定，向地方主管機關提起申訴之期限，應依下列規定辦理（第32-1條）：
        (1) 被申訴人**非具權勢地位**：自**知悉**性騷擾時起，**逾2年**提起者，**不予受理**；自該行為**終了**時起，**逾5年**者，亦同。
        (2) 被申訴人**具權勢地位**：自**知悉**性騷擾時起，**逾3年**提起者，**不予受理**；自該行為**終了**時起，**逾7年**者，亦同。
    2. 有下列情形之一者，依各款規定辦理，不受前項規定之限制。但依前項規定有較長申訴期限者，從其規定（第32-1條）：
        (1) **性騷擾發生時，申訴人為未成年**，得於**成年之日起3年內申訴**。
        (2) 被申訴人為**最高負責人或僱用人**，申訴人得於**離職之日起1年內申訴**。但自該行為**終了**時起，**逾10年**者，**不予受理**。

（八）按照申訴及處理的程序進行
    1. 提出申訴：受僱者發現雇主違反第14條至第20條之規定（生理假、產假、育嬰留職停薪、期滿申請復職、提供哺乳時間、請求調整工作時間、家庭照顧假）時，得向地方主管機關申訴（第33條）。
    2. 展開調查：其向中央主管機關提出者，中央主管機關應於收受申訴案件，或發現有上開違反情事之日起7日內，移送地方主管機關。地方主管機關應於**接獲申訴後7日內**展開調查（第33條）。
    3. 進行協調：地方主管機關並得依職權對雙方當事人進行協調（第33條）。
    4. 依法處分：法院及主管機關對差別待遇事實之認定，應審酌性別平等工作會所為之調查報告、評議或處分（第35條）。雇主不得因受僱者提出本法之申訴或協助他人申訴，而予以解僱、調職或其他不利之處分（第36條）。
    5. 對處分有異議之救濟：受僱者或求職者發現雇主違反第7條至第11條、第13條第2項、第21條或第36條規定時，得向地方主管機關提起申訴。前項申訴，地方主管機關應經性別平等工作會審議。雇主、受僱者或求職者對於地方主管機關審議後所為之**處分有異議**時，得於**10日內**向中央主管機關性別平等工作會**申請審議**或逕行

提起訴願；如有不服中央主管機關性別平等工作會之審定，得逕行提起行政訴訟（第34條）。

6. 提供諮詢或法律扶助及適當協助：受僱者或求職者因僱主違反本法之規定，或遭受性騷擾，而向地方主管機關提起申訴，或向法院提出訴訟時，主管機關應提供必要之法律諮詢或扶助；其諮詢或扶助業務，得委託民間團體辦理。地方主管機關提供第1項之法律諮詢或扶助，中央主管機關得視其實際財務狀況，予以補助。受僱者或求職者為第1項訴訟而聲請保全處分時，法院得減少或免除供擔保之金額（第37條）。

七、重要罰則

(一) 僱主者因性別或性傾向而對求職者或受僱者有差別待遇：僱主違反第7條至第10條（求職者或受僱者之進用等、提供教育訓練活動、辦理各項福利措施）、第11條第1項（薪資給付）、第2項（退休、資遣等）不得因性別或性傾向而有差別待遇之規定者，處30萬元以上150萬元以下罰鍰（第38-1條）。

(二) 僱主知悉性騷擾情事未依規定採取立即有效處理：僱主違反第13條第2項規定（於知悉性騷擾之情形時，應採取立即有效之糾正及補救措施），處2萬元以上100萬元以下罰鍰（第38-1條）。

(三) 僱主未依規定訂定性騷擾之防治措施：僱主違反第13條第1項第2款規定僱用受僱者30人以上者，應訂定性騷擾防治措施、申訴及懲戒規範，並在工作場所公開揭示，處2萬元以上30萬元以下罰鍰（第38-1條）。

(四) 僱主未依規定訂定性騷擾之申訴管道：僱主違反第13條第1項第1款規定（僱用受僱者10人以上未達30人者，應訂定申訴管道，並在工作場所公開揭示），經限期改善，屆期未改善者，處1萬元以上10萬元以下罰鍰（第38-1條）。

(五) 機關、學校、部隊、董事會之最高負責人經認定有性騷擾者：第12條第8項第1款之最高負責人（機關（構）首長、學校校長、各級軍事機關（構）及部隊上校編階以上之主官、行政法人董（理）事長、

公營事業機構董事長、理事主席或與該等職務相當之人），經依第32-3第1項規定認定有性騷擾者，由地方主管機關依前條（第38-2條）第1項規定處罰1萬元以上100萬元以下罰鍰（第38-3條）。

八、《性別平等工作法》新近修正重點

《性別平等工作法》於2023年8月修正，其修正重點：

(一) 將原《性別工作平等法》改為《性別平等工作法》：有鑑於本法係為保障工作權之性別平等，並消除性別歧視、促進性別地位實質平等，修正本法名稱為《性別平等工作法》。

(二) 增訂性別平等工作會之政府機關代表人數比例上限：為促使性別平等工作會之運作能廣納學者專家意見，增定：政府機關代表不得逾全體委員人數1/3（第5條）。

(三) 增訂權勢性騷擾相關規範

1. 定義權勢性騷擾，指對於因僱用、求職或執行職務關係受自己指揮、監督之人，利用權勢或機會為性騷擾（第12條）。

2. 調查期間先停止或調整其職務：性騷擾被申訴人具權勢地位，且情節重大，於進行調查期間有先行停止或調整職務之必要時，雇主得暫時停止或調整被申訴人之職務（第13-1條）。

3. 損害賠償之懲罰性賠償金加倍：行為人因權勢性騷擾，應依第1項規定負損害賠償責任者，法院得因被害人之請求，依侵害情節，酌定損害額1倍至3倍之懲罰性賠償金；前項行為人為最高負責人或僱用人，被害人得請求損害額3倍至5倍之懲罰性賠償金（第27條）。

4. 被申訴人具權勢地位得逕向地方主管機關提起申訴且延長受理期間：自知悉性騷擾時起，逾3年提起者，不予受理；自該行為終了時起，逾7年者，亦同（第32-1條）。

(四) 增訂遭受雇主性騷擾之被害人得向地方主管機關提起申訴：為避免雇主施壓，增定：受僱者或求職者發現雇主違反第7條至第11條、第13條第2項、第21條或第36條規定時，得向地方主管機關提起申訴（第34條）。

㈤ 增訂相關機關對於性騷擾之被害人提起申訴或訴訟應予協助或補助

1. 受僱者或求職者因僱主違反本法之規定，或遭受性騷擾，而向地方主管機關提起申訴，或向法院提出訴訟時，主管機關應提供必要之法律諮詢或扶助（第37條）。

2. 受僱者或求職者為第1項訴訟而聲請保全處分時，法院得減少或免除供擔保之金額（第37條）。

 ## 第五節　《性騷擾防治法》分析

　　《性騷擾防治法》（簡稱「性防法」）於2005年2月5日公布，一年後實施，其後多次修正。茲依2023年8月修正後條文，略述其內容及新近修正重點：

一、概述

㈠ 立法目的：為防治性騷擾及保護被害人之權益。性騷擾事件之處理及防治，依本法之規定。但依性騷擾事件發生之場域及當事人之身分關係，**性別平等教育法**及**性別平等工作法**別有規定其處理及防治事項者，**適用各該法律之規定**（第1條）。

㈡ 性騷擾之定義：指性侵害犯罪以外，對他人實施違反其意願而與性或性別有關之行為，且有下列情形之一（第2條）：

1. 以明示或暗示之方式，或以歧視、侮辱之言行，或以他法，而有損害他人人格尊嚴，或造成使人心生畏怖、感受敵意或冒犯之情境，或不當影響其工作、教育、訓練、服務、計畫、活動或正常生活之進行〔此即敵意型性騷擾〕。

2. 以該他人順服或拒絕該行為，作為自己或他人獲得、喪失或減損其學習、工作、訓練、服務、計畫、活動有關權益之條件〔此即交換型性騷擾〕。

　　本法所稱**權勢性騷擾**，指對於因教育、訓練、醫療、公務、業務、

求職或其他相類關係**受自己監督、照護、指導之人，利用權勢或機會為性騷擾。**

(三) 名詞定義

    1. 部隊，指國防部所屬單位（第3條）。

    2. 學校，指公私立各級學校、軍事學校、預備學校、**警察各級學校及少年矯正學校**（第3條）。

    3. 機構，指法人、合夥、設有代表人或管理人之非法人團體及其他組織（第3條）。

(四) 主管機關：在中央為衛生福利部；在直轄市為直轄市政府；在縣市為縣市政府（第4條）。

(五) 中央諮詢機制：中央主管機關辦理前項事項，應遴聘（派）學者專家、民間團體及相關機關代表提供諮詢，其中學者專家、民間團體代表，不得少於總數1/2；且女性代表不得少於總數1/2（第5條）。

(六) 縣市性騷擾防治審議會：縣市主管機關應設性騷擾防治審議會（簡稱審議會）。前項審議會置召集人1人，由直轄市長、縣市長或副首長兼任，並應遴聘（派）有關機關高級職員、社會公正人士、民間團體代表、學者專家為委員；其中社會公正人士、民間團體代表、學者專家不得少於總數1/2；且女性代表不得少於總數1/2（第6條）。

二、性騷擾之防治與責任

    政府機關（構）、部隊、學校、機構或僱用人，於所屬公共場所及公眾得出入之場所，應採取下列預防措施，防治性騷擾行為之發生（第7條），如表8-10：

表8-10　性騷擾之防治與責任

項目	相關規定
1. 設立申訴管道	（政府機關（構）、部隊、學校、機構或僱用人）組織之成員、受僱人或受服務人員人數達10人以上者〔不是5人以上〕，應**設立申訴管道**協調處理（第7條）。

表8-10（續）

項目	相關規定
2. 訂定防治措施	（政府機關（構）、部隊、學校、機構或僱用人）組織之成員、受僱人或受服務人員人數達**30人以上**者〔不是10人以上〕，並應**訂定性騷擾防治措施**，且公開揭示之（第7條）。
3. 發生時知悉者應採取之措施	政府機關（構）、部隊、學校、機構或僱用人於前項場所有性騷擾事件發生當時知悉者，應採取下列有效之糾正及補救措施，並注意被害人安全及隱私之維護（第7條）：(1)協助被害人申訴及保全相關證據；(2)必要時協助通知警察機關到場處理；(3)檢討所屬場所安全。
4. 發生後知悉者應採取之措施	政府機關（構）、部隊、學校、機構或僱用人於性騷擾事件發生後知悉者，應採取前項第3款（檢討所屬場所安全）之糾正及補救措施（第7條）。
5. 中央訂定防治之準則	為預防及處理性騷擾事件，**中央主管機關**〔衛生福利部〕應**訂定性騷擾防治之準則**；其內容應包括性騷擾樣態、防治原則、申訴管道、教育訓練方案及其他相關措施（第7條）。
6. 在處理過程提供協助	政府機關（構）、部隊、學校、機構、僱用人對於在性騷擾事件申訴、調查、偵查或審理程序中，為申訴、告訴、告發、提起訴訟、作證、提供協助或其他參與行為之人，**不得為不當之差別待遇**（第9條）。
7. 違反規定應負損害賠償責任	違反前項規定者（提供協助或其他參與行為之人，不得為不當之差別待遇），負損害賠償責任（第9條）。

三、被害人保護

(一) 媒體不得報導被害人身分之資訊：宣傳品、出版品、廣播、電視、網際網路或其他媒體，不得報導或記載被害人之姓名或其他足資識別被害人身分之資訊。但有下列情形之一者，不在此限（第10條）：

1. 被害人為成年人，經本人同意。但心智障礙者、受監護宣告或輔助宣告者，應以其可理解方式提供資訊；受監護宣告者並應取得其監護人同意。

2.察官或法院依法認為有必要。

(二) 任何人不得公開被害人身分之資訊：任何人除（第10條）第1項但書規定情形外，不得以媒體或其他方法公開或揭露被害人之姓名及其他足資識別被害人身分之資訊（第10條）。

(三) 知悉被害人身分之資訊應予保密：因職務或業務知悉或持有（第10條）第1項足資識別被害人身分之資訊者，除法律另有規定外，應予保密（第10條）。

(四) 機關公示之文書不得揭露被害人身分之資訊：行政機關及司法機關所公示之文書，不得揭露被害人之姓名、出生年月日、住居所及其他足資識別被害人身分之資訊（第10條）。

(五) 相關單位在性騷擾事件調查過程提供必要協助：政府機關（構）、部隊、學校、警察機關及直轄市、縣市主管機關於性騷擾事件調查過程中，應視被害人之身心狀況，主動提供或轉介**諮詢協談、心理輔導、法律協助、社福資源**及其他必要服務（第11條）。

(六) 對他人性騷擾應負損害賠償責任

1. 賠償相當之金額：對他人為性騷擾者，負損害賠償責任。前項情形，**雖非財產上之損害，亦得請求賠償相當之金額**（第12條）。

2. 請求回復名譽之處分：其名譽被侵害者，並**得請求回復名譽之適當處分**（第12條）。

3. 權勢性騷擾者應負加倍之懲罰性賠償金：依前2項規定負損害賠償責任，且**屬權勢性騷擾者**，法院並得因被害人之請求，依侵害情節，酌定**損害額1倍至3倍之懲罰性賠償金**（第12條）。

(七) 相關單位或人員對被害人回復名譽提供協助

1. 僱用人、機構：受僱人、機構負責人利用執行職務之便，對他人為性騷擾，依前條（第12條）第2項規定對被害人為回復名譽之適當處分時，僱用人、機構應提供適當之協助（第13條）。

2. 學校、教育或訓練機構：學生、接受教育或訓練之人員於學校、教育或訓練機構接受教育或訓練時，對他人為性騷擾，依前條第2項規定對被害人為回復名譽之適當處分時，學校、教育或訓練機構應提供適當之協助（第13條）。

3. 前2項規定於政府機關（構）、部隊不適用之（第13條）。

四、申訴及調查程序

性騷擾事件被害人除可依相關法律請求協助外，得依規定提出申訴，相關單位受理申訴後進行調查及處理等程序，如表8-11：

表8-11　性騷擾之申訴及調查程序

項目	相關規定
1.提出申訴	(1) 於規定期限內提出申訴：性騷擾事件被害人除可依相關法律請求協助外，得依下列規定提出申訴（第14條）： A.**屬權勢性騷擾以外**之性騷擾事件者，於**知悉**事件發生後**2年內提出**申訴。但自性騷擾事件發生之日起**逾5年者，不得提出**。 B.**屬權勢性騷擾事件**者，於**知悉**事件發生後**3年內提出**申訴。但自性騷擾事件發生之日起**逾7年者，不得提出**。 C.性騷擾事件發生時被害人**未成年**者，得**於成年後3年內提出**申訴。但依前項各款規定有較長之申訴期限者，從其規定。 (2) 向相關單位提出申訴：前2項申訴得以書面或言詞，依下列規定提出（第14條）： A.申訴時行為人有所屬政府機關（構）、部隊、學校：**向該政府機關（構）、部隊、學校**提出。 B.申訴時**行為人為**政府機關（構）首長、各級軍事機關（構）及部隊上校編階以上之主官、學校校長、**機構之最高負責人**或僱用人：向該政府機關（構）、部隊、學校、機構或僱用人所在地之**縣市主管機關**〔社會局處或家防中心〕提出。 C.申訴時行為人不明或為前2款以外之人：向性騷擾事件發生地之**警察機關**提出。
2.受理後進行調查	(1) 一般申訴：政府機關（構）、部隊、學校、警察機關及直轄市、縣市主管機關應於受理申訴或移送到達之日起**7日內開始調查**，並應於**2個月內調查完成**；必要時，得延長1個月，並應通知當事人（第15條）。 (2) 行為人為機構最高負責人：直轄市、縣市主管機關受理前條（第14條）第3項第2款性騷擾申訴案件（申訴時行為人為機構之最高負責人，而向行為人所在地之直轄市、縣市主管機關提出）後，審議會召集人應**於7日內指派委員3人至5人組成調查小組**進行調查，並依前項規定辦理；調查小組之女性代表不得少於總數1/2，並推選1人為小組召集人（第15條）。

表8-11（續）

項目	相關規定
3. 調查報告及建議送縣市主管機關	政府機關（構）、部隊、學校及警察機關為第1項調查及審議會為第2項調查，應作成調查報告及處理建議，移送直轄市、縣市主管機關辦理（第15條）。
4. 提報審議會審議	(1) 直轄市、縣市主管機關於接獲前條第4項之調查報告及處理建議後，應提報審議會審議；審議會審議認有必要者，得依前條第2項規定組成調查小組重行調查後再行審議（第16條）。 (2) 性騷擾事件已進入偵查或審判程序者，審議會認有必要時，得議決於該程序終結前，停止該事件之處理（第16條）。
5. 將調查結果之決定通知相關人員及單位	性騷擾申訴案件經審議會審議後，直轄市、縣市主管機關應將該申訴案件調查結果之決定，以書面載明事實及理由通知申訴人、行為人、原移送單位及第14條第3項第2款所定行為人之所屬單位（第16條）。
6. 不服決定者得提訴願	申訴人及行為人對於前項調查結果之決定不服者，得依法提起訴願（第16條）。

五、調解的程序

性騷擾事件被害人除可依相關法律請求協助外，雙方當事人得依規定**向縣市主管機關申請調解**〔不是只有被害人可申請調解，加害人亦可申請調解〕，其調解的程序，如表8-12：

表8-12　性騷擾事件調解的程序

項目	相關規定
1. 申請調解	(1) 由當事人自行申請：權勢性騷擾以外之性騷擾事件，任一方當事人得以書面或言詞向縣市主管機關申請調解（第18條）。 (2) 由相關單位協助申請：政府機關（構）、部隊、學校及警察機關於性騷擾事件調查程序中，獲知任一方當事人有調解意願時，應協助其向縣市主管機關申請調解（第18條）。 (3) 製作筆錄或提供繕本：當事人以言詞申請調解者，縣市主管機關應**製作筆錄**〔不是為了保護當事人隱私而不製作筆錄〕（第18條）。 (4) 調解期間，除依被害人之請求停止調查外，調查程序繼續進行（第18條）。

表8-12（續）

項目	相關規定
2. 遴聘調解委員進行調解	(1) 遴聘調解委員：縣市主管機關應於受理調解**申請後10日內**〔不是7日內〕，遴聘具有法學素養、性別平等意識之學者專家1人至3人擔任性騷擾事件**調解委員調解之**（第19條）。 (2) 擇期到場調解：前項調解委員經遴聘後20日內，縣市主管機關應決定調解期日，通知當事人或其代理人到場。但經當事人之一方申請延期者，得延長10日（第19條）。 (3) 調解委員應親自調解，不得委任他人代理（第20條）。 (4) 調解除**勘驗費**，應由當事人核實支付外〔不是由主管機關支付〕，**不得收取任何費用或報酬**（第20條）。
3. 調解成立之處理	(1) 作成調解書：調解成立者，應作成調解書，並由當事人及出席調解委員簽名、蓋章或按指印（第21條）。 (2) 送管轄法院核定：縣市主管機關應於調解成立之日起**10日內**將**調解書**及相關資料**送請管轄法院核定**（第21條）。 (3) 法院未予核定者，通知縣市主管機關（第21條）。
4. 調解不成立之處理	(1) 當事人無正當理由，於調解期日**不到場者，視為調解不成立**。但調解委員認為有成立調解之望者，得另訂調解期日（第22條）。 (2) 調解不成立者，縣市主管機關應即發給調解不成立證明書。被害人於**調解不成立證明書送達後10內**，得向縣市主管機關**申請將調解事件移送該管司法機關**（第22條）。
5. 法院核定調解書後之處理	(1) 調解經法院核定，其屬**民事調解者**，與民事確定判決有同一之效力（第23條）。 (2) 屬涉及規定之**刑事調解**，以給付金錢或代替物或有價證券之一定數量為標的者，其調解書得為執行名義（第23條）。 (3) 經法院核定後之民事調解，有無效或得撤銷之原因者，當事人得向原核定法院**提起宣告調解無效或撤銷調解之訴**。前項規定，當事人應於法院核定之調解書送達後30日內為之（第23條）。

六、重要罰則

（一）乘人之危而為性騷擾之行為：乘人不及抗拒而為親吻、擁抱或觸摸其臀部、胸部或其他身體隱私處之行為者，處2年以下有期徒刑、拘役或併科10萬元以下罰金；利用第2條第2項之**權勢或機會**

而犯之者〔亦即權勢性騷擾〕，**加重其刑至1/2**。前項之罪，**須告訴乃論**〔不是：非告訴乃論，也不是需於1年內提出刑事告訴〕（第25條）。

(二) 機關公示之文書違反規定揭露被害人身分資訊：違反第10條第5項規定者（行政機關及司法機關所公示之文書，不得揭露被害人之姓名、生日、住居所及其他足資識別被害人身分之資訊），由縣市主管機關處6萬元以上60萬元以下罰鍰（第26條）。

(三) 明確規範媒體得例外報導或記載被害人身分資訊之情形：媒體於被害人死亡，經目的事業主管機關權衡為維護治安、安定人心、澄清視聽、防止危險擴大或其他社會公益，認有報導或揭露必要者，不罰（第26條）。

(四) 對他人為權勢性騷擾經申訴調查成立者：由縣市主管機關**處6萬元以上60萬元以下罰鍰**〔不是6萬元以上30萬元以下〕。此項規定之裁處權，自被害人提出申訴時起，因3年期間之經過而消滅（第27條）。

(五) 對他人為權勢性騷擾以外之性騷擾經申訴調查成立者：由縣市主管機關處1萬元以上10萬元以下罰鍰。此項規定之裁處權，自被害人提出申訴時起，因3年期間之經過而消滅（第27條）。

七、《性騷擾防治法》新近修正重點

《性騷擾防治法》新近於2023年8月修正，其修正重點：

(一) 增訂權勢性騷擾相關條款

1. 定義權勢性騷擾，指受自己監督、照護、指導之人，利用權勢或機會為性騷擾（第2條）。

2. 延長權勢性騷擾之申訴期間，於知悉事件發生後3年內，自事件發生之日起不逾7年，可提出申訴（第14條），較非權勢性騷擾的2年內、不逾5年為長，藉以保障被害人脫離權勢不對等關係之後仍可申訴的權利。

3. 加重權勢性騷擾之處罰：屬權勢性騷擾者，法院得依侵害情節，酌定損害額1倍至3倍之懲罰性賠償金（第12條）。對他人為權勢性

騷擾，經申訴調查成立者，最高可處60萬元罰鍰（第27條），較權勢以外性騷擾最高10萬元，達6倍之多，藉以遏止行為人藉端藉勢對他人性騷擾。

（二）增訂性騷擾被害人未成年者得於成年後3年內提出申訴：考量未成年被害人遭遇性騷擾事件可能因智慮未臻成熟或因權勢關係受監督照護而未行申訴，為保護性騷擾事件未成年被害人，增訂被害人未成年者，得於成年後3年內提出申訴（第14條）。

（三）將原「性騷擾防治委員會」改為「性騷擾防治審議會」：縣市主管機關應設性騷擾防治審議會（第6條）；縣市主管機關於接獲前條（第15條）第4項之調查報告及處理建議後，應提報審議會審議（第16條）。

（四）明定相關單位於性騷擾調查過程應提供必要服務：為強化被害人保護，明定政府機關（構）、部隊、學校、警察機關及縣市主管機關於性騷擾事件調查過程中，應視被害人之身心狀況，主動提供或轉介諮詢協談、心理輔導、法律協助、社福資源及必要之服務（第11條）。

（五）增訂擔任性騷擾事件調解委員應具備的資格：縣市主管機關應於受理調解申請後10日內，遴聘具有法學素養、性別平等意識之學者專家1人至3人擔任性騷擾事件調解委員調解之（第19條）。

 ## 第六節　《跟蹤騷擾防制法》分析

　　《跟蹤騷擾防制法》於2021年12月1日公布，並自公布後6個月施行。茲略述其內容：

一、概述
（一）立法目的：為保護個人身心安全、行動自由、生活私密領域及資訊隱私，免於受到跟蹤騷擾行為侵擾，維護個人人格尊嚴（第1條）。

（二）主管機關：在中央爲**內政部**；在直轄市爲直轄市政府；在縣市爲縣市政府（第2條）。

（三）諮詢機制：中央主管機關應設置防制跟蹤騷擾推動諮詢小組，遴聘（派）學者專家、民間團體及相關機關代表之人數，不得少於總數1/2，且**任一性別人數不得少於總數**1/3（第2條）。

二、跟蹤騷擾行爲的界定

跟蹤騷擾行爲，指**以人員、車輛、工具、設備、電子通訊、網際網路或其他方法**，對特定人**反覆或持續**爲**違反其意願且與性或性別有關**之下列行爲之一，使之心生畏怖，足以影響其日常生活或社會活動（第3條）：

（一）監視行蹤：監視、觀察、跟蹤或知悉特定人行蹤。

（二）惡意盯梢：以盯梢、守候、尾隨或其他類似方式接近特定人之住所、居所、學校、工作場所、經常出入或活動之場所。

（三）語帶威脅：對特定人爲警告、威脅、嘲弄、辱罵、歧視、仇恨、貶抑或其他相類之言語或動作。

（四）電訊干擾：以電話、傳眞、電子通訊、網際網路或其他設備，對特定人進行干擾〔不含留下自己的聯絡方式給剛認識的人、向親友詢問網路通訊資料〕。

（五）不當追求：對特定人要求約會、聯絡或爲其他追求行爲。

（六）強人所難：對特定人寄送、留置、展示或播送文字、圖畫、聲音、影像或其他物品。

（七）妨礙名譽：向特定人告知或出示有害其名譽之訊息或物品。

（八）冒用個資：濫用特定人資料或未經其同意，訂購貨品或服務〔不含自己透過網路訂購貨品或服務〕。

此外，對特定人之配偶、直系血親、同居親屬，或與特定人社會生活關係密切之人，以前項之方法**反覆**或**持續**爲**違反其意願**而**與性或性別無關**之各款行爲之一，使之心生畏怖，足以影響其日常生活或社會活動，亦爲本法所稱跟蹤騷擾行爲〔但不含討債糾紛之跟蹤〕。

三、對跟騷案件之處理程序

　　跟蹤騷擾案件之處理，主要是針對行為人而為，有時也涉及被害人，其處理程序（第4條），如表8-13：

表8-13　對跟蹤騷擾案件之處遇程序

項目	相關規定
1. 受理案件	**由警察機關受理**跟蹤騷擾行為案件。
2. 進行調查	**警察機關受理後，應即開始調查**、製作書面紀錄，並告知被害人得行使之權利及服務措施。
3. 核發書面告誡	前項案件經調查有跟蹤騷擾行為之犯罪嫌疑者，**警察機關應核發書面告誡予行為人**；並應採取保護被害人之適當措施。
4. 受理異議	行為人或被害人對於警察機關核發或不核發書面告誡不服時，**得於收受書面通知後10日內**，經原警察機關**向其上級警察機關表示異議**。
5. 處理異議	前項異議，原警察機關認為有理由者，應立即更正之；認為無理由者，應於5日內加具書面理由送上級警察機關決定。行為人或被害人對於上級警察機關之決定，不得再聲明不服。

四、對跟騷案件聲請保護令之規定

　　行為人經警察機關**核發書面告誡後2年內**，再為跟蹤騷擾行為者，被害人或相關人員**得聲請保護令**，其相關規定（第5條），如表8-14：

表8-14　對跟騷案件聲請保護令之規定

項目	相關規定
1. 聲請人	(1) 被害人：得向法院聲請保護令。 (2) 被害人之親屬：被害人為未成年人、障礙者或因故難以委任代理人者，其配偶、法定代理人、**三親等內**之血親或姻親，得為其向法院聲請。 (3) 檢警人員：得依職權向法院聲請保護令。
2. 聲請地點	保護令之聲請，由被害人之住居所地、相對人之住居所地或跟蹤騷擾行為地或結果地之地方法院管轄（第6條）。

表8-14（續）

項目	相關規定
3. 法院之處理程序	(1) 駁回或補正：聲請保護令程式或要件欠缺者，法院應裁定駁回。但可補正者，應定期間先命補正（第8條）。 (2) 陳述意見：法院收受聲請書後，除命聲請人就特定事項詳為陳述外，應速將聲請書繕本送達於相對人，並限期命其陳述意見（第9條）。 (3) 核發保護令：法院受理保護令聲請後，應即行審理程序，不得以被害人、聲請人及相對人間有其他案件偵查或訴訟為由，延緩核發保護令（第10條）。 (4) 聲明承受程序：被害人以外之聲請人死亡、喪失資格或因故不能續行程序者，其他有聲請權人得於該事由發生時起**10日內**聲明承受程序（第11條）。
4. 生效日期	保護令**有效期間為2年，自核發時起生效**（第13條）。
5. 保護令之延長	保護令有效期間之延長，**每次不得超過2年**。檢察官或警察機關得為前項延長保護令之聲請（第13條）。
6. 保護令之送達	法院應於核發保護令後**24小時內發送**被害人、聲請人、相對人、裁定內容所指定之人及執行之機關（第14條）。
7. 保護令之執行	保護令由直轄市、縣市主管機關執行之（第14條）。
8. 保護令之保護內容	法院於審理終結後，認有跟蹤騷擾行為之事實且有必要者，應依聲請或依職權核發包括下列一款或數款之保護令（第12條），其保護內容： (1) 禁止相對人為第3條第1項各款行為（跟蹤騷擾行為）之一，並得命相對人遠離特定場所一定距離。 (2) 禁止相對人查閱被害人戶籍資料。 (3) 命相對人完成治療性處遇計畫。 (4) 其他為防止相對人再為跟蹤騷擾行為之必要措施。

五、重要罰則

（一）實行跟騷：實行跟蹤騷擾行為者，處1年以下有期徒刑、拘役或科或併科10萬元以下罰金。第1項之罪，須告訴乃論（第18條）。

（二）攜械跟騷：攜帶凶器或其他危險物品犯前項之罪者，處5年以下有期徒刑、拘役或科或併科50萬元以下罰金（第18條）。

（三）重複違反重要規定：行為人經法官訊問後，認其犯第18條第2項（攜械跟騷）、第19條之罪（違反保護令之保護內容）嫌疑重大，有事實足認為有反覆實行之虞，而有羈押之必要者，得羈押之（第21條）。

 第七節　婦女福利相關議題

一、聯合國《消除對婦女一切形式歧視公約》之重點

　　我國是聯合國的創始會員國之一，目前雖非聯合國的會員國，但對於聯合國的重要主張仍相當重視並予響應。例如：為響應聯合國重視投資及培力女孩，我國將每年**3月8日**〔不是4月4日〕訂為「**臺灣女孩日**」。

　　尤其，聯合國《消除對婦女一切形式歧視公約》對我國婦女福利的發展有重要影響，不能忽略。

　　聯合國於**1979年**12月18日**通過**《消除對婦女一切形式歧視公約》（The Convention on the Elimination of All Forms of Discrimination Against Women, CEDAW），又稱《婦女人權法典》，**1981年**9月3日**生效**，其重點：

（一）基本精神：締約國有義務保證男女平等享有一切經濟、社會、文化、公民和政治權利，並且譴責及消除對婦女的一切歧視。

（二）主要內涵：聚焦於消除對婦女的一切形式的歧視，包括：

　　1. 消除基於性別而分尊卑觀念（第5條）。

　　2. 消除在本國政治和公共生活中對婦女的歧視（第7條）。

　　3. 保證婦女在教育方面享有與男子平等的權利（第10條）。

　　4. 消除在就業方面對婦女的歧視（第11條）。

　　5. 消除在保健方面對婦女的歧視（第12條）。

　　6. 消除在經濟和社會生活的其他方面對婦女的歧視（第13條）。

　　7. 消除在婚姻和家庭關係的事務上對婦女的歧視（第16條）。

（三）一般原則：考慮到對婦女的歧視違反權利平等和尊重人的尊嚴的原

則，並採取一切必要措施消除歧視的一切形式及現象。其中，有關於消除基於性別而分尊卑觀念，在於保證家庭教育應包括正確瞭解母性的社會功能，確認教養子女是父母的共同責任，在任何情況下都應首先考慮子女的利益。

二、我國《消除對婦女一切形式歧視公約施行法》之重點

我國於2007年2月9日對於聯合國《消除對婦女一切形式歧視公約》之**簽署**，經總統批准並頒發加入書，並於2011年6月8日制定公布《消除對婦女一切形式歧視公約施行法》（簡稱：「禁止歧視婦女公約」），自**2012年**1月1日起**施行**，其重點：

(一) 主要目的：消除對婦女一切形式歧視，健全婦女發展，落實保障性別人權及促進性別平等（第1條）。

(二) 配套措施
 1. 經費編列：各級政府機關執行本公約，保障各項性別人權規定所需之經費，應依財政狀況，優先編列，逐步實施（第7條）。
 2. 提出國家報告：政府應依公約規定，建立消除對婦女一切形式歧視報告制度，**每4年**提出**國家報告**〔不是每5年〕（第6條）。
 3. 定期改進：各級政府機關應依公約規定之內容，檢討所主管之法規及行政措施，有不符公約規定者，應於本法**施行後3年內**〔不是2年內〕，完成**法規之制（訂）定、修正或廢止及行政措施之改進**（第8條）。

(三) 實施策略
 1. 由各級政府機關籌劃、執行及考核：各級政府機關應確實依現行法規規定之業務職掌，負責籌劃、推動及執行公約規定事項，並實施考核（第5條）。
 2. 不同機關間協調連繫辦理：各級政府機關之間，其涉及不同機關業務職掌者，相互間應協調連繫辦理（第5條）。
 3. 與國內外相關組織合作：政府應與各國政府、國內外非政府組織及人權機構共同合作，以保護及促進公約所保障各項性別人權之實現（第5條）。

4. 審閱及檢討改進：國家報告，並邀請相關專家學者及民間團體代表審閱，政府應依審閱意見檢討、研擬後續施政（第6條）。

(四) 實施原則

1. 視同國內法律之效力：公約所揭示保障性別人權及促進性別平等之規定，**具有國內法律之效力**（第2條）。

2. 參照原公約之意旨及解釋：適用公約規定之法規及行政措施，應參照公約意旨及聯合國消除對婦女歧視委員會對公約之解釋（第3條）。

3. 行使職權應符合公約之規定：各級政府機關行使職權，應符合公約有關性別人權保障之規定，消除性別歧視（第4條）。

4. 積極促進性別平等之實現：各級政府機關應積極促進性別平等之實現（第4條）。

為落實此項公約執行法，行政院於2012年成立「性別平等處」，作為推動禁止歧視婦女的平臺，並定期提出國家報告。

三、性別主流化的目標與推動工具

1995年，聯合國在北京舉行第4屆世界婦女會議，通過「北京行動宣言」（Beijing Platform for Action），確認「性別主流化」（gender mainstreaming）為各國政策綱領，以性別平等為政策的主流，各項目標的工作包括：(1)建立或強化國家級機構及政府組織；(2)性別觀點納入立法、公共政策、政府施政及計畫；(3)建立及發布性別區隔統計及資料（引自游美貴，2021：179）。

我國當前的婦女福利政策，仍侷限於救濟扶助、人身安全、救援保護等舊有框架中，而較少針對「性別主流化」提出積極性的社會政策。學者指出，臺灣現代女性有「三高與三低」的現象。所謂「三高」，是指高受暴率、高家務貢獻、高社會貢獻；所謂「三低」，是指低出生率、低教育投資比、低就業機會與薪資報酬。

這些現象，顯示臺灣必須正視性別主流化的問題及政策。行政院於2005年開始積極推動性別主流化工作。2012年行政院性別平等處（簡稱性平處）成立後，除持續推動行政院各部會落實性別主流化，亦重視各縣

市政府推動情形，且於2022年編印《各縣市政府推動性別主流化參考手冊》，說明**推動性別主流化的六大工具**（或行動面向）：

(一) 性別平等機制：係於政府機關內設立性別平等專案小組或委員會，將婦女及性別平等團體代表、學者專家的倡議納入政府決策機制中，透過立法與政策的推動，使不同性別權益能確實獲得保障，有效推動性別平等工作。

(二) 性別意識培力：公務人員對於政府在政策研擬、資源配置、推動執行等各面向融入性別平等價值扮演重要角色，因此培養公務人員具有性別敏感度，是推動性別主流化工作之基礎工作。

(三) 性別統計：透過性別區隔的統計資料，按性別和其他特徵對數據進行分類，以反映性別間的差異和不平等之情形。

(四) 性別分析：涉及運用性別資料指認性別議題，與轉換為政府施政標的與改善策略的過程。

(五) 性別預算：是政府預算程序性別主流化的應用工具，包括進行以性別為基礎的預算評估，在所有層級預算中納入性別觀點，並重構預算及支出結構，以促進性別平等。

(六) 性別影響評估：立基於性別統計與性別分析的評估行動，評估政策是否直接或間接對不同性別有不同的影響，藉以調整政策，確保消弭因性別所造成之差別性影響。

四、性平三法之比較及其連接

性平三法，是指規範性別平等的三種社會立法，**包括：《性別平等工作法》**（性工法）、**《性別平等教育法》**（性平法）、**《性騷擾防治法》**（性防法）三者〔不包括《性侵害犯罪防治法》〕。

性平三法各有其規範的事項，就性騷擾事件的防治而言，三者之間異同互見，且於2023年同時進行修正時，強化性平三法之間的連接。茲列表比較，並略述其相互連結。

(一) 性平三法之比較

表8-15　性平三法有關性騷擾防治之比較

	《性別平等工作法》	《性別平等教育法》	《性騷擾防治法》
性騷擾的場域及樣態	工作場所之性騷擾	校園之性騷擾	社會型之性騷擾
性騷擾的定義	指下列情形之一： (1) 受僱者於執行職務時，任何人以性要求、具有性意味或性別歧視之言行，對其造成敵意性之工作環境。 (2) 雇主對受僱者或求職者為明示或暗示之性要求、具有性意味或性別歧視之言行，作為勞務契約成立等之**交換條件**。	符合下列情形之一，且**未達性侵害之程度者**： (1) 以明示或暗示之方式，從事不受歡迎且與性或性別有關之言行。 (2) 以性或性別有關之行為，作為有關**權益之條件**者。	**性侵害犯罪以外**，對他人實施違反其意願而與性或性別有關之行為，且有下列情形之一： (1) 以明示或暗示方式，或歧視、侮辱之言行，使人感受敵意之情境。 (2) 以他人順服或拒絕該行為，為自己或他人獲得**權益之條件**。
中央主管機關	勞動部	教育部	衛生福利部
審議單位	性別平等工作會	性別平等教育委員會	性騷擾防治審議會
申訴管道	(1) 受僱者或求職者遭受性騷擾，向雇主提起申訴。 (2) 被申訴人屬最高負責人或僱用人，得逕向地方主管機關提起申訴。 (3) 雇主未處理或不服調查或懲戒，得逕向地方主管機關提起申訴。	(1) 校園性別事件之被害人、其法定代理人或實際照顧者得以書面向行為人所屬學校申請調查。 (2) 行為人現為或曾為學校之校長時，向學校主管機關申請調查。	(1) 申訴時行為人有所屬單位，向該單位提出。 (2) 申訴時行為人為單位最高負責人，向該單位所在地縣市主管機關提出。 (3) 申訴時行為人不明或前2款以外之人，向性騷擾事件發生地警察機關提出。

表8-15（續）

	《性別平等工作法》	《性別平等教育法》	《性騷擾防治法》
主要規範及處罰對象	雇主、公私立機構或機關	學校校長、教師、職員、工友或學生	政府機關（構）、部隊、學校、機構或僱用人
主要處罰方式	(1) 負損害賠償責任。（權勢性騷擾者加倍懲罰性賠償金）。 (2) 請求回復名譽之適當處分。 (3) 罰鍰。 (4) 公布其姓名或名稱、負責人姓名，並限期令其改善。	(1) 負損害賠償責任（行為人為校長者，加倍懲罰性賠償金）。 (2) 請求回復名譽之適當處分。 (3) 罰鍰。 (4) 申誡、記過、解聘、停聘、不續聘、免職、終止契約關係、終止運用關係。	(1) 負損害賠償責任（權勢性騷擾者加倍懲罰性賠償金）。 (2) 對被害人為回復名譽之適當處分（政府機關（構）、部隊不適用）。 (3) 有期徒刑、拘役或併科罰金，並令其限期改正。

資料來源：筆者整理。

(二) 性平三法之相互連接：往昔，性平三法各有其約束範圍，受害人常被漏接。因而性平三法於2023年同步修正時，聚焦於完備被害人權益保障、強化加害人裁罰處置，以建立性騷擾防治的相互連接，讓每一個受到傷害的人，都能夠被安全地接住和保護。茲依相關條文之規定，說明其間的相互連接：

1. 性工法更新法規名稱為《性別平等工作法》，可與「性平法」之性別平等教育、「性防法」之性別不平等的防治，同條共貫，強調性別平等。

2. 依性騷擾事件發生場域及當事人身分關係，指引性平三法的性騷擾樣態之區辨。「性工法」是指發生於職場，主要是雇主對受僱者或求職人的性騷擾；「性平法」是指發生於校園，主要是學校人員對學生的性騷擾；「性防法」是指發生於職場或校園以外，主要是社會人士對受害人的性騷擾。

3. 「性工法」規定：《性騷擾防治法》第10條、第25條及第26條規定，於本法所定性騷擾事件，適用之（第38-4條）。這是「性防法」適用「性工法」之處。

4. 「性平法」規定：校園性騷擾事件之適用範圍依本法規定處理，因當事人身分關係不在本法規定之適用範圍者，視其情形分別適用《性別平等工作法》或《性騷擾防治法》（第1條）。這是「性平法」之中，適用「性工法」或「性防法」之處。

5. 「性防法」規定：依性騷擾事件發生之場域及當事人之身分關係，《性別平等教育法》及《性別平等工作法》另有規定其處理及防治事項者，適用各該法律之規定（第1條）。這是性防法之中，適用「性工法」或「性平法」之處。

綜言之，發生性騷擾事件，**應依序判斷**是否適用「**性工法**」或「**性平法**」，其餘一切歸在「**性防法**」的處理範圍。

第九章
老人福利
政策與立法

現代社會，老人的人數越來越多，老人的年齡越來越老。因此，有關老人福利的政策與立法，是值得探討的議題。

 ## 第一節　老人福利政策

　　有關老人福利的政策，主要見諸《憲法》、行政院2012年修正核定的《社會福利政策綱領》，以及行政院於2015年發布、2021年修正的「高齡社會白皮書」：

一、《憲法》的規定

　　國家對老人應適當扶助及救濟：國家為謀社會福利，應實施社會保險制度。人民之老弱殘廢，無力生活，及受非常災害者，國家應予以適當之扶助與救濟（第155條）。

二、《社會福利政策綱領》的規定

(一) 因應年齡特質提供服務：政府對於國民因年齡……社會人口特質而有之健康、照顧、保護、教育、就業、社會參與、發展等需求，應結合家庭與民間力量，提供適當的服務，以促進其身心健全發展（三之1）。

(二) 適切協助經濟弱勢老人：政府針對經濟弱勢之兒童、少年、身心障礙者、老人……應有適切協助，以提升生活品質（三之4）。

(三) 保障老人尊嚴自主：政府與民間應整合社會福利、衛生醫療、教育及相關資源，營造高齡友善環境，保障老人尊嚴自主與健康安全（三之12）。

(四) 倡導活躍老化：政府應結合民間倡導**活躍老化**〔不含預防老人受暴〕，**鼓勵老人社會參與**，提供教育學習機會，提升生活調適能力，豐富高齡生活內涵。並強化代間交流，倡導家庭價值，鼓勵世代傳承，營造悅齡親老與世代融合社會（三之13）。

㈤ 提供居家式與社區式照顧服務：政府照顧老人及障礙者應以**居家式和社區式服務為主，機構式服務為輔**〔不是以居家式和機構式服務雙管齊下，社區式服務為輔；也不是以居家式服務為主，社區式服務為輔，機構式服務為過渡方式〕（三之14）。

㈥ 建立高齡友善環境：政府應致力促進及保護全民健康，積極推動弱勢國民健康照護與健康維護方案，以縮短國民間的健康差距，建立支持性的高齡友善環境（四之1）。

㈦ 健全長期照顧服務：政府應**健全長期照護體制**，充實長期照護服務人力與資源，強化服務輸送體系，增進服務品質，縮減城鄉差距，並積極推動相關立法工作（四之7）。

三、「高齡社會白皮書」的宣示

㈠ 發展願景

1. **自主**：國家應考量高齡者需求的異質性，引導社會各部門共同**發展多元化的高齡服務，以利高齡者自主選擇**。

2. **自立**：國家應滿足高齡者個人的基本需求，**提升生活自立**，並促進社會參與和連結，保障基本人權。

3. **共融**：國家應促進高齡者與其他年齡群體的互動，去除社會對於高齡者的刻板印象與年齡歧視，強化世代連結與融合。

4. **永續**：國家應強化社會核心制度的健全發展，降低人口結構快速變遷對社會的衝擊，穩固高齡社會的運作與永續發展〔四大願景，不含自尊〕。

㈡ 政策目標：為達成上述願景，政府相關部會應以下列五大目標，作為高齡社會發展的政策方針：

1. 增進高齡者健康與自主：提升高齡者健康活力、生活福祉及自主選擇權利，保障獲得優質的醫療服務與社會照顧。

2. 提升高齡者社會連結：鼓勵並支持高齡者參與就業、社會服務、進修學習，維持活躍的社會生活。

3. 促進世代和諧共融：消弭世代隔閡，促進高齡者與不同世代的交流

互動，相互同理與彼此尊重。

4. 建構高齡友善及安全環境：破除社會對高齡者的刻板印象與年齡歧視，改善居家環境與安全，並提升社會環境對於高齡者的友善性與安全性。

5. 強化社會永續發展：強化因應人口高齡化的社會基礎，穩固重要社會制度的健全運作，促進社會永續發展。

 ## 第二節　《老人福利法》分析

　　《老人福利法》於1980年1月26日公布實施，經多次修正。茲依2020年5月修正後條文，略述其內容及新近修正重點：

一、概述

(一) 立法目的：為維護老人尊嚴與健康，延緩老人失能，安定老人生活，保障老人權益，增進老人福利〔不含弘揚儒家孝道〕（第1條）。

(二) 老人的界定（服務對象）：指年滿65歲以上之人（第2條）。

(三) 主管機關：在中央為衛生福利部；在直轄市為直轄市政府；在縣市為縣市政府；**主管機關的權責**：主管**老人權益保障之規劃、推動及監督**等事項（第3條）。

(四) 目的事業主管機關的權責

1. 衛生主管機關：主管老人預防保健、心理衛生、醫療、復健與**連續性照護之規劃、推動及監督**等事項〔不含積極促進高齡者就業；連續性照護之規劃〕（第3條）。

2. 教育主管機關：主管**老人教育**、老人服務之人才培育與**高齡化社會教育**之規劃、推動及監督等事項〔不含鼓勵高齡者從工作撤退，安享晚年〕（第3條）。

3. 勞工主管機關：主管**老人就業促進**及免於歧視、支援員工照顧老人

家屬與照顧服務員技能檢定之規劃、推動及監督等事項〔不含積極鼓勵高齡者退休，以增加青年就業機會；也不含積極促進退休男性再就業，並以長照服務為其主要工作〕（第3條）。

4. 住宅主管機關：主管供**老人居住之社會住宅**、購租屋協助之規劃及推動事項〔不含推動三代同堂住宅並排除土地變更之所有障礙和阻力〕（第3條）。

5. 金融主管機關：主管本法相關金融、商業保險、財產信託措施之規劃、推動及監督等事項〔含「**以房養老**」財產信託、「**財務知能**」課程之推動〕（第3條）。

(五) 諮詢機制：主管機關應邀集老人代表、老人福利學者或專家、民間機構、團體代表及各目的事業主管機關代表，參與整合、諮詢、協調與推動老人權益及福利事宜；其中老人代表、老人福利學者或專家及民間機構、團體代表，不得少於1/2，且**老人代表不得少於1/5**〔不是1/3或30%〕，並應有原住民老人代表或熟諳原住民文化之專家學者至少1人（第9條）。

(六) 定期調查：主管機關應至少**每5年**〔不是4年〕舉辦老人生活狀況**調查**，出版統計報告（第10條）。

(七) 經費來源：各級政府老人福利之經費來源：(1)編列老人福利**預算**；(2)**社會福利基金**；(3)私人或團體**捐贈**；(4)其他收入〔含公益彩券盈餘分配款，不含指定推動老人福利之相關稅收〕（第6條）。

二、老人經濟安全保障

老人經濟安全保障，採生活津貼、特別照顧津貼、年金保險制度方式〔其三種方式之組合，不含社會救助制度、生活救助、生活扶助金、醫療補助、醫療津貼、老人機構安養補助、敬老津貼、老農津貼、特殊境遇津貼、租屋津貼、長期照顧保險、就業輔導、安居住宅〕，逐步規劃實施（第11條）。其實施方式，如表9-1：

表9-1　老人經濟安全保障

項目	相關規定
1. 生活津貼	(1) **中低收入**老人**未接受收容安置**者，得申請發給生活津貼〔不含低收入老人、不含接受收容安置者、不是申請特別照顧津貼；不是老人均可以申請、低收入老人就可申請、所有列冊的中低收入戶老人皆得申請；也不是須為低收入戶的老人、須為未接受收容安置者的低收入戶的老人、須為未接受收容安置者的低收入戶的老人與未接受收容安置者的中低收入戶的老人〕（第12條）。 (2) 不符合請領資格而領取津貼者，其領得之津貼，由直轄市、縣市主管機關以書面命本人或其繼承人自事實發生之日起**60日內**〔不是30日內〕**繳還**；屆期未繳還者，依法移送行政執行〔不是因為法律不溯及既往的原則，無須繳回〕（第12條）。
2. 特別照顧津貼	(1) 前項領有生活津貼，且其**失能程度經評估**為**重度以上**〔亦即必須同時領有中低收入老人生活津貼，且符合IADL重度失能，不含中度或極重度失能〕，**實際由家人照顧**者，照顧者**得**向縣市主管機關**申請特別照顧津貼**（第12條）。 (2) 津貼請領資格、條件、程序、金額及其他相關事項之辦法，由中央主管機關定之，並**不得有設籍時間之限制**〔不是設籍時間6個月以上〕（第12條）。 (3) **不符合請領資格而領取津貼者**，其領得之津貼，縣市主管機關以書面命本人或其繼承人自事實**發生之日起60日內繳還**（第12條）。 (4) 依法請領各項現金給付獲補助之權利，不得扣押〔含金融機構、地方法院、社會局處、任何機關都無權扣押〕（第12-1條）。
3. 年金保險	依相關社會保險法律（《國民年金法》）規定辦理（第11條）。
4. 監護或輔助之宣告	(1) 老人有**受監護或輔助宣告**之必要時〔不含有改定監護人或輔助人之必要時〕，**縣市主管機關**〔不是親友〕**得協助其向法院聲請**。受監護或輔助宣告原因消滅時，**縣市主管機關得協助進行撤銷宣告之聲請**（第13條）。 (2) 前項監護或輔助宣告確定前，**主管機關為保護老人之身體及財產，得聲請法院為必要之處分**，並提供保障財產安全相關服務（第13條）。

表9-1 （續）

項目	相關規定
5. 財產交付信託	(1) 為保護老人財產安全，**縣市主管機關應鼓勵其將財產交付信託**〔不是交付社會局代管〕（第14條）。 (2) 金融主管機關應鼓勵信託業者及金融業者辦理財產信託、提供商業型**不動產逆向抵押貸款**服務（第14條）。
6. 長期照顧補助	縣市主管機關對於有接受長期照顧服務必要之**失能老人**，應依老人與其家庭之經濟狀況及老人之失能程度提供經費補助（第15條）。

三、老人服務措施

老人照顧服務應依**全人照顧**、**在地老化**〔不是健康老化、成功老化、活躍老化、生產性老化〕、**健康促進**〔不是心理健康〕、**延緩失能**〔不是延緩失智、延緩障礙〕、**社會參與**〔不是社會投資、自立支持、高齡友善、便利服務、量能付費〕及**多元連續服務原則**規劃辦理。縣市主管機關應依前項原則，並針對老人需求，提供居家式、社區式或機構式服務，並建構妥善照顧管理機制辦理之（第16條）。有關老人之服務措施，如表9-2：

表9-2 老人服務措施

項目	相關規定
1. 照顧服務方式	(1) 居家式服務：協助失能之居家老人得到所需之連續性照顧（第17條）。 (2) 社區式服務：提高家庭照顧老人之意願及能力，提升老人在**社區生活之自主性**〔不含黏著度、依附性、經濟性〕（第18條）。 (3) **機構式服務**：滿足居住機構之老人多元需求〔含家屬教育服務、社交活動服務，不含主管機關應輔導老人機構提供以家屬為中心的服務〕（第19條）。前項機構式服務應以**結合家庭及社區生活為原則**，並得支援居家式或社區式服務（第19條）。
2. 健康檢查與保健服務	**縣市主管機關**〔不是中央主管機關〕**應定期舉辦老人健康檢查及保健服務**，並**依**健康檢查結果及**老人意願**〔不是依醫師囑咐、家人同意、大數據分析〕，提供**追蹤服務**。前項保健服務、追蹤服務、**健康檢查項目及方式之準則**，由中央主管機關定之〔不是地方主管機關定之〕（第21條）。

表9-2（續）

項目	相關規定
3. 補助健保相關費用	老人或其法定扶養義務人就老人參加全民健保之保險費、部分負擔費用或保險給付未涵蓋之醫療費用無力負擔者，**縣市主管機關**〔不是中央主管機關、財政部、主計處，因無力負擔視各縣市之最低生活費用而定〕應予補助（第22條）。
4. **輔具服務**	(1) 為**協助老人維持獨立生活能力，增進生活品質**，縣市主管機關應自行或結合民間辦理下列輔具服務：**輔具之評估及諮詢；提供有關輔具、輔助性之生活用品及生活設施設備之資訊；協助老人取得生活輔具**〔不含臨時或短期喘息照顧服務，不含提供老人交通接送服務，也不是老人無論購買何種輔具都能取得補助〕（第23條）。 (2) 消防主管機關應提供前項**老人居家消防安全宣導**與諮詢（第23條）。 (3) 中央主管機關〔不是地方主管機關〕得視需要**獎勵研發**老人生活所需之各項輔具、用品及生活設施設備（第23條）。
5. 喪葬服務	無扶養義務之人或扶養義務之人無扶養能力之老人死亡時，當地主管機關或其入住機構應為其**辦理喪葬；所需費用，由其遺產負擔之，無遺產者，由當地主管機關負擔之**〔不是由戶籍所在地主管機關負擔、也不是由當地非營利組織負擔〕（第24條）。
6. 交通及文教設施優待	老人搭乘國內**公、民營**水、陸、空大眾運輸工具、進入康樂場所及參觀文教設施，應予以**半價優待**〔不是免費或補助1/3〕。前項文教設施為**中央機關（構）、行政法人**經營者，平日應予免費〔不是半價優待〕（第25條）。
7. 休閒體育活動	主管機關應自行或結合民間資源，**鼓勵老人組織社會團體，從事休閒活動**；舉行老人休閒、體育活動；設置休閒活動設施（第27條）〔不含應排除預算障礙，補助辦理出國休閒度假旅遊活動〕。
8. **對家庭照顧者之服務**	為協助失能老人之家庭照顧者，縣市主管機關應自行或結合民間資源提供下列服務（第31條）：(1)**臨時或短期喘息照顧服務**；(2)照顧者訓練及研習；(3)照顧者個人諮商及支援團體；(4)資訊提供及協助照顧者獲得服務；(5)其他有助提升家庭照顧者能力及其生活品質之服務。
9. 住宅服務（維護老人居住正義）	(1) **縣市**主管機關**應協助中低收入老人修繕住屋**或**提供租屋補助**（第32條）。 (2) 住宅主管機關應推動社會住宅，**排除老人租屋障礙**（第33條）。為協助排除老人租屋障礙，依老人福利法施行細則第8條

表9-2（續）

項目	相關規定
	規定，本法第33條第2項所定**住宅**設施小規模、融入社區及多機能之**原則**如下： 　A.**小規模**：興辦事業計畫書所載開發興建住宅戶數為**200戶以下**〔不是100戶或300戶以下〕。 　B.**融入社區**：由社區現有基礎公共設施及生活機能，使老人易獲得交通、文化、教育、醫療、文康、休閒及娛樂等服務，且便於參與社區相關事務。 　C.**多機能**：配合老人多元需求，提供適合老人本人居住，或與其家庭成員或主要照顧者同住或近鄰居住；設有共用服務空間及公共服務空間，同一棟建築物之同一樓層須有**共用通道**〔不是單獨通道〕。

四、老人照顧服務的方式及服務項目

依《老人福利法》規定，縣市主管機關應針對老人需求，提供居家式、社區式或機構式服務（第16條）。這三種照顧服務的方式及其服務項目，如表9-3：

表9-3　老人照顧服務的方式及其服務項目

面向	居家式	社區式	機構式
醫療保健	醫護服務	醫護服務	醫護服務
	復健服務	復健服務	復健服務
	身體照顧	保健服務	
	緊急救援服務		緊急送醫服務
		輔具服務	
生活照顧		日間照顧服務	日間照顧服務
	家務服務	家庭托顧服務	住宿服務
	住家環境改善服務		生活照顧服務
	餐飲服務	餐飲服務	膳食服務
關懷問安	關懷訪視服務	心理諮商服務	
	電話問安服務		

表9-3（續）

面向	居家式	社區式	機構式
社會參與		教育服務	**家屬教育服務**
		交通服務	**社交活動服務**
		休閒服務	
		資訊提供及轉介服務	
		法律服務	
		退休準備服務	
其他	其他相關之居家式服務〔不含退休準備服務〕	其他相關之社區式服務	其他相關之機構式服務

五、老人福利機構

主管機關應依老人需要，自行或結合民間資源辦理下列**老人福利機構：長期照顧機構、安養機構、其他老人福利機構**（第34條）。有關老人福利機構的設置及運作，其相關規定：

(一) 設置標準：老人福利機構之規模、面積、設施、人員配置、業務範圍及其他相關事項之標準，由中央主管機關會商中央目的事業主管機關定之。各類機構所需醫療或護理服務，應依醫療法、護理人員法及其他醫事專門職業法規規定辦理（第34條）。

(二) 收費規定：各類機構得單獨或綜合辦理，並得就其所提供之設施或服務收取費用，協助其自給自足；其收費規定，應報當地直轄市、縣市主管機關核定（第34條）。

(三) 申請設立許可及法人登記

　　1. 應辦登記：私人或團體設立老人福利機構，應向直轄市、縣市主管機關申請設立許可。經許可設立私立老人福利機構，應於**3個月內**〔不是6個月內〕**辦理財團法人登記**（第36條）。

　　2. 免辦登記：**小型設立**且符合下列各款情形者，**得免辦財團法人登記：不對外募捐、不接受補助、不享受租稅減免**〔不含不營利、不

獨資經營〕。前項補助，不包括配合國家長期照顧政策，辦理符合中央主管機關指定或公告之項目及基準者〔依老人福利機構設置標準第7條規定，本法第36條所定**小型設立**長期照顧機構或安養機構，其設立規模，**以49人為限**〕（第36條）。

3. 延期辦理登記：未於規定期間辦理財團法人登記，而有正當理由者，得申請當地主管機關核准**延長1次**，期間**不得超過3個月**；屆期未辦理者，原許可失其效力（第36條）。

(四) 接受輔導：老人福利機構**不得兼營營利行為**〔不得販賣輪椅、拐杖等輔具、販售健康食品，但可辦理老人歌唱比賽、舉辦老人聯誼活動、推廣健康操活動、安排醫療機構至機構內進行義診〕或利用其事業為任何不當之宣傳。主管機關對老人福利機構，應予輔導、監督、檢查、評鑑及獎勵（第37條）。主管機關對未依規定許可設立而從事照顧服務者，應派員進入該場所檢查。受檢查者不得規避、妨礙或拒絕〔不含輔導長照機構轉型為社區式服務設施〕（第37-1條）。

(五) 對於服務對象之保障

1. 與住民簽約：老人福利機構應與入住者或其家屬**訂定書面契約**，明定其權利義務關係（第38條）。

2. 投保公共意外保險：老人福利機構應投保**公共意外責任保險**〔不是個人意外保險、老人年金保險、老人健康保險、老人平安保險〕及具有履行營運之擔保能力，以保障服務對象權益（第39條）。

3. 政府監督服務品質：縣市主管機關對入住老人福利機構，且**無扶養義務人或法定代理人者**〔不含政府列冊之低收入者、家屬不願負擔養護費用者、服務對象呈現昏迷狀態而無法清楚表達意思者〕，得**結合民間團體監督該機構之服務品質**（第40-1條）。

六、老人保護措施

老人保護係指老人面對虐待、無人扶養、照顧疏忽等情事，由社工或相關專業人員介入，提供老人必要的安置措施與照顧資源，以確保老人的安全〔不是老人的照顧疏忽屬於家務事，專業人員不需要介入〕。有關老

人保護措施的規定，如表9-4：

表9-4　老人之保護措施

項目	相關規定
1. 保護及安置	(1) 遭受虐待或遺棄：老人因配偶、直系血親卑親屬或依契約負照顧義務之人**有疏忽、虐待、遺棄或其他情事**，致其生命、身體、健康或自由**發生危難者**，縣市主管機關**得依老人之申請或依職權**予以**適當保護及安置**。老人對其提出告訴或請求損害賠償時，主管機關〔不是村里長〕應協助之（第41條）。 (2) 無人扶養：老人因無人扶養，致有生命、身體之危難或生活陷於困境者，縣市主管機關應依老人之申請〔不是依村里長通報〕或依職權，予以適當安置（第42條）。 (3) 主動連絡：主管機關執行時，應結合當地村里長與村里幹事定期主動連絡、掌握老人生活狀況（第42條）。 (4) **保護及安置費用**：由縣市主管機關先行支付〔不是全額吸收〕者，縣市主管機關得檢具費用單據影本、計算書，及得減輕或免除之申請程序，以書面行政處分通知**老人、老人之配偶、直系血親卑親屬或依契約負照顧義務者**〔不含老人之兄弟姊妹、老人之共同居住者〕於**60日內**〔不是50日內〕**返還**〔保護及安置費用，政府先墊，老人要還，亦即由老人支付，不是由政府支付〕；屆期未返還者，得依法移送行政執行（第41條）。 (5) 有下列情形之一者，縣市主管機關得就前項之**保護及安置費用**予以**減輕或免除**（第41條）： 　A.老人、其配偶或直系血親卑親屬因**生活陷於困境無力負擔**。 　B.老人之配偶或直系血親卑親屬有前款以外之特殊事由未能負擔。
2. **責任通報**	醫事、**社工**、村里長與村里幹事、警察、司法及執行老人福利業務相關人員〔不含老人的鄰居、公寓大廈管理人員〕，於執行職務時知悉老人有疑似第41條（虐待、遺棄）或第42條（無人扶養）之情況者，應通報當地縣市主管機關（第43條）。
3. 調查訪視	縣市主管機關接獲通報後，**應立即處理**〔不是24小時內〕，必要時得進行訪視調查。進行訪視調查時，得請求警察、醫療或相關機關（構）協助，被請求之機關（構）應予配合（第43條）。
4. 建立保護體系及聯繫會報	為發揮老人保護功能，應以縣市為單位，並結合警政、衛生、社政、民政及民間力量〔不含財政部門〕，建立老人保護體系，並定期召開老人保護聯繫會報（第44條）。

七、重要罰則

(一) 未申請設立許可或辦理法人登記：處其負責人6萬元以上30萬元以下罰鍰及公告其姓名，並限期令其改善（第45條）。

(二) 限期改善期間或停業期間仍增收服務對象：有下列情形之一者，處6萬元以上30萬元以下罰鍰，並限期令其改善，屆期未改善者，得按次處罰：(1)依規定限期令其改善，未經主管機關查核確認改善完成前，增加收容服務對象；(2)於停業期間，增加收容服務對象（第49條）。

(三) 有扶養或照顧義務而對老人不當行為：依法對老人負扶養義務或依契約對服務對象負照顧義務，而對老人有(1)遺棄；(2)妨害自由；(3)傷害；(4)身心虐待；(5)留置無自理能力之老人獨處於危險環境；(6)留置老人於機構後棄之不理〔不含移轉老人財產〕。處**3萬元以上15萬元以下罰鍰**〔不是3萬元以上25萬元以下罰鍰〕，並公告其姓名；**涉及刑責者，應移送司法機關偵辦**（第51條）。

(四) 扶養人或實際照顧老人之人對老人有不當行為情節嚴重者：主管機關應對其施以**4小時以上20小時以下**之**家庭教育及輔導**。不接受家庭教育及輔導或時數不足者，處以1,200元以上6,000元以下罰鍰，按次處罰至其參加為止（第52條）。

八、《老人福利法》新近修正的重點

《老人福利法》新近於2015年12月、2020年5月修正，其修正重點：

(一) 將「延緩老人失能」列入立法目的及照顧服務內容：為增進老人生活品質，減輕社會照顧壓力，新增：(1)為維護老人尊嚴與健康，延緩老人失能，安定老人生活，保障老人權益，增進老人福利，特制定本法（第1條）；(2)老人照顧服務應依全人照顧、在地老化、健康促進、延緩失能、社會參與及多元連續服務原則規劃辦理（第16條）。

(二) 增列生活津貼及特殊照顧津貼之請領不得有設籍時間限制：前2項津貼請領資格、條件、程序、金額及其他相關事項之辦法，由中央主

管機關定之，並不得有設籍時間之限制（第12條）。

(三) 配合長照政策接受補助之小型老福機構仍得免辦法人登記：原規定：小型設立且符合不接受補助者，得免辦財團法人登記。為鼓勵其配合政府推動長期照顧服務之政策，增訂：前項但書第2款之補助，不包括配合國家長期照顧政策，辦理符合中央主管機關指定或公告之項目及基準者（第36條）。

(四) 增列政府得結合民間力量監督老福機構服務品質：為強化弱勢老人受照顧權益之維護，增訂：直轄市、縣市主管機關對入住老人福利機構，且無扶養義務人或法定代理人者，得結合民間團體監督該機構之服務品質（第40-1條）。

(五) 授權主管機關裁量減免老人保護及安置費用：增訂：有下列情形之一者，直轄市、縣市主管機關得就前項之保護及安置費用予以減輕或免除：(1)老人、其配偶或直系血親卑親屬因生活陷於困境無力負擔。(2)老人之配偶或直系血親卑親屬有前款以外之特殊事由未能負擔（第41條）。

(六) 增列結合基層以掌握老人陷困狀況：前項（老人因無人扶養，致有生命、身體之危難或生活陷於困境者），主管機關執行時應結合當地村（里）長與村（里）幹事定期主動連絡、掌握當地老人生活狀況（第42條）。

(七) 對於有支付能力之老人得追償其安置費用：基於社福資源之使用者付費及國家補充性原則，增列：安置之必要費用，由縣市主管機關先行支付，對於依資產調查有支付能力之老人，得檢具費用單據影本及計算書，以書面行政處分通知老人於60日內返還（第42條）。

 第三節 《長期照顧服務法》分析

《長期照顧服務法》於2015年6月3日公布，2017年6月3日實施，經多次修正。茲依2021年6月修正後條文，略述其內容及新近修正重點：

一、概述

(一) 立法目的：為健全長期照顧服務體系提供長期照顧服務，確保照顧及支持服務品質，發展普及、多元及可負擔之服務，保障接受服務者與照顧者之尊嚴及權益〔不含發展深化及自立自主式之照顧模式〕。長期照顧服務之提供不得因服務對象之性別、性傾向、性別認同、婚姻、年齡、身心障礙、疾病、階級、種族、宗教信仰、**國籍**與**居住地域**有差別待遇之歧視行為（第1條）。

(二) 主管機關：在中央為衛生福利部；在直轄市為直轄市政府；在縣市為縣市政府（第2條）。

(三) 名詞定義

1. **長期照顧**（簡稱長照）：指**身心失能持續已達或預期達6個月以上**者〔不是已超過6個月以上，也不是已達或預期達1年以上者〕，依其個人或其照顧者之需要，所提供之生活支持、協助、社會參與、照顧及相關之醫護服務〔除個人或照顧者之需求，必須考慮身心失能情況〕（第3條）。

2. 長期照顧管理中心（簡稱照管中心）：指由中央主管機關指定以提供長照需要之評估及連結服務為目的之機關（構）（第3條）。

(四) 諮詢審議機制：主管機關應以首長為召集人，邀集相關學者專家、民間相關機構、團體代表、服務使用者代表及各目的事業主管機關代表，協調、研究、審議及諮詢長照服務相關事宜。前項代表中，相關學者專家與民間相關機構、團體代表及服務使用者代表，不得少於2/3；服務使用者與**單一性別代表不得少於1/3**；並應有原住民之代表或熟諳原住民文化之專家學者至少1人（第7條）。

二、長照服務的實施程序

長期照顧服務的主要對象，是身心失能者（簡稱失能者），也就是身體或心智功能部分或全部喪失，致其日常生活需他人協助者（第3條）。

對於身心失能者的協助，除了由失能者的家人親自照顧，或者僱用個人照顧者（外籍看護）照顧之外，其由長期照顧體系提供的照顧服務，必

須遵循一定程序：

(一) 公告服務範圍：**中央主管機關公告**長照服務的特定範圍〔不是直轄市、縣市主管機關公告〕（第8條）。

(二) 民眾申請服務：長照服務申請資格，由中央主管機關定之（第8條）。

(三) 進行評估：由**照顧管理中心**或**直轄市、縣市主管機關評估**。直轄市、縣市主管機關〔不是中央主管機關〕依評估結果提供服務。其接受醫事照護之長照服務者〔不是民眾申請長照服務〕，應經醫師出具意見書，並由照管中心或直轄市、縣市主管機關評估。前2項評估，得委託專業團體辦理；評估之基準、方式、人員之資格條件及其他有關事項，由中央主管機關公告之（第8條）。

(四) 提供適當補助：應依失能者失能程度及其家庭經濟狀況，由主管機關提供補助；依其他法令規定得申請相同性質之服務補助者，僅得擇一為之。補助之金額或比率，由中央主管機關定之（第8條）。

(五) 核定補助給付的額度：照管中心或直轄市、縣市主管機關應依前條（第8條）第2項之評估結果，按民眾失能程度核定其長照需要等級及長照服務給付額度（第8-1條第1項）。

(六) 民眾負擔之額度：民眾使用長照服務，應依前項（第8-1條第1項）核定之長照服務給付額度自行負擔一定比率或金額。長照特約單位應依前項（第8-1條第2項）規定向長照服務使用者收取應自行負擔之長照服務給付額度比率或金額，不得減免（第8-1條第3項）。

三、長照的提供方式及對失能者提供之項目

長照服務依其提供方式，區分為（**第9條**）：

(一) 居家式：到宅提供服務。

(二) 社區式：於社區設置一定場所及設施，提供日間照顧、**家庭托顧**〔此項不屬於居家式或綜合式〕、**臨時住宿**〔不是機構式夜間住宿〕、**團體家屋**〔依《長期照顧服務法施行細則》第3條規定，是指於社區中，提供具行動力之失智症者家庭化及個別化之服務。故團體家屋屬於社區式，而非機構住宿式〕、**小規模多機能**及其他整合

性等服務〔依《長期照顧服務法施行細則》第4條規定，小規模多機能：指配合長照服務對象之需求，提供日間照顧、臨時住宿，或到宅提供身體與日常生活照顧、家事服務及其他多元之服務。不含居家復健、到宅照顧、居家到宅服務、關懷訪視〕。

㈢ 機構住宿式：以受照顧者入住之方式，提供全時照顧或夜間住宿等之服務。

㈣ 家庭照顧者支持服務：為家庭照顧者所提供之定點、到宅等支持服務。

㈤ 其他：經**中央主管機關公告之服務方式**〔不含長期照護型、養護型和安養型；也不含外籍移工之照顧〕。

其中，對於身心失能者的服務方式，有居家式、社區式、機構住宿式，其服務提供之項目，如表9-5：

表9-5　居家式、社區式、機構住宿式服務提供之項目

面向	居家式	社區式	機構住宿式
醫療保健	身體照顧服務	身體照顧服務	身體照顧服務
	醫事照護服務	醫事照護服務	醫事照護服務
	緊急救援服務		緊急送醫服務
	輔具服務	輔具服務	輔具服務
生活照顧	日常生活照顧服務	日常生活照顧服務	日常生活照顧服務
	餐飲及營養服務	餐飲及營養服務	餐飲及營養服務
	家事服務		
	必要之居家設施調整改善服務		
		臨時住宿服務	住宿服務
關懷問安	心理支持服務	心理支持服務	心理支持服務
社會參與		社會參與服務	社會參與服務
		交通接送服務	
			家屬教育服務

表9-5（續）

面向	居家式	社區式	機構住宿式
其他	預防引發其他失能或加重失能之服務。	預防引發其他失能或加重失能之服務。	預防引發其他失能或加重失能之服務。
	其他由中央主管機關認定到宅提供與長照有關之服務。	其他由中央主管機關認定以社區為導向所提供與長照有關之服務。	其他由中央主管機關認定以入住方式所提供與長照有關之服務。

四、對家庭照顧者提供之項目

　　長照服務的提供方式，除了居家式、社區式、機構住宿式之外，第四種提供方式是**家庭照顧者支持服務**：為家庭照顧者所提供定點、到宅等支持服務（第9條），**其提供之項目**（第13條）：

㈠ **有關資訊之提供及轉介。**

㈡ **長照知識、技能訓練。**

㈢ **喘息服務（respite care）。**

㈣ **情緒支持及團體服務之轉介。**

㈤ 其他有助於**提升家庭照顧者能力及其生活品質之服務**〔不含緊急送醫、輔具服務、醫事照顧、家庭照顧者津貼、交通接送服務〕。

　　前項支持服務之申請、評估、提供及其他應遵行事項，由中央主管機關定之〔因家庭照顧者仍多女性，家庭照顧者支持服務的設計內容應有性別觀點，並符合性別友善和性別平等之長照政策〕（第13條）。

五、長照計畫的發展及資源配置

㈠ 辦理長照的資源及需要之調查：中央主管機關應定期辦理長照有關資源及需要之調查，並**考慮多元文化特色**，與**離島偏鄉地區特殊處境**，據以**訂定長照服務發展計畫**及採取必要獎助措施（第14條）。

㈡ 健全長照服務體系：中央主管機關為均衡長照資源之發展，得劃分長照服務網區，規劃區域資源、建置服務網絡與輸送體系及人力發展計畫，並得於資源過剩區，限制長照機構之設立或擴充；於資源

不足之地區，應獎助辦理健全長照服務體系有關事項（第14條）。

(三) 設置長照服務特種基金：中央主管機關為提供長照服務、擴增與普及長照服務量能、促進長照相關資源之發展、提升服務品質與效率、充實並均衡服務與人力資源及補助各項經費，應設置特種基金。基金來源（第15條）：

1. **遺產稅**及**贈與稅**：稅率**由10%調增至20%以內**〔不是由15%調增至25%以內〕所增加之稅課收入。**增加之稅課收入，不適用財政收支劃分法之規定。**

2. **菸酒稅**：菸品應徵稅額由每千支（每公斤）**徵收590元，調增至1,590元**所增加之稅課收入。不適用財政收支劃分法之規定。

3. **政府預算撥充。**

4. **菸品健康福利捐**〔不含酒品健康福利捐、菸酒稅〕。

5. **捐贈收入。**

6. **基金孳息收入。**

7. 其他收入〔不含社會保險、健保保費或由薪資中繳納保險費，因我國長照採稅收制，不是保險制；也不含營業稅、公彩盈餘分配款〕。

(四) 建置長照資訊系統：中央主管機關應建置服務使用者照顧管理、服務人力管理、長照機構管理及服務品質等資訊系統，以作為長照政策調整之依據，並依法公開。主管機關及各長照機構應提供前項所需資料（第16條）。

(五) 專案申請非公用不動產之使用：非以營利為目的之長照機構配合國家政策有使用公有非公用不動產之必要時，得專案報請主管機關核轉該不動產管理機關依法出租。其租金基準，按該土地及建築物當期依法應繳納之地價稅及房屋稅計收年租金（第17條）。

六、對於長照人員之管理

長期照顧服務人員，簡稱長照人員，是經本法所定之訓練、認證，領有證明得提供長照服務之人員（第3條）。對於長照人員之管理，如表9-6：

表9-6　對於長照人員之管理

項目	相關規定
1. 符合服務提供之資格	(1) 長照服務之提供，經中央主管機關公告之長照服務特定項目，應由長照人員為之（第18條）。 (2) 長照機構**不得容留非長照人員**提供前條第1項之長照服務（第19條）。
2. **接受訓練及繼續教育**	(1) 長照人員應接受一定積分之繼續教育、在職訓練（第18條）。 (2) 長照人員之訓練、繼續教育、在職訓練之課程內容，應**考量不同地區、族群、性別**〔不含年齡〕、**特定疾病及照顧經驗之差異性**〔不是採標準化課程內容〕（第18條）。
3. 經過認證	長照人員之資格、訓練、認證、繼續教育之課程內容與積分之認定、證明效期及其更新等辦法，由中央主管機關定之（第18條）。
4. 依法登錄	(1) 長照人員非經登錄於長照機構，不得提供長照服務。但已完成前條之訓練及認證，並依相關法令登錄之醫事人員及社工人員，於報經主管機關同意者，不在此限（第19條）。 (2) 第1項登錄內容異動時，應自**異動之日起30日內**，由該長照機構報所在地主管機關核定（第19條）。
5. **保密義務**	長照人員因業務而知悉或持有他人之秘密，**非依法律規定，不得洩漏**（第20條）。

七、對於長照機構之管理

　　長期照顧服務機構，簡稱長照機構，指以提供長照服務或長照需要之評估服務為目的，依本法規定設立之機構（第3條）。長照機構依其服務內容，分為五類：居家式服務類、社區式服務類、機構住宿式服務類、綜合式服務類、其他經中央主管機關公告之服務類（第21條）。對於長照機構之管理，如表9-7：

表9-7　對於長照機構之管理

項目	相關規定
1. 依法人設立之	(1) 除公立長照機構外，**民間**設立的住宿式服務類機構、設有機構住宿之綜合式服務類機構、經中央主管機關公告之服務類機構，**應以長照機構法人設立**〔即依長照機構法人條例設立〕（第22條）。

表9-7（續）

項目	相關規定
	(2) 本法施行前，依其他法律規定，從事本法所定長照服務之機關（構）、法人、團體、合作社、事務所等，得依原適用法令繼續提供長照服務〔並未規定應於本法施行後5年內取得或換發設立許可〕（第62條）。
2. 申請許可或變更	(1) **長照機構之設立、擴充、遷移，應申請主管機關許可**（第23條）。 (2) 長照機構停業、歇業、復業或許可證明登載事項變更，應於事實發生日前**30日內**〔不是60日內〕，報主管機關核定（第25條）。
3. 機構名稱	(1) 長照機構由政府機關（構）設立者，應於長照機構前冠以該政府機關（構）之名稱；由**民間設立者，應冠以私立兩字**（第26條）。 (2) **非長照機構，不得使用長照機構之名稱**（第27條）。 (3) 在同一直轄市或縣市，不可使用被廢止許可證明或已經主管機關許可設立之長照機構相同之名稱；不可使用易使人誤認其與政府機關、其他公益團體有關之名稱（第28條）。
4. 業務負責人及代理人	(1) 長照機構應設置業務負責人1人，對其機構業務負督導責任，其資格由中央主管機關定之（第30條）。 (2) 業務負責人因故不能執行業務，應指定符合業務負責人資格者代理之。代理期間**超過30日，應報所在地主管機關核定**（第31條）。
5. 長照特約單位	(1) 提供各類長照服務者，得與縣市主管機關簽約為長照特約單位（第32-1條）。 (2) 長照特約單位應為所僱長照人員，依相關保險法規，辦理參加勞保、勞工職災保險、就業保險及全民健保，並按月提繳退休金（第32-2條）。
6. 醫療服務契約	機構住宿式服務類之長照機構，應與能及時接受轉介或提供醫療服務之醫療機構訂定醫療服務契約（第33條）。
7. 投保	**機構住宿式服務類之長照機構，應投保公共意外責任險**〔不含長期照顧醫療險、平安照護責任險、殘障扶助責任險〕，確保長照服務使用者之生命安全（第34條）。

表9-7（續）

項目	相關規定
8. 收費	(1) 收費項目及金額：中央主管機關應輔導地方主管機關**參考地區所得、物價指數、服務品質**等〔不含平均薪資〕，提供長照機構收費參考資訊。長照機構之收費項目及其金額，應報服務所在地之主管機關核定；變更時亦同（第35條）。 (2) 開給收據：長照機構收取費用，應開給載明收費項目及金額之收據。長照機構不得違反收費規定，超額或擅立項目收費〔不是私立機構不在此列〕（第36條）。
9. 製作紀錄及保存	長照機構應督導所屬登錄之長照人員，就其提供之長照服務有關事項製作紀錄。**其紀錄有關醫事照護部分，除依醫事法令之規定保存外，應由該長照機構至少保存7年**〔不是5年〕（第38條）。
10. 訂定服務品質基準	主管機關應依下列原則訂定**長照服務品質基準**（第40條）： (1) **以服務使用者為中心**〔不是以區域資源配置為中心、也不是以家庭照顧者為中心〕，並提供適切服務。 (2) 訊息公開透明。 (3) 家庭照顧者代表參與。 (4) 考量多元文化。 (5) **確保照顧與生活品質**〔不含考量付費者能力、確保照顧提供者勞動權益〕。
11. 歇業、停業之處理	(1) 停業：停業期間**最長不得超過1年**。得申請**延長1次，期限為1年**；逾期應辦理歇業。 (2) 歇業：應於停業期滿之日起**30日內**辦理；逾期未辦理者，主管機關得逕予廢止設立許可（第25條）。
12. 廣告刊登之限制	**非長照機構，不得為長照服務之廣告**。長照機構之廣告內容，以長照機構基本資料、服務方式及服務時間、收費標準、其他經中央主管機關公告指定刊登或播放之事項為限（第29條）。

八、對於接受長照服務者之權益保障

接受長照服務者，亦稱為長照服務使用者，為使其權益受到充分保障，長照法有關規定，如表9-8：

表9-8　對於接受長照服務者之權益保障

項目	相關規定
1. 簽訂契約	長照機構於提供長照服務時,應與長照服務使用者、家屬或支付費用者簽訂**書面契約**(第42條)。
2. 禁止不當行為	長照機構及其人員應對長照服務使用者予以適當照顧與保護,不得有遺棄、身心虐待、歧視、傷害、違法限制其人身自由或其他侵害其權益之情事(第44條)。
3. 建置申訴管道	主管機關應建置陳情、申訴及調處機制,處理民眾申訴案件及長照服務單位委託之爭議等事件(第45條)。
4. 監督長照服務品質	地方主管機關對於機構住宿式長照服務使用者,其無扶養義務人或法定代理人時,應自行或結合民間團體監督其長照服務品質(第46條)。

九、重要罰則

(一) 長照機構對服務對象有侵害其權益情事者:長照機構違反第44條規定,對長照服務使用者有遺棄、身心虐待、歧視、傷害、違法限制其人身自由或其他侵害其權益之情事者,**處6萬元以上30萬元以下罰鍰**,並**公布其名稱及負責人姓名**〔不含命其歇業〕。**並限期令其改善**;屆期未改善者,處1個月以上1年以下**停業處分**,停業期滿仍未改善者,**得廢止其設立許可**。情節重大者,得**逕行廢止其設立許可**(第47條)。

(二) 長照機構負責人未依許可設立機構且侵害服務對象:未依第23條規定許可設立為長照機構,對其服務對象有遺棄、身心虐待、歧視、傷害、違法限制其人身自由或其他侵害其權益之情事,處其負責人10萬元以上50萬元以下罰鍰及公布其名稱、負責人姓名,並得按次處罰。有前項情事致服務對象死亡者,處其負責人20萬元以上100萬元以下罰鍰及公布其名稱、負責人姓名(第47-1條)。

(三) 非長照人員而提供長照服務:有下列情形之一者,處1萬元以上5萬元以下罰鍰:(1)非長照人員違反第18條第1項規定,提供經中央主管機關公告之長照服務特定項目。(2)長照機構違反第19條第2項規定,

容留非長照人員提供長照服務。(3)非長照機構違反第27條規定，使用長照機構名稱（第50條）。

十、《長期照顧服務法》新近修正重點

《長期照顧服務法》新近於2019年6月、2021年6月修正，其修正重點：

(一) 增列經濟部門為長照之目的事業主管機關：增列經濟主管機關，其權責：推動長照輔助器材、產品開發之規劃及推動等相關事項（第6條）。

(二) 建立長照需求等級及長照給付額度：考量長照需要等級及長照給付額度關乎民眾使用長照服務權益，增訂（第8-1條）：

1. 照管中心或直轄市、縣市主管機關應依前條第2項之評估結果，按民眾失能程度核定其長照需要等級及長照服務給付額度。

2. 民眾使用長照服務，應依前項核定之長照服務給付額度自行負擔一定比率或金額。

3. 長照特約單位應依前項規定向長照服務使用者收取應自行負擔之長照服務給付額度比率或金額，不得減免。

(三) 「會商」原民會辦理長照改為「會同」辦理：原住民族各族群文化之間各有其差異性，為落實其長期照顧服務，修正兩條文：(1)原住民族地區長照服務計畫、長照服務網區與人力發展之規劃及推動，中央主管機關應「會同」中央原住民族主管機關定之（第14條）；(2)原住民族地區長照機構之設立及人員配置，中央主管機關應「會同」中央原住民族主管機關定之（第24條）。

(四) 建立長照服務提供者特約制度：為加速建置長照服務體系、提升長照服務輸送及費用申報核銷之效率，增訂：提供第10條至第13條規定之長照服務者（居家式、社區式、機構住宿式長照服務、喘息服務等），得與直轄市、縣市主管機關簽約為長照特約單位（第32-1條）。

(五) 新增長照服務特約單位未為員工投保之處罰：長照特約單位違反第32-2條規定者（為長照人員辦理參加勞保、勞工職災保險、就業保險

及全民健保，並按月提繳退休金），依違反各該法律規定處罰，經處罰仍未依規定辦理者，得停止派案；情節重大者，並得終止特約（第48-1條）。

(六) 增訂「機構住宿式服務之綜合式服務類」應投意外責任險：本條第1項已規定「機構住宿式服務類」之長照機構，應投保公共意外責任險。基於相同事物應為相同處理原則，修正為：機構住宿式及設有機構住宿式服務之綜合式服務類長照機構，應投保公共意外責任險（第34條）。

 第四節　《長期照顧服務機構法人條例》分析

《長期照顧服務機構法人條例》係依《長期照顧服務法》第22條之規定而制定，於2018年1月公布施行。茲略述其內容：

一、概述

(一) 立法目的：為健全長期照顧服務機構法人之設立、組織及管理（第1條）。

(二) 主管機關：在中央為**衛生福利部**〔不是勞動部或經濟部〕；在直轄市為直轄市政府；在縣市為縣市政府（第2條）。

(三) 長期照顧服務機構法人的定義：指提供機構住宿式服務，並**依本條例設立之長照機構財團法人**及**長照機構社團法人**〔不是依財團法人、社團法人設立〕（第3條）。

(四) 管理與監督機制：長照機構法人之管理及監督，由其主事務所所在地之直轄市、縣市政府為之。但長照機構法人所設立之**長照機構如有跨縣市者，由中央主管機關為之**〔不是由各所在地縣市政府共同管理及監督之〕（第4條）。

二、長照機構法人的通則

有關長期照顧機構法人的通則，如表9-9：

表9-9　長期照顧機構法人的通則

	相關規定
1. 依法設立	(1) 長照機構法人所設立之長照機構，始得**提供機構住宿式服務**〔不是提供日間照顧式服務、社區式服務〕。但法律另有規定者，不在此限（第5條）。 (2) 依本條例設立之長照機構法人，始得使用長照機構法人或類似之名稱（第21條）。
2. 得附設社福機構	長照機構法人經主管機關許可，除設立長照機構外，**並得設立社福機構**（老人、障礙、兒少、婦女、救助等）**或提供經中央主管機關公告之服務**（第6條）。
3. 財產之處理	(1) 長照機構法人應有**足以達成其設立目的所必要之財產**〔不含投資衍生性金融商品〕（第8條）。 (2) 長照機構法人之財產，應以法人名義登記或儲存（第17條）。 (3) 長照機構法人**不得投資衍生性金融商品**〔不含：得投資此類商品〕（第16條）。
4. 財務之處理	(1) 長照機構法人所設立之機構，其相互間之**財務及會計**帳務應**獨立**（第9條）。 (2) 長照機構法人所登記之財產總額或該法人及其所設立機構之年度收入總額達**3,000萬元以上者**〔不是1,000萬元以上者〕，其財務報告應經**會計師查核簽證**（第14條）。
5. 擔保之限制	(1) 長照機構法人不得為保證人（第18條）。 (2) 長照機構法人之資金，不得貸予任何人，亦不得以其資產為任何人提供擔保（第18條）。
6. 職務之限制	(1) 董事、監察人不得擔任長照機構法人及其所設機構之職員（第10條）。 (2) 監察人相互間、監察人與董事間，不得有配偶或三親等內親屬關係（第10條）。
7. 會議之召開	長照機構法人之董事會，**每半年至少開會1次**，由董事長召集之。董事應親自出席會議（第11條）。

三、長照機構法人的組織

(一) 董事會：長照機構法人應設董事會，置董事長1人，並以董事長為其代表人（第10條）。

(二) 監察人：長照機構法人應置監察人，其名額不得逾董事名額1/3；置監察人3人以上者，應互推1人為常務監察人（第10條）。

(三) 公益監察人：長照機構財團法人所登記之財產總額或該法人及其所設立機構之年度收入總額**達1億元以上者**〔不是3,000萬元以上者〕，**主管機關應指派社會公正人士1人擔任**該長照機構法人**公益監察人**，其職權與長照機構法人監察人同，並得依實際需要更換之（第10條）。

四、長照機構「財團法人」與「社團法人」之設立

財團法人與社團法人兩者的主要差別：**財團法人**是以一定的「財產」為其成立基礎，沒有會員，並以公益為存在的目的；**社團法人**是以一定的「人」為其成立基礎，有自己的成員（社員），且有公益的社團法人（例如：農會）、營利的社團法人（例如：公司）、中間的社團法人（例如：同鄉會）。有關設立長照機構的財團法人與社團法人之相關規定，如表9-10：

表9-10 長照機構的財團法人與社團法人之相關規定

	長照機構財團法人	長照機構社團法人
1. 設立之許可	長照機構財團法人之設立，應檢具捐助章程、設立計畫書及相關文件，向主管機關申請許可（第23條）。	長照機構社團法人之設立，應檢具組織章程、設立計畫書及相關文件，向主管機關申請許可（第30條）。
2. 董事會組織	長照機構財團法人之董事會，由董事7人至17人組成之。董事長由董事互選，連選得連任1次。董事配置規定（第25條）： (1) 具長照服務法所定長照服務人員資格者，至少1人。	長照機構社團法人之董事會，由董事3人至17人組成之。但以公益為目的之長照機構社團法人，不得少於7人。董事長由董事互選，連選得連任。董事配置規定（第33條）：

表9-10（續）

	長照機構財團法人	長照機構社團法人
	(2) 社會公正人士至少1人。 (3) 由外國人擔任者，不得逾1/3，且不得擔任董事長。 (4) 董事相互間，有配偶、三親等以內親屬之關係者，不得逾1/4。	(1) 具長照人員資格者至少1人。 (2) 由營利法人社員指定代表及外國人擔任者，其人數不得逾總名額之1/3，且不得擔任董事長。
3. 公益提撥	長照機構財團法人**應提撥其前一會計年度收支結餘之10%以上，辦理有關研究發展、長照宣導教育、社會福利**〔不是至少5%〕。長照機構財團法人從事社會福利者，屬前項應提撥收支結餘辦理之事項（第28條）。	長照機構社團法人應提撥前一會計年度收支結餘之10%以上，辦理有關研究發展、人才培訓、長照宣導教育及社會福利；另應提撥20%以上作為營運資金。以公益為目的之長照機構社團法人從事社會福利者，屬前項應提撥收支結餘辦理之事項（第36條）。

五、重要罰則

(一) 長照機構法人違反規定為保證人者：違反第18條第1項規定為保證人者，由主管機關處10萬元以上50萬元以下罰鍰，並限期令其改善；屆期未改善者，得按次處罰。其所為之保證，並由行為人自負保證責任（第37條）。

(二) 長照機構法人違反規定將資金出貸或擔保者：違反第18條第2項規定，將資金貸予任何人或以資產為任何人提供擔保者，由主管機關處董事長10萬元以上50萬元以下罰鍰，長照機構法人如有因而受損害時，行為人並應負賠償責任（第37條）。

(三) 長照機構法人違反規定公益項目之提撥比率：違反第28條第1項所定之提撥比率，或違反第36條第1項所定之提撥比率者，由主管機關處2萬元以上10萬元以下罰鍰，並限期令其改善（第39條）。

第五節　老人福利相關議題

一、《聯合國老人綱領》對老人權利的宣示

聯合國大會於1991年12月16日通過《聯合國老人綱領》（United Nations Principles for Older Persons），提出老人五種基本權利〔不含品質（quality）〕：

（一）獨立（independent）

1. 老人應有獲得食物、水、住屋、衣服、健康照顧、家庭及社區支持和自助的途徑。
2. 老人應有工作的機會。
3. 老人在工作能力減退時，能夠參與決定退休的時間與步驟。
4. 老人應有獲得適當教育及訓練的途徑。
5. 老人應能居住於安全且適合個人的環境。
6. 老人應盡可能長期居住於自己家裡。

（二）參與（participation）

1. 老人應能持續融合於社會中，參與影響其福利的相關政策之制定，且能與年輕世代分享知識與技能。
2. 老人應有服務社區與擔任適合自己興趣及能力的志願服務機會。
3. 老人應能組織老人的團體或行動。

（三）照顧（care）

1. 老人應能獲得符合社會文化價值與來自家庭及社區的照顧與保護。
2. 老人應有獲得健康照顧，以維持其身體、心理及情緒的適宜水準之機會，並預防疾病的發生。
3. 老人應有獲得社會與法律服務的途徑，以增強其自主、保護與照顧。
4. 老人應能夠在人性及尊嚴的環境中，適當利用機構提供的服務。
5. 老人在任何居住、照顧與治療的處所，應能享有人權和基本自由，包含對老人尊嚴、信仰、需求、隱私及決定其照顧與生活品質的權利之重視。

（四）自我實現（self-fulfillment）

　　1. 老人應有追求充分發展潛能的機會。

　　2. 老人應有獲得教育、文化、宗教、娛樂等社會資源的途徑。

（五）尊嚴（dignity）

　　1. 老人應過著有尊嚴和安全的生活，且不被剝削和身心虐待。

　　2. 老人不論其年齡、性別、種族、失能與否或其他狀況，都能受到公平的對待，而且不論其經濟貢獻大小，均應受到尊重。

　　再者，聯合國於**1992年**通過「**老化宣言**」（Proclamation on Ageing），並指定**1999年**為「**國際老人年**」（International Year of Old Persons）〔不是1992年〕，**10月1日**為「**國際老人日**」〔不是9月9日〕，其目的是希望透過國際合作，**共同創造一個「不分年齡，人人共享的社會」**（a society for all ages）〔不含創造一個「全齡住宅，通用設計」的社會、創造一個「養老物聯網」的福祉科技社會〕。

二、長期照顧十年計畫2.0

　　長期照顧十年計畫（1.0）自2007年實施之後，已獲得一些績效。例如：在服務對象方面，從低收入戶擴大到一般戶；在管理制度方面，各縣市已成立照管中心。但是，在需求面，服務需求者的使用率仍有待提升，家庭照顧者的支持體系亦需再強化；在供給面，照顧服務人力不足，相關服務資源尚須整合。衛生福利部評估及檢討之後，於2016年7月公布「長期照顧十年計畫2.0」（2017-2026年），其要點：

（一）服務對象：除了延續長期照顧十年計畫1.0的服務對象之外，擴大納入：50歲以上失智症患者、55-64歲失能平地原住民、49歲以下失能身障者、65歲以上衰弱（frailty）老人。如與長照十年計畫1.0比較，在服務對象上，長照十年計畫2.0擴大納入失智者、失能之平地原住民，並降低失能身障者的年齡上限。

（二）主要目標

　　1. 建立優質、平價、普及的長期照顧服務體系，**發揮社區主義精神**，讓失能的國民可以獲得基本服務，在自己熟悉的環境安心享受老年生活，減輕家庭照顧負擔。

2. **實現在地老化**，提供**從支持家庭、居家、社區到機構式照顧的多元連續服務**，普及照顧服務體系，建立關懷社區，期能提升失能者與照顧者之生活品質〔不含整合全民健康保險的發展目標〕。

3. 向前端優化初級預防功能，銜接預防保健、活力老化、減緩失能，促進老人健康福祉，提升生活品質。

4. 向後端提供多目標社區式支持服務，轉銜在宅臨終安寧照顧，減輕家屬照顧壓力，減少長期照顧負擔。

與長照十年計畫1.0比較，在目標上，長照十年計畫2.0特別強調：**發揮社區主義精神**〔是指老人的長照而言，例如：透過安養機構提供長者的照顧服務，而不含兒少之公托或照顧服務〕，實現在地老化，並且著重前後兩端的連結服務。亦即往前銜接預防保健，以減緩失能增加；往後銜接臨終服務，以減輕家屬負擔。

㈢ 主要內容：1.失智症照顧服務；2.原住民族地區社區整合型服務；**3.小規模多機能服務**；4.家庭照顧者支持服務據點；5.成立（A級）社區整合型服務中心、（B級）複合型日間服務中心與（C級）巷弄長照站；6.社區預防性照顧；7.預防失能或延緩失能之服務（例如：肌力強化運動、功能型復健自主運動）；8.延伸至出院準備服務；9.居家醫療。

與長照十年計畫1.0比較，在內容上，長照十年計畫2.0除了延續前項計畫中有關失智者、原住民、家庭照顧者之相關服務外，特別強調整合性服務體系的建構，以及預防性的照顧服務。其中，在服務體系的建構方面，依其服務場域，規劃A-B-C三級服務模式，如表9-11：

表9-11　長期照顧十年計畫2.0之A-B-C三級服務模式

A級 社區整合型服務中心 （長照旗艦店）	B級 複合型日間服務中心 （長照專賣店）	C級 巷弄長照站 （長照柑仔店）
實施場域	(1) 醫院、綜合醫院。 (2) 小規模、多機能、日照中心。 (3) 護理之家、衛生所。 (4) 偏鄉長照據點。	(1) 日間托老據點。 (2) 衛生所。 (3) 物理治療所、職能治療所。 (4) 診所、社區醫療群。	(1) 居家護理所、居家服務提供單位。 (2) 社區照顧關懷據點、農漁會、社區發展協會、村里辦公處、社會福利團體。 (3) 衛生所、樂智據點。
預期目標	每1鄉鎮區至少設置1處，並依區域人口數酌增，計畫共設置469處。	每1國中學區設置1處，計畫共設置829處。	每3個村里設置1處，計畫共設置2,529處。

資料來源：聯合報，2016/7/19，A6版。

　　表9-10之中，A級單位，社區整合型服務中心，是為失能者擬訂照顧計畫及連結長照服務；B級單位，複合型日間服務中心，約國中學區的距離；C級單位，巷弄長照站，提供臨近住所延緩失能的服務。截至2020年，我國已成立688個社區整合型服務中心、6,195個複合型日間服務中心、3,169個巷弄長照站。

　　與長照十年計畫1.0比較，在實施策略上，長照十年計畫2.0除了繼續增加人力、財源、強化照管機制之外，特別強調以社區為基礎，建立整合性、創新性的服務體系，並著重研究發展，定期評估各區域的長照需求與長照資源，以便適時修正相關政策，調整供需落差〔不含鼓勵家人照顧〕。

　　再者，衛福部自2017年1月起推動「長期照顧十年計畫2.0」，為了提供便利的長照單一窗口，於2017年11月24日啟用「**1966長照服務專線**」，取代原有的「412-8080長照幫您專線」。

第十章
身心障礙者福利政策與立法

身心障礙可能出生時就有，也可能發生於出生之後的任何階段，而且其發生的障礙程度也有所不同。如果沒有適時提供醫療、復健及相關福利服務，還可能隨著歲月流轉而增加障礙程度或衍生其他類別的障礙。因此，無論政策或立法，必須關注身心障礙者的福利與權益之保障。

 第一節　身心障礙者福利政策

　　身心障礙者（簡稱障礙者）福利的重要政策，主要見諸於《憲法》、《憲法》增修條文、行政院2012年修正核定的《社會福利政策綱領》：

一、《憲法》的規定

　　確保障礙者應有的權益：國家為謀社會福利，應實施社會保險制度。人民之老弱**殘廢**，無力生活，及受非常災害者，國家應予以適當之扶助與救濟（第155條）。

二、《憲法》增修條文的規定

　　扶助障礙者自立發展：國家對於身心障礙者之保險與就醫、無障礙環境之建構、教育訓練與就業輔導及生活維護與救助，應予保障，並扶助其自立與發展（第10條第7項）。

三、《社會福利政策綱領》的規定

(一) 以保險保障身心障礙者的生活：社會保險之目的在於保障全體國民免於因年老、疾病、死亡、**身心障礙**、生育，以及保障受僱者免於因職業災害、失業、退休，而陷入個人及家庭的經濟危機（二之1）。

(二) 因應身心狀況提供適當服務：政府對於國民因年齡、性別、**身心狀況**……社會人口特質而有之健康、照顧、保護、教育、就業、社會參與、發展等需求，應結合家庭與民間力量，提供適當的服務，以

促進其身心健全發展（三之1）。

(三) 提升障礙者的生活品質：政府針對經濟弱勢之兒童、少年、**身心障礙者**……應有適切協助，以提升生活品質（三之4）。

(四) 推動無歧視與無障礙的生活環境：政府應積極推動無歧視與無障礙之社區居住及生活環境，讓身心障礙者可以在人性化與有尊嚴的環境中發展，有充分的社會參與及發揮其潛能的機會（三之10）。

(五) 保障身心障礙者的權益：政府應保障身心障礙者接受教育、就業、居住及醫療等權益，使其轉銜無礙，並應結合民間資源提供其支持服務、經濟安全、身體及財產保護（三之11）。

(六) 為障礙者提供多元照顧：政府照顧老人及身心障礙者應以**居家式和社區式服務為主，機構式服務為輔**〔不是以居家式和機構式服務雙管齊下，社區式服務為輔；也不是以居家式服務為主，社區式服務為輔，機構式服務為過渡方式〕（三之14）。

第二節　《身心障礙者權益保障法》分析

《身心障礙者權益保障法》，最初稱為《殘障福利法》，於1980年6月2日公布施。1997年4月修正，更名為《身心障礙者保護法》。2007年7月修正，再更名為《身心障礙者權益保障法》〔法規**由保護主義轉型**成**權益保障**為主〕。其後多次修正，茲依2021年1月修正後條文，略述其內容及新近修正重點：

一、概述

(一) 立法目的：為維護身心障礙者之權益，保障其**平等參與社會、政治、經濟、文化等之機會**，促進其**自立**及**發展**（第1條）。

(二) 主管機關：在中央為衛生福利部；在直轄市為直轄市政府；在縣市為縣市政府。主管機關的權責：**身心障礙者人格維護**、經濟安全、照顧支持與獨立生活機會等相關權益之規劃、推動及監督等事項（第2條）。

㈢ 目的事業主管機關的權責
1. 衛生主管機關：障礙者之鑑定、保健醫療、醫療復健與輔具研發等相關權益之規劃、推動及監督等事項（第2條）。
2. 勞工主管機關：障礙者之職業重建、就業促進與保障、勞動權益與職場安全衛生等相關權益之規劃、推動及監督等事項（第2條）。
3. **建設、工務、住宅主管機關**：障礙者住宅、公共建築物、公共設施之總體規劃與**無障礙生活環境**等相關權益之**規劃**、**推動及監督**等事項〔不是中央社福衛生主管機關、金融主管機關、科技主管機關的權責〕（第2條）。
4. 文化主管機關：身心障礙者**精神生活之充實**與藝文活動參與之規劃、推動及監督等事項（第2條）。
5. 通訊傳播主管機關：主管障礙者**無障礙資訊**和通訊技術及系統、網路平臺、通訊傳播**傳輸內容無歧視**等相關事宜之規劃、推動及監督等事項（第2條）。
㈣ 諮詢機制：主管機關應遴聘（派）障礙者或其監護人代表、障礙福利學者或專家、民意代表與民間機構、團體代表及各目的事業主管機關代表辦理障礙者權益保障事項；其中遴聘**障礙者或其監護人代表**及**民間機構、團體代表**之比例，**不得少於1/3**〔不是1/4〕。前項之代表，**單一性別不得少於1/3**〔不是1/2〕（第10條）。
㈤ 定期調查：各級政府應至少**每5年**〔不是每4年〕舉辦障礙者之生活狀況、保健醫療、特殊教育、就業與訓練、交通及福利等需求評估及服務調查。行政院**每10年**辦理全國人口普查時，應將障礙者**人口調查納入**普查項目（第11條）。
㈥ 障礙福利經費來源
1. 各級政府按年編列之身心障礙福利預算。直轄市、縣市主管機關財政確有困難者，應由中央政府補助，並應專款專用（第12條）。
2. 社會福利基金（第12條）。
3. 身心障礙者就業基金（第12條）。
4. 私人或團體捐款（第12條）。
5. 其他收入〔不含全民健保之保險費〕（第12條）。

二、身心障礙者（服務對象）的界定

本法所稱身心障礙者，指下列各款身體系統構造或功能，有損傷或不全導致顯著偏離或喪失，影響其活動與參與社會生活，經**醫事、社工、特殊教育與職業輔導評量**等專業人員**組成之專業團隊**鑑定及評估，領有障礙證明者（第5條），**可分為8款／8種／8大類**〔不同於舊法的16大類〕：

- （一）神經心智障礙：神經系統構造及精神、心智功能。
- （二）視覺聽覺障礙：眼、耳及相關構造與感官功能及疼痛。
- （三）語言障礙：涉及聲音與言語構造及其功能。
- （四）循環免疫系統障礙：循環、造血、免疫與呼吸系統構造及其功能。
- （五）消化內分泌障礙：消化、新陳代謝與內分泌系統相關構造及其功能。
- （六）泌尿生殖系統障礙：泌尿與生殖系統相關構造及其功能。
- （七）肌肉骨骼移動障礙：神經、肌肉、骨骼之移動相關構造及其功能。
- （八）皮膚障礙：皮膚與相關構造及其功能。

三、身心障礙者鑑定及需求評估

身心障礙者是否符合接受服務的資格或條件，必須經由專業團隊的鑑定及評估，如表10-1：

表10-1　身心障礙者鑑定及需求評估

項目	相關規定
1. 申請鑑定	縣市主管機關受理障礙者申請鑑定時，應交**衛生主管機關指定**〔不是交社政主管機關指定〕**相關機構或專業人員組成專業團隊**，進行鑑定並完成身心障礙鑑定報告（第6條）〔專業人員含醫事、社工、特殊教育及職業輔導評量的專家〕。
2. 鑑定報告	(1) 送達：前項**鑑定報告**，至遲應於完成後**10日內**〔不是7日內〕**送達**申請人**戶籍所在地**之**衛生主管機關**。 (2) 核轉：衛生主管機關除核發鑑定費用外，至遲應將該鑑定報告於10日內核轉直轄市、縣市主管機關辦理。 (3) 作業辦法：障礙鑑定機構或專業人員之指定、鑑定人員之資格條件、**障礙類別之程度分級**、鑑定向度與基準、鑑定方法、工具、作業方式及其他應遵行事項之辦法，**由中央衛生主管機關定之**。

表10-1（續）

項目	相關規定
	(4) 預算支應：辦理有關障礙鑑定服務必要之**診察、診斷或檢查等項目之費用**，應由直轄市、**縣市衛生主管機關編列預算支應**。 (5) 健保支應：障礙鑑定之**項目符合全民健保之規定給付者**，應**以該保險支應**，不得重複申領費用（第6條）。
3. 進行需求**評估**	(1) 專業團隊評估：縣市主管機關應於取得衛生主管機關核轉之障礙鑑定報告後，籌組專業團隊進行需求評估。 (2) 考量因素：前項需求評估，應依身心障礙者**障礙類別、程度、家庭經濟情況、照顧服務需求、家庭生活需求、社會參與需求**等因素為之。 (3) 評估併同評鑑辦理：第1項**評估作業**得**併同**前條**鑑定作業辦理**〔不是分開辦理〕，有關評估作業與鑑定作業併同辦理事宜，由中央主管機關會同中央衛生主管機關定之（第7條）。
4. 核發身心障礙證明	縣市主管機關對於設籍於轄區內依前項評估合於規定者，應核發身心障礙證明，**據以提供所需之福利及服務**〔不是領有障礙證明者享有齊一式福利〕（第7條）。身心障礙證明**有效期間**最長為**5年**〔不是10年或永久有效〕（第14條）。
5. 重新鑑定與評估	(1) 障礙者**對障礙鑑定及需求評估有異議者**：應於收到通知書之次日起**30日內**〔不是20日內〕，以書面向縣市主管機關提出申請重新鑑定及需求評估，並**以1次為限**〔不是3次為限〕。依前項申請，應**負擔40%**〔不是全額〕之相關作業**費用**；其異議成立者，應退還之。**逾期申請者，其相關作業費用，應自行負擔**（第13條）。 (2) 領有無註記有效期間之障礙證明者：障礙情況符合有關障礙無法減輕或恢復之基準，免重新鑑定者，縣市主管機關應核發**無註記有效期間之障礙證明**，並**每5年**就該個案進行第7條之需求評估（第14條）。 (3) 領有記載**有效期間之障礙證明者**：應於效期屆滿前**90日內**〔不是60日內〕**向戶籍所在地**之縣市主管機關申請**辦理重新鑑定**及需求評估（第14條）。 (4) 障礙者**障礙情況改變**時：應自行向縣市主管機關申請重新鑑定及需求評估。縣市主管機關發現障礙者障礙情況改變時，得以書面通知其於**60日內辦理重新鑑定**與需求評估（第14條）。

四、對身心障礙者服務的原則

《身心障礙者權益保障法》之總則，有許多原則性的規範，可歸納為7個原則：

(一) 預防原則：各級政府相關目的事業主管機關，應本預防原則，針對遺傳、疾病、災害、環境汙染及其他導致障礙因素，有計畫推動生育保健、衛生教育等工作，並進行相關社會教育及宣導（第8條）。

(二) 不歧視原則：障礙者之**人格及合法權益**，應**受尊重及保障**，對其接受**教育、應考、進用、就業、居住、遷徙、醫療等權益**，不得有**歧視**之對待（第16條）。

(三) 公平原則：公共設施場所營運者，不得使障礙者無法公平使用設施、設備或享有權利。公私立機關（構）、團體、學校與企業公開辦理各類考試，應依障礙應考人個別障礙需求，在考試公平原則下，提供多元化適性協助，以保障身心障礙者公平應考機會（第16條）。

(四) 專戶保存現金給付或補助：障礙者依法請領各項現金給付或補助，得於金融機構開立專戶，專供存入各項現金給付或補助之用。**專戶內之存款，不得作為抵銷、扣押、供擔保或強制執行之標的**（第17條）〔沒有任何機關有權力作為抵銷、扣押、供擔保或強制執行之標的，即使法院、地檢署、金融機構，亦同〕。

(五) 建立通報系統：縣市主管機關應建立通報系統，並由各級相關目的事業主管機關負責彙送資訊，以掌握身心障礙者之情況，適時提供服務或轉介（第18條）：

1. 衛生主管機關：疑似身心障礙者、發展遲緩或異常兒童資訊。
2. 教育主管機關：疑似身心障礙學生資訊。
3. 勞工主管機關：職業傷害資訊。
4. 警政主管機關：交通事故資訊。
5. 戶政主管機關：**身心障礙者人口異動資訊**。

(六) 個別化及多元化服務：各級主管機關及目的事業主管機關應依服務需求之評估結果，提供**個別化、多元化之服務**（第19條）。

㈦ 資源整合原則：為促進障礙輔具資源整合、研究發展及服務，中央主管機關應整合各目的事業主管機關辦理障礙輔具資源整合等相關事宜（第20條）。

五、保健醫療權益

中央衛生主管機關應規劃整合醫療資源，提供障礙者健康維護及生育保健（第21條）。各級衛生主管機關應整合醫療資源，依障礙者個別需求，提供保健醫療服務，並協助障礙福利機構提供所需之保健醫療服務（第22條）。有關障礙者的保健醫療權益，如表10-2：

表10-2　身心障礙者的保健醫療權益

項目	相關規定
1. 設置服務窗口	醫院應為障礙者設置服務窗口，提供溝通服務或有助於就醫之相關服務（第23條）。
2. 提供出院準備計畫	醫院應為住院之障礙者提供出院準備計畫，包括：社區醫療資源轉介服務、轉銜服務，以及居家照護、復健治療、**居家環境改善**、**輔具評估及使用**、**生活重建服務**、**心理諮商服務**等項之建議〔不含經濟補助、休閒及文化活動之建議〕（第23條）。
3. 設立特別門診	依據障礙者人口數及就醫需求，指定醫院設立**障礙者特別門診**（第24條）。
4. 設立復健機構及護理之家	依據各類障礙者之人口數及需要，設立或獎助設立醫療復健機構及護理之家，提供醫療復健、輔具服務、日間照護及居家照護等服務（第25條）。
5. 補助復健費及輔具	障礙者復健之醫療費及醫療輔具，其**未納入健保給付**範圍者，**地方主管機關**應依需求評估**補助之**（第26條）。

六、教育權益

各級教育主管機關應根據障礙者人口調查之資料，為障礙者提供相關的教育措施，如表10-3：

表10-3　身心障礙者的教育權益

項目	相關規定
1. 維護障礙者受教權益	(1) 提供特教機會：各級教育主管機關應依障礙者人口調查資料，規劃特教學校、特教班。學校不得以尚未設置適當設施或其他理由拒絕障礙者入學（第27條）。 (2) 提供交通協助：障礙學生無法自行上下學者，應由政府免費提供交通工具；確有困難，無法提供者，應補助其交通費（第27條）。
2. 獎勵學前教育及課後照顧收托障礙兒童	各級教育主管機關應依障礙者教育需求，規劃辦理學前教育，並獎勵民間設立學前機構，提供課後照顧服務，研發教具教材等服務。**公立幼兒園、課後照顧服務，應優先收托身心障礙兒童**，辦理障礙幼童學前教育、托育服務，並獎助民間幼兒園、課後照顧服務收托障礙兒童（第31條）。
3. 獎助高中以上特殊教育	障礙者繼續接受高中以上學校之教育，各級教育主管機關應予獎助；中央教育主管機關應積極鼓勵輔導大專校院開辦按摩、理療按摩或醫療按摩相關科系，並應保障視覺功能障礙者入學及就學機會（第32條）。

七、就業權益

（一）職業重健服務

1. 計畫：**各級勞工主管機關應參考障礙者之就業意願**，由職業重建個案管理員評估其能力與需求，**訂定適切之個別化職業重建服務計畫**，並結合相關資源，提供職業重建服務（第33條）。

2. 內容：前項所定**職業重建服務**，包括**職業重建個案管理服務、職業輔導評量、職業訓練、就業服務、職務再設計、創業輔導**及其他職業重建服務〔不含在職訓練〕（第33條）。

3. 申請：前項所定各項職業重建服務，得**由障礙者本人**或**其監護人**向各級勞工主管機關**提出申請**（第33條）。

（二）支持性就業服務

1. 安置：各級勞工主管機關對於具有就業意願及就業能力，而不足以獨立在競爭性就業市場工作之障礙者，應依其工作能力，提供個別化就業安置、訓練及其他工作協助等支持性就業服務（第34條）。

2. 投保：障礙者於支持性就業時，雇主應依法為其辦理參加勞保、全民健保及其他社會保險，並依相關勞動法規確保其權益（第42條）。

(三) 庇護性就業服務

1. 安置：各級勞工主管機關對於具**有就業意願，而就業能力不足，無**法進入競爭性就業市場，需長期就業支持之障礙者，應依其職業輔導評量結果，**提供庇護性就業服務**〔不是提供支持性就業服務〕（第34條）。

2. 訂約或轉銜：經職業輔導評量符合庇護性就業之障礙者，由辦理庇護性就業服務之單位提供工作，並由雙方簽訂書面契約。接受庇護性就業之障礙者，經評量確認不適於庇護性就業時，應依其實際需求提供轉銜服務，並得不發給資遣費（第41條）。

3. 投保：障礙者於庇護性就業時，雇主應依法為其辦理參加勞保、全民健保及其他社會保險，並依相關勞動法規確保其權益（第42條）。

(四) 合理的薪資報酬：進用障礙者之機關（構），對進用之障礙者，應本同工同酬之原則，不得為任何歧視待遇，核發正常工作時間薪資，不得低於基本工資。庇護性就業之障礙者，得由進用單位與庇護性就業者議定，依其產能核薪（第40條）。

(五) 協助庇護工廠營運產銷：各級勞工主管機關應協調各目的事業主管機關及結合相關資源，提供庇護工場下列輔導項目（第36條）：1.經營及財務管理；2.市場資訊、產品推廣及生產技術之改善與諮詢；3.員工在職訓練；4.其他必要之協助。

(六) 設立障礙者就業基金：為促進障礙者就業，縣市勞工主管機關應設障礙者就業基金。進用障礙者人數未達標準之機關（構），應定期向所在地障礙者就業基金繳納差額補助費；其金額，依差額人數乘以每月基本工資計算。縣市勞工主管機關之障礙者就業基金，每年應就收取前1年度差額補助費30%撥交中央勞工主管機關之就業安定基金統籌分配（第43條）。前條（第43條）障礙者**就業基金之用途**（第44條）：

1. 補助進用障礙者達一定標準以上之機關（構），因進用障礙者必須**購置、改裝、修繕器材、設備及其他協助進用之費用**〔不含因進用

障礙者必須支付之勞健保費用〕。

2. 核發超額進用障礙者之私立機構獎勵金〔不含公立機構〕，其金額最高按超額進用人數乘以每月基本工資1/2計算。

3. 其他為促進**障礙者就業權益**相關事項〔不含辦理促進中高齡國民及中低收入戶就業權益相關事項，也不含提供家暴受害者訴訟之法律服務〕。

(七) 從事按摩之規範

1. 非視覺功能障礙者，不得從事按摩業。**此規定**於2011年10月31日**失效**〔亦即目前非視覺障礙者也可從事按摩業〕（第46條）。

2. 醫療機構得**僱用視覺障礙者**於特定場所**從事非醫療按摩**工作（第46條）。

3. **醫療機構、車站、民用航空站、公園**營運者及政府機關（構），**不得提供場所供非視覺功能障礙者從事按摩**或理療按摩工作〔對「非視障者」不得提供，對「視障者」可提供〕。其提供場地供**視覺功能障礙者從事按摩**或理療按摩工作者**應予優惠**（第46條）。

(八) 電話值機人員之視障比例：政府機關（構）及公營事業自行或委託辦理諮詢性電話服務工作，**電話值機人數在10人以上者**，應**進用視覺障礙者**達電話值機人數1/10以上（第46-1條）。

(九) 定額僱用：對於公私立單位必須進用障礙者的人數，有一定比例之規定（第38條、第38-1條、第46-1條），如表10-4：

表10-4　相關單位應進用障礙者比例之規定

	進用單位	員工總人數基準	進用障礙者比例
公家單位	**各級政府機關** 公立學校 **公營事業機構**	34人以上者 〔不是43人以上〕	不得低於員工總人數3% 〔不是5%〕
民間單位	**私立學校** 團體 **民營事業機構**	67人以上者	不得低於員工總人數1%，且不得少於1人
公辦或委託單位	諮詢性電話總機	值機人員10人以上者	應進用視覺障礙者1/10

表10-4（續）

	進用單位	員工總人數基準	進用障礙者比例
備註	1. 障礙員工月薪未達基本工資者，不計進用障礙者人數及員工總人數。 2. 部分工時工作，其月薪資達基本工資1/2以上者，進用2人得以1人計入障礙者人數及員工總人數。 3. 進用**重度以上障礙者**，每**進用1人以2人核計**。 4. 成立**關係企業者**，進用障礙人數達員工總人數20%以上者〔不是30%以上〕，得與該事業機構（母機構）合併計算定額進用人數。 5. 警政、消防、關務、國防、海巡、法務及航空站等單位定額進用總人數之計算範圍，另定之。		

八、支持性服務

縣市主管機關應自行或結合民間資源為障礙者提供支持性服務，並**不得有設籍時間之限制**。障礙者支持性服務，應依**多元連續服務原則**〔不是依多元文化服務或一站式服務原則〕規劃辦理（第49條）。有關障礙者的支持性服務，如表10-5：

表10-5　身心障礙者支持性的服務

	項目	相關規定
支持性服務	個人支持及照顧服務	縣市主管機關應辦理下列服務，提供障礙者獲得個人支持及照顧，促進其生活品質、社會參與及自立生活：**居家照顧**、生活重建、心理重建、**社區居住**、婚姻及生育輔導、**日間**及住宿式**照顧**、家庭托顧、課後照顧、自立生活支持服務、其他有關障礙者個人照顧之服務〔提供障礙者家庭短暫替代照顧，讓其家人可安心工作，是臨托服務，不是居家照顧、日間照顧、社區居住〕（第50條）。
	辦理障礙者**家庭照顧者支持性服務**	縣市主管機關應辦理下列服務，以提高障礙者家庭生活品質：**臨時及短期照顧**、**照顧者支持與訓練及研習**、**家庭關懷訪視及服務**、其他有助於提升家庭照顧者能力及生活品質之服務〔不含社區居住〕（第51條）。

表10-5（續）

	項目	相關規定
	協助參與社會之服務	(1) 各級及各目的事業主管機關應辦理下列服務，以協助障礙者參與社會：休閒及文化活動、體育活動、公共資訊無障礙、公平之政治參與、法律諮詢及協助、無障礙環境、輔助科技設備及服務、社會宣導及社會教育、其他有關障礙者社會參與之服務。前項服務措施屬付費使用者，應予減免費用（第52條）。 (2) **政府及其附屬機關（構）、學校**所建置之網站，應**通過第一優先等級以上之無障礙檢測，並取得認證標章**（第52-2條）。
提供無障礙環境	無障礙運輸服務	(1) 運輸營運者所服務之路線、航線、班次、搭乘空間，**應提供無障礙運輸服務**〔不含在每個公車站，聘請專人將輪椅使用者抬上公車〕（第53條）。 (2) **大眾運輸工具應規劃設置無障礙設施及設備**。未提供對號座之大眾運輸應設置供障礙者及老弱婦孺優先乘坐之**博愛座**〔博愛座的法源是身心障礙者權益保障法，不是老人福利法、兒少福法〕，其**比率不低於總座位數15%**〔不是5%〕。座位應設於鄰近車門、艙門或出入口處〔不是設於車廂中間或第一節車廂〕，至車門、艙門或出入口間之地板應平坦無障礙，並視需要標示或播放提醒禮讓座位之警語（第53條）。
	導盲犬自由出入	(1) 視覺、聽覺、肢體障礙者由合格導盲犬、導聾犬、肢體輔助犬陪同或其專業訓練人員於執行訓練時帶同幼犬，得自由出入公共場所、公共建築物、**營業場所**、大眾運輸及其他公共設施。公共設施之所有人、管理人或使用人，不得對導盲幼犬及**合格導盲犬等收取額外費用**，且不得拒絕其自由出入（不含基於衛生問題必要時可拒絕導盲犬進入）或**附加其他出入條件**〔不含基於衛生問題、成本問題，必要時可附加導盲犬進入條件〕（第60條）。 (2) 他人不得任意觸摸、餵食或以各種聲響、手勢等方式干擾該導盲犬等（第60條）。
	視障生活及職業重建服務	中央主管機關應會同勞工主管機關協助及輔導縣市政府辦理視覺障礙者生活及職業重建服務。前項服務應含生活技能及定向行動訓練（第60-1條）。

表10-5（續）

	項目	相關規定
	手語翻譯及聽打服務	縣市政府應設置申請手語翻譯服務窗口，依聽覺或言語障礙者需求，提供參與公共事務所需之服務；並得依障礙者之需求，提供同步聽打服務。手語翻譯服務，並於本法（104年12月）公布滿5年之日起，由手語翻譯技術士檢定合格者擔任（第61條）。
優先保留停車位	專用停車位	(1) 公共停車場〔超過50個停車位〕應**保留2%停車位**〔不是1%〕，作為障礙者專用停車位，其**未滿50個停車位**之公共停車場〔不是未滿30個停車位〕，至少應保留1個障礙者專用停車位〔不是保留3個〕。非領有專用停車位識別證明者，不得占用（第56條）。 (2) 公眾服務之政府機關、公私學校、團體及事業機構設有停車場者，應依前項辦理（第56條）。
優待措施	乘坐車船優待	(1) 障礙者搭乘**國內大眾運輸工具**，憑障礙證明，應予**半價優待**〔不是免費〕（第58條）。 (2) 障礙者經需求評估結果，認需人陪伴者，其陪伴者以1人為限〔不是2人為限〕，得享有前項之優惠措施（第58條）。 (3) 大眾運輸工具，障礙者得優先乘坐，其優待措施並**不得有設籍之限制**（第58條）。 (4) **國內航空業者**除民航主管機關所訂之安全因素外，不認同障礙者可單獨旅行，而特別要求應有陪伴人共同飛行者，**不得**〔不是得〕**向陪伴人收費**〔也不是半價優待〕（第58條）。 (5) 縣市主管機關辦理**復康巴士**服務，自民國101年1月1日起**不得有設籍之限制**（第58-1條）。
	進入收費之風景區及文康設施優待	障礙者進入收費之**公營**或**公設民營**風景區、康樂場所或文教設施，憑障礙證明應予**免費**〔不是半價優待〕；其為**民營**者，應予**半價**優待〔不是免費或八折優待〕。認需人陪伴者，其必要陪伴者以1人為限，得享有前項之優待措施（第59條）。

九、障礙福利機構

(一) 障礙福利機構之設立及服務項目：縣市主管機關應按轄區內障礙者人口特性及需求，推動或結合民間資源設立障礙福利機構，提供生活照顧、生活重建、福利諮詢等服務。前項機構所提供之服務，應以提高家庭照顧障礙者能力及協助障礙者參與社會為原則，並得支援第50條（促進個人支持及自立生活）至第52條（提高家庭生活品質、參與社會）各項服務之提供（第62條）。

(二) 機構申請許可之規定：**私人或團體**設立障礙福利機構，應向**縣市主管機關申請設立許可**〔不是向中央主管機關申請〕。應自許可設立之日起3個月內，辦理**財團法人登記**，於登記完成後，**始得接受補助**，或經主管機關核准後對外募捐並專款專用。第1項機構未於規定期間辦理財團法人登記，而有正當理由者，得申請縣市主管機關核准延長1次，期間不得超過3個月；屆期不辦理者，原許可失其效力。但有**下列情形**之一者，得**免辦理財團法人登記**（第63條）：

1. 依其他法律申請設立之財團法人或公益社團法人申請附設者。

2. **小型設立且不對外募捐、不接受補助**及**不享受租稅減免者**〔小型障礙機構免辦法人登記，即不得接受補助，也不得自行募款〕。

(三) 機構業務負責人之限制：有下列情事之一者，不得擔任障礙福利機構之業務負責人（第63-1條）：

1. 有施打毒品、暴力犯罪、性騷擾、性侵害行為，經有罪判決確定。

2. 行為不檢損害身心障礙者權益，其情節重大，經有關機關查證屬實。

(四) 定期輔導及評鑑：各級主管機關應定期輔導、查核及評鑑障礙福利機構，其**評鑑結果分為五等第**：優等、甲等、乙等、丙等、丁等〔不是優等、甲等、乙等三個等第〕。經評鑑成績優等及甲等者，應予獎勵；經評鑑成績為**丙等及丁等**者，主管機關**應輔導其改善**（第64條）。

(五) 簽約明定權利義務：障礙福利**機構應與接受服務者**或其家屬**訂定書面契約**，明定其權利義務關係。縣市主管機關應與接受委託安置之障礙福利機構訂定轉介安置書面契約，明定其權利義務關係（第65條）。

㈥ 投保意外責任險：障礙福利機構**應投保公共意外責任保險**及具有履行營運之擔保能力，以保障障礙者權益（第66條）。

㈦ 其他相關規定

    1. **庇護工場產品之採購**：障礙福利機構或團體、庇護工場，所生產之物品及其提供之服務，於合理價格及一定金額以下者，各級政府機關、公立學校、公營事業機構及接受**政府補助之機構、團體、私立學校應優先採購**（第69條）〔此項規定，對於此類民間福利機構的經營與發展可能產生正面與負面的影響〕。

    2. **按摩勞動合作社之設立**：各級主管機關應輔導**視覺障礙者**設立以從事**按摩**為業務之**勞動合作社**（第69-1條）。

十、經濟安全之保障

    身心障礙者經濟安全保障，**採生活補助、日間照顧及住宿式照顧補助、照顧者津貼、年金保險**等**方式**〔不含個人帳戶、全民健保、商業微型保險〕，逐步規劃實施（第70條）。縣市主管機關對轄區內之障礙者，應依需求評估結果，提供下列**經費補助**，並**不得有設籍時間之限制**〔不是設籍至少6個月以上〕（第71條）：

㈠ **生活補助費**。

㈡ **日間照顧**及住宿式照顧**費用補助**。

㈢ 醫療費用補助〔尚未納入全民健保給付範圍者，應依需求評估結果補助〕。

㈣ 居家照顧費用補助〔含照顧者津貼〕。

㈤ 輔具費用補助〔尚未納入全民健保給付範圍者，應依需求評估結果補助〕。

㈥ 房屋租金及購屋貸款利息補貼。

㈦ 購買停車位貸款利息補貼，或承租停車位補助。

㈧ 其他必要之費用補助〔不含職涯轉銜補助、職業重建補助〕：

    1. 保險費之補助：障礙者加入社會保險〔含年金保險、全民健保〕，政府機關應依其家庭經濟條件，**補助保險費**（第73條）〔障礙者

參加國民年金保險，輕度障礙者由政府補助55%的自付額，中度障礙者由政府補助70%的自付額，重度與極重度障礙者由政府補助100%的自付額〕。

2. 各項補助減免稅捐：對於障礙者或其扶養者應繳稅捐，依法給予適當減免，准予報障礙特別扣除額，障礙者或其扶養者依本法規定所得之**各項補助**，應**免納所得稅**〔指法定補助免繳所得稅，不是基於經濟安全，障礙者免繳所得稅〕（第72條）。

十一、保護服務

有關身心障礙者的保護服務，如表10-6：

表10-6 身心障礙者的保護服務

項目	相關規定
1. 禁止對障礙者不當的行為	對障礙者不得有下列行為：遺棄、身心虐待、限制其自由、留置無生活自理能力之障礙者於易發生危險或傷害之環境、利用障礙者行乞或供人參觀、強迫或誘騙障礙者結婚、其他對障礙者或利用障礙者為犯罪或不正當之行為〔不含障礙者遭人詐欺財物〕（第75條）。
2. 通報及訪查	(1) 通報：**醫事**、社工、教育、警察、**村里幹事**及其他執行障礙服務業務人員〔不含公寓大廈管理人員〕，知悉障礙者有前條各款情形之一者，**應立即**向縣市主管機關**通報**，至遲**不得超過24小時**。**村里長**及其他任何人知悉障礙者有前條情形者，**得通報**縣市主管機關〔村里長之通報，不屬法定通報人員〕（第76條）。 (2) 訪查：縣市主管機關知悉或接獲通報後，應自行或委託其他機關、團體進行訪視、調查，至遲**不得超過24小時**，並應於受理案件後**4日內提出調查報告**〔不是7日內〕（第76條）。
3. 適當安置	依法令或契約對障礙者有扶養義務之人，有喪失扶養能力或有違反第75條各款情形之一，致使障礙者有生命、身體之危難或生活陷於困境之虞者，縣市主管機關得依本人、扶養義務人之申請或依職權，予以**適當安置**。前項之**必要費用**，除縣市主管機關依第71條給予補助者外，**由障礙者或扶養義務人負擔**（第77條）。

表10-6（續）

項目	相關規定
4. 緊急保護安置	(1) 緊急處置：障礙者遭受第75條各款情形之一者，情況危急，其生命、身體或自由有立即之危險或有危險之虞者，縣市主管機關應予緊急保護、安置或為必要之處置（第78條）。 (2) 安置費用：**緊急安置服務**，得委託相關障礙福利機構辦理。**安置期間之費用**，由前條第1項之**行為人支付**〔亦即由施虐、遺棄障礙者之行為人支付，而不是政府編列預算支付、受委託之障礙機構支付、障礙者或其直系血親卑親屬支付〕。必要時由縣市主管機關先行支付，並檢具請求前條第1項之行為人償還。經縣市主管機關以書面定10日以上30日以下期間催告償還，而屆期未償還者，得移送法院強制執行（第79條）。
5. 受監護或輔助宣告之聲請及轉介	(1) 安置期限：第78條障礙者之**緊急保護安置，不得超過72小時**〔不是24小時〕，得聲請法院裁定**繼續保護安置，以3個月為限**；必要時，得聲請法院裁定延長之。 (2) 聲請事項：繼續保護安置期間，縣市主管機關〔不是主管機關衛福部〕應視需要，協助障礙者向法院提出監護或輔助宣告之聲請。 (3) 轉介服務：繼續保護安置期滿前，縣市主管機關應經評估協助轉介適當之服務單位（第80條）。
6. 居住障礙之排除	縣市主管機關、相關障礙福利機構，於社區中提供障礙者居住安排服務，遭受居民以任何形式反對者，**縣市政府應協助其排除障礙**（第82條）。
7. 辦理財產信託	為使無能力管理財產之障礙者財產權受到保障，中央主管機關應會同相關目的事業主管機關，鼓勵信託業者辦理障礙者財產信託（第83條）。
8. 訴訟過程之協助	刑事被告或犯罪嫌疑人因精神障礙或心智缺陷無法為完全之陳述時，縣市主管機關得依刑事訴訟法規定，聲請法院同意**指派社工人員擔任輔佐人**〔不是指派監護人、心理師、諮商師、精神專科醫師〕（第84條）。
9. 矯正機關收容之必要改善	障礙者依法收容於矯正機關時，**法務主管機關**應考量矯正機關收容特性、現有設施狀況及障礙者特殊需求，**作必要之改善**（第85條）。

十二、重要罰則

(一) （任何人）違反第75條各款規定情形之一者：即對於障礙者遺棄、身心虐待、限制自由、留置於易生危險環境、利用其行乞或供人參觀、強迫或誘騙其結婚、利用其為犯罪或不正當之行為，處3萬元以上15萬元以下罰鍰，並得公告其姓名（第95條）。

(二) 障礙者之家庭照顧者或家庭成員違反第75條各款規定情形之一者：直轄市、縣市主管機關應令其接受**8小時以上50小時以下**（不是80小時以下）之**家庭教育及輔導**，並**收取**必要之**費用**。拒不接受前項家庭教育及輔導或時數不足者，處3,000元以上1萬5,000元以下罰鍰，經再通知仍不接受者，得按次處罰至其參加為止（第95條）。

(三) 違反第16條第2項規定：即公共設施場所營運者，使障礙者無法公平使用設施、設備或享有權利，應令限期改善；屆期未改善者，處1萬元以上5萬元以下罰鍰，並命其接受**4小時之講習**（第100條）。

(四) 違反第60條第2項規定：即公共設施之所有人對合格導盲犬等收取額外費用、或拒絕其自由出入或附加其他出入條件，應令限期改善；屆期未改善者，處1萬元以上5萬元以下罰鍰，並命其接受**4小時之講習**（第100條）。

十三、《身心障礙者權益保障法》新近修正重點

《身心障礙者權益保障法》新近於2015年12月、2021年1月修正，其修正重點：

(一) 增訂「無註記有效期間」障礙證明之核發：考量障礙者每5年換發障礙證明，可能增加障礙者困擾，且耗費行政成本，新增：障礙情況符合第6條第3項（初次鑑定）所定辦法有關障礙無法減輕或恢復之基準，免重新鑑定者，縣市主管機關應核發無註記有效期間之身心障礙證明，並每5年就該個案進行第7條之需求評估（第14條）。

(二) 增訂各項職業重建服務得向勞工主管機關申請：為符合立法意旨，促進身心障礙者就業之目標，增訂：前項所定各項職業重建服務

（職業輔導評量、職業訓練、就業服務、創業輔導等），得由障礙者本人或其監護人向各級勞工主管機關提出申請（第33條）。

(三) 增訂依障礙者需求而提供同步聽打服務：國內聽障者以口語溝通占絕對多數，修正前僅規定各縣市政府須提供手語翻譯服務窗口，無法完整保障其參與公共事務之權利。增訂：縣市政府應……依聽覺功能或言語功能障礙者實際需求，提供其參與公共事務所需之服務；並得依障礙者之實際需求，提供同步聽打服務（第61條）。

(四) 更改「智能障礙」為「心智缺陷」：為避免身心障礙者被汙名化，修正為：刑事被告或犯罪嫌疑人因精神障礙或其他心智缺陷無法為完全之陳述時，縣市主管機關得依刑事訴訟法規定，聲請法院同意指派社工人員擔任輔佐人（第84條）。

(五) 政府應主動協助障礙者進行重新鑑定或換發障礙證明：前已領有身心障礙手冊者，應依縣市主管機關指定期日及方式，辦理重新鑑定及需求評估或換發身心障礙證明；屆期未辦理者，直轄市、縣市主管機關應主動協助其辦理相關申請程序（第106條）。

 ## 第三節　身心障礙者福利相關議題

一、聯合國《身心障礙者權利公約》之要點

聯合國於2006年12月13日**通過《身心障礙者權利公約》**（The Convention on the Rights of Persons with Disabilities, CRPD），**2008年5月3日生效**〔不是2009年5月3日生效〕，其要點：

(一) 主要宗旨：為促進、保障與確保所有身心障礙者充分及平等享有所有人權及基本自由，並促進對身心障礙者固有尊嚴之尊重（第1條）。

(二) 一般原則：聚焦於「人權」，包括**八大原則**，也是公約的目的（第3條）：

1. **尊重人與生俱來的尊嚴**與自主，包括自由做出自己的選擇與個人自立。

2. 不歧視。

3. 充分且有效參與及**融入社會**。

4. 尊重差異，接受障礙者是人類多樣性與人性的一部分。

5. **機會平等**。

6. 無障礙地接近環境／可及性。

7. 性別平等。

8. 尊重障礙兒童有逐漸發展的能力，**尊重身心障礙兒童**保持身分認同的權利〔不含尊重老人、保障身心障礙老人的權利〕。

（三）人身自由與安全：確保障礙者在平等基礎上有下列權利（第14條）：

1. 享有人身自由及安全之權利。

2. 不被非法或任意剝奪自由。

3. 有權獲得國際人權法規定之保障。

4. 享有符合本公約宗旨〔固有尊嚴之尊重〕及原則之待遇。

（四）自立生活與融入社區：障礙者享有於社區中生活之下列權利（第19條）：

1. 有機會在平等基礎上選擇居所，選擇於何處、與何人一起生活。

2. 享有近用各種居家、住所及其他社區支持服務。

3. 為大眾提供之社區服務及設施，可由身心障礙者平等使用。

（五）尊重家居與家庭：應採取有效及適當措施，在與其他人平等基礎上，於涉及婚姻、家庭、父母身分及家屬關係之所有事項中，消除對身心障礙者之歧視，以確保（第23條）：

1. **所有適婚年齡之身心障礙者**，基於當事人雙方自由與充分之同意，**其結婚與組成家庭之權利，獲得承認**。

2. **身心障礙者得自由且負責任地決定子女人數及生育間隔**，近用適齡資訊、生育及家庭計畫教育之權利獲得承認，並提供必要措施使身心障礙者得以行使該等權利。

3. 在與其他人平等基礎上，身心障礙者，包括身心障礙兒童，**保留其生育能力**。

《身心障礙者權利公約》是聯合國在21世紀通過的第一個人權公

約，影響全球障礙者之權利保障。雖然，各個國家各有其發展背景，但是對障礙者的福利需求，都應積極回應。其中，基於自立生活與融入社區之權利，障礙者有權選擇居住的地方，其家人不能因爲障礙者行動不便，需要他人照顧，而代爲決定其居住地點。

再者，身障公約爲保障家居與家庭人權，規定：締約國應於直系親屬不能照顧身心障礙兒童之情況下，盡一切努力於家族範圍內提供**替代性照顧**，並於無法提供該等照顧時，**於社區內提供家庭式照顧**（第23條）〔不是機構式照顧、學校式托育〕。

二、聯合國《身心障礙者權利公約》之關鍵性概念

聯合國《身心障礙者權利公約》（簡稱「身權公約」）對於障礙者保障的範圍相當廣泛，其中有幾個關鍵性的概念（王育瑜，2023：17-27），略述如下：

(一) 無障礙／可及性：「身權公約」指出，國家應訂定可及性的標準。「無障礙／可及性」（accessible）強調環境應在還沒有出現障礙之前，即事先考量身心障礙者的多樣性與差異性需求，避免對障礙群體造成阻礙。例如：國是論壇直播提供即時字幕，是考量聽障者的可及性。

(二) 語言：「身權公約」第2條界定「語言」，包括口語、手語及其他形式之非語音語言，肯定人類社會多樣性也展現在語言上，社會透過聲音溝通的方式被賦予較優勢的位置，使得其他以圖畫、文字、角色扮演或透過觀察等方式的溝通，較不被重視，也使得不太能夠或完全無法藉由語言溝通者，例如：聽覺功能障礙者、聲音及言語功能障礙者，面臨被社會排除的風險。

(三) 基於身心障礙之歧視：「身權公約」第2條界定，是任何基於障礙者區別、排斥或限制，其目的或影響損害或取消在與他人平等基礎上之認可，享有或行使政治、經濟、社會、文化、公民或任何其他領域的所有人權及基本自由。基於身心障礙之歧視，有兩種類型：

1. 直接歧視：例如：學校爲了不調整學校環境而拒絕障礙兒童入學，便是直接歧視。

2. 間接歧視：例如：學校讓心智障礙兒童入學，卻不提供易讀版本的教材，便是間接歧視。

(四) 合理調整：依「身權公約」第2條第4項的界定，「合理調整」（reasonable accommodation）是：在不造成過度或不相稱負擔（undue hardship）的情況下，針對特定需要進行必要與適當的修改和調整，以確保障礙者在與他人平等的基礎上，享有或行使人權及基本自由。例如：調整工作環境或工作流程，以因應障礙者工作上的特殊需求。身權公約第2條第3項指出，拒絕提供合理調整，也是歧視的形式之一。

(五) 通用設計：依「身權公約」第2條第5項的界定，「通用設計」（universal design）是：產品、環境、方案與服務，必須讓所有人（障礙者與一般人）都可以使用，盡最大可能不需要改造或特殊設計。例如：公園有不同高度的休憩座椅，不要等到障礙者無法坐時再來調整。

(六) 障礙平權：「身權公約」第1條指出：「本公約宗旨係促進、保障與確保所有身心障礙者充分及平等享有所有人權及基本自由，並促進對身心障礙者固有尊嚴之尊重。」這是障礙平權的主要根源。法律學者指出，身障公約所保障的權利，包括：一般權利、公民與政治權利，以及經濟、社會文化等權利，如表10-7：

表10-7　聯合國「身權公約」各項權利類型

權利類型	權利項目
一般權利	禁止歧視、婦女及兒童特別保障、意識覺醒、可及的環境。
公民與政治權	生命權、武裝衝突之特別保護、法律之前平等、司法可及、人身自由及安全、免於酷刑暴力及虐待、身心完整、遷徙及國籍自由、自立生活及融入社區、行動自由、表達自由、隱私權、居家及家庭自由。
經濟、社會及文化權	融和教育權、健康權、康復權、工作及受僱權、適足生活水準、參與政治及公共生活之權利、參與文化、休閒及體育之權利。

資料來源：廖福特，2017，p. 10；引自王育瑜，2023，p. 18。

由表10-8所列各項權利顯示，障礙者與其他人都有平等機會，獲得基本權利並受到尊重，此即障礙平權。目前，臺灣對於障礙福利服務積極倡導「**障礙平權主流化**」，著重於障礙者的：教育平權、運動平權、健康平權、資訊平權、文化平權等。

三、我國《身心障礙者權利公約施行法》之要點

　　我國已簽署聯合國《身心障礙者權利公約》（CRPD），且爲實施聯合國「身權公約」，**於2014年8月制定**公布《身心障礙者權利公約**施行法**》全文12條，自2014年12月3日起施行。其要點：

(一) 主要目的：維護身心障礙者權益，保障其平等參與社會、政治、經濟、文化等之機會，促進其自立及發展（第1條）。

(二) 配套措施

  1. 推動小組：行政院爲推動本公約相關工作，應邀集學者專家、身心障礙團體（機構）及各政府機關代表，成立身心障礙者權益推動小組。其中，學者專家、身心障礙團體（機構）之人數不得少於總數1/2；任一性別不得少於1/3（第6條）。

  2. 經費編列：各級政府機關執行公約中各項身心障礙者人權保障之規定，其所需之經費，**應優先編列**，逐步實施（第9條）。

  3. 報告制度：政府應依公約規定建立身心障礙者權利報告制度，於本法施行後2年（2016年12月）〔不是3年〕提出初次國家報告；之後**每4年提出國家報告**（第7條）。

  4. 定期改進：各級政府機關應依公約規定之內容，就其所主管之法規及行政措施於本法施行後定期改進（第10條）：

    (1) 2年內：提出優先檢視清單。

    (2) 3年內：有不符公約規定者，完成法規之增修、廢止及行政措施之改進。

    (3) **5年內**：〔不是4年內〕完成其餘法規之制（訂）定、修正或廢止及行政措施之改進。

（三）實施策略

1. 推動小組定期開會：行政院身心障礙者權益推動小組，定期召開會議，協調、研究、審議、諮詢並辦理相關事項（第6條）。

2. 建立評估與監測機制：政府應徵詢身心障礙團體之意見，建立評估公約落實與影響之人權指標、基準及政策、法案之影響評估及監測機制（第5條）。

3. 依法提供法律扶助：身心障礙者委任律師依前項規定行使權利者，政府應依法提供法律扶助；其扶助業務，得委託財團法人法律扶助基金會或其他民間團體辦理（第8條）。

4. 定期審閱及追蹤管考：針對國家報告，邀請相關專家學者及民間團體代表審閱。依審閱意見檢討及研擬後續施政方針，並定期追蹤管考實施成效（第7條）。

（四）實施原則

1. 視同國內法律之效力：公約所揭示保障身心障礙者人權之規定，**具有國內法律之效力**（第2條）。

2. 參照原公約之意旨及解釋：適用公約規定之法規及行政措施，應參照公約意旨及聯合國身心障礙者權利委員會對公約之解釋（第3條）；本法未規定之事項，政府得視其性質，參照公約、聯合國身心障礙者權利委員會之解釋辦理（第11條）。

3. 行使職權應符合公約之規定：各級政府機關行使職權，應符合公約有關身心障礙者權利保障之規定，避免侵害身心障礙者權利，保護身心障礙者不受他人侵害（第4條）。

4. 未完成改進前優先適用公約之規定：政府未依規定完成法規之制（訂）定、修正或廢止及行政措施之改進前，應優先適用公約之規定（第10條）。

5. 積極促進障礙者權利之實現：各級政府機關行使職權，應積極促進各項身心障礙者權利之實現（第4條）。

四、身心障礙社會模式與人權模式之比較

回顧障礙政策的發展歷史，可發現一個社會對於障礙者困境的解釋觀點，與國家對於障礙者的政策回應是相輔相成的（王國羽、林昭吟、張恒豪，2021：37）。

對於身心障礙的觀點，依其發展的順序，有四種模式：慈善模式（charity model）、個人／醫療模式（individual or medical model）、社會模式（social model）、人權模式（human rights model）〔這四種模式同時存在於當代社會，而不是後面的模式取代前面的模式〕。茲就社會模式與人權模式兩者略加說明及比較：

(一) 社會模式（social model）：1970-1980年代，美國與歐洲的障礙者運動，挑戰個人化與醫療化的障礙觀點，認為障礙不只是身體損傷造成，而且是社會障礙造成的。長久以來，障礙者遭到社會排除，他們需要與非障礙者有同樣的機會接受服務。此模式的代表性人物奧立佛（Oliver, 2009）指出障礙福利服務可依其歷史發展，區分為三種模式（引自林萬億，2022：330-331）：

1. 人道模式（the humanitarian model）：障礙者被視為有問題的人，是次等公民；服務提供的決定在專家及行政人員，服務提供者期待被服務者感恩言謝。

2. 依從模式（the compliance model）：政府的政策與立法決定服務的提供，服務提供者依法定服務清單或任務取向而提供服務項目，不完全考慮使用者的需求。

3. 公民模式（the citizenship model）：**障礙者被視為具有完整權利與責任的平等公民**，服務使用者有權選擇其服務提供者，也有權終止服務提供者的服務。

(二) 人權模式（human rights model）：21世紀初，聯合國提出《身心障礙者權利公約》，以人權模式為基礎，將障礙者視為權利主體，強調障礙者應擁有與他人相等的權利，並致力於幫助障礙者融入社會。本質上，人權模式是立基於社會模式，認為障礙是社會多樣性的一部分，障礙者作為權利主體，國家應保障其人性尊嚴與自由，

並尊重其意願、在與他人平等的基礎上，支持障礙者充分地、不被歧視地參與社會活動。

儘管在障礙的概念上，人權模式深受社會模式的啟發，但是人權模式對於障礙政策的主張並不純粹是社會模式的複製，而是超越社會模式的一種典範，可由六個面向略作比較（王國羽、林昭吟、張恒豪，2021：44-47），如表10-8：

表10-8　身心障礙社會模式與人權模式之比較

	社會模式	人權模式
1. 對障礙的界定	將「障礙」視為「社會建構」的結果，作為對障礙者困境「實然層次」的描述。	雖接受社會模式的障礙界定，但進一步從「實然層次」主張：障礙者的身心功能不能作為限制個人取得平等人權的基準。
2. **對政策的回應**	障礙者的依賴處境是社會環境對障礙者的歧視，其最佳政策回應是反歧視立法。	不侷限於反歧視立法改革，而提供更為廣泛的人權範疇：政治、經濟、社會及公民權等。
3. 重視「損傷經驗」的程度	過度聚焦於障礙者外在的社會結構因素，導致長期輕忽障礙者的「身體損傷經驗」。	承認障礙者身體損傷經驗是一種「實在的存有」，肯定障礙者作為人權承載者（human right bearer）的政治理念。
4. 對身分認同的看法	忽略「認同政治」（identity politics）對障礙政策的潛在貢獻。	能反映出障礙者多重與交織身分的歧視經驗，而年齡、性別與族群的身分差異，也會讓障礙者對歧視呈現不同的面貌。
5. **對預防性政策的態度**	認為防範損傷發生的預防性政策，往往強化對障礙者的「汙名化」，因而抱持保留態度。	預防性健康政策被定位或防範「次級損傷」（secondary impairment）的發生，可視為障礙者人權的一種。
6. 對未來發展的看法	障礙與貧窮是相互連接的。	針對障礙者的貧窮問題，更能提出社會安全、經濟與基本生活保障，作為未來改變的途徑與政策目標。

資料來源：參考王國羽、林昭吟、張恒豪，2021，pp. 44-47，整理成表格。

第十一章
原住民族福利
政策與立法

依據內政部人口統計資料，2023年11月底，原住民族人口588,660人，占全國人口總數2.5%〔不是3%〕。因為原住民族屬於少數族群，其社會福利相關政策與立法更應受到重視。

第一節　原住民族福利政策

有關臺灣原住民族（族群）及原住民（個人）的福利政策，主要見諸於《憲法》增修條文〔不是《憲法》本文〕，以及行政院2012年修正核定的《社會福利政策綱領》：

一、《憲法》增修條文的規定

(一) 維護及發展原住民族文化：國家肯定多元文化，並積極維護發展原住民族語言及文化（第10條第11項）。

(二) 依原住民意願發展社會福利事業：國家應依民族意願，保障原住民族之地位及政治參與，並對其教育文化、交通水利、衛生醫療、經濟土地及社會福利事業予以保障扶助並促其發展，其辦法另以法律定之（第10條第12項）。

二、《社會福利政策綱領》的規定

(一) 因種族之人口特質提供適當服務：政府對於國民因年齡、性別、身心狀況、種族……社會人口特質而有之健康、照顧、保護、教育、就業、社會參與、發展等需求，應結合家庭與民間力量，提供適當的服務，以促進其身心健全發展（三之1）。

(二) 提升原住民族生活品質：政府針對經濟弱勢之兒童、少年、障礙者、老人、婦女、原住民、婚姻移民家庭、單親家庭等應有適切協助，以提升生活品質（三之4）。

(三) 確保原住民族生活福祉之公平正義：政府應針對原住民族地區地理環境、文化語言之特殊性，積極整合社會福利、衛生醫療、教育等

部門，建立因地制宜之福利服務措施，提升福利服務輸送效能，縮減城鄉福利資源的分配差異，營造尊重多元文化差異、確保原住民族生活福祉之公平正義的社會（三之18）。

(四) 加強與原住民部門的協調與合作：政府應結合民間加強社政、勞政、教育、法務、原住民與經濟行政部門的協調與合作，建立就業安全體系，強化教育、職業訓練、產業發展與人才需求間的連結，提升人力資本投資的效益（五之2）。

(五) 推動符合原住民族特色的就業措施：政府應針對原住民族各族群之文化特色，推動符合族群特性之職業訓練、就業服務、就業與創業機會（五之10）。

(六) 推動原住民族新部落總體營造工程：政府應結合原住民族部落文化與生態特色，推動新部落總體營造工程（六之9）。

第二節　《原住民族基本法》分析

《原住民族基本法》於2005年2月5日公布實施，經多次修正。茲依2018年6月修正公布條文，略述其直接與社會福利相關之內容及新近修正重點：

一、概述

(一) 立法目的：**為保障原住民族基本權利，促進原住民族生存發展，建立共存共榮之族群關係**（第1條）。

(二) 名詞定義

1. 原住民族：係指既存於臺灣而為國家管轄內之傳統民族，包括阿美族、泰雅族、排灣族、布農族、卑南族、魯凱族、鄒族、賽夏族、雅美族、邵族、噶瑪蘭族、太魯閣族及其他**自認為原住民族**並經中央原住民族主管機關**報請行政院核定**〔不是報請立法院核定〕之民族。要記住這16個原住民族的名稱，有一個口訣：「夏太太派灑灑哥背走路？啊！不得打卡啦」（張錦弘，2016）（第2條）。

2.原住民：係指原住民族之個人（第2條）。

3.部落：係指原住民於原住民族地區一定區域內，依其傳統規範共同生活結合而成之團體，經中央原住民族主管機關核定者（第2條）。

(三) 部落會議：為促進原住民族部落**健全自主發展**，部落應**設部落會議**。部落經中央原住民族主管機關核定者，**為公法人**〔不是財團法人〕（第2-1條）。

(四) 審議機制：行政院為審議、協調本法相關事務，應設置推動委員會，由行政院院長召集之。前項推動委員會2/3之委員席次，由原住民族各族按人口比例分配；其組織由行政院定之（第3條）。

(五) 綜合發展基金：政府應設原住民族綜合發展基金，辦理原住民族經濟發展業務、輔導事業機構、住宅之興辦、租售、建購及修繕業務（第18條）。

(六) 定期修法：主管機關應於本法施行後**3年內**〔不是1年內〕，依本法之原則**修 正、制定或廢止**相關法令（第34條）。

二、原住民族社會安全體系之建立

(一) 積極推動社會福利：政府應積極辦理原住民族社會福利事項，規劃建立原住民族社會安全體系，並特別保障原住民兒童、老人、婦女及身心障礙者之相關權益（第26條）。

(二) 提供必要經費補助：政府對原住民參加社會保險或使用醫療及福利資源無力負擔者，得予補助（第26條）。

三、原住民族工作權

(一) 保障就業機會與工作權益：政府應保障原住民族工作權，並針對原住民社會狀況及特性，提供職業訓練，輔導原住民取得專門職業資格及技術士證照，健全原住民就業服務網絡，保障其就業機會及工作權益，並獲公平之報酬與升遷（第17條）。

(二) 訂定工作權保障之法規：原住民族工作權之保障，另以法律定之（第17條）。

四、公共衛生及醫療政策

(一) 策訂公衛及醫療政策：政府應依原住民族特性，策訂原住民族公共衛生及醫療政策，將原住民族地區納入全國醫療網，辦理原住民族健康照顧，建立完善之長期照護、緊急救護及後送體系，保障原住民健康及生命安全（第24條）。

(二) 尊重傳統醫藥及保健方法：政府應尊重原住民族傳統醫藥和保健方法，並進行研究與推廣（第24條）。

(三) 補助就醫或使用社福資源之交通費：政府應寬列預算，補助距離最近醫療或社福機構一定距離以上之原住民就醫、緊急醫療救護及後送，長期照護等醫療或社會福利資源使用之交通費用，其補助辦法，由中央目的事業主管機關定之（第24條）。

五、原住民族住宅政策

政府應策訂原住民族住宅政策，輔導原住民建購或租用住宅，並積極推動部落更新計畫方案（第16條）。

六、儲蓄互助與合作事業

政府應積極推行原住民族儲蓄互助及其他合作事業，輔導其經營管理，並得予以賦稅之優惠措施（第27條）。

七、離鄉原住民之協助

政府對於居住原住民族地區外之原住民，應對其健康、安居、融資、就學、就養、就業、就醫及社會適應等事項給予保障及協助（第28條）。

八、原住民族災害防護制度

(一) 建立防災制度：政府應建立原住民族地區天然災害防護及善後制度，並劃設天然災害防護優先區，保障原住民族生命財產安全（第25條）。

(二) 限制存放有害物質：政府不得違反原住民族意願，在原住民族地區內存放有害物質（第31條）。

九、《原住民族基本法》新近修正重點

《原住民族基本法》新近於2015年12月、2018年6月修正，其修正重點：

(一) 增訂部落會議為原住民族自治組織：原住民族之部落為各族傳統社會、政治、經濟及文化之基礎，為因應原住民族自治之需，增訂：為促進原住民族部落健全自主發展，部落應設部落會議。部落經中央原住民族主管機關核定者，為公法人（第2-1條）。

(二) 在原住民族綜合發展基金應辦業務中增列住宅業務：為因應原住民族居住之需要，增訂：政府應設原住民族綜合發展基金，辦理原住民族經濟發展業務、輔導事業機構、住宅之興辦、租售、建購及修繕業務（第18條）。

(三) 增訂原住民得在公告之海域從事非營利行為：為保障原住民族傳統海洋漁撈文化，增訂：原住民得在原住民族地區及經中央原住民族主管機關公告之海域依法從事下列非營利行為：(1)獵捕野生動物；(2)採集野生植物及菌類；(3)採取礦物、土石；(4)利用水資源（第19條）。

 第三節　《原住民族工作權保障法》分析

《原住民族工作權保障法》於2001年10月31日公布施行，其後修正1次。茲依2015年2月修正後條文，略述其內容及新近修正重點：

一、概述

(一) 立法目的：為促進原住民就業，保障原住民工作權及經濟生活（第1條）。

(二) 原住民身分（服務對象）之界定：本法之保障對象為具有原住民身分者（第2條）：

1. 山地原住民，是臺灣光復前原籍在山地行政區域內，且戶口調查簿

登記其本人或**直系血親尊親屬**屬於原住民者〔不含原住民之非原住民配偶〕。

2. 平地原住民，是臺灣光復前原籍在平地行政區域內，且戶口調查簿登記其本人或**直系血親尊親屬**屬於原住民〔不含原住民之非原住民配偶〕，並申請戶籍所在地鄉鎮市區公所登記爲平地原住民有案者（《原住民身分法》第2條）。

〔三〕主管機關：在中央爲原住民族委員會；在直轄市爲直轄市政府；在縣市爲縣市政府〔不含部落〕（第3條）。

二、比例進用原住民的原則

有關比例進用原住民的原則，如表11-1：

表11-1　相關單位比例進用原住民的原則

	進用單位	進用人員類別	進用原住民比例
一般地區（澎湖金馬除外）	各級政府機關 公立學校〔不含私立學校〕 公營事業機構	1. 約僱人員 2. 駐衛警察 3. 技工、駕駛、工友、清潔工 4. 收費管理員 5. 其他不須具公務人員任用資格之非技術性工級職務〔不含志工、也不含公務員〕	(1) 僱用總額，每滿100人〔不是每50人〕，應有原住民1人。 (2) 僱用總額，每滿50人未滿100人，應有原住民1人（第4條）。
原住民族地區	各級政府機關 公立學校〔不含私立學校〕 公營事業機構	1. 約僱人員 2. 駐衛警察 3. 技工、駕駛、工友、清潔工 4. 收費管理員 5. 其他不須具公務人員任用資格之非技術性工級職務	其僱用人員之總額，應有1/3以上爲原住民（第5條）。
		6. **進用須具公務人員**任用資格者	其進用原住民人數**不得低於現有員額之2%**〔不是3%〕（第5條）。

表11-1（續）

	進用單位	進用人員類別	進用原住民比例
其他	各級主管機關、公共職業訓練機構、公立就業服務機構及本法涉及之目的事業主管機關，應指派人員辦理原住民工作權益相關事宜。前項人員，應優先進用原住民（第6條）。		

三、原住民合作社

政府應依原住民群體工作習性，輔導原住民〔不是原住民團體依法有責任〕設立各種性質之原住民合作社，以開發各項工作機會〔含承攬勞務標案、派工給社員，但不含集體採購以降低成本、建立農業技術諮詢網、建立家庭間支持網絡〕。第1項**原住民合作社**，指**原住民社員超過**該合作**社社員總人數80％以上**者〔不是70％以上〕（第7條）。其相關規定：

(一) 籌設、社員培訓及營運：原住民合作社之籌設、社員之培訓及營運發展等事項，應由各目的事業主管機關輔導辦理；其輔導辦法，由中央各相關目的事業主管機關會同中央主管機關定之（第7條）。

(二) 免稅優待：原住民合作社依法經營者，得免徵所得稅及營業稅。但自本法施行之日起**6年內應免徵所得稅及營業稅**（第8條）。

(三) 補助營運發展經費：原住民合作社之**營運發展經費，得由各級政府酌予補助**（第9條）。

(四) 考核及獎勵：各級目的事業主管機關應定期辦理原住民合作社考核，成績優良者，應予獎勵（第9條）。

(五) 設置輔導小組：各級政府應**設置原住民合作社輔導小組**，其職責（第10條）：

　1. 為原住民講解合作社法及相關法令。

　2. 扶助原住民符合合作社法第9條之設立行為及登記種類之規定。

　3. 原住民合作社成立後，定期追蹤輔導合作社之運作。

　4. 為原住民合作社之長期諮詢機構。

　5. 其他有關原住民合作社之輔導事項。

四、公共工程及政府採購之參與

有關保障原住民參與公共工程及政府採購之規定，如下：

(一) 原住民地區採購案之承包：各級政府機關、公立學校及公營事業機構，辦理位於原住民地區未達政府採購法公告金額之採購，應由原住民個人、機構、法人或團體承包。但原住民個人、機構、法人或團體無法承包者不在此限（第11條）。

(二) 得標廠商僱用原住民之比例：依政府採購法得標之廠商，於國內**員工總人數逾100人者**，應於履約期間**僱用原住民**，其人數**不得低於總人數1%**〔不是2%〕。得標廠商進用原住民人數未達第1項標準者，應向原住民族綜合發展基金之就業基金繳納代金（第12條）。

(三) 得標廠商僱用原住民應辦理訓練：依前項規定僱用之原住民於待工期間，應辦理職前訓練；其訓練費用應由政府補助（第12條）。

五、促進就業的措施

有關促進原住民就業的具體措施，如表11-2：

表11-2　促進原住民就業的措施

項目	相關規定
1. 設置原住民就業促進委員會	**中央主管機關**應**設置**原住民**就業促進委員會**，規劃、研究、諮詢、協調、推動、促進原住民就業相關事宜（第13條）。
2. 辦理原住民就業服務	政府應鼓勵公、民營機構辦理原住民就業服務，提供就業諮詢、職場諮商、就業媒合及生活輔導（第13條）。
3. 建立人力資料庫、通報系統及推介就業	(1) 建檔及通報：**中央主管機關**應定期辦理原住民**就業狀況調查**；各級主管機關應建立原住民人力資料庫及失業通報系統，以利推介原住民就業或參加職業訓練。 (2) 推介：各級政府機關、公立學校及公營事業機構依第4條及第5條規定僱用原住民時，得函請各級主管機關推介（第14條）。
4. 辦理原住民職業訓練	(1) 設立職訓機構：中央勞工主管機關〔不是中央主管機關原民會〕得視需要獎勵設立職訓機構，為原住民辦理職訓。

表11-2（續）

項目	相關規定
	(2) 提供職訓機會及補助：中央勞工主管機關應依原住民就業需要，提供其參加各種職訓之機會；於其職訓期間，並得提供生活津貼之補助。 (3) 獎勵取得證照：中央主管機關對原住民取得技術士證照者，應予獎勵，以確保並提升其專業技能（第15條）。
5. 開拓原住民就業機會	**中央主管機關**應依原住民各族群之文化特色，**辦理各項技藝訓練，發展文化產業，以開拓就業機會**（第16條）。
6. **設置社工人員**提供職場諮商輔導	民間機構**僱用原住民50人以上者**〔不是100人以上者〕，得**置社會工作人員**〔不含就業輔導員〕，提供職場諮商及生活輔導（第17條）。
7. 申請臨時工作	原住民勞工因非志願性失業致生活陷入困境者，得申請臨時工作（第18條）。
8. 加強就業促進之宣導	各級地方政府應配合、辦理原住民就業促進之宣導（第19條）。

六、勞資爭議及救濟措施

原住民勞資爭議，依據勞資爭議處理法規定辦理（第20條），其相關規定：

㈠ 勞資爭議處理的機制：勞資權利事項與調整事項之爭議，勞方當事人有1/3以上為原住民時，有關勞工主管機關及本法各級主管機關指派之調解委員或仲裁委員之規定：

1. 調解程序：主管機關指派3人，應至少1人為具有原住民身分者。
2. 仲裁程序：勞資爭議處理法之主管機關及中央主管機關指派代表3人至5人，應至少1人至2人為具有原住民身分者（第20條）。

㈡ 提供法律扶助：原住民在工作職場發生就業歧視或勞資糾紛，各級主管機關應予以下列扶助（第21條）：(1)法律諮詢；(2)提供律師及必要之訴訟費。

（三）仲裁委員之原住民名額：直轄市、縣市政府依據勞資爭議處理法第30條規定推薦核備之仲裁委員名單中，應至少1人至5人為具有原住民身分者（第22條）。

（四）設置就業基金：中央主管機關應於原住民族綜合發展基金項下設置就業基金，作為辦理促進原住民就業權益相關事項；前項就業基金之來源（第23條）：1.政府循預算程序之撥款；2.依本法規定所繳納之代金；3.本基金之孳息收入；4.其他有關收入。

中央主管機關辦理原住民就業服務及職業訓練事宜所需經費，得提工作計畫及經費需求，送就業安定基金管理委員會審議通過後支應之。

（五）繳納代金之規定：本法施行3年後，各級政府機關、公立學校及公營事業機構僱用原住民之人數，未達第4條及第5條所定比例者，應每月繳納代金。但經依第14條第2項規定函請各級主管機關推介者，於未推介進用人員前，免繳代金。前項及第12條第3項（得標廠商進用原住民人數未達員工總人數逾100人者，應僱用原住民人數不得低於總人數1%之標準者）之**代金，依差額人數乘以每月基本工資計算**（第24條）。

七、重要罰則

依本法應繳納之代金，經通知限期繳納而仍不繳納者，依法移送強制執行（第24條）。

八、《原住民族工作權保障法》新近修正重點

《原住民族工作權保障法》新近於2015年2月修正，其修正重點：

更新原住民族中央主管機關名稱：《原住民族委員會組織法》已於2014年1月29日公布，明定原住民族中央主管機關名稱為「原住民族委員會」，為符合現行規定之中央原住民族主管機關名稱，將原名稱「行政院原住民委員會」修正為「原住民族委員會」（第3條）。

第四節 《原住民族健康法》分析

《原住民族健康法》於2023年6月21日公布施行。茲略述其內容：

一、概述

(一) 立法目的：為促進原住民族健康，建構以原住民族為主體之健康政策，改善原住民族健康不平等情形（第1條）。

(二) 名詞定義

　　1. **原住民族健康政策**：係指應尊重原住民族意願及自主發展之精神（第1條）

　　2. **文化安全**，係指以**原住民族知識體系**為主，**確保原住民族**於健康照護領域中**獲得公平、適當**之健康服務，使其**身分或文化得到適定保障**（第11條）。

(三) 主管機關：在中央為**衛生福利部**〔不是原住民族委員會〕；在直轄市為直轄市政府；在縣市為縣市政府。中央主管機關應指定專責單位辦理原住民族健康事務（第2條）。

(四) 健康政策會的組成：政策會由衛生福利部部長擔任召集人，其成員**具原住民身分者，不得少於1/2**，並應兼顧族群比例（第4條）。

(五) 定期調查研究：中央主管機關應依原住民族特殊之健康問題，就生活型態、環境、生物因子及醫療資源等面向，定期調查與研究原住民族健康狀況及健康需求（第6條）。

二、原住民族健康政策會的任務

　　為落實及推動原住民族健康政策，中央主管機關應遴聘（派）原住民族代表、有關機關代表及原住民族健康照護專家學者，召開原住民族健康政策會，其任務（第4條）：

(一) 原住民族健康政策之諮詢、研議。

(二) 原住民族健康相關中長程計畫之諮詢、研議。

(三) 原住民族醫事人力政策之諮詢、研議。

（四）原住民族健康相關之調查研究計畫及執行方案之諮詢、審議。

（五）原住民族健康國際事務之交流及推動。

（六）其他與原住民族健康有關事項之諮詢、審議。

三、建置健康資料庫

（一）主責單位：中央主管機關應建置原住民族健康資料庫（第7條）。

（二）資料蒐集：中央主管機關為建置前項資料庫所需之必要資料，得請求相關機關提供之；各該機關不得拒絕（第7條）。

（三）資料管理：中央主管機關依前項規定取得之資料，應盡善良管理人之注意義務（第7條）。

（四）資料保存及利用：相關資料之保存、利用等事項，應依各該相關法規規定為之（第7條）。

四、健康照護人員之培育、進用及留用

主管機關應持續規劃，並執行原住民族健康照護人員之培育、進用及留用（第9條）。其相關措施，如表11-3：

表11-3　原住民族健康照護人員之培育、進用及留用

項目	相關規定
1. 健康照護科系保留原民生公費名額	為確保原住民族地區醫療服務之提供及保障原住民族健康照護人員之來源，中央主管機關應會同中央教育主管機關，就大專校院健康照護相關科系，依原住民族地區需求，於招生名額外保留一定公費名額予原住民學生（第10條）。
2. 健康照護科系課程融入原民文化安全	中央教育主管機關應鼓勵各健康照護相關科系之大專校院課程內容，融入原住民族健康事務之文化安全相關課程之教學或學習活動（第11條）。
3. 醫護長照相關機構應鼓勵員工修習原民文化安全	醫療機構、護理機構、老人福利機構、長期照顧服務機構及其他健康照護服務機構應鼓勵所屬人員修習原住民族文化安全相關課程，提升原住民族健康照護之服務品質（第12條）。
4. 公立健康照護機構優先進用原民照護人員	原住民族地區之公立健康照護機構應優先進用具原住民身分或熟諳當地族語之健康照護人員，並提供具文化安全之服務（第13條）。

表11-3（續）

項目	相關規定
5. 研究及推廣原民傳統醫療保健知識	中央主管機關應進行原住民族傳統醫療保健知識之研究及推廣，以促進原住民族傳統醫藥及健康生活之發展。前項研究及推廣，中央主管機關得委託相關機關（構）、法人或團體辦理（第14條）。
6. 促進健康議題國際交流	主管機關應積極促進原住民族與他國原住民族或少數民族，就健康議題之學術及實務，加強交流及合作（第15條）。

 第五節　原住民族福利相關議題

一、聯合國《原住民族權利宣言》之要點

最早，針對原住民族權利提出主張的國際組織，是國際勞工組織於1957年提出《原住民和部落人口公約》。後來，聯合國於2007年9月13日通過《原住民族權利宣言》（Declaration on the Rights of Indigenous People）〔不是原住民與部落民族公約、原住民族永續發展公約〕，其要點：

㈠ 基本精神：原住民族，無論是集體還是個人，都有權充分享受「聯合國憲章」、「世界人權宣言」和國際人權法所確認的所有人權和基本自由（第1條）。

㈡ 主要內涵：聚焦於「基本人權」，包括：

　1. 原住民族和個人與所有其他民族和個人平等（第2條）。

　2. 原住民族享有生命權以及身心健全、人身自由和安全的權利（第7條）。

　3. 原住民族有權奉行和振興其文化傳統與習俗（第11條）。

　4. 原住民族有權以自己的語言和適合其文化的方式提供教育（第14條）。

　5. 原住民族有權不受歧視地改善其經濟和社會狀況（第21條）。

（三）一般原則：確認原住民族的權利，且在公正、民主、尊重人權、不歧視和誠意等原則的基礎上，促進和保護原住民族權利。

（四）重要特質：這個宣言，具有以下特質（林萬億，2022：428-429）：

1. 人類多樣性：肯定所有人民是多樣性的，並豐富其文明與文化，藉此構成人類的遺產。

2. 無歧視對待：肯定原住民在執行其權利時，應免於各種歧視。

3. 尊重：認識到有迫切需求要尊重與促進原住民源於其政治、經濟、社會結構，以及從其文化精神傳統、歷史、哲學之天賦權利。

4. 自主：體認原住民能控制其自身的發展與土地、疆域及資源，使其能維持與強化配合其精神需求的制度、文化及傳統之發展。

5. 優勢觀點：承認原住民的知識、文化與傳統作法對永續及均衡發展，以及適當地管理其環境之貢獻。

6. 夥伴關係：有關國家與原住民間的條約簽署、協定與其他建設性的安排與關係，必須立基原住民與國家之夥伴關係。

7. 自決：肯定所有人民自決的重要性，藉此決定其政治地位，自由地追求其經濟、社會與文化之發展。

8. 和平：體認本宣言的目的是基於正義、民主、尊重、人權、無歧視與良善的信仰原則之下，加強原住民與國家間之和諧與合作。

二、當前原住民族的福利需求與因應對策

原住民族委員會於2023年6月公布「110年臺灣原住民族經濟狀況調查」報告，2023年8月公布「111年臺灣原住民族就業狀況調查」報告。茲從這兩項調查報告歸納當前原住民族的福利需求與因應對策如下：

（一）經濟補助的需求：原住民族經濟狀況調查顯示，原住民族家庭收入持續成長，但仍低於全國家庭平均收入。可知相對貧窮的問題，是臺灣原住民族普遍存在的問題，也是原住民社會議題的核心。主要原因是受到地理限制、交通不便、資源不足的影響。因此政策上，需要政府提供補助金、原住民綜合基金貸款。

（二）就業服務的需求：原住民族就業狀況調查顯示，原住民族的失業率

略高於全國民眾的失業率，而15歲以上原住民，多數從事製造業、營建工程、住宿及餐飲業、批發及零售業等勞動密集工作，且受僱於私人居多，容易受到產業外移、外籍勞工引進、基本工資調漲等因素的影響，導致就業不穩定或失業。因此政策上，需要政府提供就業資訊、職業訓練、就業諮詢、就業媒合。

㈢ 醫療保健的需求：原住民族就業狀況調查顯示，酗酒的習慣、健康欠佳，是影響原住民就業不穩定的重要因素。臺灣原住民有一些「特殊疾病」，例如：痛風、口腔癌、肝硬化、高血壓、退化性關節炎、意外傷害。然而，部落的醫療資源不足，且有原住民未參加健保或未能按時繳交健保費，以致無法近便就醫。因此政策上，需要政府透過健康促進，協助族人改善不良習慣，並強化部落醫療保健的可近性及可及性。

㈣ 老人照顧的需求：原住民族經濟狀況調查顯示，原住民族的扶老比略低於全國家庭平均的扶老比，但是人口老化情況頗為嚴重，而且多數青壯族人到平地工作，讓老人在部落留守，又缺乏普及的長照設施。因此政策上，需要政府提供長期照顧服務，包括：擴展文化健康站、推動家庭托顧、提供交通接送。

㈤ 幼兒托育的需求：原住民族經濟狀況調查顯示，原住民族的扶幼比明顯高於全國家庭平均的扶幼比，且有相當比率是隔代教養，其教養小孩的負擔更高。因此政策上，需要政府適度提高教養補助的額度，包括：幼兒托育補助、學童營養午餐、課後輔導等費用。

㈥ 住宅改善的需求：原住民族經濟狀況調查顯示，都市原住民族家庭自有住宅率下降，房屋貸款與每月繳納房屋貸款金額的壓力相當高。原鄉地區的原住民族家庭，多數繼承家中長輩的房屋，比較老舊，常須修繕。因此政策上，需要政府考量不同行政區房價的差異，適度增加都市地區原住民家庭房貸補助的額度，並且對於居住於部落的低收入家庭，提供適足的住宅修繕補助。

綜言之，對於原住民族各項福利需求的因應對策，不只是原住民族委員會的職責，也是全國社會福利總體架構的一環，必須加強「原民會」與「社福單位」之間的協調與合作，逐步拉近原漢差距，以符合社會正義。

第十二章
健康及醫療照顧
政策與立法

社工人員在助人的過程，經常接觸健康與醫療照顧工作，需與醫護人員協力合作，共同為病人及其家屬提供服務，因而有必要瞭解健康與醫療照顧相關政策與法規。

　　就立法而言，健康與醫療照顧相關法規甚多，本章僅依衛生福利部醫事司於2016年1月公布的醫事機構管理法規，選取其與社會福利較有關聯的《精神衛生法》、《病人自主權利法》、《安寧緩和醫療條例》，進行分析。

第一節　健康及醫療照顧政策

　　有關健康與醫療照顧的政策，主要見諸《憲法》、《憲法》增修條文、行政院2012年修正核定的《社會福利政策綱領》：

一、《憲法》的規定

　　國家應推行衛生保健工作：國家為增進民族健康，應普遍推行衛生保健事業及公醫制度（第157條）。

二、《憲法》增修條文的規定

㈠ 重視醫療保健工作：國家應重視社會救助、福利服務、國民就業、社會保險及醫療保健等社會福利工作（第10條第8項）。

㈡ 促進醫藥的研究發展：國家應推行全民健康保險，並促進現代和傳統醫藥之研究發展（第10條第5項）。

三、《社會福利政策綱領》的規定

㈠ 積極推動弱勢國民健康照護：政府應致力促進及保護全民健康，積極推動弱勢國民健康照護與健康維護方案，以縮短國民間的健康差距，建立支持性的高齡友善環境（四之1）。

㈡ 營造整合性與支持性的健康環境：政府應加強衛政、社政、勞政、

環保、教育、交通等行政部門的協調與合作，創造支持性社會環境，營造樂活社區、健康城市、健康學校，及健康職場，培養國人健康生活型態，加強國人健康狀況及影響因素之監測，並強化疾病的預防保健（四之2）。

(三) 建立整合性、連續性照護模式：政府應促進醫療資源合理分配，建構整合性、連續性照護模式，營造以病人中心就醫安全環境，並結合資訊科技，推動智慧醫療，確保國民醫療服務品質與效率（四之4）。

(四) 強化精神衛生與醫療服務：政府應維護國民心理健康，積極推動國民心理健康促進服務，落實自殺防治策略及行動，建構並強化精神衛生與醫療服務、社區心理衛生與精神照護等網絡，建立成癮物質濫用之防治體系，強化家庭暴力及性侵害加害人之醫療處遇效能（四之12）。

第二節　《精神衛生法》分析

《精神衛生法》於1990年12月7日公布實施，經多次修正。茲依2022年12月修正後條文，略述其內容及新近修正要點：

一、概述

(一) 立法目的：為促進人民心理健康，預防及治療精神疾病，保障病人權益，支持並協助病人於社區平等生活（第1條）。

(二) 主管機關：在中央為衛生福利部；在地方為直轄市、縣市政府（第2條）。

(三) 名詞定義

　　1. 精神疾病：指思考、情緒、知覺、認知、行為及其他精神狀態表現異常，致其適應生活之功能發生障礙，需給予醫療及照顧之疾病。精神疾病之範圍包括：精神病、精神官能症、物質使用障礙症、其

他經中央主管機關認定之精神疾病。但反社會人格違常者，不包括在內（第3條）。

2. **社區精神復健**：指為協助病人**逐步適應社會生活**〔不是逐步適應社區內的精神醫療機構〕，於社區中提供病人有關工作能力、工作態度、心理重建、社交技巧、日常生活處理能力及其他功能之復健治療〔不是直接進入社區生活，也不是直接返家生活〕（第3條）。

3. 精神醫療機構：設有精神科之醫療機構（第3條）。

4. 精神復健機構：提供住宿型或日間型社區精神復健服務之機構（第3條）。

5. 精神照護機構：指提供病人精神照護服務之醫療機構、護理機構、心理治療所、心理諮商所、職能治療所、精神復健機構及**社會工作師事務所**（第3條）。

（四）諮詢機制

1. 中央：中央主管機關應以首長為召集人，邀集精神衛生專業人員、法律專家、病人、病人家屬或病人權益促進團體及各目的事業主管機關代表，召開諮詢會，辦理相關事項之諮詢。前項**病人**、**病人家屬**或病人權益促進**團體代表**，至少應有**1/3**；且**單一性別委員，不得少於**委員總數**2/5**（第16條）。

2. 地方：地方主管機關應以首長為召集人，邀集精神衛生專業人員、法律專家、病人、病人家屬或病人權益促進團體及局處代表，召開諮詢會，辦理轄區相關事項之諮詢。前項**病人**、**病人家屬**或病人權益促進**團體代表**，至少應有**1/3**；且**單一性別委員，不得少於委員總數2/5**（第17條）。

（五）定期提出報告：中央主管機關應**每4年公布**〔不是每5年〕，包括前項各款事項之**國家心理衛生報告**（第4條）。

二、精神衛生服務體系

有關精神衛生服務體系的建立及實務措施，如表12-1：

表12-1　精神衛生服務體系

項目	相關規定
1. 中央主管機關的職責	中央主管機關得依人口、醫療資源與心理衛生資源分布情形，考量原住民族地區或偏遠地區特殊性，劃分責任區域，建立區域心理健康促進、精神疾病預防及醫療服務網，並訂定計畫實施。主管機關得依轄內精神病人服務需求與社區支持資源分布情形，積極布建精神病人社區支持服務資源（第19條）。
2. 中央目的事業主管機關的職責	(1) 中央**教育主管機關應規劃、推動、監督學校心理健康促進、精神疾病防治與宣導**、學生受教權益維護、教育資源與設施均衡配置及友善支持學習環境之建立（第6條）〔此項不是社政主管機關的職責〕。 (2) 中央勞動主管機關應規劃、推動及監督職場心理健康促進、精神疾病防治、病人就業與勞動權益保障及職場友善支持環境之建立（第7條）。 (3) 內政主管機關應規劃、推動、監督警察、消防及替代役役男之心理輔導機制，依其心理健康需求，分別提供心理健康促進、諮詢、心理輔導、心理諮商、危機處理、醫療轉介、資源連結、自殺防治、物質濫用防治或其他心理健康相關服務（第8條）。
3. 地方主管機關的職責	(1) 排除障礙：提供病人照護服務之機構，遭受居民以任何形式反對者，地方主管機關應協助其排除障礙（第25條）。 (2) 辦理評估、服務或轉介：地方主管機關得自行或委託專業機構、法人或團體辦理病人之需求評估及服務提供，並視需要轉介適當機構、法人或團體提供服務；其為依第45條第3項規定通報之嚴重病人，應提供社區治療及社區支持（第26條）。 (3) 建立社區支持體系：地方主管機關為強化病人之照顧及支持功能，**應結合衛生、社政、民政、教育或勞動機關，建立社區支持體系**，並定期召開聯繫會議（第26條）。 (4) 關懷訪視：地方主管機關應針對所轄醫療機構通報及通知之病人，建立病人關懷機制，並提供主動式社區關懷、訪視及其他服務（第27條）。 (5) 協尋病人：前項病人行方不明，應通知其家屬或保護人，必要時，地方主管機關得請相關機關協尋（第27條）。

表12-1（續）

項目	相關規定
4. 精神醫療機構	病人之精神醫療照護及支持服務，應依其病情輕重、有無傷害危險、病人需求或其他情事，採取下列方式：(1)門診；(2)急診；(3)全日住院；(4)日間照護；(5)社區精神復健；(6)居家治療；(7)社區支持服務；(8)個案管理服務；(9)其他照護及支持服務方式（第20條）。
5. 精神照護機構	(1) 設立：各級政府得依實際需要，設立或獎勵民間設立精神照護機構，提供病人照護服務。 (2) 指定業務：前項精神照護機構，得經主管機關指定辦理物質使用障礙症者之治療及生活重建業務。 (3) 執業登記：醫事人員及社工師於機構、法人或團體辦理各級主管機關委託或獎勵、補助之精神病人照護事務，得依各該專門職業技術人員法規辦理執業登記。 (4) 限制條件：未依法設立精神照護機構或非由各級政府主管機關委託、補助、或管理者，不得為病人提供住宿或治療服務。但障礙福利機構、老人福利機構及長照服務機構依其設立目的涉及提供精神照護服務者，不在此限（第21條）。
6. 精神復健機構	(1) 設立：精神復健機構之設立或擴充，應向地方主管機關申請許可。 (2) 人員組成：精神復健機構應置負責人1人；並得視需要，置醫事人員或社工師。 (3) 執業登記：前項醫事人員，應依各該醫事人員法規辦理執業登記；社工師應依社工師法辦理執業登記。 (4) 業務記錄：精神復健機構相關人員執行業務，應製作紀錄，以電子文件方式製作及貯存者，得免另以書面方式製作。 (5) 評鑑及督導考核：中央主管機關應辦理精神復健機構評鑑。地方主管機關對轄區內精神復健機構業務，應定期實施督導及考核（第22條）。
7. 社區支持服務	(1) 服務原則：**病人社區支持服務，應依多元連續服務原則規劃辦理**。 (2) 對病人之服務：地方主管機關針對病人需求，應自行、委託、補助或獎勵機構、法人或團體提供**全日型**、**日間型**、**居家型**、**社區型**或其他社區支持服務，以建構妥善之社區支持機制。 (3) 對家屬之服務：地方主管機關應提供病人家屬心理衛生教育、情緒支持、喘息服務、專線服務及其他支持性服務。

表12-1（續）

項目	相關規定
	(4) 優先考量：其他法律對病人社區支持服務有相同或較有利之規定者，應優先適用（第23條）。
8. 社區心理衛生中心	(1) 人員組成：社區心理衛生中心應置心理、護理、職能治療、社會工作及其他相關專業人員。 (2) 服務項目：辦理病人個案管理、心理衛生促進、教育訓練、諮詢、轉介、轉銜服務、資源開發、網絡連結、自殺防治、精神疾病防治、災後心理重建及其他心理衛生服務事項。前項病人個案管理，包括出院後之精神病人及經指定精神醫療機構治療後之精神病人（第28條）。

三、病人保護及權益保障

有關於精神病人保護及權益維護之相關措施，如表12-2：

表12-2　有關病人保護及權益維護之措施

項目	相關規定
1. 對病人不得有之行為	對病人不得有下列行為：(1)遺棄；(2)身心虐待；(3)留置無生活自理能力之病人於易發生危險或傷害之環境；(4)強迫或誘騙病人結婚；(5)其他對病人或利用病人為犯罪或不正當之行為（第29條）。
2. 對病人居所或行動之限制	(1) 說明病情及住院理由：精神醫療機構診治病人或於病人住院時，應**向其本人**及其**家屬**或**保護人說明病情**、治療方針、預後情形、住院理由、應享有之權利及其他相關事項〔不只向病人之保護人說明，還要向病人本人及其家屬說明〕。前項病人非屬嚴重病人者，應經其同意，始得告知其家屬（第30條）。 (2) 最少限制：精神照護機構因醫療、復健或安全之需要，經病人同意而**限制病人居住場所或行動者**，應遵守相關法律規定，**於最小限制之必要範圍內為之**（第31條）。 (3) 緊急事件之限制：**醫療機構**因病人醫療需要或**為防範緊急暴力、自殺或自傷**之事件，於**告知病人後**，得於特定之保護設施內，**拘束其身體**或限制其行動自由，並應定時評估，不得逾必要之時間（第32條）。

表12-2（續）

項目	相關規定
	(4) 防範性之限制：前項醫療機構以外之**精神照護機構**及緊急醫療救護人員，為**防範緊急暴力、自殺或自傷**之事件，於告知病人後，**得拘束其身體**，並立即護送其就醫（第32條）。〔此規定，較不符合2022年修法之精神〕 (5) 不以戒具限制：前2項拘束身體或限制行動自由，不得以戒具或不正當方式為之（第32條）。
3. 協助病人出院及相關服務	(1) 不得無故留置：精神醫療機構於住院病人**病情穩定**或康復，**無須繼續住院治療**時，應協助病人辦理出院，並通知家屬或保護人，**不得無故留置病人**（第33條）。 (2) 出院準備：精神醫療機構於病人出院前，應協助病人共同擬訂出院準備計畫及提供相關協助（第33條）。 (3) 相關服務：精神醫療機構對有精神病診斷之病人，應於其出院前通知戶籍或住所之地方主管機關，提供個案管理服務；並於出院日起3日內，將前項計畫內容，通知該地方主管機關，以提供社區治療、社區支持及轉介或轉銜各項服務（第33條）。
4. 施行緊急治療應取得病人同意	精神醫療機構因病人病情急迫，經1位專科醫師認有必要，並依第44條規定取得同意後，得施行：電痙攣治療、其他經中央主管機關公告之治療方式（第43條）。精神醫療機構施行前條之治療方式，應善盡醫療上必要之注意，經說明並應依下列規定取得書面同意後，始得為之（第44條）： (1) 病人為成年人，應經本人同意。但受監護宣告或輔助宣告者，應以其可理解方式提供資訊，並應取得其監護人或輔助人同意。 (2) 病人為未滿7歲之未成年人，應經其法定代理人同意。 (3) 病人為滿7歲以上未滿14歲之未成年人，應經其本人及其法定代理人同意。 (4) 病人為滿14歲以上之未成年人，應經本人同意。但本人為無行為能力者，應經其法定代理人同意。 (5) 病人未能依前項規定行使同意權者，依醫療法、病人自主權利法及其他相關法律規定辦理。
5. 其他保護及保障措施	(1) 不得有不公平對待：病人之人格權及合法權益，應予尊重及保障，不得歧視。關於其就醫、就學、應考、僱用及社區生活權益，不得以罹患精神疾病為由，有不公平之對待（第37條）。

表12-2（續）

項目	相關規定
	(2) 不得有歧視之報導：宣傳品、出版品、廣播、電視、網際網路或其他媒體之報導，不得使用與精神疾病有關之歧視性稱呼或描述（第38條）。 (3) 不得不當影射：任何人不得以公開之言論歧視病人、或不當影射他人罹患精神疾病（第38條）。 (4) 未經同意不得錄音錄影：未經病人同意者，不得對病人錄音、錄影或攝影〔為教學傳承的需要，進行錄音、錄影或攝影，仍應告知病人〕；於嚴重病人，應經其保護人同意。**精神照護機構**於**保障病人安全**之必要範圍內，**設置監看設備，不受**前項規定之**限制**，但應告知病人（第39條）。 (5) 不得任意限制病人權利：住院病人應享有個人隱私、自由通訊及會客之權利；精神醫療機構非因病人病情或醫療需要，不得予以限制〔但醫師於評估病人病況嚴重，得暫時限制家屬訪視的權利〕（第40條）。 再者，嚴重病人依本法相關規定接受**緊急安置、強制住院治療之費用**，由**中央主管機關負擔**〔不是由直轄市、縣市主管機關、病人、全民健保負擔〕。嚴重病人依本法相關規定接受**強制社區治療之費用**，其**不屬全民健康保險給付範圍**者，由**中央主管機關負擔**〔不是由地方主管機關、病人、家屬負擔〕（第41條）。

四、對嚴重病人之保護

　　嚴重病人，指病人呈現出**與現實脫節之精神狀態，**致**不能處理自己事務**，經專科醫師診斷認定者（第3條）。對於嚴重病人之保護措施：

(一) 應置保護人：經專科醫師診斷屬嚴重病人者，應置保護人1人，專科醫師並應開具診斷證明書交付保護人。保護人應維護嚴重病人之權益，並考量其意願及最佳利益（第34條）。

(二) 保護人之資格：前項保護人，應徵詢嚴重病人之意見後，由其法定代理人、監護人或輔助人擔任；未能由該等人員擔任者，應由配偶、父母、家屬或與病人有特別密切關係之人互推1人為之（第34條）。

㈢ 嚴重病人無保護人者：應由其戶籍所在地之地方主管機關另行選定適當人員、機構、法人或團體為保護人；戶籍所在地不明者，由其住居所或所在地之地方主管機關為之（第34條）。

㈣ 診斷書之有效期間：前條（第34條）第1項診斷證明書，應記載**1年至3年之有效期間**。前項期間屆滿前，嚴重病人或其保護人認其病情穩定，經專科醫師診斷，認定已非屬嚴重病人時，該診斷醫師執業之機構，應即通知保護人，並通報地方主管機關。嚴重病人診斷證明書有效期間屆滿前，保護人應協助其接受專科醫師診斷，確認其嚴重病人身分；期間屆滿時，未經診斷確認者，其診斷證明書失其效力（第35條）。

㈤ 危急情況之緊急處置：嚴重病人情況危急，非立即給予保護或送醫，其生命或身體有立即危險或有危險之虞者，保護人或家屬應即時緊急處置；未能即時緊急處置者，地方主管機關得自行或委託機構、法人或團體為之（第36條）。

㈥ 緊急處置之費用：前項（保護人或家屬送去）**緊急處置所需費用，由嚴重病人、配偶、一親等直系血親或依契約負照顧義務者負擔**；必要時，得由地方主管機關先行支付。支付前項費用後，得檢具費用單據影本、計算書，及得減輕或免除之申請程序，以書面行政處分通知前項應負擔人於**60日內限期返還**；屆期未返還者，得依法移送行政執行（第36條）。得減輕或免除之案件，必要時，準用老人福利法第41條第5項之機制進行審查（第36條）。

五、協助就醫、通報及追蹤關懷

有關協助精神疾病病人就醫、通報及追蹤關懷之措施，如表12-3：

表12-3　有關協助病人就醫、通報及追蹤關懷之措施

項目	相關規定
1. 協助就醫	(1) 保護人或家屬之協助：病人或有第3條第1項第1款（精神疾病）所定狀態之人，應協助其就醫或向社區心衛中心諮詢（第45條）。

表12-3（續）

項目	相關規定
	(2) 地方主管機關之協助：知有前項之人或其自由受不當限制時，應主動協助之（第45條）。 (3) 機（關）構或場所之協助：矯正機關、保安處分處所及其他以拘禁、感化為目的之機構或場所，其有病人或有第3條第1項第1款（精神疾病）所定狀態之人，應由該機關、機構或場所提供醫療，或護送協助其就醫，必要時得強制為之（第46條）。 (4) 社福機構之協助：社會福利機構及其他收容或安置民眾長期生活居住之機構或場所，有前項之人者，應由該機構或場所協助其就醫（第46條）。
2. 通報或通知	(1) 醫事、社工、教育、警察、消防、司法、移民行政、戶政、村里幹事及其他執行社區支持業務人員於執行職務時，發現疑似第3條第1項第1款（精神疾病）所定狀態之人，得**通知地方主管機關**提供醫療、關懷或社區支持服務之協助。 (2) 警察機關或消防機關於執行職務時，發現疑似第3條第1項第1款（精神疾病）所定狀態之人，有傷害他人或自己之虞者，非管束不能救護其生命、身體之危險，或預防他人生命、身體之危險時，應通知地方主管機關即時查明回覆是否屬精神病人。 (3) 為保護被護送人之安全，護送就醫人員於執行職務時，得檢查被護送人之身體及所攜帶之物，必要時得使用適當之約束設備（第48條）。
3. 追蹤關懷	(1) 地方主管機關：應整合所屬衛生、警察、消防及其他相關機關，於轄區內建置24小時緊急精神醫療處置機制，處理前條所定事項（第49條）。 (2) 設置對外服務專線：為利提供緊急處置，以維護民眾生命及安全，各級政府衛生、警察及消防機關設置特定之對外服務專線，得要求各電信事業配合提供各類來電顯示號碼及其所在地或電信網路定位位置。但以電信事業電信網路性能可提供者為限（第51條）。 (3) 精神照護機構：於病人擅自離開該機構時，應即通知其家屬或保護人；病人行蹤不明時，應即通知地方主管機關及警察機關積極協尋。警察機關發現前項擅自離開機構之病人時，應通知原機構帶回，必要時協助送回（第52條）。

六、強制社區治療

(一) 強制社區治療之審查：精神疾病強制社區治療有關事項，由中央主管機關精神疾病強制社區治療審查會（以下簡稱審查會）審查。前項審查會成員，包括專科醫師、護理師、職能治療師、心理師、社工師、病人權益促進團體代表、法律專家及其他相關專業人士（第53條）。

(二) 強制社區治療之鑑定：嚴重病人拒絕接受社區治療時，經地方主管機關指定之專科醫師診斷仍有社區治療之必要，嚴重病人拒絕接受或無法表達時，指定精神醫療機構應即填具強制社區治療基本資料表、通報表，並檢附嚴重病人與其保護人之意見及相關診斷證明文件，**向審查會申請許可強制社區治療**（第54條）。

(三) 強制社區治療期間：強制社區治療期間，不得逾6個月（第54條）。地方主管機關指定之專科醫師診斷有延長期間之必要者，應於期間屆滿30日前，向審查會申請延長強制社區治療。延長期間不得逾1年（第55條）。

(四) 強制社區治療項目：得合併數項目為之（第57條）：1.藥物治療；2.藥物之血液或尿液濃度檢驗；3.酒精或其他成癮物質篩檢；4.心理治療；5.復健治療；6.其他得避免病情惡化或提升病人適應生活機能之處置措施。

(五) 強制社區治療之執行：辦理強制社區治療之機構或團體得視需要，偕同精神衛生相關機構或團體執行強制社區治療業務（第58條）。

七、強制住院治療

(一) 強制住院治療之鑑定：嚴重病人拒絕接受全日住院治療者，地方主管機關得指定精神醫療機構予以緊急安置，並交由2位以上專科醫師實施強制鑑定。但於離島或偏遠地區，得僅由1位專科醫師實施。**強制鑑定結果**，仍**有全日住院治療必要**，經詢問嚴重病人意見，其**拒絕接受**或無法表達時，指定精神醫療機構應即填具強制住院基本資料表及通報表，並檢附嚴重病人與其保護人之意見及相關診斷證明文件，**向法院聲請**裁定**強制住院**（第59條）。

（二）緊急安置：**緊急安置期間為7日**，並應注意嚴重病人權益之保護及進行必要之治療；**強制鑑定，應自緊急安置之次日起3日內完成**〔不是緊急安置之日起3日內完成；如果自緊急安置之日起算，則是最遲2日內完成〕（第60條）。嚴重病人緊急安置期間，未經委任律師為代理人者，應由指定精神醫療機構通報中央主管機關提供必要之法律扶助（第62條）。

（三）強制住院治療期間：法院每次裁定強制住院期間，不得逾60日。經2位以上專科醫師鑑定嚴重病人有延長強制住院期間之必要者，指定精神醫療機構應於強制住院期間屆滿14日前，向法院聲請裁定延長強制住院。前項聲請裁定次數，以1次為限，其延長強制住院期間，不得逾60日（第63條）。

（四）聲請停止強制住院：緊急安置、強制住院或強制社區治療期間，**嚴重病人**或其保護人**得**〔不是不得〕**向法院**〔不是向審查會或縣市衛生局〕**聲請裁定停止**緊急安置、**強制住院**或強制社區治療（第66條）〔強制住院、強治社區治療的決定權，在法院，不是在醫院、衛生局、社會局〕。

八、重要罰則

（一）對病人有不當行為：違反第29條各款規定情形之一者（遺棄、身心虐待、留置於危險環境、強迫結婚、利用其犯罪）處6萬元以上30萬元以下罰鍰，並得公告其姓名。病人之保護人或精神照護機構人員違反第29條各款規定情形之一者，除依前項規定處罰外，地方主管機關應令其接受社政主管機關辦理之**4小時以上50小時以下輔導教育**，並收取必要之費用；其收費自治法規，由地方主管機關定之。拒不接受前項輔導教育或時數不足者，處3,000元以上3萬元以下罰鍰，經再通知仍不接受者，得按次處罰至其參加為止（第80條）。

（二）違反保密規定：違反第51條第4項規定（為利提供緊急處置，以維護民眾生命及安全，各級政府衛生、警察及消防機關設置特定之對外服務專線，經辦人員對於作業之過程及所知悉資料之內容），洩漏應保密之資料者，處2萬元以上10萬元以下罰鍰（第83條）。

九、《精神衛生法》新近修正的重點

《精神衛生法》新近於2020年1月、2022年12月修正，其與社會福利較有關聯的修正重點：

(一) 提升立法目的之層次：基於國際人權保障及公平正義之考量，將原規定的「國民」修正為「人民」；基於平等及不歧視的精神，將「於社區生活」修正為「於社區平等生活」。新訂立法目的：為促進人民心理健康，預防及治療精神疾病，保障病人權益，支持並協助病人於社區平等生活（第1條）。

(二) 在精神醫療照護及支持服務項下增列社區支持及個案管理：為提供病人多元之服務，增訂：病人之精神醫療照護及支持服務，應依其病情輕重、有無傷害危險、病人需求或其他情事，採取下列方式為之：……(7)社區支持服務。(8)個案管理服務（第20條）。

(三) 在精神復健機構增置社工師：精神復健機構，應置負責人1人；並得視需要，置醫事人員或社會工作師。前項醫事人員，應依各該醫事人員法規辦理執業登記；社會工作師應依社會工作師法辦理執業登記（第22條）。

(四) 規範醫療機構應協助病人共同擬訂出院準備計畫：為尊重病人意願，以落實出院計畫執行，明定：精神醫療機構於病人出院前，應協助病人共同擬訂出院準備計畫及提供相關協助；屬嚴重病人者，應通知地方衛生主管機關派員參與，並應徵詢保護人意見（第33條）。

(五) 增列「就醫」及「社區生活權益」為公平對待病人之範圍：考量精神疾病患者經常需要就醫，就醫過程中應受到尊重，明定：病人之人格權及合法權益，應予尊重及保障，不得歧視。關於其就醫、就學、應考、僱用及社區生活權益，不得以罹患精神疾病為由，有不公平之對待（第37條）。

(六) 增加精神疾病之保護人或家屬可諮詢的單位：配合社會安全網第二期計畫，將補助地方政府設立71處社區心理衛生中心，乃新增社區心理衛生中心為其諮詢單位。增定：病人或有第3條第1項第1款所定

〔精神疾病〕狀態之人之保護人或家屬，應協助其就醫或向社區心理衛生中心諮詢（第45條）。

(七) 新增參審員參與審理事件可適用的相關法規：為使審理程序明確完備，增訂：參審員〔精神疾病強制社區治療審查會成員〕參與審理之事件，除本法有特別規定外，適用家事事件法、法院組織法、少年及家事法院組織法及其他法律之規定（第74條）。

第三節　《病人自主權利法》分析

　　《病人自主權利法》於2016年1月6日公布，2019年1月6日施行，經多次修正。茲依2021年1月修正後條文，略述其內容及新近修正重點：

一、概述
(一) 立法目的：為尊重病人醫療自主、保障其善終權益，促進醫病關係和諧（第1條）。
(二) 主管機關：在中央為衛生福利部；在直轄市為直轄市政府；在縣市為縣市政府（第2條）。
(三) 名詞定義
　　1. 維持生命治療：指心肺復甦術、機械式維生系統、血液製品、為特定疾病而設之專門治療、重度感染時所給予之抗生素等任何有可能延長病人生命之必要醫療措施（第3條）。
　　2. 意願人：指以書面方式為預立醫療決定之人（第3條）。
　　3. 緩和醫療：指為減輕或免除病人之生理、心理及靈性痛苦，施予緩解性、支持性之醫療照護，以增進其生活品質（第3條）。

二、醫療選項之決定
　　有關於醫療選項決定之相關規定，如表12-4：

表12-4 醫療選項決定之相關規定

項目	相關規定
1. 病人之知情權利	(1) 病人：對於病情、醫療選項及各選項之可能成效與風險預後，有知情之權利。對於醫師提供之醫療選項有選擇與決定之權利。 (2) 關係人：病人之法定代理人、配偶、親屬、醫療委任代理人或與病人有特別密切關係之人，不得妨礙醫療機構或醫師依病人就醫療選項決定之作為（第4條）。
2. 醫療機構或醫師之告知同意	(1) 告知事項：病人就診時，醫療機構或醫師應以其所判斷之適當時機及方式，將病人之病情、治療方針、處置、用藥、預後情形及可能之不良反應等相關事項告知本人。病人未明示反對時，亦得告知其關係人（第5條）。 (2) 簽訂同意書：病人接受手術、侵入性檢查或治療前，醫療機構應經病人或關係人同意，簽具同意書，始得為之。但情況緊急者，不在此限（第6條）。 (3) 急救措施：醫療機構或醫師遇有危急病人，除符合第14條第1項、第2項及安寧緩和醫療條例相關規定者外，應先予適當急救或採取必要措施，不得無故拖延（第7條）。

三、預立醫療決定之規定

預立醫療決定，是指事先立下之書面意思表示，指明處於特定臨床條件時，希望接受或拒絕之維持生命治療、人工營養及流體餵養或其他與醫療照護、善終等相關意願之決定。其相關規定：

（一）預立醫療決定之意願人：具完全行為能力之人，得為預立醫療決定，並**得隨時以書面撤回或變更之**。前項預立醫療決定應包括意願人於第14條特定臨床條件時，接受或拒絕維持生命治療或人工營養及流體餵養之全部或一部（第8條）。

（二）預立醫療決定之要件：意願人為預立醫療決定，應符合下列規定（第9條）：

1. 經醫療機構提供預立醫療照護諮商，並經其於預立醫療決定上核章證明。但，提供預立醫療照護諮商之醫療機構，有事實足認意願人具心智缺陷或非出於自願者，不得為核章證明。

2. 經公證人公證或具完全行為能力者2人以上在場見證。但，意願人之醫療委任代理人、主責照護醫療團隊成員及第10條第2項各款之人（意願人之受遺贈人、意願人遺體或器官指定之受贈人、其他因意願人死亡而獲得利益之人）不得為第1項第2款之見證人。

3. 中央主管機關應將預立醫療決定註記於全民健康保險憑證（第12條）。

(三) 參與預立醫療照護諮商之人員：意願人、二親等內之親屬至少1人及醫療委任代理人應參與前項第1款預立醫療照護諮商。經意願人同意之親屬亦得參與。但二親等內之親屬死亡、失蹤或具特殊事由時，得不參與（第9條）。

(四) 預立醫療決定之更新登記：意願人有下列情形之一者，應向中央主管機關申請更新註記（第13條）：1.撤回或變更預立醫療決定；2.指定、終止委任或變更醫療委任代理人。

(五) 預立醫療決定之終止、撤除或不施行：病人符合下列臨床條件之一，且有預立醫療決定者，醫療機構或醫師得依其預立醫療決定終止、撤除或不施行維持生命治療或人工營養及流體餵養之全部或一部（第14條）：1.末期病人；2.處於不可逆轉之昏迷狀況；3.永久植物人狀態；4.極重度失智；5.其他經中央主管機關公告之病人疾病狀況或痛苦難以忍受、疾病無法治癒且依當時醫療水準無其他合適解決方法之情形。

(六) 預立醫療決定之其他相關事項

1. 確認病人情況：前項各款應由2位具相關專科醫師資格之醫師確診，並經緩和醫療團隊至少2次照會確認（第14條）。

2. 確認內容及範圍：醫療機構或醫師對前條第1項第1款（末期病人）及第5款之病人，於開始執行預立醫療決定前，應向有意思能力之意願人確認該決定之內容及範圍（第15條）。

3. 提供另類處置：醫療機構或醫師終止、撤除或不施行維持生命治療或人工營養及流體餵養時，應提供病人緩和醫療及其他適當處置。醫療機構依其人員、設備及專長能力無法提供時，應建議病人轉診，並提供協助（第16條）。

四、醫療委任代理人之指定

醫療委任代理人，是指接受意願人書面委任，於意願人意識昏迷或無法清楚表達意願時，代理意願人表達意願之人。其相關規定，如表12-5：

表12-5　對於醫療委任代理人之相關規定

項目	相關規定
1. 醫療委任代理人之資格	意願人指定之醫療委任代理人，應以成年〔年滿18歲〕且具行為能力之人為限，並經其書面同意。下列之人，除意願人之繼承人外，不得為醫療委任代理人（第10條）：(1)意願人之受遺贈人；(2)意願人遺體或器官指定之受贈人；(3)其他因意願人死亡而獲得利益之人。
2. 醫療委任代理人之權限	**醫療委任代理人於意願人意識昏迷或無法清楚表達意願時，代理意願人表達醫療意願**〔不是由法定代理人、訴訟代理人、監護人代理表達〕，其權限如下（第10條）：(1)聽取第5條之告知；(2)簽具第6條之同意書；(3)依病人預立醫療決定內容，代理病人表達醫療意願。
3. 醫療委任代理人之執行	(1) 醫療委任代理人有2人以上者，均得單獨代理意願人（第10條）。 (2) 醫療委任代理人處理委任事務，應向醫療機構或醫師出具身分證明（第10條）。
4. 醫療委任代理人之終止或解任	醫療委任代理人得隨時以書面終止委任。醫療委任代理人有下列情事之一者，當然解任（第11條）：(1)因疾病或意外，經相關醫學或精神鑑定，認定心智能力受損；(2)受輔助宣告或監護宣告。

五、《病人自主權利法》新近修正重點

《病人自主權利法》新近於2019年6月、2021年1月修正，其修正重點：

㈠ 修正醫療委任代理人的年齡資格：配合《民法》界定成年年齡為18歲，將「20歲以上」修正為「成年」，規定：意願人指定之醫療委任代理人，應以成年且具行為能力之人為限，並經其書面同意（第10條）。

㈡ 將「末期病人」納入有意思能力確認預立醫療決定之意願人：考量

「末期病人」可能仍具有意思能力，並為尊重病人醫療自主、維護病人最佳利益，使具有意思能力之病人均能親自確認其預立醫療決定。規定：醫療機構或醫師對前條〔第14條〕第1項第1款及第5款之病人，於開始執行預立醫療決定前，應向有意思能力之意願人確認該決定之內容及範圍（第15條）。

第四節　《安寧緩和醫療條例》分析

《安寧緩和醫療條例》於2000年6月7日公布並實施，經多次修正。茲依2021年1月修正後條文，略述其內容及新近修正重點：

一、概述
(一) 立法目的：為尊重末期病人之醫療意願及保障其權益（第1條）。
(二) 主管機關：在中央為衛生福利部；在直轄市為直轄市政府；在縣市為縣市政府（第2條）。
(三) 名詞定義
　　1. 安寧緩和醫療：指為減輕或免除末期病人之生理、心理及靈性痛苦，施予緩解性、支持性之醫療照護，以增進其生活品質（第2條）。
　　2. 末期病人：指罹患嚴重傷病，經醫師診斷認為不可治癒，且有醫學上之證據，近期內病程進行至死亡已不可避免者（第2條）。
　　3. 心肺復甦術：指對臨終、瀕死或無生命徵象之病人，施予氣管內插管、體外心臟按壓、急救藥物注射、心臟電擊、心臟人工調頻、人工呼吸等標準急救程序或其他緊急救治行為（第2條）。
　　4. 維生醫療：指用以維持末期病人生命徵象，但無治癒效果，而只能延長其瀕死過程的醫療措施（第2條）。

二、立意願書之規定
末期病人得立意願書，選擇安寧緩和醫療或作維生醫療抉擇（第4條）。立意願書的相關規定，如表12-6：

表12-6　立意願書之相關規定

項目	相關規定
1. 預立意願書之人	成年且具行為能力之人，得預立第4條之意願書。前項意願書，意願人得預立醫療委任代理人，並以書面載明委任意旨，於其無法表達意願時，由代理人代為簽署（第5條）。
2. 意願書之內容	意願書至少應載明下列事項，並由意願人簽署（第4條）： (1) 意願人之姓名、身分證統一編號及住所或居所。 (2) 意願人接受安寧緩和醫療或維生醫療抉擇之意願及其內容。 (3) 立意願書之日期。
3. 意願書簽署之見證	意願書之簽署，應有具完全行為能力者2人以上在場見證。但實施安寧緩和醫療及執行意願人維生醫療抉擇之醫療機構所屬人員不得為見證人（第4條）。
4. 意願書之撤回	意願人得隨時自行或由其代理人，以書面撤回其意願之意思表示（第6條）。
5. 意願書之註記	意願人或其醫療委任代理人於意願書表示同意，中央主管機關應將其意願註記於全民健康保險憑證（健保卡）。但意願人或其醫療委任代理人依前條規定撤回意願時，應通報中央主管機關廢止該註記。經註記於健保卡之意願，與意願人臨床醫療過程中書面明示之意思表示不一致時，以意願人明示之意思表示為準（第6-1條）。

三、不施行心肺復甦術之規定

不施行心肺復甦術或維生醫療，應符合下列規定（第7條）：

(一) **應由2位醫師診斷確為末期病人**。前項之醫師，應具有相關專科醫師資格。

(二) **應有意願人簽署之意願書**。但未成年人簽署意願書時，應得其法定代理人之同意。未成年人無法表達意願時，則應由法定代理人簽署意願書。

(三) **意願書之替代方案**

1. 末期病人無簽署第1項第2款之意願書且意識昏迷或無法清楚表達意願時，由其最近親屬出具同意書代替之。最近親屬出具同意書，得以1人行之；其最近親屬意思表示不一致時，依第4項各款先後

定其順序。後順序者已出具同意書時，先順序者如有不同之意思
表示，應於不施行、終止或撤除心肺復甦術或維生醫療前以書面
爲之。

2. 無最近親屬者，應經安寧緩和醫療照會後，依末期病人最大利益出
具醫囑代替之。同意書或醫囑均不得與末期病人於意識昏迷或無法
清楚表達意願前明示之意思表示相反。

(四) **出具同意書之最近親屬**：前項（第4款）最近親屬之範圍，依其順序
如下：1.配偶；2.成年子女、孫子女；3.父母；4.兄弟姐妹；5.祖父
母；6.曾祖父母、曾孫子女或三親等旁系血親；7.一親等直系姻親。

(五) **心肺復甦術或維生醫療之告知**：醫師應將病情、安寧緩和醫療之治
療方針及維生醫療抉擇告知末期病人或其家屬。但病人有明確意思
表示欲知病情及各種醫療選項時，應予告知（第8條）。

(六) **心肺復甦術或維生醫療之終止或解除**：末期病人符合第1項至第4項
規定不施行心肺復甦術或維生醫療之情形時，原施予之心肺復甦術
或維生醫療，得予終止或撤除（第7條）。

四、重要罰則

(一) 醫師違反第7條規定者：〔亦即應由2位醫師診斷確爲末期病人〕，
處6萬元以上30萬元以下罰鍰，並得處1個月以上1年以下停業處分或
廢止其執業執照（第10條）。

(二) 醫師違反第9條規定者：〔亦即應將第4條至前條規定之事項，詳細
記載於病歷；意願書或同意書並應連同病歷保存〕，處3萬元以上15
萬元以下罰鍰（第11條）。

五、《安寧緩和醫療條例》新近修正重點

《安寧緩和醫療條例》新近於2013年1月、2021年1月修正，其修正
重點：

(一) 新增「維生醫療抉擇」之名詞定義：爲避免「安寧緩和醫療」與
「不施行心肺復甦術」被混爲一談，並增加末期醫療選擇的選項，

增列「維生醫療抉擇」的定義：指末期病人對心肺復甦術或維生醫療施行之選擇（第3條）。

（二）修正預立醫療抉擇之意願人的年齡資格：配合《民法》修正成年年齡為18歲，將「20歲以上」修正為「成年」，規定：成年且具行為能力之人，得預立第4條之意願書〔選擇安寧緩和醫療或作維生醫療抉擇〕（第5條）。

（三）增列曾孫子女為病人無法簽署意願時出具同意書之親屬：按本法精神，《安寧緩和醫療條例》和維生醫療抉擇之意願書及同意書，其優先順序為：(1)病人本人簽署之意願書，或由本人指定醫療委任代理人所簽署之意願書。(2)最近親屬代替本人出具之同意書。其中，於最近親屬增列「曾孫子女」（第7條），以保障其參與決策的權利。

第五節　健康及醫療照顧相關議題

一、《病人自主權利法》與《安寧緩和醫療條例》之比較

臺灣於2000年推動《安寧緩和醫療條例》，2019年《病人自主權利法》上路，兩者之規定可簡單比較，如表12-7：

表12-7　《安寧緩和醫療條例》與《病人自主權利法》之比較

	《安寧緩和醫療條例》	《病人自主權利法》
1. 簽屬文件的名稱	預立安寧緩和醫療暨維生醫療抉擇意願書。	預立醫療決定書（Advance Decision, AD）。
2. 理論基礎	保障末期病人的善終權益。	(1) 尊重病人醫療自主，保障善終權益，促進醫病關係和諧。 (2) 以病人為核心，確保其知情、選擇與決定權。
3. 適用疾病	末期病人。	(1) 末期病人。 (2) 不可逆轉的昏迷。 (3) 永久植物人狀態。

表12-7（續）

	《安寧緩和醫療條例》	《病人自主權利法》
		(4) 極重度失智。 (5) 政府公告之重症。
4. 可拒絕的選項	(1) 心肺復甦術。 (2) 延長瀕死過程的維生醫療。	(1) 維持生命治療（心肺復甦術、機械式維生系統）。 (2) 人工營養及流體餵養（點滴、鼻胃管、胃造口）。
5. 保障程序	(1) 意願人簽屬「意願書」即生效。 (2) 病人失去意識時，可由最近親屬簽具同意書。	(1) 參加「預立醫療照護諮商」。 (2) 簽署「預立醫療決定書」，並註記於健保卡。 (3) 可指定「醫療委任代理人」。
6. 執行條件	經2位醫師之末期判定。	經2位相關專科醫師確診，緩和醫療團隊2次照會。
7. 罰則	有	無

資料來源：筆者自編。

　　由表12-7顯示，「安寧條例」與「病主法」，都在保障病人的善終權益，然而兩者之間至少有四個不同之處：

（一）基本精神：「安寧條例」意願書的精神，是「拒絕」過度醫療：「病主法」進一步強調「自主選擇」的精神。

（二）適用對象：「安寧條例」僅適用於末期病人；「病主法」的適用對象較多，除了末期病人，尚包括：處於不可逆轉之昏迷狀況、永久植物人狀態、極重度失智等族群。

（三）選項範圍：「安寧條例」可拒絕的選項是心肺復甦術、維生醫療；「病主法」的選項較多，可以選擇「接受、撤除、拒絕」維生治療或人工營養及流體餵養。

（四）簽屬對象：「安寧條例」由病人本人簽屬同意書，在病人意識不清且無法表達時，得由最近親屬代為簽署同意書；「病主法」僅限於病人簽署。

　　無論如何，「安寧條例」與「病主法」都在於保障病人得以善終，且

都不同於「安樂死」。「安樂死」是由他人為病人施以致命之藥劑，加工縮短生命。

二、減少精神疾病者犯罪的策略

2016年3月，發生「小燈泡事件」，經偵查犯罪者王景玉有精神疾病、物質濫用、長期失業、家庭暴力、社會排除等複合個人、家庭、社區的多重問題。因而，促使行政院於2018年2月訂頒「強化社會安全網計畫」（簡稱社安網第一期），將精神疾病合併自傷與傷人事件者，納入整合服務的範圍。

2021年7月，行政院修正核定社安網第二期計畫（2021-2025年），再納入司法精神鑑定、司法精神醫院、矯正機構的精神醫療服務、精神病患從監護處分到社區心理衛生服務的轉銜機制。綜觀社安網架構的相關措施，要減少精神病患犯罪，有下列幾個策略（林萬億，2020：217-21）：

（一）有完善的精神醫療體系以支持家庭照顧精神病患：強化社區心理衛生服務，包括：精神科門診、社區心理衛生中心、中途之家、日間照顧中心、心理衛生自助團體等，才能預防精神疾病患者犯罪。

（二）有一套制度化的司法精神鑑定機制：對於精神障礙者犯罪如何鑑定、以何種治療方式是較佳的處置，都必須藉由制度化的司法精神鑑定機制，以符合專業需求、伸張公平正義、降低社會誤解。

（三）建立完善的矯正機構心理衛生服務：精神疾病犯罪者於服刑期間，倘若缺乏心理衛生服務，可能加重或延宕精神疾病患者的治療時機。精神疾病受刑人出獄之後，倘若得不到適足的心理衛生服務，可能有再犯的風險。

（四）加速設立司法精神醫院：倘若嚴重的精神疾病犯罪者無司法精神醫院可轉銜治療，不但造成監獄管理的負擔，也延宕嚴重精神疾病患者的治療時機，加重其病情，無助於身心康復，當然就難以避免其病情復發而再犯。

（五）建立科學化的治療成效評鑑機制：矯正機構的心理衛生服務和司法精神醫院的治療成效，都必須定期接受評鑑，以確認何時結束療程

出院，或改變處置方式，進而轉銜到社區心理衛生處置或返回矯正機構服完刑期。

(六) 建立出院（獄）的轉銜機制：不論從矯正機構出獄或司法精神醫院出院的精神疾病患者，終究必須回到家庭與社區。而慢性精神疾病復原之路漫長，必須有持續穩定的就醫與服藥，病情始能穩定進展，避免復發與再犯。

(七) 擴大社會安全網的服務能量：不論是精神疾病犯罪者或是一般受刑人離開監獄後，降低再犯率的關鍵是營造友善的社會環境，建制多機構一起工作模式，包括：住宅安排、穩定就業、教育銜接、家庭支持、所得維持、社會照顧、健康照護等需求滿足。因此，結合社福、衛生、勞動、教育、警政、司法等部門，進行跨部門的後續服務是不可或缺的，這也是民眾對社安網的期待。

第十三章
就業安全
政策與立法

就業安全（employment security），涵蓋工作安全與所得安全，也就是透過就業服務政策與立法的機制，使求職者找到適當的工作，有穩定的收入，可維持生活。

第一節　就業安全政策

有關就業安全的政策，主要見諸於《憲法》、《憲法》增修條文、2012年《社會福利政策綱領》：

一、《憲法》的規定

(一) 提供工作機會：人民具有工作能力者，國家應予以適當之工作機會（第152條）。

(二) 促進勞資合作：勞資雙方應本協調合作原則，發展生產事業。勞資糾紛之調解與仲裁，以法律定之（第154條）。

二、《憲法》增修條文的規定

國民就業應優先編列經費：國家應重視社會救助、福利服務、國民就業、社會保險及醫療保健等社會福利工作，對於社會救助和國民就業等救濟性支出應優先編列（第10條第8項）。

三、《社會福利政策綱領》的規定

(一) 強化就業能力：政府應積極開發、運用各項就業促進工具，強化弱勢就業族群及長期失業者等之就業能力，協助其就業，保障其經濟生活安全，降低就業轉銜之風險（五之9）。

(二) 建立就業安全體系

　　1. 促進就業相關部門合作：政府應結合民間加強社政、勞政、教育、法務、原住民與經濟行政部門的協調合作，建立就業安全體系，強化教育、職業訓練、產業發展與人才需求間的連結，提升人力資本

投資的效益（五之2）。

2. 整合就業安全相關措施：政府應整合失業給付、職業訓練與就業服務體系，健全就業與轉業輔導，流通就業資訊管道，促進就業媒合，以利國民參與勞動市場（五之4）。

3. 推動事業單位配合辦理：政府應推動事業單位辦理符合營運發展所需之職能訓練，提供在職者進修、訓練機會，以提升在職勞工之職場競爭力，達到強化預防性失業之效果（五之6）。

（三）強化就業者的社會保障

1. 促進充分就業：政府應強化勞動者之社會保障，使其能充分就業、公平參與經濟與社會活動，工作權利不受歧視，提升工作福祉（五之1）。

2. 協助運用就業資源：政府應積極協助勞工運用就業服務、職業訓練、技能檢定及補助措施等資源，提升其職業能力及工作所得，以**協助勞工脫離工作貧窮之困境**（五之7）〔此敘述，視貧窮為缺乏人力資本所致，而不是視貧窮為一種文化、視貧窮為福利依賴所致、貧窮為階級剝削的結果〕。

（四）優先僱用本國勞工：政府應積極鼓勵雇主僱用本國勞工，以保障國人就業機會，除為補充本國勞動力之不足，不得引進外籍勞工，並應積極創造多元就業機會以促進國民就業（五之3）。

（五）營造安全衛生的工作環境

1. 符合勞動基準：政府應保障勞工之勞動基準，確保就業安全，同時亦應因應勞動市場彈性化的趨勢，促進充分就業及保障勞工勞動權益（五之5）。

2. 重視職業安全：政府應有效結合社會資源，積極投入職業安全衛生工作，為勞工營造一個免於職業危害之工作環境；並提供職業災害勞工社會復健、職能復健及職業重建之必要協助（五之8）。

此外，在2012年《社會福利政策綱領》的前言，亦提及政府已持續檢視與修正各種既有之社會福利法案，包括：《**工會法**》、《**團體協約法**》與《**勞資爭議處理法**》之**勞動三法**修正案實施，保障了勞工的團結權、協商權及爭議權〔勞動三法不含工會組織法、罷工法、團體協商法〕。

第二節 《就業服務法》分析

　　《就業服務法》於1992年5月8日公布實施，經多次修正。茲依2023年5月修正後條文，略述其內容及新近修正重點：

一、概述

（一）立法目的：為促進國民就業，以增進社會及經濟發展（第1條）。

（二）主管機關：在中央為勞動部；在直轄市為直轄市政府；在縣市為縣市政府（第6條）。

（三）名詞定義

　　1. **中高齡者**：指年滿45歲至65歲之國民（第2條）。

　　2. **長期失業者**：指**連續失業期間達1年以上**〔不是2年〕，且辦理勞保退保當日前3年內，保險年資合計滿6個月以上，並於最近1個月內有向公立就業服務機構辦理求職登記者（第2條）。

（四）諮詢機制：主管機關得遴聘勞工、雇主、政府機關之代表及學者專家，研議、諮詢有關就業服務及促進就業等事項；其中**勞工、雇主**及**學者專家**代表，不得少於1/2。前項代表**單一性別**，不得少於1/3（第7條）。

二、就業服務的原則

　　有關就業服務的基本原則，如表13-1：

表13-1　就業服務的基本原則

項目	相關規定
1. 平等對待	國民具有工作能力者，接受就業服務一律平等（第4條）。
2. 禁止歧視	為保障國民就業機會平等，雇主對求職人或所僱用員工，不得以種族、階級、語言、思想、宗教、黨派、籍貫、出生地、性別、性傾向、年齡、婚姻、**容貌**、**五官**、身心障礙、**星座**、**血型**或以往工會會員身分為由，予以歧視（第5條）。

表13-1（續）

項目	相關規定
3. 不得有之情事	雇主招募或僱用員工，不得有下列情事（第5條）： (1) 為不實之廣告或揭示。 (2) 違反求職人或員工之意思，留置其身分證、工作憑證或其他證明文件，或要求提供非屬就業所需之隱私資料。 (3) 扣留求職人或員工財物或收取保證金。 (4) 指派求職人或員工從事違背公共秩序或善良風俗之工作。 (5) 辦理聘僱外國人之申請許可、招募、引進或管理事項，提供不實資料或健康檢查檢體。 (6) **提供職缺**之經常性**薪資未達4萬元**〔不是5萬元〕而**未公開揭示**或告知其薪資範圍。
4. 資料保密	就業服務機構及其人員，對雇主與求職人之資料，除推介就業之必要外，不得對外公開（第9條）。
5. 禁止不當之工作推介	在依法罷工期間，或因終止勞動契約涉及勞方多數人權利之勞資爭議在調解期間，就業服務機構不得推介求職人至該罷工或有勞資爭議之場所工作。前項所稱勞方多數人，係指事業單位勞工涉及勞資爭議達10人以上，或雖未達10人而占該勞資爭議場所員工人數1/3以上者（第10條）。

三、政府的就業服務措施

㈠ 設置就業服務機構：主管機關得視業務需要，在各地設置公立就業服務機構。縣市**轄區內原住民人口達2萬人以上者**〔不是達3萬人以上〕，得**設立原住民公立就業服務機構**（第12條）。

㈡ 就業服務免費：公立就業服務機構辦理就業服務，以免費為原則。但接受雇主委託招考人才所需之費用，得向雇主收取之（第13條）。

㈢ 求職求才零拒絕：公立就業服務機構對於求職人及雇主申請求職、求才登記，不得拒絕。但其申請有違反法令或拒絕提供為推介就業所需之資料者，不在此限（第14條）。

㈣ 提供就業市場資訊：公立就業服務機構應蒐集、整理、分析其業務區域內之薪資變動、人力供需及未來展望等資料，提供就業市場資

訊（第16條）。

(五) 提供就業諮詢：公立就業服務機構對求職人應先提供就業諮詢，再依就業諮詢結果或職業輔導評量，推介就業、職業訓練、技能檢定、創業輔導、進行轉介或失業認定及轉請核發失業給付。前項服務項目及內容，應作成紀錄（第17條）。

(六) 推介求職人參加訓練與就業：公立就業服務機構為輔導缺乏工作知能之求職人就業，得推介其參加職業訓練；對職業訓練結訓者，應協助推介其就業（第19條）。

(七) 推介失業者參加訓練：公立就業服務機構對申請就業保險失業給付者，應推介其就業或參加職業訓練（第20條）。

四、促進就業的措施

有關促進國民就業的措施，如表13-2：

表13-2　促進國民就業的措施

項目	相關規定
1. 策訂人力供需調節	政府應依就業與失業狀況調查資料，策訂人力供需調節措施，促進人力資源有效運用及國民就業（第21條）。
2. 建立就業資訊網	中央主管機關為促進地區人力供需平衡並配合就業保險失業給付之實施，應建立全國性就業資訊網（第22條）。
3. 對大量失業之因應對策	中央主管機關於經濟不景氣致大量失業時，得鼓勵雇主協商工會或勞工，循縮減工作時間、調整薪資、辦理教育訓練等方式，以避免裁減員工；並得視實際需要，加強實施職業訓練或創造臨時就業機會、辦理創業貸款利息補貼等輔導措施；必要時，應發給相關津貼或補助金，促進其就業（第23條）。
4. 協助自願就業之弱勢者	主管機關對下列自願就業人員，應訂定計畫，致力促進其就業；必要時，得發給相關津貼或補助金（第24條）：(1)獨力負擔家計者；(2)中高齡者；(3)身心障礙者；(4)原住民；(5)低收入戶或中低收入戶中有工作能力者；(6)長期失業者；(7)二度就業婦女；(8)家庭暴力被害人；(9)更生受保護人；(10)其他經中央主管機關認為有必要者。 主管機關對具照顧服務員資格且自願就業者，應提供相關協助措施。

表13-2（續）

項目	相關規定
5. 協助障礙者、中高齡者	公立就業服務機構應主動爭取適合身心障礙者及中高齡者之就業機會，並定期公告（第25條）。
6. 協助負家計者、婦女再就業者	主管機關為輔導獨力負擔家計者就業，或因妊娠、分娩或育兒而離職之婦女再就業，應視實際需要，辦理職業訓練（第26條）。
7. 協助障礙者、原住民	(1) 適應訓練：主管機關為協助身心障礙者及原住民適應工作環境，應視實際需要，實施適應訓練（第27條）。 (2) 追蹤訪問：公立就業服務機構推介身心障礙者及原住民就業後，應辦理追蹤訪問，協助其工作適應（第28條）。
8. 協助低收入及中低收入者	(1) 推介：直轄市及縣（市）主管機關應將轄區內低收入戶及中低收入戶中有工作能力者，列冊送當地公立就業服務機構，**推介就業或參加職業訓練**。 (2) 補助：公立就業服務機構推介之求職人為**低收入戶**、**中低收入戶**或家庭暴力被害人中**有工作能力者**，其**應徵工作所需旅費，得酌予補助**〔含求職交通補助、求職或職業訓練期間之臨時托育及日間照顧津貼、以工代賑，但不含失業救助津貼〕（第29條）。
9. 編列促進就業預算及補助地方政府	(1) 編列相關預算：主管機關為促進國民就業，應按年編列預算，依權責執行本法規定措施。 (2) 補助地方政府：中央主管機關得視直轄市、縣（市）主管機關實際財務狀況，予以補助（第32條）。
10. 協助被資遣者	(1) 列冊通報：雇主資遣員工時，應於員工離職之10日前，將被資遣員工之基本資料、資遣事由及需否就業輔導等事項，列冊通報當地主管機關及公立就業服務機構。但其資遣係因天災、事變或不可抗力之情事所致者，應自被資遣員工離職之日起3日內為之。 (2) 協助再就業：公立就業服務機構接獲前項通報資料後，應依被資遣人員之志願、工作能力，協助其再就業（第33條）。

五、外國人之聘僱的規定

有關外國人之聘僱的規定，如表13-3：

表13-3　外國人之聘僱的規定

項目	相關規定
1. 不得妨礙本國人就業機會	(1) 原則：為保障國民工作權，聘僱外國人工作，不得妨礙本國人之就業機會、勞動條件、經濟發展及社會安定（第42條）。 (2) 例外：雇主聘僱外國人從事第46條第1項第8款至第11款規定（海洋漁撈、家庭幫傭及看護、工程與經發、性質特殊）之工作，**應先以合理勞動條件在國內辦理招募，經招募無法滿足其需要時，始得就該不足人數提出申請**。雇主依前項規定在國內辦理招募時，對於公立就業服務機構所推介之求職人，非有正當理由，不得拒絕（第47條）。
2. 申請許可	除本法另有規定外，外國人未經雇主申請許可，不得在中華民國境內工作（第43條）。
3. 限制工作範圍	雇主聘僱外國人在中華民國境內從事之工作，除本法另有規定外，以下列各款為限（第46條）： (1) 專門性或技術性之工作。 (2) 華僑或外國人經政府核准投資或設立事業之主管。 (3) 大專以上校院或外國僑民學校之教師；高中以下學校之外語課程教師；實驗高中雙語部或雙語學校之學科教師。 (4) 立案之短期補習班之專任教師。 (5) 運動教練及運動員。 (6) 宗教、藝術及演藝工作。 (7) 商船、工作船及其他經交通部特許船舶之船員。 (8) 海洋漁撈工作。 (9) 家庭幫傭及看護工作。 (10) 為因應國家重要建設工程或經濟社會發展需要，經中央主管機關指定之工作。 (11) 其他因工作性質特殊，國內缺乏該項人才，在業務上確有聘僱外國人從事工作之必要，經中央主管機關專案核定者。 雇主依第1項第8款至第10款規定聘僱外國人，須訂立書面勞動契約，並以定期契約為限；其未定期限者，以聘僱許可之期限為勞動契約之期限。續約時，亦同。
4. 限制工作時間或期間	(1) 雇主聘僱就讀於大專校院之外國留學生、就讀於高中以上學校之僑生及華裔學生，從事工作，得不受第46條第1項規定之限制；其工作時間除寒暑假外，**每星期最長為20小時**（第50條）。

表13-3（續）

項目	相關規定
	(2) 聘僱外國人從事第46條第1項第1款至第7款（專技工作、事業主管、學校教師、補教教師、教練及運動員、宗教藝文、船員）及第11款規定之工作（性質特殊），許可期間**最長為3年**，期滿有繼續聘僱之需要者，雇主得申請展延（第52條）。 (3) 聘僱外國人從事第46條第1項第8款至第10款規定之工作（海洋漁撈、家庭幫傭及看護、工程及經展），許可期間最長為3年。有重大特殊情形者，雇主得申請展延，其情形及期間由行政院以命令定之。但屬**重大工程**者，其展延期間，**最長以6個月**為限（第52條）。 (4) 從事第46條第1項第8款至第10款規定工作（海洋漁撈、**家庭幫傭及看護**、工程及經展）之外國人，其在中華民國境內工作期間，**累計不得逾12年**（第52條）。 (5) 從事第46條第1項第9款規定**家庭看護**工作之外國人，且**經專業訓練**或**自力學習**，而**有特殊表現**，符合中央主管機關所定之資格、條件者，其在中華民國境內工作期間累計**不得逾14年**〔不是12年〕。
5. 健康檢查	受聘僱外國人入境後之健康檢查，由中央衛生主管機關指定醫院辦理。健康檢查不合格經限令出國者，雇主應即督促其出國（第48條）。因健康檢查不合格經返國治療再檢查合格者，得再入國工作（第52條）。
6. 職前講習	本國雇主於**第1次聘僱外國人從事家庭看護工作或家庭幫傭前，應參加**主管機關或其委託非營利組織辦理之**聘前講習**，並於申請許可時檢附已參加講習之證明文件（第48-1條）。

六、外國人之聘僱的管理

有關外國人之聘僱的管理，如表13-4：

表13-4　外國人之聘僱的管理

項目	相關規定
1. 轉換雇主	雇主聘僱之外國人於聘僱許可有效期間內，如需轉換雇主或受聘僱於2個以上之雇主者，應由新雇主申請許可。申請轉換雇主時，新雇主應檢附受聘僱外國人之離職證明文件（第53條）。

表13-4（續）

項目	相關規定
2. 轉換雇主或工作	外國人受聘僱從事第46條第1項第8款至第11款規定之工作（海洋漁撈、家庭幫傭及看護、工程及經展、性質特殊），有下列情事之一者，經中央主管機關核准，得轉換雇主或工作（第59條）： (1) 雇主或被看護者死亡或移民者。 (2) 船舶被扣押、沉沒或修繕而無法繼續作業者。 (3) 雇主關廠、歇業或不依勞動契約給付工作報酬經終止勞動契約者。 (4) 其他不可歸責於受聘僱外國人之事由者。
3. 繳納就業安定費	(1) 原則：雇主聘僱外國人從事第46條第1項第8款至第10款規定（海洋漁撈、家庭幫傭及看護、工程及經展）之工作，應向中央主管機關設置之**就業安定基金**專戶繳納就業安定費，作為**加強辦理有關促進國民就業、提升勞工福祉**及**處理有關外國人聘僱管理事務之用**〔不含提供家暴受害者訴訟之法律服務〕（第55條）。 (2) 例外：雇主或被看護者符合社會救助法規定之低收入戶或中低收入戶、依身心障礙者權益保障法領取生活補助費，或依老人福利法領取中低收入生活津貼者，其聘僱外國人從事第46條第1項第9款規定之家庭看護工作，免繳納第1項之就業安定費（第55條）。
4. 失聯或終止聘僱	受聘僱之外國人有連續曠職3日失去聯繫或聘僱關係終止之情事，雇主應於3日內以書面載明相關事項通知當地主管機關、入出國管理機關及警察機關。受聘僱外國人有遭受雇主不實之連續曠職3日失去聯繫通知情事者，得向當地主管機關申訴。經查證確有不實者，中央主管機關應撤銷原廢止聘僱許可及限令出國之行政處分（第56條）。
5. 不得有之情事	雇主聘僱外國人不得有下列情事（第57條）： (1) 聘僱未經許可、許可失效或他人所聘僱之外國人。 (2) 以本人名義聘僱為他人工作。 (3) **指派所聘僱從事許可以外之工作。** (4) 未經許可，指派從事第46條第1項第8款至第10款規定（海洋漁撈、家庭幫傭及看護、工程及經展）工作之外國人變更工作場所。 (5) 未依規定安排所聘僱之外國人接受健康檢查或未依規定將健康檢查結果函報衛生主管機關。

表13-4（續）

項目	相關規定
	(6) 因聘僱外國人致解僱或資遣本國勞工。 (7) 以強暴脅迫或其他非法之方法，強制其從事勞動。 (8) 非法扣留或侵占其護照、居留證件或財物。 (9) 其他違反本法或依本法所發布之命令。
6. 其他	(1) 外國人於聘僱許可有效期間內，因不可歸責於雇主之原因出國、死亡或發生行蹤不明之情事經依規定通知入出國管理機關及警察機關滿3個月〔不是6個月〕仍未查獲者，雇主得向中央主管機關申請遞補（第58條）。 (2) 雇主聘僱外國人從事第46條第1項第9款規定之家庭看護工作，因不可歸責之原因，並有下列情事之一者，亦得向中央主管機關申請遞補（第58條）： 　A.外國人於入出國機場或收容單位發生行蹤不明之情事，依規定通知入出國管理機關及警察機關。 　B.外國人於雇主處所發生行蹤不明之情事，依規定通知入出國管理機關及警察機關滿1個月仍未查獲。 　C.外國人於聘僱許可有效期間內經雇主同意轉換雇主或工作，由新雇主接續聘僱，或經中央主管機關廢止聘僱許可逾1個月未由新雇主接續聘僱。 前2項遞補之聘僱許可期間，以補足原聘僱許可期間為限；原聘僱許可**所餘期間不足6個月**者，**不予遞補**。 (3) 外國人在受聘僱期間死亡，應由雇主代為處理其有關喪葬事務（第61條）。

七、重要罰則

（一）任何人不得非法容留或聘僱外國人工作者：違反第44條（任何人不得非法容留外國人從事工作）或第57條第1款（聘僱未經許可、許可失效或他人所申請聘僱之外國人）、第2款（以本人名義聘僱外國人為他人工作）規定者，處15萬元以上75萬元以下罰鍰。5年內再違反者，處3年以下有期徒刑、拘役或科或併科120萬元以下罰金（第63條）。

（二）雇主違反求職人或員工之意思而有不當要求：包括留置其國民身分

證、工作憑證或其他證明文件、**提供職缺之經常性薪資未達4萬元而未公開揭示或告知其薪資範圍**、要求提供非屬就業所需之隱私資料、扣留求職人或員工財物或收取保證金者，處6萬元以上30萬元以下罰鍰（第67條）。

(三) 雇主因聘僱外國人致生解僱或資遣本國勞工之結果者：廢止其招募許可及聘僱許可之一部或全部（第72條）。

八、《就業服務法》新近修正重點

《就業服務法》新近於2016年11月、2018年11月、2023年5月修正，其修正重點：

(一) 增列「星座、血型」爲禁止雇主對求職人歧視的項目：爲保障國民就業機會平等，雇主對求職人或所僱用員工，不得以種族……、容貌、五官、身心障礙、星座、血型或以往工會會員身分爲由，予以歧視（第5條）。

(二) 在私立就業服務機構不得有的情事中增列對求職人性侵害等事項
   1. 對求職人或受聘僱外國人有性侵害、人口販運、妨害自由、重傷害或殺人行爲（第40條）。
   2. 知悉受聘僱外國人疑似遭受雇主、被看護者或其他……之人爲性侵害、人口販運、妨害自由、重傷害或殺人行爲，而未於24小時內向主管機關、入出國管理機關、警察機關或其他司法機關通報（第40條）。

(三) 明定雇主聘僱外國人因故申請遞補應通知相關機關後之間隔時間
   1. 外國人於聘僱許可有效期間內，因不可歸責於雇主之原因出國、死亡或發生行蹤不明之情事經依規定通知入出國管理機關及警察機關滿3個月仍未查獲者，雇主得向中央主管機關申請遞補（第58條）。
   2. 外國人〔外籍看護〕於雇主處所發生行蹤不明之情事，依規定通知入出國管理機關及警察機關滿1個月仍未查獲，亦得向中央主管機關申請遞補（第58條）。

(四) 對於外國人連續曠職行爲之認定採取嚴格舉證

1. 受聘僱之外國人有曠職失去聯繫之情事，雇主得以書面通知入出國管理機關及警察機關執行查察（第56條）。

2. 受聘僱外國人有遭受雇主不實之連續曠職3日失去聯繫通知情事者，得向當地主管機關申訴。經查證確有不實者，中央主管機關應撤銷原廢止聘僱許可及限令出國之行政處分（第56條）。

（五）延長私立就業服務機構經廢止設立許可者再申請之管制年限：為回應社會對於延長經廢止設立許可者再申請之年限，修正：私立就業服務機構經廢止設立許可者，其負責人或代表人於5年內再行申請設立私立就業服務機構，主管機關應不予受理（第70條）。

第三節　《中高齡者及高齡者就業促進法》分析

　　《中高齡者及高齡者就業促進法》於2019年12月4日公布，2020年5月1日施行。茲依2024年7月修正後條文，略述其內容及新近修正要點：

一、概述

（一）立法目的：為落實尊嚴勞動，提升中高齡者勞動參與，促進高齡者再就業，保障經濟安全，鼓勵世代合作與經驗傳承，維護中高齡者及高齡者就業權益，建構友善就業環境，並促進其人力資源之運用（第1條）。

（二）主管機關：在中央為勞動部；在直轄市為直轄市政府；在縣市為縣市政府（第2條）。

（三）名詞定義

1. **中高齡者**：指年滿**45歲至65歲**之人〔不是45歲至60歲〕（第3條）。

2. 高齡者：指逾65歲之人（第3條）。

3. 雇主：指僱用受僱者之人、公私立機構或機關。代表雇主行使管理權或代表雇主處理有關受僱者事務之人，視同雇主（第3條）。

（四）諮詢機制：主管機關得遴聘受僱者、雇主、學者專家及政府機關之代表，研議、諮詢有關中高齡者及高齡者就業權益事項；其中受僱

者、雇主及學者專家代表，不得少於1/2。單一性別、中高齡者及高齡者，不得少於1/3（第8條）。

(五) 適用對象：爲年滿45歲之下列人員（第4條）：

1. 本國國民。

2. 與在我國境內設有戶籍之國民結婚，且獲准在臺居留之外國人、大陸地區人民、香港或澳門居民。

3. 前款之外國人、大陸地區人民、香港或澳門居民，與其配偶離婚或其配偶死亡，而依法規規定得在臺繼續居留工作者〔不含有工作簽證的外國人〕。

二、就業促進的原則

(一) 提供友善的就業環境：雇主應依中高齡者及高齡者需要，協助提升專業知能、調整職務或改善工作設施，提供友善就業環境（第5條）。

(二) 定期調查研究：中央主管機關應蒐集中高齡者及高齡者勞動狀況，辦理供需服務評估、職場健康、職業災害等相關調查或研究，並進行**性別分析**，其調查及研究結果應定期公布（第6條）〔依施行細則第2條規定，中央主管機關應至少每3年，公布本法第6條所定調查及研究之結果〕。

(三) 訂定就業計畫：中央主管機關應會商中央目的事業主管機關及地方主管機關，至少每3年訂定中高齡者及高齡者就業計畫。地方主管機關應依前項就業計畫，結合轄區產業特性，推動中高齡者及高齡者就業（第7條）。

(四) 提供職場指引：爲協助中高齡者及高齡者就業，主管機關應提供職場指引手冊，並至少每2年更新1次（第9條）。

(五) 推廣世代交流：爲傳承中高齡者與高齡者智慧經驗及營造世代和諧，主管機關應推廣世代交流，支持雇主推動世代合作（第10條）。

(六) 推動國際交流：主管機關應推動中高齡者與高齡者就業之國際交流及合作（第11條）。

三、禁止年齡歧視

有關禁止年齡歧視之規定，如表13-5：

表13-5　禁止年齡歧視之規定

項目	相關規定
1. 不因年齡而有差別待遇	雇主對求職或受僱之中高齡者及高齡者，不得以年齡為由予以差別待遇。前項所稱差別待遇，指雇主因年齡因素對求職者或受僱者為下列事項之直接或間接不利對待（第12條）： (1) 招募、甄試、進用、分發、配置、考績或陞遷等。 (2) 教育、訓練或其他類似活動。 (3) 薪資之給付或各項福利措施。 (4) 退休、資遣、離職及解僱。
2. 雇主對差別待遇負舉證責任	求職或受僱之中高齡者及高齡者於釋明差別待遇之事實後，**雇主**應就差別待遇之非年齡因素，或其符合前條所定之差別待遇因素，**負舉證責任**〔不含求職者或受僱者負舉證責任〕（第14條）。
3. 申訴及評議	(1) 申訴：求職或受僱之中高齡者及高齡者發現雇主違反第12條第1項規定（不得以年齡為由予以差別待遇）時，得向地方主管機關申訴。 (2) 評議：地方主管機關受理前項之申訴，由依就業服務法相關規定組成之就業歧視評議委員會辦理年齡歧視認定（第15條）。
4. 不因申訴而予不當處分	雇主不得因受僱之中高齡者及高齡者提出本法之申訴或協助他人申訴，而予以解僱、調職或其他不利之處分（第16條）。
5. 請求損害賠償	求職或受僱之中高齡者及高齡者，因第12條第1項之情事（不得以年齡為由予以差別待遇）致受有損害，雇主應負賠償責任。前項之損害賠償請求權，自請求權人知有損害及賠償義務人時起，2年間不行使而消滅。自有違反行為時起，逾10年者，亦同（第17條）。

四、穩定就業措施

㈠ 提供在職訓練：雇主依經營發展及穩定留任之需要，得自行或委託辦理所僱用之中高齡者及高齡者在職訓練，或指派其參加相關職業訓練。中央主管機關得予訓練費用補助，並提供訓練輔導協助（第18條）。

（二）因應工作障礙：雇主對於僱用之中高齡者及高齡者有工作障礙或家屬需長期照顧時，得依其需要為職務再設計或提供就業輔具，或轉介適當之長期照顧服務資源。雇主依前項規定提供職務再設計及就業輔具，主管機關得予輔導或補助（第19條）。

（三）獎助同一工作之分工合作：雇主為使所僱用之中高齡者與高齡者傳承技術及經驗，促進世代合作，得採同一工作分工合作等方式為之。雇主依第1項規定辦理者，主管機關得予輔導或獎勵（第20條）。

（四）補助雇主繼續僱用退休者：雇主繼續僱用符合勞動基準法第54條第1項第1款所定得強制退休之受僱者達一定比率及期間，中央主管機關得予補助（第21條）。

五、促進失業者就業

有關促進失業中之中高齡者與高齡者就業之措施，如表13-6：

表13-6　促進失業中之中高齡者與高齡者就業之措施

項目	相關規定
1. 提供失業中之職涯輔導	公立就業服務機構為協助中高齡者及高齡者就業，應依其能力及需求，提供職涯輔導、就業諮詢與推介就業等個別化就業服務及相關就業資訊（第23條）。
2. 辦理失業中之職業訓練	(1) 中央主管機關：為提升中高齡者及高齡者工作技能，促進就業，應辦理職業訓練。 (2) 雇主：依僱用人力需求，得自行或委託辦理失業中之中高齡者及高齡者職業訓練。雇主依前項規定辦理職業訓練，中央主管機關得予訓練費用補助（第24條）。
3. 提供失業中之創業輔導	主管機關為協助中高齡者及高齡者創業或與青年共同創業，得提供創業諮詢輔導、創業研習課程及創業貸款利息補貼等措施（第25條）。
4. 提供失業中之就業相關協助	主管機關對於失業之中高齡者及高齡者，應協助其就業，提供相關就業協助措施，並得發給相關津貼、補助或獎助（第26條）。

六、支持退休後再就業

(一) 簽訂定期勞動契約：65歲以上勞工，雇主得以定期勞動契約僱用之（第28條）。

(二) 退休前提供再就業準備：雇主對於所僱用之中高齡者，得於其達勞動基準法第53條規定時〔自願退休〕，或第54條第1項第1款所定得強制退休前2年，提供退休準備、調適及再就業之相關協助措施。雇主依前項規定辦理時，中央主管機關得予補助（第29條）。

(三) 辦理退休者經驗傳承：雇主僱用依法退休之高齡者，傳承其專業技術及經驗，中央主管機關得予補助（第30條）。

(四) 建置退休人員資料庫：中央主管機關為提供退休之中高齡者及高齡者相關資料供查詢，以強化退休人力再運用，應建置退休人才資料庫，並定期更新。退休人才資料庫之使用依個人資料保護法相關規定辦理（第32條）。

七、推動銀髮人才服務

有關推動銀髮人才服務之措施，如表13-7：

表13-7　推動銀髮人才服務之措施

項目	相關規定
1. 推動銀髮人才輔導及協助	中央主管機關為促進依法退休或年滿55歲之中高齡者及高齡者就業，應辦理下列事項，必要時得指定或委託相關機關（構）、團體推動之（第33條）： (1) 區域銀髮就業市場供需之調查。 (2) 銀髮人力資源運用創新服務模式之試辦及推廣。 (3) 延緩退休、友善職場與世代合作之倡議及輔導。 (4) 就業促進之服務人員專業知能培訓。 (5) 銀髮人才服務據點工作事項之輔導及協助。
2. 成立銀髮人才服務據點	地方主管機關得成立銀髮人才服務據點，辦理下列事項（第34條）： (1) 開發臨時性、季節性、短期性、部分工時、社區服務等就業機會及就業媒合。 (2) 提供勞動法令及職涯發展諮詢服務。

表13-7（續）

項目	相關規定
	(3) 辦理就業促進活動及訓練研習課程。 (4) 促進雇主聘僱專業銀髮人才傳承技術及經驗。 (5) 推廣世代交流及合作。
3. 補助、監督 及考核	(1) 補助：地方主管機關辦理前項服務（銀髮人才服務據點），中央主管機關得予補助（第34條）。 (2) 監督及考核：地方主管機關應定期向中央主管機關提送銀髮人才服務據點執行成果報告。中央主管機關對地方主管機關推動銀髮人才服務據點應予監督及考核（第35條）。

八、開發就業機會

（一）中央相關部門共同開發就業機會：中央主管機關為配合國家產業發展需要，應會商中央目的事業主管機關，共同開發中高齡者及高齡者就業機會（第36條）。

（二）就服機構依據調查資料訂定工作機會開發計畫：公立就業服務機構應定期蒐集、整理與分析其業務區域內中高齡者及高齡者從事之行業與職業分布、薪資變動、人力供需及未來展望等資料。依據前項調查結果，訂定中高齡者及高齡者工作機會之開發計畫（第37條）。

（三）就服機構開發適合之就業機會並定期公告：公立就業服務機構為協助中高齡者及高齡者就業或再就業，應開發適合之就業機會，並定期於勞動部相關網站公告（第38條）。

（四）主管機關提供必要之指引及措施：主管機關為協助雇主僱用中高齡者及高齡者，得提供相關人力運用指引、職務再設計及其他必要之措施（第39條）。

九、重要罰則

（一）雇主因年齡而予受僱者差別待遇：違反第12條第1項規定者（不得以年齡為由予以差別待遇），處30萬元以上150萬元以下罰鍰（第41

條）。

(二) 雇主對於受僱者申訴給予不利處分：違反第16條規定者（對受僱者申訴或協助他人申訴，而予以解僱、調職或其他不利之處分），處2萬元以上30萬元以下罰鍰（第41條）。

十、《中高齡者及高齡者就業促進法》新近修正要點

《中高齡者及高齡者就業促進法》新近於2024年7月修正，其修正要點：

(一) **明定主管機關訂定中高齡者及高齡者就業計畫應包括事項**：推動中高齡者及高齡者之職務再設計、促進職場友善、提升職業安全與輔具使用、辦理提升專業知能之訓練、獎勵雇主僱用、推動延緩退休及退休後再就業、推動銀髮人才服務、宣導雇主責任、受僱者就業及退休權益、推動部分時間工作模式（第7條）。

(二) 增訂主管機關應提供及更新職場指引手冊之年限：為協助中高齡者及高齡者，主管機關應〔由得改為應〕提供職場指引手冊，並至少每2年更新1次（第9條）。

(三) 增訂雇主對於所僱用之中高齡者及高齡者得依勞基法相關規定辦理：得於其符合勞動基準法第53條規定時，或第54條第1項第1款前2年內〔原為1年內〕，提供退休準備、調適或再就業之相關協助措施（第29條）〔依2024年7月修正之勞基法第54條第1款所規定之強制退休年齡（年滿65歲者）得由勞雇雙方協商延後之〕。

(四) 明定中央機關共同開發中高齡者及高齡者產業及就業機會之權責：中央主管機關為配合國家產業發展需要，應〔由得改為應〕會商中央目的事業主管機關，共同開發中高齡者及高齡者產業及就業機會（第36條）。

第四節　就業安全相關議題

一、中高齡者及高齡者再就業的優勢與劣勢

　　哈波（Harper et al., 2006）在一項全球性研究報告指出，雇主對於僱用中高齡或高齡受僱者的正向評價（優勢）是：穩定性高、忠誠、值得信賴。同時對該族群的負面評價（劣勢）則是：工作動力少、工作彈性不佳、生產力低、學習速度慢、技術能力不足（引自高慧珠、許雲翔，2022：20）。

　　馬財專等人（2019）的研究指出，中高齡者及高齡者再就業有優勢，也有劣勢（引自徐雅媛、崔曉倩，2021：24）：

（一）再就業之優勢層面

　　1.各產業嚴重缺工，人員需求量很大，中高齡者有較多工作機會。

　　2.部分事業單位提供退休之後再回任之機制。

　　3.可接受彈性工作之安排，例如：時薪制的兼職。

　　4.中高齡者對工作及同事包容度較高。

　　5.部分工作技能跨越門檻較低，中高齡者的就業參與上較為穩定。

　　6.較願意接受在地化之工作安排。

　　7.配合意願較高，例如：在延長工時方面。

　　8.節省訓練成本，在技能上不用再花費時間進行技能訓練。

（二）再就業之劣勢層面

　　1.跨域就業能力及意願較低。

　　2.部分需要經由職務再設計才能導入工作參與。

　　3.許多職場工作充滿風險，工作負荷量大增時體力不濟，容易產生職災。

　　4.在照顧產業上，容易產生職場轉換上的問題。

　　5.較難與科技及數位工具產生諧和之協作。

　　6.部分製造業工時過長及經常加班，容易造成身體上的傷害。

　　7.部分職場中難以導入科技輔具進行協助。

　　綜言之，促進中高齡者或高齡者就業，必須善用其優勢，並降低其劣勢，以協助中高齡者或高齡者再就業及穩定就業。

二、《勞動基準法》在就業安全方面之適用

《勞動基準法》於1984年7月公布實施，其後多次修正。2024年7月修正後條文，揭示其立法目的：爲規定勞動條件最低標準，保障勞工權益，加強勞雇關係，促進社會與經濟發展（第1條）。茲略述《勞動基準法》可適用於就業安全之處：

(一) 平均工資之界定：指計算事由發生之當日**前6個月**內〔不是3個月內〕所得**工資總額除以該期間之總日數所得之金額**。工作未滿6個月者，指工作期間所得工資總額除以工作期間之總日數所得之金額。工資按工作日數、時數或論件計算者，其依上述方式計算之平均工資，如少於該期內工資總額除以實際工作日數所得金額60%者，以60%計（第2條）。

(二) 勞工名卡之置備及保管：雇主應置備勞工名卡，登記勞工之姓名、性別、出生年月日、本籍、教育程度、住址、身分證統一號碼、到職年月日、工資、勞工保險投保日期、獎懲、傷病及其他必要事項。前項勞工名卡，應**保管至勞工離職後5年**〔不是7年〕（第7條）。

(三) 工資之相關規定：**工資**由勞雇雙方議定之。但**不得低於基本工資**。前項，由中央主管機關設**基本工資審議委員會擬訂**後，報請行政院核定之（第21條）。**工資之給付**，應**以法定通用貨幣**爲之。但基於習慣或業務性質，得於勞動契約內訂明一部以實物給付之。工資之一部以實物給付時，其實物之作價應公平合理，並適合勞工及其家屬之需要。**工資應全額直接給付勞工**。但法令另有規定或勞雇雙方另有約定者，不在此限（第22條）。

(四) 工作時間、休息、休假
1. 工作時間：勞工正常工作時間，每日不得超過8小時，每週不得超過48小時（第30條）。
2. 休息：勞工繼續工作4小時，至少應有30分鐘之休息（第35條）。勞工每7日中應有2日之休息，其中一日爲例假，一日爲休息日（第36條）。

3. 休假：內政部所定應放假之紀念日、節日、**勞動節**及其他中央主管機關指定應放假日，均應休假（第37條）。

㈤ 童工之僱用：15歲以上未滿16歲之受僱從事工作者，為童工。童工及16歲以上未滿18歲之人，不得從事危險性或有害性之工作（第44條）。雇主**不得僱用未滿15歲**〔不是16歲〕之人從事工作。但國民中學畢業或經主管機關認定其工作性質及環境無礙其身心健康而許可者，不在此限（第45條）。

㈥ 勞工職傷、死亡之補償金及其受領順位：勞工遭遇職業傷害或罹患職業病而死亡時，雇主除給與5個月平均工資之喪葬費外，並應一次給與其遺屬40個月平均工資之死亡補償。其遺屬受領死亡補償之順位如下（第59條）：1.配偶及子女；2.父母；3.祖父母；4.孫子女；5.兄弟姐妹。

　　上述基本工資的議定，勞動部於2023年9月8日召開基本工資審議委員會，決議將每月基本工資調整為27,470元，每小時基本工資調整為183元。

第十四章
居住正義及社區營造政策與立法

居住，是人類生活的基本需要之一。而且，住宅的環境，與它所處的社區息息相關，交互影響。行政院於2012年修正《社會福利政策綱領》，將「社會住宅」擴大為「居住正義」，藉以維護居住平權，並與社區營造相互結合。

第一節　居住正義及社區營造政策

居住正義與社區營造的政策，主要見諸於《憲法》增修條文、行政院2012年修正之《社會福利政策綱領》：

一、《憲法》增修條文的規定
經濟發展與環境保護並重：經濟及科學技術發展，應與環境及生態保護兼籌並顧（第10條第2項）。

二、《社會福利政策綱領》的規定
㈠ 保障適合居住之住宅：政府為保障國民有適居之住宅，對於有居住需求之家庭或個人，應提供適宜之協助，其方式包含提供補貼住宅之貸款利息、租金或修繕費用（六之1）。

㈡ 結合民間興建社會住宅：政府應結合民間，以各種優惠方式，鼓勵民間參與興辦專供出租之社會住宅，除提供適當比例租予具特殊情形或身分者外，並提供外地就業、就學青年等對象租住（六之2）。

㈢ 提供社會住宅之支持系統：政府應確保社會住宅所在之社區有便利之交通、資訊、社會服務等支持系統，以利居民滿足生活各面向之需求（六之3）。

㈣ 在社會住宅保留社區活動空間：政府提供之社會住宅，應保留一定空間作為福利服務或社區活動之用（六之4）。

㈤ 在災區重建社區與住宅：政府對於因重大災難造成之房屋損害，應有妥善之社區與住宅重建計畫（六之5）。

（六）鼓勵民眾參與社區發展：政府應鼓勵社區居民參與社區發展，活化
　　社區組織，利用在地資源，營造活力自主永續的公民社會（六之
　　6）。

（七）推動社區家園永續發展：政府應整合觀光旅遊、工商業、農漁業、
　　文化產業、環境保護、城鄉發展、文化資產、教育、衛生、社會福
　　利等資源推動社區家園永續發展（六之7）。

（八）改善農村生活環境：政府應保存農村文化，改善農村生活、生產及
　　生態環境（六之8）。

（九）推動原住民族部落總體營造：政府應結合原住民族部落文化與生態
　　特色，推動新部落總體營造工程（六之9）。

 ## 第二節　《住宅法》分析

　　《住宅法》於**2011年**12月30日**公布**，**2012年**12月30日**實施**〔不是
2017年公布實施，2017年是《住宅法》第一次修正〕，其後多次修正。
茲依2023年12月修正後條文，擇要說明其與福利相關之內容及新近修正
重點：

一、概述

（一）立法目的：為保障國民居住權益，健全住宅市場，提升居住品質，
　　使全體國民居住於適宜之住宅且享有尊嚴之居住環境〔其重點不在
　　於住者有其屋、也不具有社會型及營利的特色〕（第1條）。

（二）主管機關：在中央為**內政部**；在直轄市為直轄市政府；在縣市為縣
　　市政府（第2條）。

（三）名詞定義

　　1.**社會住宅**：指**由政府興辦或獎勵民間興辦，專供出租之用**〔不含在政
　　　府規範下買賣作為非營利用途〕**之住宅及其必要附屬設施**（第3條）。

　　2.公益出租人：指住宅所有權人或未辦建物所有權第一次登記住宅且

所有人不明之房屋稅納稅義務人將住宅出租予符合租金補貼申請資格**或出租予社會福利團體轉租予符合租金補貼申請資格**，經直轄市、縣市主管機關認定者（第3條）。

(四) 諮詢審議機制：主管機關為諮詢、審議住宅計畫、評估提供經濟或社會弱勢者入住比率及區位分布、評鑑社會住宅事務等，應邀集相關機關、民間相關團體及專家學者成立住宅審議會；其中**民間相關團體**及**專家學者**之比率，**不得少於**1/2（第6條）。

(五) 住宅基金：主管機關為健全住宅市場、辦理住宅補貼、興辦社會住宅及提升居住環境品質，得設置住宅基金（第7條）。

(六) 定期報備：直轄市、縣市主管機關興辦之社會住宅，應**每年將經濟或社會弱勢者入住比率及區位分布**，報中央主管機關備查（第5條）。

二、社會住宅出租的對象／經濟或社會弱勢者

主管機關及民間興辦之社會住宅，應以直轄市、縣市轄區為計算範圍，提供**至少40%**〔不是30%〕**以上比率出租予經濟或社會弱勢者**〔是衡量市場租金價格，以市場同等價位租給特殊需求者，解決他們找不到房子〕，另提供一定比率予**未設籍於當地且在該地區就學、就業有居住需求者**〔並未規定應提供一定比率〕。

前項經濟或社會弱勢者身分，指家庭總收入平均分配全家人口之金額及家庭財產，未超過主管機關公告之一定標準，且符合下列規定之一者（第4條），如表14-1：

表14-1　經濟或社會弱勢者身分之範圍

類別	相關規定
經濟弱勢者	低收入戶或中低收入戶。
家庭弱勢者	(1)**特殊境遇家庭**；(2)**育有未成年子女2人以上**〔不是3人以上，2023年修正前才是3人以上〕；(3)**於安置教養機構或寄養家庭結束安置無法返家**，未滿25歲；(4)受家庭暴力或性侵害之受害者及其子女；(5)**因懷孕或生育而遭遇困境之未成年人**。

表14-1（續）

類別	相關規定
特殊族群	(1)**65歲以上之老人**；(2)身心障礙者；(3)感染人類免疫缺乏病毒者或罹患後天免疫缺乏症候群者；(4)**原住民**；(5)災民；(6)**遊民**；(7)其他經主管機關認定者。

三、住宅補貼

　　為協助一定所得及財產以下家庭或個人獲得適居之住宅，主管機關得視財務狀況擬訂計畫，辦理補貼住宅之貸款利息、租金或修繕費用（第9條）；其補貼類別，如表14-2：

表14-2　住宅補貼的類別

補貼類別	相關規定	說明
1. 自建住宅貸款利息	以無自有住宅之家庭或2年內建購住宅之家庭為限	補貼對象之先後順序，以評點結果決定之。評點總分相同時，有增加評點權重情形者，優先給予補貼：(1)**經濟或社會弱勢**；(2)未達基本居住水準；(3)申請修繕住宅貸款利息或簡易修繕住宅費用補貼，其屬有結構安全疑慮之結構補強（第10條）。
2. 自購住宅貸款利息		
3. 承租住宅租金	以無自有住宅之家庭為限	
4. 修繕住宅貸款利息	以自有1戶住宅之家庭為限	
5. 簡易修繕住宅費用		

　　申請前項住宅補貼，及其他機關辦理之各項住宅補貼，同一年度僅得擇一辦理。接受住宅貸款利息補貼者，除經行政院專案同意外，不得同時接受兩種以上住宅貸款利息補貼；接受住宅費用補貼者，一定年限內以申請1次為限（第9條）。

四、社會住宅之社會福利措施

　　有關社會住宅之社會福利措施，如表14-3：

表14-3　社會住宅之社會福利措施

項目	相關規定
1. 租稅優惠	社會住宅營運期間作為居住、長期照顧服務、障礙服務、托育服務、幼兒園使用之租金收入，及依第19條第1項第5款（政府承租民間住宅並轉租及代為管理）、第6款（獎勵、輔導或補助第52條第2項租屋服務事業承租民間住宅並轉租及代為管理，或媒合承、出租雙方及代為管理），或第2項第4款（民間承租民間住宅並轉租及代為管理），收取之租屋服務費用，免徵營業稅。前項租稅優惠，**實施年限為5年**，其年限屆期前半年，行政院得視情況延長之（第22條）。
2. 減徵租金所得稅	住宅所有權人依第19條第1項第5款、第6款或第2項第4款規定將住宅出租予主管機關、租屋服務事業轉租及代為管理，或經由租屋服務事業媒合及代為管理作為居住、長期照顧服務、障礙服務、托育服務、幼兒園使用，得依下列規定減徵租金所得稅： (1) 住宅出租期間所獲租金收入，免納綜合所得稅。但每屋每月租金收入**免稅額度不得超過1萬5,000元**。 (2) 住宅出租期間之租金所得，其必要損耗及費用之減除，住宅所有權人未能提具確實證據者，依應課稅租金收入之60%計算。 前項減徵租金所得稅規定，**實施年限為5年**，其年限屆期前半年，行政院得視情況延長之（第23條）。
3. 承租者之條件限制	社會住宅承租者，應以無自有住宅或一定所得、一定財產標準以下之家庭或個人為限（第25條）。
4. 保留空間供福利設施之用	為增進社會住宅所在地區公共服務品質，主管機關或民間興辦之社會住宅，應保留一定空間供作社會福利服務、長期照顧服務、障礙服務、托育服務、幼兒園、青年創業空間、社區活動、文康休閒活動、商業活動、餐飲服務或其他必要附屬設施之用（第33條）。
5. 提供必要之福利服務	主管機關或民間興辦之社會住宅，應考量其租住對象之身心狀況、家庭組成及其他必要條件，提供適宜之設施或設備，及必要之社會福利服務（第34條）。
6. 轉租以弱勢者為限	主管機關興辦之社會住宅，得自行或委託經營管理。非營利私法人得租用公有社會住宅經營管理，其轉租對象應以第4條所定經濟或社會弱勢者為限（第35條）。
7. 經營管理得視需要提供相關福利服務	社會住宅之經營管理，得視實際需要，自行或委託物業管理及相關服務業，提供文康休閒活動、社區參與活動、餐飲服務、適當轉介服務、其他依入住者需求提供或協助引進之服務，並收取費用（第36條）。

五、住宅權利之平等

（一）遵循兩公約及相關解釋：居住爲基本人權，其內涵應**參照經濟社會文化權利國際公約、公民與政治權利國際公約，及經濟社會文化權利委員會與人權事務委員會所作之相關意見與解釋**（第53條）。

（二）任何人不得拒絕或妨礙住宅使用人爲下列之行爲

1. 從事必要之居住或公共空間無障礙修繕。
2. 因協助身心障礙者之需要飼養導盲犬、導聾犬及肢體輔助犬。
3. 合法使用住宅之專有部分及非屬約定專用之共用部分空間、設施、設備及相關服務（第54條）。

（三）依法提出申訴：有前條規定之情事，住宅使用人得於事件發生之日起1年內，向住宅所在地之直轄市、縣市主管機關提出申訴。直轄市、縣市主管機關處理前項之申訴，應邀集比率不得少於1/3之社會或經濟弱勢代表、社會福利學者等參與（第55條）。

六、重要罰則

　　違反住宅權利平等之規定：直轄市、縣市主管機關對於違反住宅權利平等規定情事，經令行爲人限期改善，屆期未改善者，按次處10萬元以上50萬元以下罰鍰（第56條）。

七、《住宅法》新近修正重點

　　《住宅法》新近於2023年12月修正，其修正重點：

（一）將公益出租人住宅出租的範圍擴及租予社會福利團體轉租者：公益出租係指住宅所有權人或未辦建物所有權第一次登記住宅且所有人不明之房屋稅納稅義務人將住宅出租予「符合租金補貼申請資格」或「出租予社會福利團體轉租予符合租金補貼申請資格」，經直轄市、縣市主管機關認定者（第3條）。

（二）調整社會住宅出租予經濟或社會弱勢者之對象：經濟或社會弱勢者身分，指家庭總收入平均分配全家人口之金額及家庭財產，未超過主管機關公告之一定標準，且符合規定者。其中：育有未成年子女的人數，由原有的3人以上，調整爲2人以上（第4條）。

㈢ 增列公益出租人出租之房屋，應課徵之房屋稅：修正前僅規定，公益出租人出租房屋之「土地」，直轄市、縣市政府應課徵之地價稅，得按自用住宅用地稅率課徵。修正後增列「房屋稅」部分（第16條）。

㈣ 增列公益出租人所簽訂之租賃契約資料不得作為查核租賃所得或租稅之依據

  1. 公益出租人依（第15條）第1項規定出租住宅所簽訂之租賃契約資料，除作為該項租稅減免使用外，不得作為查核其租賃所得之依據（第15條）。

  2. 公益出租人出租房屋所簽訂之租賃契約資料，除作為（第16條）第1項、第2項房屋稅及地價稅課徵使用外，不得作為查核前開租賃契約所載房屋、其土地之房屋稅及地價稅之依據（第16條）。

第三節　《社區發展工作綱要》分析

　　政府於1991年5月1日將《社區發展工作綱領》修正為《社區發展工作綱要》，改採人民團體方式運作，其後經多次修正。茲依2014年9月修正後之條文，略述其內容及新近修正重點：

一、概述

㈠ 立法目的：為促進社區發展，增進居民福利，建設安和融洽、團結互助之現代化社會（第1條）。

㈡ 主管機關：在中央為衛生福利部；在直轄市為直轄市政府；在縣市為縣市政府；在鄉鎮市區為鄉鎮市區公所（第3條）。

㈢ 名詞定義

  1. 社區：係指經鄉鎮市區社區發展主管機關劃定，供為依法設立社區發展協會，推動社區發展工作之組織與活動區域（第2條）。

  2. 社區居民：係指設戶籍並居住本社區之居民（第2條）。

㈣ 諮詢機制：各級主管機關為協調、研究、審議、諮詢及推動社區發

展業務，得邀請學者、專家、有關單位及民間團體代表、社區居民組設社區發展促進委員會；其設置要點由各級主管機關分別定之（第4條）。

二、社區之劃定

(一) 劃定之必要：鄉鎮市區主管機關為推展社區發展業務，得視實際需要，於該鄉鎮市區內劃定數個社區區域（第5條）。

(二) 劃定之根據：社區之劃定，以歷史關係、文化背景、地緣形勢、人口分布、生態特性，資源狀況、住宅型態、農、漁、工、礦、商業之發展及居民之意向、興趣及共同需求等因素為依據（第5條）。

三、社區發展協會之設立

鄉鎮市區主管機關應輔導社區居民依法設立社區發展協會，依章程推動社區發展工作；社區發展協會章程範本由中央主管機關定之（第6條）。成立社區發展協會必須發動連署，達30個人最低門檻。同時，無論發起或連署，依規定必須年滿20歲〔依《人民團體法》第8條規定，發起人須為成人；依《民法》規定，18歲為成年〕、設籍於組織區域範圍內。有關社區發展協會之設立，如表14-4：

表14-4　社區發展協會之設立

項目	相關規定
1. 組織結構	社區發展協會設會員（會員代表）大會、理事會及監事會。另為推動社區發展工作需要，得聘請顧問，並得設各種內部作業組織（第7條）。
2. 會員大會	**會員**（會員代表）**大會**為社區發展協會**最高權力機構**，由下列會員（會員代表）組成（第8條）： (1) 個人會員：由社區居民自動申請加入。 (2) 團體會員：由社區內各機關、機構、學校及團體申請加入。團體會員依章程推派會員代表1-5人。 (3) 贊助會員：社區外贊助本社區發展協會之其他團體或個人，得申請加入為贊助會員。贊助會員無表決權、選舉權、被選舉權及罷免權。

表14-4（續）

項目	相關規定
3. 理監事會	由會員（會員代表）於會員（會員代表）大會中選舉理事、監事分別組成之（第9條）。
4. 工作人員	社區發展協會置總幹事1人，並得聘用社會工作員及其他工作人員若干人，推動社區各項業務（第10條）。
5. 推動方式	社區發展工作之推動，應循調查、研究、諮詢、協調、計畫、推行及評估等方式辦理（第6條）。

四、社區發展協會的工作項目

　　社區發展協會應針對社區特性、居民需要、配合政府政策及社區自創項目，訂定社區發展計畫及編訂經費預算，並積極推動。前項配合政府政策之項目（第12條），如表14-5：

表14-5　社區發展協會的工作項目

項目	相關規定
1. 公共設施建設	(1)新（修）建社區活動中心；(2)社區環境衛生與垃圾之改善及處理；(3)社區道路、水溝之維修；(4)停車設施之整理及添設；(5)社區綠化及美化；(6)其他有關公共設施建設等事項。
2. 生產福利建設	(1)社區生產建設基金之設置；(2)社會福利之推動；(3)社區幼兒園之設置；(4)推動社區產業發展；(5)其他有關生產福利建設等事項。
3. 精神倫理建設	(1)加強改善社會風氣重要措施及國民禮儀範例之倡導及推行；(2)鄉土文化、民俗技藝之維護及發揚；(3)社區交通秩序之建立；(4)社區公約之訂定；(5)社區守望相助之推動；(6)社區藝文康樂團隊之設立；(7)社區長壽俱樂部之設置；(8)社區成長教室之設置；(9)社區志願服務團隊之成立；(10) 社區圖書室之設置；(11) 社區全民運動之提倡；(12) 社區災害防備之演練、通報及宣導；(13) 其他有關精神倫理建設等事項。

五、社區發展協會的重要措施

社區發展協會有效運作的重要措施，如表14-6：

表14-6　社區發展協會的重要措施

項目	相關規定
1. 建立社區資料	社區發展協會應根據社區實際狀況，建立下列社區資料（第11條）：(1)歷史、地理、環境、人文資料；(2)人口資料及社區資源資料；(3)社區各項問題之個案資料；(4)其他與社區發展有關資料。
2. 辦理社區發展計畫	社區發展計畫，由社區發展協會分別配合主管機關有關規定辦理，各相關單位應予輔導支援，並解決其困難（第13條）。
3. 設立社區活動中心	社區發展協會**得設社區活動中心**，作為舉辦各種活動之場所。主管機關得於轄區內設置綜合福利服務中心，推動社區福利服務工作（第14條）。
4. 與相關單位協調聯繫	社區發展協會應與轄區內有關之機關、機構、學校、團體及村里辦公處加強協調、聯繫，以爭取其支援社區發展工作並維護成果（第15條）。
5. 籌措社區經費	(1) 收取費用：社區發展協會辦理各項福利服務活動，得經理事會通過後酌收費用（第16條）。 (2) 多種來源：社區發展協會之經費來源如下（第17條）：A.會費收入；B.社區生產收益；C.政府機關之補助；D.捐助收入；E.社區辦理福利服務活動之收入；F.基金及其孳息；G.其他收入。 (3) 社區生產建設基金：社區發展協會為辦理社區發展業務，得設置社區生產建設基金；其設置依直轄市、縣市主管機關相關法令規定辦理（第18條）。 (4) 申請補助：社區發展協會配合政府政策及社區自創之項目，得訂定計畫申請有關機關補助經費（第19條）。

六、政府對社區的輔導措施

(一) 提供經費補助：各級政府應按年編列社區發展預算，補助社區發展協會推展業務，並得動用社會福利基金（第20條）。

(二) 辦理評鑑考核：各級主管機關對社區發展工作，應會同相關單位辦理評鑑、考核、觀摩，對社區發展工作有關人員應舉辦訓練或講習

（第21條）。

（三）辦理獎勵表揚：推動社區發展業務績效良好之社區，各級主管機關
應予下列之獎勵（第22條）：1.表揚或指定示範觀摩；2.頒發獎狀或
獎品；3.發給社區發展獎助金。

七、《社區發展工作綱要》新近修正重點

《社區發展工作綱要》新近於2014年9月修正，其修正重點：

（一）修正中央主管機關之名稱：配合中央組織改造，將社區業務中央主
管機關由內政部更新為：衛生福利部（第3條）。

（二）擴大社區發展業務聯繫的機關：社區發展綜融性工作，為強化機關
間之聯繫與協調，有效推動社區發展工作，將辦理社區發展業務單
位必須協調聯繫的機關，由原來列舉的警政、民政、工務、國宅、
教育、農業、衛生及環境保護，擴及消防、都市發展、文化、交通
等相關機關（第3條）。

（三）調整社區發展的工作項目：為尊重社區自主性及鼓勵多元發展，刪
除政府指定工作項目及推薦項目，並配合政府施政之工作項目，在
生產福利建設方面，增加「推動社區產業發展」一項，並將「社區
托兒所之設置」，修正為「社區幼兒園之設置」。在精神倫理建
設方面，增加「社區災害防備之演練、通報及宣導」一項，並將
「社區媽媽教室之設置」，修正為「社區成長教室之設置」（第12
條）。

（四）社區活動中心的設置由「應設」改為「得設」：社區發展協會是否
自行設置社區活動中心，宜由社區發展協會自行審酌社區需要與興
建能力，因而將「應設」修正為：「得設」社區活動中心，作為舉
辦各種活動之場所；主管機關得於轄區內設置綜合福利服務中心，
推動社區福利服務工作（第14條）。

（五）將社區「基金」修正為「社區生產建設基金」：社區發展協會為辦
理社區發展業務，得設置社區生產建設基金；其設置依直轄市、縣
市主管機關相關法令規定辦理（第18條）。

（六）增訂配合政府施政及自創之項目得申請經費補助：為強化社區自主性，並體認社區發展工作係政府與社區為夥伴關係共同推動，增訂：社區發展協會配合政府政策及社區自創之項目，得訂定計畫申請有關機關補助經費（第19條）。

第四節　居住正義及社區營造相關議題

一、《人民團體法》在社區發展協會之適用

我國現行的社區發展工作，是參照《人民團體法》而辦理。《人民團體法》於2023年2月修正後之條文中，其與社區發展工作有關的重點項目：

（一）同一區域成立2個以上團體之名稱：人民團體在同一組織區域內，除法律另有限制外，得組織2個以上同級同類之團體。但其名稱不得有下列情事之一（第7條）：

1. 與已許可團體之名稱相同。
2. 易使人誤認其與政府機關（構）、政府捐助之財團法人、營利團體有關。
3. 有歧視性或仇恨性之文字。

（二）人民團體的設立：人民團體之組織，應由發起人檢具申請書、章程草案及發起人名冊，向主管機關申請許可。前項發起人須為成年，並應有**30人以上發起**〔不是20個人以上發起，也不是沒有人數限制〕（第8條）。

（三）理監事之名額：人民團體均應置理事、監事，就會員（會員代表）中選舉之，其名額依下列之規定：縣市以下人民團體〔社區發展協會屬於人民團體中的社會團體，另外的人民團體類別是職業團體、政治團體〕之理事不得逾15人。各級人民團體之監事名額不得超過該團體理事名額1/3。各級人民團體均得置候補理監事；其名額不得超過該團體理監事名額1/3（第17條）。

㈣ 理監事及理事長之任期：人民團體**理事、監事**之任期不得超過**4年**，除法律另有規定或章程另有限制外，連選得連任。**理事長之連任以1次為限**（第20條）。

㈤ 定期會議與臨時會議之召開：人民團體會員（會員代表）大會，分定期會議與臨時會議兩種，由理事長召集之。定期會議每年召開1次；**臨時會議**於理事會認為必要，或經**會員（會員代表）1/5以上之請求**〔不是1/3〕，或監事會函請召集時召開之（第25條）。

㈥ 會員大會之召集：人民團體會員（會員代表）**大會之召集，應於15日前通知**各會員（會員代表）〔不是10日前〕。但因緊急事故召集**臨時會議**，經於開會**前1日送達**通知者，不在此限（第26條）。

㈦ 會員大會之決議：人民團體會員（會員代表）大會之決議，應有會員（會員代表）**過半數之出席**，出席人數過半數或較多數之同意行之。但下列事項之決議應有出席人數2/3以上同意行之（第27條）：1.章程之訂定與變更；2.會員（會員代表）之除名；3.理事、監事之罷免；4.財產之處分；5.團體之解散；6.其他與會員權利義務有關之重大事項。

㈧ 理監事會議之舉行：人民團體理事會、監事會，每3個月至少舉行會議1次，並得通知候補理事、候補監事列席。前項會議之決議，各以理事、監事過半數之出席，出席人數過半數或較多數之同意行之（第29條）。人民團體理事、監事應親自出席理事、監事會議，不得委託他人代理；連續2次無故缺席者，視同辭職，由候補理事、候補監事依次遞補（第31條）。

第十五章
人力資源及財力資源
政策與立法

社會政策與社會立法兩者，都需人力資源的支持與財力資源的支援，始能有效運作，達成增進社會福利之目標。

　　人力資源可分專業人力與非專業人力兩種。其中，社會工作師屬於專業人力，志願工作者屬於非專業人力。至於財力資源，除了政府編列公務預算之外，尚有公益勸募之款項。

 ## 第一節　人力資源及財力資源政策

　　人力資源及財力資源的政策，主要見諸行政院於2012年修正核定的《社會福利政策綱領》：

一、政府與民間應充實及培訓社工人力

㈠充實本國社工人力：政府與民間應充實社工人力，予以妥善配置運用，並建立社工人力資源培訓、分科分級薪資標準及保護性社工保障措施之機制（三之20）。

㈡培養國際社工人力：政府與民間應強化國際社會工作人才之養成，提升專業服務品質，並完備社會工作專業體制（三之20）。

二、政府應結合社會資源投入相關服務

㈠結合資源投入職安工作：政府應有效結合社會資源，積極投入職業安全衛生工作，為勞工營造一個免於職業危害之工作環境；並提供職業災害勞工社會復健、職能復健及職業重建之必要協助（五之8）。

㈡結合資源提升職場能力：政府應結合社會資源及產業脈動，加強退除役官兵就業輔導，對其退除役後之專業技能訓練給予適當協助，並建立推介媒合機制，以提升職場能力及拓展多元就業管道（五之11）。

三、政府應結合民間資源提供補充服務

（一）結合資源協助弱勢者：政府應結合民間資源提供補充性之社會救助或福利服務，讓無法納入救助體系的弱勢者得到適時協助（一之8）。

（二）結合資源支持障礙者：政府應保障身心障礙者接受教育、就業、居住及醫療等權益，使其轉銜無礙，並應結合民間資源提供其支持服務、經濟安全、身體及財產保護（三之11）。

四、政府應與民間結合以強化相關服務

（一）公私協力促進兒少發展：政府與民間應協力營造有利於兒童與少年身心健全發展之環境，兒童與少年其家庭或照顧者若有經濟、社會與心理支持、衛生醫療、及其他有關家庭功能發揮之需求時，政府應給予協助。當原生家庭不利於兒童與少年的身心健全發展時，政府應保護之，並提供適當之照顧或安置資源，以利其健康成長（三之6）。

（二）公私協力強化世代融合：政府應結合民間倡導活躍老化，鼓勵老人社會參與，提供教育學習機會，提升生活調適能力，豐富高齡生活內涵。並強化代間交流，倡導家庭價值，鼓勵世代傳承，營造悅齡親老與世代融合社會（三之13）。

（三）公私協力提升人力資本：政府應結合民間加強社政、勞政、教育、法務、原住民與經濟行政部門的協調與合作，建立就業安全體系，強化教育、職業訓練、產業發展與人才需求間的連結，提升人力資本投資的效益（五之2）。

　　無論如何，在政策上，政府應結合任何有利於推展社會福利的相關資源，尤其是結合及運用社工專業人力、民間志願服務人力、民間的財力資源。

第二節　《社會工作師法》分析

　　《社會工作師法》（簡稱「社工師法」）於1997年4月2日公布施行
〔此日爲臺灣「**社工日**」〕，其後多次修正。茲依2023年6月修正後條
文，略述其內容及新近修正重點：

一、概述

(一) 立法目的：爲建立社會工作專業服務體系，提升社會工作師專業地
　　位，明定社會工作師權利義務，確保受服務對象之權益〔不含明定
　　社會工作師的自我利益〕（第1條）。

(二) 社工師的定義：指依社會工作專業知識與技術，協助個人、家庭、
　　團體、社區，促進、發展或恢復其社會功能，謀求其福利的專業工
　　作者（第2條）。

(三) 社工師的使命：以**促進人民及社會福祉，協助人民滿足其基本人性
　　需求**〔不含協助人民滿足其所欲需求〕，**關注弱勢族群，實踐社會
　　正義**爲使命（第2條）。

(四) 主管機關：在中央爲衛生福利部；在直轄市爲直轄市政府；在縣市
　　爲縣市政府（第3條）。

二、社工師資格的取得、撤銷或廢止

(一) 資格的取得：取得社工師與專科社工師應具備的資格，如表15-1：

表15-1　社工師資格的取得

	取得之方式	取得之證書
社會工作師	經社工師考試及格（第4條）。	領有社工師證書（第4條）。
專科社工師	社工師完成專科社工師訓練，並經**中央主管機關甄審合格**〔不是地方主管機關甄審合格〕（第5條）。	領有專科社工師證書（第5條）。
外籍社工師	**外國人得依中華民國法律，應社工師考試**（第49條）。〔含華僑，因華僑原本就是國人〕。	前項考試及格，領有社工師證書，在我國執行業務，應依法申請許可後，始得爲之（第49條）。

（二）證書的撤銷或廢止：有下列各款情事之一者，不得充任社會工作師；已充任者，撤銷或廢止其社工師證書（第7條）：

1. 曾受本法所定廢止社工師證書處分。

2. **受監護或輔助宣告，尚未撤銷**〔如已撤銷，仍得任社會工作師〕。

3. 犯性侵害犯罪防治法第2條第1款之罪、性騷擾防治法第25條第1項之罪、兒童及少年性剝削防制條例所定之罪、刑法第319條之1至第319條之4之罪，經有罪判決確定。

4. 犯貪汙罪，經有罪判決確定。

5. **犯家庭暴力罪，經有罪判決確定。**

6. 前3款以外因業務上有關之故意犯罪行為，經有罪判決確定。

三、社工師的執照及執業處所

（一）執業執照之申請：社工師執業，應向所在地縣市主管機關送驗社工師證書申請登記，發給執業執照始得為之（第9條）。

（二）執業處所之數量：社工師執業以1處為限（第13條）。

（三）執業情況之變更：社工師停業、歇業、復業或變更行政區域時，應自事實發生之日起30日內，報請原發執業執照機關備查（第11條）。

四、社工師執行業務的範圍

社會工作師執行下列業務（第12條）：

（一）行為、社會關係、婚姻、家庭、社會適應等問題之社會暨心理評估與處置。

（二）各相關社會福利法規所定之保護性服務。

（三）對個人、家庭、團體、社區之預防性及支持性服務。

（四）社會福利服務資源之發掘、整合、運用與轉介。

（五）社會福利機構、團體或於衛生、就業、教育、司法、國防等領域執行社會福利方案之設計、管理、研究發展、督導、評鑑與教育訓練等。

（六）人民社會福利權之倡導。

（七）其他經中央主管機關或會同目的事業主管機關認定之領域或業務。

五、社工師執業的規範

《社會工作師法》有關社工師執業的規範，如表15-2：

表15-2　社工師執業的規範

項目	相關規定
1. 據實陳述	接受主管機關或司法警察機關詢問時，不得虛偽陳述或虛偽報告（第14條）。
2. 保密	因業務而知悉或持有他人秘密，不得無故洩漏（第15條）。
3. 撰製及**保存社工紀錄**	執行業務時，應撰製社會工作紀錄，由執業之機關、機構、團體、事務所**保存**。年限**不得少於7年**〔不是10年〕（第16條）。
4. 遵守倫理守則	其行為**必須遵守社工倫理守則之規定**。前項倫理守則，由**全國社會工作師公會聯合會訂定**，提請會員（會員代表）大會通過後，報請中央主管機關備查〔不是由衛生福利部訂定，也不是由立法院訂定〕（第17條）。
5. 移付懲戒	(1) **懲戒的理由**：社工師有下列情事之一者，由社工師公會或主管機關移付懲戒（第17-1條）： 　A.業務上重大或重複發生過失行為。 　B.違反第14條（虛偽陳述）、第15條（無故洩密）規定。 　C.執行業務違反前條第1項倫理守則。 　D.前3款以外業務上不正當行為。 (2) **懲戒的方式**：社工師懲戒之方式（第17-2條）： 　A.警告。 　B.命接受第18條第1項以外一定時數之繼續教育或進修。 　C.限制執業範圍或停業1個月以上1年以下。 　D.廢止執業執照。 　E.廢止社工師證書。 　前項各款懲戒方式，其性質不相牴觸者，得合併為一懲戒處分。 (3) **懲戒的處理程序**：社工師移付懲戒事件，由社工師懲戒委員會處理之（第17-3條）： 　A.通知被付懲戒者：社工師懲戒委員會應將移付懲戒事件，通知被付懲戒之社工師。

表15-2（續）

項目	相關規定
	B.答辯或到會陳述：限其於通知送達之**翌日起20日內提出答辯**或於指定期日到會陳述。
	C.決議：未依限提出答辯或到會陳述者，社工師懲戒委員會得逕行決議。
	D.請求覆審：被懲戒人對於社工師懲戒委員會之決議有不服者，得於決議書送達之**翌日起20日內**，向社工師**懲戒覆審委員會請求覆審**。
	E.主管機關執行懲戒：社工師懲戒委員會、社工師懲戒覆審委員會之懲戒決議，應送由該管主管機關執行之。
	社工師懲戒委員會、社工師懲戒覆審委員會之委員，應就不具民意代表身分之社會工作、法學專家學者及社會人士遴聘之，其中**法學專家學者**及**社會人士**之比例**不得少於**1/3。
6. 定期繼續教育及換照	社工師及專科社工師執業，應接受繼續教育，並每6年〔不是每7年〕提出完訓證明文件，辦理**執業執照更新**（第18條）。

六、社工師執業受到妨礙之救濟措施

社工師依法執行業務時，任何人不得以強暴、脅迫、恐嚇、公然侮辱或其他非法之方法，妨礙其業務之執行（第19條）。其受到妨礙或不法侵害之救濟措施：

(一) 有受到妨礙或不法侵害之虞者：社工師執行第12條第1款至第3款業務（評估及處置、保護性服務、預防性及支持性服務）時，有受到妨礙，或身體、精神遭受不法侵害之虞者，**得請求警察機關**提供必要之**協助**〔**不是**請衛政、戶政、公會協助〕（第19條）。

(二) 受到妨礙或不法侵害已發生者：警察機關應排除或制止之（第19條）。

(三) 受到妨礙或不法侵害涉及刑責者：應移送司法機關偵辦（第19條）。

(四) 受到妨礙或不法侵害涉及訴訟者：其所屬機關（構）、團體、事務所應提供必要之法律協助：

1. 社工師所屬機關（構）、團體、事務所應保障其執行業務之安全，並提供必要之安全防護措施（第19-1條）。

2. 社工師所屬機關（構）、團體、事務所未提供前項安全防護措施或提供不足時，社工師得請求提供之，機關（構）、團體、事務所不得拒絕（第19-1條）。

(五) 依法執行業務而涉及訴訟者：依相關法令及專業倫理守則執行業務，**涉及訴訟，其所屬團體、事務所得提供法律協助**（第20條）。

七、社工師事務所

(一) 申請執照設立事務所：**執行社工師法所訂業務5年以上**〔不是3年以上〕，向**所在地主管機關**〔不是向社工師戶籍所在地主管機關，也不是向所在地社工師公會〕申請核准登記，發給開業執照，**始得成立事務所**（第21條）。

(二) 執照之使用：社工師證照、社工師事務所開業執照，不得出租或出借給他人使用（第23條）。

(三) 指定負責社工師：以申請人為負責社工師，對業務負督導責任。**2人以上聯合設立者，以其中1人為負責社工師**（第22條）。

(四) 依規定標準收費：社工師事務所之收費標準，**由直轄市及縣市主管機關核定**之（第25條）〔不是由中央主管機關核定之〕。

(五) 變更之報備：停業、歇業或登記事項變更，應於**30日內**，報請原發開業執照機關備查。遷移或復業者，準用申請設立之規定（第28條）。

(六) 未繼續開業之善後：停業、歇業或遷移，應取得服務對象同意，妥善轉介至其他社工師事務所或適當機構。因故未能繼續開業，其服務紀錄應交予承接者保存，如**因死亡或無承接**者，**全部服務紀錄應交由所在地主管機關保存6個月後銷毀**〔不是保存7年後銷毀，不是7個月後銷毀；也不是由社工師自行銷毀，而是由地方主管機關銷毀〕（第29條）。

八、社工師公會

有關社工師公會之規定，其要點：

(一) 加入公會：社工師**非加入社工師公會**〔不是加入社工師工會〕，**不得執行業務**。社工師公會亦不得拒絕社工師加入（第31條）。

(二) 公會數量之限制：在同一區域內，同級之社會工作師公會以1個為限（第32條）。

(三) 公會之成立：直轄市及縣市社工師**15人以上者**〔不是30人以上〕，得成立該區域之社工師公會；不足15人者，得加入鄰近區域之公會。社工師公會**全國聯合會應由1/3以上之縣市社工師公會發起組織之**（第33條）。

(四) 監督單位：社工師公會，**由人民團體主管機關**〔內政部，不是衛福部〕主管。但其目的事業應受各該事業主管機關之指導、監督（第34條）。

(五) 會務人員之選任：社工師公會之理事長及理、監事，任期3年；理事長連選得連任1次（第35條）。社工師**公會選任職員應依人民團體法**之規定**辦理**（第36條）。

九、重要罰則

(一) 租借他人證書或執照：違反規定被廢止社工師證書或開業執照，因而租借證照使用者，處2萬元以上10萬元以下罰鍰（第37條）。

(二) 虛偽之陳述或報告及無故洩密：社工師接受主管機關或司法警察機關詢問時，不得為虛偽之陳述或報告（第14條）。社會工作師及社會工作師執業處所之人員，對於因業務而知悉或持有他人之秘密，不得無故洩漏（第15條）。違反此規定者，處2萬元以上10萬元以下罰鍰（第39條）。

(三) 處罰之對象：本法所定之罰鍰，於社工師事務所，處罰其負責社工師（第46條）。

十、《社會工作師法》新近修正重點

《社會工作師法》新近於2020年1月、2023年6月修正,其修正重點:

(一) 增列社工師證書撤銷或廢止的要件:除了保留修正前之原第7條第1項第3款性侵害犯罪防治法第2條第1款之罪、性騷擾防治法第25條第1項之罪之外,將修正前之原第7條第1項第3款貪污罪、家庭暴力罪,移為第4款、第5款,並將修正前之原第7條第1項第3款相關性犯罪增列:兒童及少年性剝削防制條例所定之罪、刑法第319-1條至第319-4條所定妨害性隱私及不實影像罪(第7條)。

(二) 詳列社工師受妨礙或侵害之救濟措施:社工師執行第12條第1款至第3款業務有受到妨礙,或身體、精神遭受不法侵害之虞者,得請求警察機關協助;已發生者,警察機關應排除或制止之;涉及刑事者,應移送司法機關偵辦(第19條)。

(三) 增訂社工師移付懲戒之規定:社工師有業務重大過失等情事,由社工師公會或主管機關移付社工師懲戒委員會。其懲戒的理由(第17-1條)、懲戒的方式(第17-2條)、懲戒事件的處理程序(第17-3條)詳見表15-2。

(四) 增訂社工師所屬單位應保障其安全:社工師所屬機關(構)、團體、事務所應保障其執行業務之安全,並提供必要之安全防護措施。社工師得請求提供之,機關(構)、團體、事務所不得拒絕(第19-1條)。

(五) 增訂非法妨害社工師執行業務之罰則:對於社工師以強暴、脅迫、恐嚇或其他非法之方法,妨害其業務之執行者,處3年以下有期徒刑,得併科30萬元以下罰金。犯前項之罪,致社工師於死,處無期徒刑或7年以上有期徒刑;致重傷者,處3年以上10年以下有期徒刑(第39-1條)。

第三節 《志願服務法》分析

我國為響應2000年之國際志工年，於2001年1月20日公布施行《志願服務法》，是繼西班牙之後，世界上第二個訂定志願服務法的國家。茲依2020年1月修正後條文，略述其內容及新近修正重點：

一、概述

（一）立法目的：為整合社會人力資源，使願意投入志願服務工作之國民力量做最有效之運用，以發揚志願服務美德，促進社會各項建設及提升國民生活素質（第1條）。

（二）志願服務的定義：民眾出於自由意志，非基於個人義務或法律責任，秉誠心以知識、體能、勞力、經驗、技術、時間等貢獻社會，不以獲取報酬為目的，以提高公共事務效能及增進社會公益所為之各項輔助性服務（第3條）。

（三）主管機關：在中央為衛生福利部；在直轄市為直轄市政府；在縣市為縣市政府（第4條）。

（四）定期調查：中央主管機關應至少**每5年**〔不是每4年〕舉辦**志願服務調查研究**，並出版統計報告（第5-1條）。

二、志願服務的適用範圍

（一）主管機關主辦或備查之服務計畫：經主管機關或目的事業主管機關主辦，或經其備查符合公眾利益之服務計畫。前項所指之服務計畫**不包括**〔不是「包括」〕**單純、偶發，基於家庭或友誼**原因而執行之志願服務計畫（第2條）。

（二）經主管機關備查之國外服務計畫：志願服務運用單位派遣志工前往國外從事志願服務工作，其服務計畫經主管機關及目的事業主管機關備查者，適用本法之規定（第24條）。

三、主管機關的職責

依《志願服務法》第4條、第5條、第23條之規定，主管機關及各目的事業主管機關的職責，包括：

(一) 規劃及辦理志工業務：對於志工之權利、義務、召募、教育訓練、獎勵表揚、福利、保障、宣導與申訴之規劃及辦理（第4條）。

(二) 設置專責人員：**應置專責人員辦理**志願服務相關事宜（第5條）。

(三) 編列預算或結合資源：應編列預算或結合社會資源，辦理推動志願服務（第23條）。

(四) 召開聯繫會報：爲整合規劃、研究、協調及開拓社會資源、創新社會服務項目相關事宜，**每年至少應召開**志願服務**聯繫會報1次**（第5條）〔開聯繫會報不是運用單位的職責，而是主管機關的職責〕。

(五) 聯繫及輔導運用單位：主管機關對志願服務運用單位，應加強聯繫輔導並給予必要之協助（第5條）。

四、運用單位的職責

志願服務運用單位，是指運用志工之機關、機構、學校、法人或經政府立案團體（第3條）。其主要職責：

(一) 訂定志願服務計畫：內容應包括：志願服務人員之召募、訓練、管理、運用、輔導、考核及其服務項目（第7條）〔含志工投保、專人督導，不含開聯繫會報〕。

(二) 公告志願服務計畫召募志工

1. 召募方式：自行或採聯合方式召募志工（第6條）。

2. 簽訂協議：集體從事志願服務之公、民營事業團體，應與志願服務運用單位簽訂服務協議（第6條）。

3. 具證照之志工：必須具專門執業證照之工作，應由具證照之志工爲之（第13條）。

(三) 定期函報計畫與成果

1. 運用前，檢具志願服務計畫及立案證書影本，送主管機關及目的事業主管機關備案，其運用單位爲政府機關、機構、公立學校，或章程所載存立目的與志願服務計畫相符者，免於運用前申請備案（第7條）。

2. 結束後2個月內，將志願服務計畫辦理情形，函報主管機關及目的事業主管機關備查。未依規定辦理備案或備查者，目的事業主管機關應不予經費補助，並作為服務績效考核之參據（第7條）。

(四) 辦理志工訓練：為提升志願服務工作品質，保障受服務者之權益，運用單位應對志工辦理**基礎訓練、特殊訓練**〔不含社工專業訓練〕。基礎訓練課程，由中央主管機關（衛福部）定之；特殊訓練課程，由各目的事業主管機關或各志願服務運用單位依其個別需求自行訂定（第9條）。

(五) 核發服務證及紀錄冊：對其志工**發給志願服務證及服務紀錄冊**（第12條）。

五、志工的權利與義務

志工的權利（第14條）與義務（第15條），如表15-3：

表15-3　志工的權利與義務

	項目	內容
志工的權利	1. 接受訓練	接受足以擔任所從事工作之教育訓練。
	2. 受到尊重	一視同仁，尊重其自由、尊嚴、隱私及信仰。
	3. 確保安全	依工作性質與特點，確保在適當之安全與衛生條件下工作。
	4. 獲得資訊	**獲得從事服務之完整資訊。**〔此項，不屬於義務〕
	5. 參與計畫	參與所從事之志願服務計畫之擬訂、設計、執行及評估。
志工的義務	1. 遵守倫理	**遵守倫理守則之規定。**
	2. 遵守規章	遵守志願服務運用單位訂定之規章。
	3. 參與訓練	參與志願服務運用單位所提供之教育訓練。
	4. 妥用證件	妥善使用志願服務證。
	5. 尊重權利	服務時，**應尊重受服務者之權利。**
	6. 保守秘密	對因服務而取得或獲知之訊息，保守秘密。
	7. 拒收報酬	拒絕向受服務者收取報酬。
	8. 珍惜資源	**妥善保管運用單位所提供之可利用資源。**

六、志願服務的促進措施

為促進志願服務的有效推展，志願服務主管機關／運用單位應提供下列促進措施：

(一) 保險與補助：運用單位**應**為志工**辦理意外事故保險**，必要時，並得補助交通、誤餐及特殊保險等經費（第16條）。

(二) 考核評鑑與獎勵表揚

　　1. 考核及獎勵：運用單位應定期考核志工個人及團隊之服務績效。主管機關及目的事業主管機關得就前項服務績效特優者，選拔楷模獎勵之（第19條）。

　　2. 評鑑及獎勵：主管機關及目的事業主管機關應對推展志願服務之機關及志願服務運用單位，定期辦理志願服務評鑑。得對前項評鑑成績優良者，予以獎勵（第19條）。

(三) 撥給可用資源：各目的事業主管機關得視業務需要，將汰舊之器材及設備無償撥交相關志願服務運用單位使用（第18條）。

(四) 發給服務績效證明：運用單位對於參與服務成績良好之志工，因升學、進修、就業或其他原因需志願服務績效證明者，得發給服務績效證明書（第17條）。

(五) 發給榮譽卡：志工服務年資滿**3年**，服務時數達**300小時**以上者〔不是1年達100小時以上者〕，得檢具證明文件向地方主管機關**申請**核發志願服務**榮譽卡**（第20條）。

(六) 門票優待：志工進入收費之**公立風景區**〔不含民營風景區〕、未編定座次之康樂場所及文教設施，憑志願服務榮譽卡得以免費（第20條）。此項規定，亦適用於依其他法律規定之民防、義勇警察、義勇交通警察、義勇消防、守望相助、山地義勇警察、災害防救團體及災害防救志願組織編組成員（第20條）。

(七) 優先服替代役：從事志願服務工作績效優良並經認證之志工，得優先服相關兵役替代役（第21條）。

七、志願服務的法律責任

(一) 賠償責任：志工依志願服務**運用單位之指示**進行志願服務時，因故意或過失不法侵害他人權利者，由志願服務**運用單位負損害賠償責任**〔不是由志工負賠償責任〕（第22條）。

(二) 求償權：前項情形，志工有故意或重大過失時，賠償之志願服務運用單位對之有求償權（第22條）。

八、《志願服務法》新近修正重點

《志願服務法》新近於2013年6月、2014年6月、2020年1月修正，其修正重點：

(一) 明定每年召開聯繫會報至少1次：明確規定主管機關及各目的事業主管機關每年至少**應召開**聯繫會報1次〔不是得召開〕（第5條）。

(二) 增訂每5年實施志願服務調查研究：為掌握志願服務發展現況及各項統計資料，作為推動及決策之重要參據，增訂：中央主管機關應至少每5年舉辦志願服務調查研究，並出版統計報告（第5-1條）。

(三) 確定志工應使用志願服務證：比照本法第12條志願服務運用單位對其志工應發給「志願服務證」，而將妥善使用「志工服務證」，修正為：妥善使用「志願服務證」（第15條）。

(四) 刪除汰舊車輛無償移交之規定：仍保留各目的事業主管機關得視業務需要，將汰舊之器材及設備無償撥交相關志願服務運用單位使用（第18條）。

(五) 擴大志願服務榮譽卡之適用範圍：民防、義勇警察、義勇交通警察、義勇消防、守望相助、山地義勇警察、災害防救團體及災害防救志願組織編組成員，其服務年資滿3年，服務時數達300小時以上者，準用第1項及第2項規定，予以半價優待（第20條）。

第四節　《公益勸募條例》分析

　　行政院早在1942年5月2日以行政命令發布《統一捐募運動辦法》，作爲規範募款或捐款的法規，並於1953年5月20日修正。

　　至於《公益勸募條例》，是2006年5月17日公布實施，2020年1月修正。茲依修正後條文，略述其內容及新近修正重點：

一、概述

(一) 立法目的：爲有效管理勸募行爲，妥善運用社會資源，以促進社會公益，保障捐款人權益（第1條）。

(二) 主管機關：在中央爲衛生福利部；在直轄市爲直轄市政府；在縣市爲縣市政府（第4條）。

二、對於勸募團體之規定

(一) 可發起勸募之團體：**公立學校、行政法人、公益性社團法人、財團法人**〔不含民營企業、公司社團法人〕（第5條）。

(二) 各級政府機關（構）：基於公益目的，得接受所屬人員或外界主動捐贈，不得發起勸募。但遇**重大災害或國際救援**時，不在此限〔不含爲教育文化事業、社會慈善事業、經濟文化事業而發起勸募〕（第5條）。

三、勸募活動的實施程序

(一) 申請許可：應備申請書及相關文件，向勸募活動所在地之縣市主管機關申請許可。但勸募活動跨越縣市者，應向中央主管機關申請許可（第7條）。

(二) 開立捐款專戶：勸募團體應於郵局或金融機構開立捐款專戶，並於勸募活動開始後7日內報主管機關備查。但公立學校開立捐款專戶，以代理公庫之金融機構爲限（第13條）。

(三) 辦理勸募活動：勸募團體所屬人員進行勸募活動時，應主動出示主

管機關許可文件及該勸募團體製發之工作證（第15條）。勸募團體辦理勸募活動期間，最長為1年〔亦即最長12個月，而不是6個月〕（第12條）。

(四) 開立收據：勸募團體收受勸募所得財物，**應開立收據**，並載明勸募許可文號、捐贈人、捐贈金額或物品及捐贈日期（第16條）。

(五) 依指定之用途使用：辦理勸募活動所得財物，應依主管機關許可之勸募活動所得財物使用計畫使用，不得移作他用（第19條）。

(六) 定期辦理公開徵信：應於勸募活動期滿之翌日起**30日內**〔不是60日內〕，將捐贈人捐贈資料、勸募活動所得與收支報告公告及**公開徵信，並報主管機關備查**（第18條）。前項勸募活動所得金額，**開支1萬元以上者**〔不是3萬元以上〕，應以**支票**或經由郵局、金融機構**匯款**為之，**不得使用現金**。

(七) 將辦理情形函報備查：勸募團體應於勸募活動所得財物使用計畫執行完竣後**30日內**，將其使用情形提經理事會或董事會通過後公告及公開徵信，連同成果報告、支出明細及相關證明文件，報主管機關備查（第20條）。其函報期限：

1. 政府機關（構）**有上級機關者，應於年度終了後2個月內**〔不是3個月內〕，**將辦理情形函報上級機關備查**（第6條）。

2. **勸募團體**基於公益目的，向會員或所屬人員募集財物、接受其主動捐贈或接受外界主動捐贈者，**依第1項規定辦理**〔年度終了後2個月內函報備查〕（第6條）。

3. 公立學校並應於年度終了後2個月，將辦理情形及收支決算函報許可其設立、立案或監督之機關備查（第6條）。

4. **其他勸募團體**於年度終了後**5個月內**〔不是6個月內〕，將辦理情形及收支決算函報許可其設立、立案或監督之機關**備查**（第6條）。

四、勸募活動事務費支出的規範

勸募團體辦理勸募活動之必要支出，在一定範圍內，得由勸募活動所得支應（第17條），其支出額度之比例，如表15-4：

表15-4　勸募活動所得金額中必要支出之比例

勸募活動所得金額	勸募活動必要支出之額度
1,000萬元以下。	15%〔不是10%〕。
1,000萬元以上，1億元以下。	150萬元，加超過1,000萬元部分之8%。
1億元以上。	870萬元，加超過1億元部分之1%。
勸募所得為金錢以外物品。	應依捐贈時之時價折算為新臺幣。

資料來源：筆者整理。

五、勸募所得財物返還的規定

依本條例第22條規定，應將勸募所得財物返還捐贈人之情況，包括：

(一) **非屬本條例規定之勸募團體**（公立學校、行政法人、公益性社團法人、財團法人）而發起勸募。

(二) **勸募活動未經許可者。**

(三) 勸募活動之許可經主管機關撤銷或廢止。**但於撤銷或廢止前，已依原許可目的使用之財物**，經查證屬實者，**不在此限。**

(四) **逾許可勸募活動期間**而為勸募活動。

(五) 勸募行為以強制攤派或其他強迫方式為之；或向因職務上或業務上關係有服從義務或受監督之人強行為之。

六、重要罰則

(一) 勸募活動未經許可經制止仍不遵從者：處4萬元以上20萬元以下罰鍰（第24條）。

(二) 以強迫方式勸募經制止仍不遵從者：違反第14條之規定（勸募行為不得以強制攤派或其他強迫方式為之，亦不得向因職務上或業務上關係有服從義務或受監督之人強行為之），經制止仍不遵從者，處4萬元以上20萬元以下罰鍰（第25條）。

七、《公益勸募條例》新近修正重點

《公益勸募條例》新近於2020年1月修正，其修正重點：

更新中央主管機關之名稱：配合行政院推動組織改造，將公益勸募中央主管機關由內政部修正爲：衛生福利部（第4條）。

 ## 第五節　人力資源及財力資源相關議題

　　在社會福利服務輸送所需的人力資源方面，社會工作師是專業的人力資源，志工是輔助性資源；在社會福利服務輸送的財力資源方面，除了政府編列預算支應之外，公益勸募所募款項也是重要的財力資源。爲了有效運用服務輸送的人力資源與財力資源，下列相關議題值得討論：

一、社會工作師繼續教育之規範

　　社工師及專科社工師執業，應接受繼續教育，並每6年提出完成繼續教育證明文件，辦理執業執照更新（第18條）。依衛生福利部2016年修正頒布「社會工作師及專科社會工作師接受繼續教育」之規定，其重點：

（一）課程內容：社會工作師執業，應每6年接受下列繼續教育課程：專業知能、專業法規、專業倫理、專業品質。

（二）實施方式：由中央主管機關（衛生福利部）委託或經認可之社會工作相關團體辦理。衛生福利部於2018年設置數位學習平臺（e學園），提供繼續教育數位課程，學員可進入e學園登錄資料，點選科目，上課並通過測驗，即可獲得該科認證時數。

（三）積分點數：社工師接受繼續教育課程，其積分合計應達120點以上，其中專業倫理與專業品質，合計至少應達18點。

　　當前社工師繼續教育所面臨的問題是：有些社工人員重複參加教育訓練，實際受益有限；而偏遠地區的社工人員礙於交通、經費、工作負擔等因素，參加教育訓練的機會較少，有失公允。

　　至於因應策略，對於重複訓練方面，宜由指派受訓人員的單位，依員工實際需要安排受訓，儘量避免重複；對於偏遠地區，可兼採委託當地經認可單位代訓、遠距訓練或其他適當方式爲之（林勝義，2023b）。

二、社工師懲戒審議或覆審之處理程序

《社工師法》於2023年6月修正時，增訂社工師有業務重大過失等情事，由社工師公會或主管機關移付社工師懲戒（第17-1條）。主管機關衛生福利部乃依該法第17-3條第6項之規定，訂定「社會工作師懲戒辦法」。

依該辦法之規定，社工師懲戒委員會係由直轄市、縣市主管機關設置。社工師懲戒覆審委員會，由中央主管機關設置。各置委員7人至11人，其中1人為主任委員，由各該設置機關遴聘之。委員之任期2年，期滿得連任。社工師懲戒委員會委員，不得同時擔任社工師懲戒覆審委員會委員。開會時，以主任委員為主席；主任委員未能出席時，由委員互推1人為主席。有關社工師懲戒審議的處理程序如下：

(一) 受理懲戒事件：社工師公會或主管機關以書面敘明事實及移付懲戒之理由，移付懲戒；社工師懲戒委員會受理懲戒事件，由委員2人先行審查（程序及形式審查）。

(二) 懲戒委員會審議：委員2人作成審查意見後，提社工師懲戒委員會審議。

(三) 邀相關人員列席諮詢：社工師懲戒委員會審議懲戒事件時，得邀請相關專家學者或人員列席諮詢。

(四) 被付懲戒人到會陳述意見：被付懲戒人於指定期日到會陳述意見者，應於陳述後先行退席。前項陳述意見，應列入會議紀錄。

(五) 進行審議及決議：社工師懲戒委員會應有1/2以上委員親自出席，始得開會；出席委員過半數同意，始得決議。但廢止執業執照或社會工作師證書之決議，應有委員2/3以上出席，出席委員2/3以上同意。懲戒委員會之決議，以無記名方式為之。

(六) 作成決議書：社工師懲戒委員會審議懲戒事件，得衡酌社會工作師公會之處分情形，為適當之懲戒決議。社工師懲戒委員會之懲戒決議，應作成決議書。

(七) 將決議書送達相關單位：社工師懲戒委員會之決議書正本，應送達被付懲戒人與其所屬之社工師公會及執業登記主管機關。

再者，被付懲戒人請求覆審，應附具覆審理由書向原懲戒之社工師懲

戒委員會提出。至於社工師懲戒覆審委員會之懲戒覆審處理程序，準用社工師懲戒委員會之懲戒處理程序。

然後，社工師懲戒委員會、社工師懲戒覆審委員會之懲戒決議，其廢止社工師證書者，由中央主管機關為之；其他懲戒，由各該執業登記直轄市、縣市主管機關為之。

三、志願部門應具備的特性

志願服務的運用單位及志工團隊，在性質上屬於志願部門（voluntary sector），也稱非營利部門（non-profit sector）或第三部門（the third sector），而有別於政府部門（第一部門）與企業部門（第二部門）。

志願部門係召募志工參與公共事務的服務，以增進社會公益而不以謀取利益為目的。因而在性質上，屬於非營利組織（non-profit organization, NPO）的範圍。依據沙列門（Salaman, 1992）的見解，非營利組織具有六項特質：

(一) 正式的組織（formal organization）：應有某種程度的制度化，並得到國家法律的合法承認。

(二) 私人的組織（private, as opposed to governmental）：有別於政府組織，在非營利組織的基本結構下，是一種民間組織。

(三) 非利益分配（non-profit distributing）：組織的存在，不是為了擁有者而生產利潤，應將每年的收入用於機構的使命，而非分配給組織的出資者。

(四) 自主性管理（self-governing）：非營利組織自我管理，而不受其他外界的監督。

(五) 志願性的（voluntary）：有某種程度，是由志工參與機構活動或事務管理。

(六) 符合公共利益（public benefit）：提供公共財與公共服務。

簡言之，志願服務部門是一種民間組織，以提高公共事務效能及增進社會公益所為之輔助性服務。

四、現行《公益勸募條例》之優缺點

　　《公益勸募條例》於2006年公布施行，僅於2020年修正1條，將中央主管機關由內政部改為衛生福利部。現行《公益勸募條例》其主要優點與缺點（郭翠仰等，2011；楊錦青，2007）如下：

(一) 優點

1. 提升勸募法規的位階：由行政命令的《統一捐募運動辦法》，提升為法律層級的《公益勸募條例》，使勸募活動有更堅實的法律依據。

2. 促使勸募活動透明化：明文規定募款活動的申請許可、募款期間限制、行政支出額度、所募款項之用途，使募款過程透明，可減少弊端。

3. 增進勸募團體的責信：勸募團體應將其所募財物的使用情形，提經理事會或董事會通過後公告及公開徵信，有助於增進勸募團體的責信度。

4. 保障勸募款項正當使用：勸募團體辦理勸募活動所得財物，限制使用於社會福利、社會慈善、人道救援，有助於保障勸募款項的正當使用。

5. 提高捐贈者的信任度：勸募團體收受勸募所得財物，應開立收據，並載明捐贈人、捐贈金額或物品及捐贈日期，有助於提高捐贈者的信任程度。

(二) 缺點

1. 勸募團體的規範欠周延：政治團體與宗教團體進行財物募集或接受捐贈，不受《公益勸募條例》之規範，且其金額龐大，又可依法抵稅，常為企業避稅的管道之一，相對一般勸募團體，既不公平，也不正義。

2. 勸募活動相關事務繁雜：進行勸募活動的行政事務相當繁重、複雜，常非規模較小的團體所能負擔，反而不利其經營。

3. 偏重於管「募」不管「捐」：可能造成民間團體「互捐」的現象，有失《公益勸募條例》的立法目的。

4. 財物捐贈返還的處所欠明確：勸募團體違反第14條規定（不得強制攤派或其他強迫方式為之）應將勸募所得財物返還捐贈人。但其所開立之收據，並未載明捐贈人住所地址，常有無從返還之困擾。

5. 忽略勸募事後之監督機制：雖然第20條規定，勸募團體應於勸募活動所得財物使用計畫執行完竣後30日內，將其使用情形……報主管機關備查……主管機關並定期辦理年度查核，但是忽略了後續的監督及追蹤輔導工作。

綜言之，《公益勸募條例》之實施，難免因為時空環境變遷而出現不足之處或有所缺失，上述缺點應於下次修法時，逐一修正，繼續精進。

參考文獻

一、中文部分

王育瑜（2023）。身心障礙者人權議題 —— 自主、倡議與社會工作使命。臺北：五南。

王國羽、林昭吟、張恒豪（2021）。障礙研究：理論與政策應用。高雄：巨流。

王增勇（2021）。「原住民族社會工作」。呂寶靜（編）。社會工作與臺灣社會（頁205-266）。高雄：巨流。

王德睦、何華欽（2001）。「臺灣貧窮女性化的再檢視」，人口學刊，*23*，103-131。

王篤強、孫健忠（2021）。「貧窮與社會救助」。呂寶靜（編）。社會工作與臺灣社會（頁29-53）。高雄：巨流。

古允文（2017）。「青年貧窮與低薪：現象與對策」。台灣新社會智庫。http://www.taiwansig.tw/index.php/政策報告/社會安全/8047/青年貧窮與低薪：現象與對策。檢索日期：2023/11/1

丘昌泰（2013）。公共政策：基礎篇（第五版）。高雄：巨流。

江亮演、林勝義、林振裕（2006）。社會政策與立法（第二版）。臺北：洪葉。

朱志宏（1995）。公共政策。臺北：三民。

朱岑樓、胡薇麗（譯）（1973）。成長的極限（原著者Meadows, Randers, & Meadows）。臺北：巨流。

行政院性別平等處（2022）。各縣市政府推動性別主流化參考手冊。臺北：性別平等處。

李易駿（2011）。社會福利概論。臺北：洪葉。

李易駿（2013）。社會政策原理。臺北：五南。

李易駿、邱汝娜、林慧芬、侯東成、鄭怡世、賴月密譯（2006）。解讀社會政策（原著者Alcock, Erskine, & May）。臺北：群學。

李淑容、洪惠芬、林宏陽（2015）。「工作貧窮者的圖像：以新北市為例」。社區發展季刊，*151*，51-65。

李增祿（2011）。社會工作概論（修訂六版）。高雄：巨流。

宋麗玉（2021）。社會工作理論 —— 處遇模式與案例分析。臺北：洪葉。

吳定（2006）。公共政策。臺北：國立空中大學。

吳明儒（2020）。「福利政策改革的新曙光？社會投資理念與實踐評述」。社區發

展季刊，*170*，21-32。

林谷燕、邵惠玲、郝鳳鳴、郭明政、蔡茂寅（2016）。「社會法的概念、範疇與體系」。台灣社會法與社會政策學會（編）。社會法（修訂二版）（頁25-46），臺北：元照。

林昭吟、徐美、辛炳隆、劉宜君（2007）。我國促進就業措施對就業的影響分析研究。臺北：行政院經濟建設委員會。

林昭吟、劉宜君（2017）。「社會投資觀點之政策理念及運用」。社區發展季刊，*160*，86-94。

林勝義（2019）。社區工作。臺北：五南。

林勝義（2023a）。社會福利行政（第四版）。臺北：五南。

林勝義（2023b）。社會工作引論。臺北：五南。

林萬億（2020）。「再強化社會安全網：介接司法心理衛生服務」。社區發展季刊，*172*，191-224。

林萬億（2022）。社會福利（第二版）。臺北：五南。

柯三吉（1986）。環境保護政策執行之研究——墾丁國家公園的個案分析。臺北：五南。

施世駿（2020）。「投資必有風險？南韓社會投資改革對於臺灣社會福利的啟示」。社區發展季刊，*170*，209-223。

徐雅媛、崔曉倩（2021）。中高齡者及高齡者就業促進研究。臺北：勞動部勞動及職業安全衛生研究所。

高慧珠、許雲翔（2022）。善用中高齡及高齡勞工活化企業人力資源。臺北：勞動部勞動及職業安全衛生研究所。

馬財專、藍科正、吳啟新、林淑慧、林晉勗、黃春長、鄭淑芳、劉又升、陳威穎（2019）。「中高齡及高齡者重返職場之探索」。勞動及職業安全衛生研究季刊，*27*(2)，133-148。

孫健忠（2000）。「臺灣社會津貼實施經驗的初步分析」。社會政策與社會工作學刊，*4*(2)，5-41。

詹火生（2000）。「社會政策」。蔡漢賢（編）。社會工作辭典（頁291）。臺北：社區發展雜誌社。

詹火生（2011）。「建國百年我國社會政策的過去、現在與未來」。社區發展季刊，*131*，81-92。

郭翠仰、朱惠琴、郭大昕、王照雄（2011）。公益勸募制度之研究。臺北：行政院研考會。

莊秀美（2019）。「歐美社會工作的演進」。謝秀芬（編）。社會工作概論（頁21-51）。臺北：雙葉。

陳志瑋譯（2015）。行政學——公部門之管理（原著Starling）。臺北：五南。

陳盈方（2020）。「臺灣積極勞動市場政策作為社會投資策略之檢視——人力資本觀點」。社區發展季刊，*170*，194-208。

張英陣（2020）。「社會投資政策的終結？」。社區發展季刊，*170*，33-46。

張菁芬（2005）。社會排除現象與對策：歐盟的經驗分析。臺北：松慧。

張學鶚（2000）。「社會立法」。蔡漢賢（編）。社會工作辭典（頁282）。臺北：社區發展雜誌社。

張錦弘（2016）。「阿薩不魯哥」惹議口訣作者回應了。聯合影音2016/10/11報導，http://video.udn.com/news/575532。檢索日期：2023/9/20

黃芳誼（2019）。「美國醫療補助保險計畫的發展與川普的健保改革」。國會季刊，*47*(2)，29-48。

游美貴（2021）。「婦女福利服務」。呂寶靜（編）。社會工作與臺灣社會（第三版）（頁177-201）。高雄：巨流。

葉孟峰（2007）。「從世界銀行三柱理論檢視我國勞工退休保障之建構」。社區發展季刊，*123*，117-129。

葉肅科（2017）。「社會經濟與社會福利：社會投資觀點的檢視與省思」。社區發展季刊，*160*，95-110。

葉肅科（2020）。「澳洲社會投資與福利改革」。社區發展季刊，*170*，281-294。

楊錦青（2007）。「公益勸募條例」立法過程剖析。社區發展季刊，*118*，30-35。

詹火生（2011）。「建國百年我國社會政策的過去、現在與未來」。社區發展季刊，*131*，81-92。

劉鶴群（2012）。「社會排除之本土意涵——臺灣民眾焦點團體的歸納研究」。東吳社會工作學報，*23*，47-80。

劉鶴群（2015）。「社會排除、貧窮與就業：現象摘述與政策意涵」。社區發展季刊，*151*，163-184。

廖福特（2017）。「歷史發展與權利內涵」。孫迺翔、廖福特（編）。身心障礙者權利公約。臺北：臺灣新世紀文教基金會、臺灣聯合國研究中心。

趙維生、陳綺媚、林麗玲（2020）。「社會投資與公共服務改革：英國的經驗與反思」。社區發展季刊，*170*，242-257。

齊力、林冷、洪瑞璘、劉怡昀、劉承賢、顏涵銳譯（2011）。社會學（修正版）（原作者Andersen & Taylor）。臺北：雙葉。

鄭麗珍（2005）。「資產累積方案在兒童脫貧之運用」。臺灣兒童暨家庭扶助基金會，兒童貧窮與脫貧方案國際交流研討會成果彙編（頁81-109）。臺中：兒童家扶基金會。

鍾秉正（2016）。社會法之理論與應用。臺北：元照。

魏鏞、朱志宏、詹中原、黃德福（1991）。公共政策。新北：國立空中大學。

羅傳賢（2016）。立法程序與技術（第六版）。臺北：致良。

中華民國身心障礙聯盟（2019）。《身心障礙者權利公約》教材手冊（學員版）。臺北：衛生福利部社會及家庭署。

二、英文部分

Adams, R. (2010). *The short guide to social work*. Bristol: The Policy Press.

Anderson, J. E. (2000). *Public policy-making: An introduction*. New York: Houghton Mifflin Company.

Barker, R. I. (2014). *The social work dictionary* (6th ed.). Washington, DC: NASW Press.

Beland, D., & Mahon, R. (2016). *Advanced introduction to social policy*. Cheltenham, UK: Northampton, MA: Edward Elgar Publishing.

Blakemore, K. (2003). *Social policy: An introduction*. Buckingham: Open University Press.

Bonoli, G. (2006). New social risks and the politics of post-industrial social policies. In K. Armingeon, & G. Bonoli (eds.). *The politics of post-industrial welfare state: Adapting post-war social policies to new social risks* (pp. 3-26). London: Routledge.

Bradshaw, J. (1972). The concept of social needs. *New Society, 30*, 640-643.

Caro, F., Bass, S., & Chen, Y. P. (2006). Introduction: Achieving a productive aging society. In S. Bass., F. Caro, & Y. P. Chen (eds.). *Achieving a productive aging society* (1-25). Westoprt, CT: Abun.

Colby, I. C., Dulmus, C. N., & Sowers, K. M. (2013). *Connecting social welfare policy to field of practice*. San Francisco: Encounter Books.

DiNitto, D. M. (1995). *Social welfare: Politics and public policy*. Boston: Allyn & Bacon.

DiNitto, D. M. (2000). *Social welfare: Politics and public policy* (5th ed.). Boston: Allyn & Bacon.

Doyal, L., & Gough, I. (1991). *A theory of human need*. London: Macmillan.

Drake, R. F. (2001). *The principles of social policy*. Hampshire: Palgrave.

Dunn, W. N. (1994). *Public policy analysis: An introduction* (3rd ed.). Englewood Cliffs, New York: Prentice-Hall.

Dye, T. R. (1992). *Understanding public policy* (7th ed.). Englewood Cliffs, NJ: Prentice-Hill.

Edwards, G. C. (1980). *Implementing public policy*. Washington, D.C.: Congressional Quarerly Press.

Elizabeth, D., & Howard, O. (2003). Health-care systems: Lessons from the reform experience. *OECD: Economics Department working papers No.374*. https://dn.doi.org/10.1787/884504747522

Esping-Andersen, G. (1990). *The three worlds of welfare capitalism*. Cambridge: Polity Press.

Etzioni, A. (1967). Mixed-scanning: A third approach to decision-making. *Public Administration Review, 27*, 385-392.

Fitzpatrick, T. (2001). *Welfare theoris: An introduction*. New York: Palgrave.

Flyn, J. P. (1992). *Social agency policy: Analysis and presentation for community practice* (2nd ed.). Chicago: Nelson-Hill.

Forder, A. (1974). *Concepts in social administration: A framework for analysis*. London: Routledge & Kegan Paul.

Fraser, N. (1989). *Unruly practices*. Cambridge, UK: Polity Press.

Gal, J., & Weiss-Gal, I. (2014). *Social workers affecting social policy: An international perspective*. UK: University of Bristol Policy Press.

George, V., & Howards, L. (1991). *Poverty admit affluence: Britain and the United States*. Hants, England: Edward Elgar.

Gilber, N., & Terrell, P. (2010). *Dimension of social welfare policy*. Needham Heights: Pearson.

Hall, A., & Midgley, J. (2004). *Social policy for development*. London: SAGE.

Hemerijck, A. (2017). *The uses of social investment*. Oxford: Oxford University Press.

Herr, T., & Wagner, S. (2007). *Beyond barriers to work*. Project Match Foundation. Retrieved from http://www.pmatch.org/barriers_feb_ohseven.pdf.

Herr, T., & Wagner, S. L. (2007). *Beyond barriers to work: A workforce attachment approach that addresses unpredictability, halting progress and human nature*. Chicago, IL: Project Match, Erikson Institute.

Hill, M. (1997). *The policy process in the modern state*. Hemel Hempstead: Prentice Hall/Harvester Wheatsheaf.

Hudson, J., Lowe, S., & Horsfall, D. (2018). *Understanding the policy process: Analysing welfare policy and practice*. Bristol: The Policy Press.

Jansson, B. S. (1999). *Becoming an effective policy advocate: From policy practice to social justice* (3rd ed.). Pacific Groves, CA: Broods/ Cole.

Jenson, J. (2012). Redesigning citizenship regimes after neoliberalism: Moving towards social investment. In N. Morel, B. Palier, & J. Palme (eds). *Towards a social investment welfare state? Ideas, policies and challenges* (pp. 61-87). Bristol: Policy Press.

Jenson, J., & Saint-Martin, D. (2003). New routes to social cohesion? Citizenship and the social investment state. *Canadian Journal of Sociology*, *28*(1), 77-99.

Kaplan, A. (1973). On the strategy of social planning. *Policy Sciences*. Vol. No.1. Policy Sci 4, 41-61

Kennedy, P. (2013). *Key themes in social policy*. New York: Routledge.

Klein, R. (1993). O'Goffe's Tale: Or what can we learn from the success of the capitalist welfare states? In C. Jones (ed.). *New perspectives on the welfare states in Uurope* (pp. 6-15). London: Routledge.

Kretzmann, J., & Mcknight, J. (1993). *Building community asset*. Evanston, IL: Center for Urban Affairs and Policy Research. Northwestern University.

Le Grand, J. (1982). *The strategy of equality: Redistribution and the social services*. London: Unwin Hyman.

Leichter, H. M. (1979). *A comparative approach to policy analysis: Health care in four nations*. Cambridge University Press.

Lindblom, C. E., & Woodhouse, E. J. (1993). *The policy-making process*. New Jersey: Prentice Hill.

Lister, R. (2010). '*Needs*' *in K. Lister, Understanding theories and concepts in social policy* (pp. 167-194). Bristol: Police Press.

Lowi, T. (1979). *The end of liberalism: The second republic of the United States*. NY: W. W. Norton.

Marshall, T. H. (1964). *Class, citizenship, and social development: Essays*. New York: Doubleday and Company, Inc.

Marshall, T. H. (1965). *Social policy*. London: Hutchinson.

Mercado, A. B. (2005). The "ABCD" approach for capacity building, family empowerment and poverty alleviation. In *Capacity building approach to self-sufficiency* (pp. 399-414). International Conference on Family Empowerment and Poverty Reducation Programs. Taiwan: CCF.

Midgley, J., Dahl, E., & Wright, A. C. (2017). *Social investment and social welfare: International and critical perspectives*. Cheltenham: Edward Elgar Publishing, Inc.

Midgley, J., Tracy, M. B., & Livermore, M. (eds.)(2000). *The handbook of social policy*. Thousand Oaks: Sage.

Mishra, R. (1984). *The welfare states in crisis*. London: Harvester Press.

Morel, N., Palier, B., & Palme, J. (2012). *Towards a social investment welfare state?: Ideas, policies and challenges*. Bristol, UK: Policy Press.

Pierson, C. (2006). *Beyond the welfare state: The new political economy of welfare*. Pennsylvania: The Pennsylvania State University press.

Popple, P. R., & Leighninger, L. (2008). *The policy-based profession: An introduction to social welfare policy analysis for social worker* (4th ed). New York: Pearson.

Salaman, L. M. (1992). *What is the nonprofit sector and why do we have it America's nonprofit sector: A prime* (2nd ed.). New York: The Foundation Center.

Schmitter, P. C. (1977). Modes of interest intermediation and models of societal change in Western Europe. *Comparative Political Studies*, *10*(1), 7-38.

Sen, A. (2009). *Commodities and capabilities*. Amsterdam: Elsevier Science Publishers.

Singh, S. (2017). *Social legislation and legal system*. http://www. ignou.ac.in/upload/bswe_02_block_unit_31_small%20size.pdf.

Surender, R., & Urbina-Ferretjans, M. (2013). South-South cooperation: A newadigm for global social policy? In R. Walker & R. Surender (eds.). *Social policy in a development world* (pp. 237-257). USA: Edward Elgar Publishing.

Taylor-Gooby, P. (2006). *European welfare reforms: The social investment welfare state*. Paper presented at the EWC/KDI Conference, Honolulu on July 20-21.

Urbina-Ferretjans, M. (2019). The SDGs: Towards a social development approach in the 2030 agenda? In J. Midgley, R. Surender, & L. Alfers (eds.). *Handbook of social policy and development* (pp. 111-129). UK: Edward Elger Publishing.

國家圖書館出版品預行編目(CIP)資料

社會政策與社會立法／林勝義著.--九版.--臺
　北市：五南圖書出版股份有限公司, 2024.09
　面；　公分
　ISBN 978-626-393-061-2(平裝)

1.CST: 社會政策　2.CST: 社會福利

549.1　　　　　　　　　　　113001439

1JBQ

社會政策與社會立法

作　　　者 ― 林勝義（136）

企劃主編 ― 李貴年

責任編輯 ― 李敏華、邱紫綾、沈郁馨、陳姿穎、何富珊

文字校對 ― 李雅智、陳俐君

封面設計 ― 封怡彤

出　版　者 ― 五南圖書出版股份有限公司

發　行　人 ― 楊榮川

總　經　理 ― 楊士清

總　編　輯 ― 楊秀麗

地　　　址：106台北市大安區和平東路二段339號4樓

電　　　話：(02)2705-5066　　傳　　　真：(02)2706-6100

網　　　址：https://www.wunan.com.tw

電子郵件：wunan@wunan.com.tw

劃撥帳號：01068953

戶　　　名：五南圖書出版股份有限公司

法律顧問　林勝安律師

出版日期　2008年 3 月初版一刷（共二刷）
　　　　　2016年 9 月七版一刷
　　　　　2018年 9 月八版一刷
　　　　　2024年 9 月九版一刷

定　　　價　新臺幣600元